고전소설 교육의 과제와 방향

—한국고소설학회—

도서출판 월인

서문

복잡하게 발전하는 현대의 디지털 문명 속에서 우리는 종종, 삶의 진정한 가치가 무엇인가? 우리들 인간 사회의 바른 길은 무엇인가? 이런 근원적인 문제에 대하여 自問하게 된다. 우리가 古典으로 시선을 돌이켜 살펴보려는 것은, 복잡하게 변모하는 지금의 현실을 뛰어넘는 삶의 진정성과 보편성이 古典 속에 담겨 있기 때문이다.

고전소설은 그 방대한 양에 있어서나 각 작품의 내용이 담고 있는 역사적·사회적 의의에 있어서나, 우리의 고전 유산 가운데에서 가장 앞서는 위치에 있으며, 지금 시대의 독자들에게도 永續하는 삶의 가치를 일깨우는 귀중한 역할을 담당할 수 있다. <구운몽>을 읽으면서 독자들은 부귀영화를 超克하는 삶의 진정한 의미가 무엇인지 깨닫게 될 것이며, <춘향전>을 읽으면서 독자들은 어떤 시련 속에서도 지켜 내는 고귀한 사랑의 의미를 되새길 것이다.

그런데 고전 자료가 간직하고 있는 深重한 의미가 현대의 독자들에게 온전하게 전달되기 위해서는 많은 중간 과정이 필요하다. 古語와 漢文으로 씌어진 작품이 쉽게 읽혀질 수 있도록 번역·주석의 작업이 필요하며, 當代의 사회적·사상적·문화적 맥락에 대한 先理解도 필요하다. 지금과는 다른 당대의 문학 창작의 관습과 문학 수용의 맥락에 대한 이해도 필요하며, 작품의 주제와 구조와 배경에 대한 이해도 필요하다. 이를 도와주는 역할은 고전 연구자의 몫이라 할 것이다.

깊이 있는 연구를 통해 고전소설이 갖고 있는 의미를 밝혀내는 일과 함께, 고전소설이 담고 있는 의미를 새로운 세대가 이해할 수 있도록 도와주고 정확하게 가르쳐 주는 일은 고전 연구자의 중요한 所任이 아닐 수 없다.

한국고소설학회에서는 이러한 중요성을 인식하여 2005년 1월 동계학술대회에서 '고전소설 교육의 과제와 방향'이라는 주제로 학술회의를 개최해 진지한 발표와 토론의 시간을 가졌다. 본서는 그로부터 얻어진 성과물이다.

한국고소설학회에서는 그동안 몇 권의 저서를 간행한 바 있다. 『한국고소설론』(1991)은 고소설에 관한 개론서이며, 『한국고소설의 조명』(1990), 『한국고소설의 재조명』(1996), 『한국고소설의 자료와 해석』(2001)은 수년간 이루어진 학계의 학술적 성과를 모은 총서이고, 『춘향전의 종합적 고찰』(1991)과 『고소설의 저작과 전파』(1994)는 관심 있는 주제에 따른 기획 저서였다. 이번에 펴내는 『고전소설 교육의 과제와 방향』 또한 時宜에 맞는 학계의 관심을 반영한 기획 저서의 하나이다.

본서는 고전소설 교육 전반의 문제를 다룬 總論 부분과, 초등학교, 중고등학교, 대학교에서의 고전소설 교육에 대한 詳論으로 구성되어 있다. 본서를 계기로 하여 고전소설 교육에 대한 보다 활발한 방법론적 모색과 교육현장에서의 실천이 이루어지기를 희망한다.

이 주제를 처음 기획한 정하영 전 회장님과 玉稿를 발표하고 본서에 수록해 주신 필자분들에게, 그리고 출판을 맡아 수고해 준 도서출판 월인에게 깊은 감사의 말씀을 드린다.

2005년 11월

한국고소설학회 회장 장 효 현

차례

3부

4부

고전소설교육의 과제와 방향

김 종 철
[서울대학교]

김종철

현재 서울대학교 사범대학 국어교육과 교수로 있다. 저서로는 『판소리사연구』, 『판소리의 정서와 미학』이 있다.

1. 머리말

2003학년도 대학입학수학능력시험 언어 영역에 <창선감의록>이 지문으로 나오자 고등학교와 학원가 모두 낯선 작품이 출제되어 어려웠다고 아우성이었던 적이 있다. 그 전에 <사씨남정기>가 출제되었을 때는 그러지 않았다. 고전소설 연구자의 입장에서 이런 현상은 참으로 이해하기 어려운 일이겠지만 이것이 한국의 중등 교육의 현실이다.

<창선감의록>이 <사씨남정기>보다 중요하지 않다고 할 고전소설 연구자는 아마도 없을 것이다. 그런데 왜 이런 일이 벌어지는가? 이와 관련하여 몇 가지 생각할 점이 있다.

첫째, <사씨남정기>가 국어교육의 고전소설 영역에서 기득권을 갖고 있는 반면 <창선감의록>은 그렇지 못하다는 점이다. <춘향전>, <구운몽>, <심청전>, <홍길동전>, <토끼전>, <흥부전> 등에는 미치지 못하나 <사씨남정기> 역시 중등 문학 교과서에서 상당한 기득권을 갖고 있다. 이들 작품이 기득권, 다른 말로 전범(典範, Canon)으로 자리 잡게 된 경위는 따로 논의되어야 하겠지만, 현재 중등 교육에서는 학계에서 근래 활발하게 연구되거나 재평가된 작품들이 학습 제재로 활용되지 못하고 있다. <창선감의록>이 <사씨남정기>와 유사한 문제를 다루면서도 구성, 인물 형상, 주제 의식 등에서 뚜렷이 변별되는 가치 있는 작품임이 밝혀졌음에도 불구하고 교육 현장에서는 낯선 작품인 까닭도 이 때문이다.

둘째, 역시 기득권 문제와 관련되는 것이지만 중등 교육에서 교과서에 수록된 것 외에는 가르치거나 읽도록 하지 않는 점을 들 수 있다. 교과서만 가르치라는 법이 없음에도 불구하고 하나의 작품을 계기로 하여 다른 작품을 읽도록 하는 교육이 수행되지 않기 때문에 교과서 외의 작품은 항상 부담스러운 것이다.

셋째, 문학 교육이 학습자의 문학 능력을 제대로 신장하는 교육이 되지 못하고 있는 점을 들 수 있다. 수능 시험에 제시된 <창선감의록>의 지문이 해독 불가능한 것이 아님에도 불구하고 처음 보았다는 이유 하나로 어렵다고 한다면 그것은 학교 교육을 바탕으로 학습자가 다른 작품을 스스로 이해하고 감상할 수 있는 능력을 획득하지 못했음을 말해준다. 즉 전이력이 없는 문학교육 또는 고전소설교육이 행해지고 있다는 진단이 가능한 것이다.

이처럼 <창선감의록>이 수험생들에게 낯설었던 것은 최소한 세 개 이상의 문제와 얽혀 있다. 이를 고전소설교육 전반으로 확대해 본다면 고구마 줄기처럼 서로 연계되면서 굵직한 문제들이 줄을 이어 나올 것이다. 예컨대, 고전소설 연구와 고전소설 교육의 소통 체계 문제, 중등교육과정에서 문학교육의 학습량 문제,[1] 학습자들이 근대 이전의 작품을 읽거나 학습하는 것 자체를 힘들어 하는 문제,[2] 고전소설을 가르칠 교사를 양성하는 사범대 교과과정 문제[3] 등등을 들 수 있다.

그 중에서 어떤 문제들이 중요하고 시급하며, 어떻게 해결할 것인가를 결정하기란 쉽지 않다. 고전소설교육은 문학교육, 국어교육,

1) 7차 교육 과정의 심화 선택 과목인 '문학'의 경우 국어과 과목 중 학습량이 너무 많다는 비판을 받는 대표적인 과목이다. 일반적으로 '문학' 교과서에 고전문학과 현대문학을 6:4 정도로 수록하게 되어 있어서 고전문학 학계에서 새롭게 평가된 작품들이 교과서에 진입하기 어려운 실정이다.

2) 중등학교 국어 교사들은 학생들이 20세기 전반기 문학도 낯설어하고 어렵게 느낀다고 말한다.

3) 학부제 여파로 대학 교과과정이 대폭 줄어들었는데, 사범대 교과과정 역시 그러하다. 서울대 사범대 국어교육과의 경우 '고전산문교육론'이 유일한 고전소설교육 관련 과목이다. 작품 강독을 할 과목을 개설한 여유가 전공 이수 학점 내에 없다.

나아가 한국 교육의 전반적인 문제와 얽혀 있고, 그 문제의 원인을 추구해보면 닭과 달걀의 관계와 같아서 쉽사리 누구 책임이며, 누가 어떻게 해결할 수 있다고 단정하기 어렵기 때문이다. 게다가 학습자, 학부모, 교사, 학계, 사교육 시장 등 문제를 지적하는 쪽은 많아도 해결의 주체를 정하기 어렵고, 어떤 대안이 나와도 동의하지 않거나 또는 그 대안이 또 다른 폐단을 낳기 때문이다.

따라서 고전소설교육의 문제는 고전소설 자체에 있지 않고 이를 둘러싼 집단들 사이의 불일치 또는 이해관계에 있다. 국문학계와 국어교육학계, 국어 교육 과정과 국어 교과서, 국어 교육과정 · 교과서와 국어 교사, 교사와 학습자, 공교육의 교과서와 사교육의 참고서, 교육 당국과 일선 학교, 학교와 학부모 등 교육 주체 또는 관련자들 사이의 불일치와 기묘한 공존은 어떤 문제라도 제대로 된 해결이 단연코 불가능함을 암시한다. 따라서 고전소설교육만이 아니라 국어교육 나아가 교육 일반의 어떤 논의도 일종의 시뮬레이션에 머물 가능성이 높다.[4)]

---

4) 고전문학교육과 고전산문(소설)교육의 전반적인 문제를 검토한 최근의 10년 이내의 연구 업적만 간단히 든다. 고전소설교육의 구체적인 방법이나 과제를 논한 업적들은 다른 주제 발표에서 언급할 것이므로 여기서는 제외한다.
신재홍, 「고전산문 교육의 현황과 과제」, 한국국어교육연구회 가을 학술대회, 1997.
김성룡, 「고전문학교육의 이념과 범위」, 『문학과교육』 7, 1999.
정병헌, 「고전문학교육의 본질과 시각」, 이상익 외, 『고전산문교육의 이론』, 집문당, 2000.
심경호, 「한국고전문학교육의 현황과 과제」, 『문학교육학』 6, 2000.
서인석, 「고전산문 연구와 국어교육」, 『국어교육』 107, 2002.

2. 고전소설이 교육되어온 경로

국어교육이 시작된 때가 갑오경장 이후이므로 고전소설교육도 마찬 가지이다. 국어교육이 근대민족국가의 수립과 관련이 있으므로 고전소설교육 역시 이와 관련이 있다.

근대적 교육과 고전소설과의 만남은 우리나라 최초의 근대학교로 알려진 원산학사(元山學舍:1883년 개교)의 교과 과정에서라고 추정된다. 개항장 원산(元山)의 향중부로(鄕中父老)들이 당시 덕원부사(德源府使) 정현석(鄭顯奭)에게 학교 설립을 요청하여 개교한 이 학교의 교과목 중에 『심사(心史)』 1권이 들어 있다.[5] 『심사(心史)』는 곧 정기화(鄭琦和)가 지은 『천군본기(天君本紀)』로 보이는데, 이 작품이 교재로 들어간 것은 원산학사의 설립에 행정적으로 관여한 덕원부사 정현석이 바로 정기화의 아들인 인연 때문으로 판단된다. 만국공법, 지리, 기계 등 근대 학문은 받아들이되 심성(心性)의 도야는 전통적인 유학 중심으로 한 당시의 교육 구상에 부합하는 교재였다고 할 수 있다.

그러나 이 이후 국가 주도의 국어 교육에서 고전소설이 제재로 채택되지는 못했다. 이른바 언문(諺文)이 국문(國文)으로 된 것은 1894년 갑오경장(甲午更張)부터이고, 국가가 체계적으로 국민 교육에 나선 것은 1895년의 교육(敎育)에 관한 고종(高宗)의 조칙(詔勅)부터이다.[6] 1895년의 한성사범학교(漢城師範學校) 규칙(規則)에는

5) 당시 교재는 <영지(瀛志)>, <연방지(聯邦志)>, <기기도설(奇器圖說)>, <일본외국어학(日本外國語學)>, <법리문(法理文)>, <대학예비문(大學豫備文)>, <영환지략(瀛還志略)>, <만국공법(萬國公法)>, <심사(心史)>, <농정신편(農政新編)> 등이었다. 신용하, 「우리나라 최초의 근대학교」, 『한국근대사와 사회변동』, 문학과지성사, 1980, 43~46면 참조.

6) 교육이 국가를 보존하는 근본이라는 전제와 함께 덕양(德養), 체양(體養), 지

'국문(國文)'이 학과목으로 설정되었고, 1895년의 소학교령(小學校令)에 '독서', '작문', '습자(習字)'가 교과목으로 설정되었다. 1900년의 중학교규칙(中學校規則)에 '독서'와 '작문'이 들어갔고, 1906년 보통학교령(普通學校令)에 '국어(國語)'가 과목으로 등장한다. 이 때의 국어교육의 목표는 1895년 소학교규칙대강(小學校敎則大綱)에 명시된 바와 같이 일상 생활에 필요한 언어 능력의 기르는 것이었다. 1906년의 고등학교령(高等學校令)에 명시된 국어교육의 목표도 보통의 언어 문체를 요해(了解)하고 정확히 자유 사상을 표창(表彰)하는 능력을 갖게 하는 것이었다.[7] 이처럼 일상 생활에 요구되는 이해와 표현 능력을 기르는 것을 목표로 한 국어교육에서 고전소설교육은 물론 문학교육도 제 자리를 차지할 수 없었다.[8] 1895년에 학부(學部)에서 편찬한 최초의 국어교과서『國民小學讀本』에서부터 1909년의『新纂 初等小學』(학부 검정 교과서)에 이르기까지 고전소설은 1편도 수록되지 못했다. 반면 전기(傳記), 우언(寓言), 설화, 시가가 수록되었는데, 이들은 계몽적 목적을 위한 것이 대부분이다.[9]

국정 교과서에서 고전소설교육이 시작된 것은 해방 후부터이다.[10] 미군정기에 조선어학회가 짓고 군정청 학무국이 발행한『초

양(智養)을 교육의 강령으로 삼았다.

7) 이상의 내용은 박붕배,『한국국어교육전사』상, 대한교과서주식회사, 1987, 제1부 참조.

8) 1910년에 나온 학부(學部) 편찬의『보통교육학(普通敎育學)』에 제시된 국어교육의 제재 중 문장(文章) 즉 독본 제재의 조건은 다음과 같다. "文章은 行文의 平易明瞭ᄒᆞ고 趣味가 有ᄒᆞᆫ 者를 選ᄒᆞᆷ이 可ᄒᆞ니 漸次로 其長ᄒᆞᆷ에 及ᄒᆞ야ᄂᆞᆫ 社會에 行ᄒᆞᄂᆞᆫ 各種 文體를 讀ᄒᆞ야 此를 解得ᄒᆞᆯ 能力을 養ᄒᆞᆷ이 必要(…)" 學部,『普通敎育學』, 학부, 1910, 48면.

9) 근대 전환기 문학교육에 대해서는 박삼서,「개화기 교과서에 나타난 문학교육 연구」,『고전문학과 교육』1, 1999 참조.

10) 고전시가의 경우 일제 강점기 조선어 교과서에 수록되기 시작한다. 예컨대『新編 高等朝鮮語及漢文讀本』권3, 조선총독부, 1924에 정철, 안민영 등의 시조 5

등국어교본』 하권(1946)에 <심청>이 수록된 것이 그 처음이라 할 수 있다. 그런데 역시 조선어학회가 짓고 군정청 문교부가 발행한 중등국어교본(상, 중, 하)(1946~1947)에는 고전소설이 한 편도 수록되지 않았고, 대신 이 교과서에 수록된 조윤제의 "국문학의 고전" 속에 고전소설의 전반적인 개황이 소개되었을 뿐이다. (고전시가와 현대시, 현대소설 및 현대 수필은 작품이 수록되었는데, 고전소설은 그렇지 않다.) 중등학교 국정 국어교과서에 고전소설이 수록된 것은 1949년 문교부 발행 『중등국어』(4)에 수록된 <공양미 삼백 석> 즉 <심청전>이 처음이라 할 수 있다. 이후 7차 교육과정까지 초등학교 국어교과서에는 <흥부전>, <심청전>이 주로 수록되었고,[11] 중등학교 국어교과서에는 <홍길동전>, <토끼전>, <심청전>, <흥부전>, <춘향전>, <구운몽>, <허생전>, <박씨부인전>, <왕랑반혼전> 등이 수록되어왔다.

대한제국 시기의 국어 교육에서 고전소설이 정당한 자리를 찾지 못하고, 또 미군정기에서도 그러했던 점은 검토할 필요가 있는 사항이다. 근대 이전에 훈민정음은 공식적 교육 체제 속에서의 교육 대상이 아니었다. <어제훈민정음서(御製訓民正音序)>에서 보듯 훈민정음은 백성들의 의사소통을 위한 것이었지만 그 교육 체제를 마련하지는 않았다.[12] 이덕무의 <사소절(士小節)>에서 보듯이 사족(士族)의 여성에게 훈민정음을 익히고 언간(諺簡)을 법도에 맞게 쓸 수 있는 능력이 요구된 것 외에는 훈민정음은 공식적으로 교육되지

수와 이이의 <고산구곡가>를 수록하고 있는 것이 그 사례이다.

11) 초등학교 국어교과서의 경우 3차 교육과정에 <사명당>이, 7차에 <장끼전>의 일부가 수록되어 있는데 전자가 <임진록>에서 왔는지는 불분명하고, 후자는 장끼의 외모를 묘사한 부분을 수록하고 있어 소설 또는 이야기 제재로 수록된 것으로 보기 어렵다.

12) 훈민정음을 관리를 채용하는 시험 과목으로 활용한 적은 있다.

않았다. 즉 한글 창제 이후 한글을 익히고, 한글로 문학을 창작하거나 향유하는 일은 거의 자연발생적으로 진행되어왔던 것이다.

그러므로 이른바 진서(眞書)가 갑오개혁으로 한문(漢文)으로 밀려난 뒤 자연적 상태에 있던 훈민정음이 공식적으로 가르치고 배워야 하는 국문(國文)으로 승격되었을 때 무엇을 어떻게 해야 할 것인가는 교육 당국의 고민이 아닐 수 없었을 것이다. 문자 생활의 전체를 국문으로 교체하거나 새롭게 짜야 하는 상황에서, 가르친다고 할 때 무엇을 전범으로 삼아야 할 것인가가 문제가 되지 않을 수 없고, 특히 그것은 작문과 문학 교육에서 그러했다고 할 수 있다. <언간독>을 제외하고는 훈민정음으로 된 글쓰기 교재를 가진 적이 거의 없는 작문 교육의 경우 그 전범을 역설적이게도 한문(漢文)에서 찾는 작업[13]이 계속되다가 이태준(李泰俊)의 <문장강화>가 하나의 분기점이 된 이래 지금까지 우여곡절을 겪고 있음은 주지의 사실이다.

문학 교육의 경우 근대에 들어와 창작된 근대문학과 그 이전의 고전 국문문학 작품에서 제재를 선정하면 되었으므로 작문 교육과는 달리 비교적 수월하게 그 전범을 찾았다고 할 수 있다. 그러나 제재로 삼을만한 자료가 풍부하다고 해서 문학 교육 및 고전소설교육이 그대로 이루어지는 것은 아니고 나름대로의 논리를 개발해야 했다.

---

13) 崔在學의 『實地應用作文法』(1908), 李覺鍾의 『實用作文法(全)』(1911), 李鍾麟의 『文章體法』(1913) 등이 그 사례이다.

3. 고전소설교육의 논리적 기반

대한제국 시기의 국어교육은 근대 국가를 수립하는 초기의 국어교육이고, 일본의 영향을 받았으나 스스로 근대 국가를 기획하는 활동의 하나였다는 점에서 의미 있는 것이었다. 그러나 체계를 갖추기 전에 식민지로 전락하면서 보통교육 수준의 국어교육을 실천하는 데 그치고 말았다. 그 결과 문학교육, 작문교육, 문법교육, 화법교육 등을 본격적으로 실천하지 못했으며, 그것에 관한 논리를 체계적으로 마련하지 못했다.

주체적인 국어교육이 해방 이후 재개되었을 때 그 목적과 실천 방법에 대한 논리를 새로이 마련해야 했는데, 고전소설교육과 관련해서는 가람 이병기(李秉岐)와 도남(陶南) 조윤제(趙潤濟)의 논의를 특히 주목할 필요가 있다. 가람은 미군정청 학무국 편수과에서 중학교 국어교과서 편수 주임을 맡았으므로 당시 편수과장 외솔 최현배와 함께 미군정기 국어교육의 실질적인 책임자였다고 할 수 있다.[14] 도남은 조선어학회의 국어 교과서 편찬위원회 위원(1945.9), 군정청 학무국 교육심의위원회 위원(1945.11), 민주교육연구회(조선교육연구회) 회원(1946.8) 등을 역임했고, 특히 국어교육연구회를 조직하여 회장(1948.8)을 맡아 학회지 『국어교육』을 발행했으며, 나아가 단행본 『國語敎育의 當面한 問題』(문화당, 1947)를 낸 바 있어 이 시기 국문학자 중 가장 왕성하게 국어교육에 관심을 갖고 활동한 인물로 평가된다.

가람은 「古典과 國語敎育」[15]에서 국어 교육의 여러 문제 중 근본

---

14) 이병기, 정병욱·최승범 편, 『가람일기』 II, 신구문화사, 1976, 1945년 10월 30일; 11월 2일; 11월 23일 자 기록 참조.

15) 이병기, 「고전과 국어교육」, 『새교육』 5, 1949.3.

적인 문제는 제재 선정이라고 하고, 국어교육에서 가르칠 '고전(古典)'의 기준을 제시했다. 즉 옛날 글이라 하여 모두 고전이 아니라 '작품(作品)'으로 평가할 수 있는 것을 고전이라 할 수 있으며, 그것을 교육 제재로 삼아야 한다고 했다. 가람은 그 실례로 경판본 <춘향전>보다 신재효의 <남창 춘향가>가 표현이 치밀하고 실감나며, 경판 <흥부전>보다 신재효의 <박타령>이 조리 있고 표현이 뛰어나다고 평가하고, 또 제주도의 민요가 부모에 대한 사랑과 효도의 표현으로는 정철의 <훈민가>보다 훨씬 순진하고 지극하다는 평가를 내린다. 문학이 갖고 있는 예술로서의 성격을 중시하고 이것을 작품 선정의 기준으로 삼아야 한다는 것이다. 예술로서 뛰어난 작품이 학습자의 공감을 얻을 수 있다는 것이다.

도남(陶南)은 「고전문학의 의의와 그 학습」[16]에서 고전문학의 의의를 규정하고 그 학습 방법과 학습의 의의를 밝혔다. 도남은 고전문학의 기준을 역사성(歷史性)에서 찾았다. 도남은 문학을 생활의 반영 및 표현으로 보는 관점에서 특정한 시대의 생활을 반영한 과거의 문학 중 전통성 있는 생활을 반영한 문학을 역사성을 가진 고전문학으로 보았다. 즉 현대의 생활 및 문학과도 연속이 되는 그러한 역사성을 지닌 문학을 고전문학이라 한 것이다. 민족 구성원 개개인의 일상생활에는 민족의 전통적 정신이 흐르고 있고, 이 정신이 지향하는 바를 구체적으로 또 직접적으로 보여주는 것이 고전문학이므로 도남은 고전문학 연구를 민족정신의 탐구로, 고전문학 교육은 민족정신의 함양으로 보았다. 아울러 도남은 고전문학의 학습 방법으로 옛말의 학습, 문장 및 문법의 이해를 한 다음 고전문학 속에 들어있는 시대의 정신과 생활의 이상을 파악하고 체득하는 것을

16) 조윤제, 「고전문학의 의의와 그 학습」, 『도남잡지』, 을유문화사, 1964.

들었다.

한편 일석(一石) 이희승(李熙昇)은 "국어교육의 몇 가지 문제"[17]에서 국어 교재(教材)는 문학 작품 중심이 되어야 한다고 주장했다. 일석(一石)은 국어교육은 과학적인 면과 문학적인 면이 있는데, 전자는 교재의 어구・문장의 의미, 철자법, 발음, 문법 등을 이해하는 국어지식과 관련된 것이고, 후자는 내용의 문학적 음미와 관련된 것이다. 일석은 전자를 해석(解釋)이라 하고 후자를 감상(鑑賞)이라 했는데, 이러한 해석과 감상 활동을 동시에 할 수 있는 교재가 문학 작품이라는 것이다. 일석은 다른 교과목이 지식 교육에 치우치고 있으므로 국어 교육이 학습자의 덕성(德性) 함양을 책임져야 하는데, 문학 작품의 감상을 통해 학습자가 감화・도야될 수 있다고 보았다.

이로써 고전문학교육에서 어떤 작품을 제재로 선정해야 하며, 그 제재로 어떤 학습 목표를 설정하고 어떻게 수행해야 할 것인가에 대한 기본적인 윤곽은 잡혔다고 할 수 있다. 가람에게 고전문학은 예술로서의 기준을 갖추어야 했고, 도남에게는 민족정신을 함축한 것이어야 했다. 특히 도남은 고전문학교육의 목표를 민족정신의 함양에 두었고, 일석은 전통적인 문학교육관이라 할 수 있는 인성 교육에 두었다고 할 수 있다. 이렇게 보면 고전소설을 포함한 고전문학이 국어교육에 자리 잡게 된 것이 인간의 예술적 능력 신장, 민족 구성원으로서의 자질 획득, 인간의 덕성 함양 등의 목적과 관련된 것이어서 이른바 기능 중심의 국어교육관과는 다른 맥락임을 알 수 있다. 특히 조윤제는 상당한 기간 동안 고등학교 『국어』 교과서의 국문학사, 고전문학의 이해, '은근과 끈기'와 같은 국문학의 특질 등

---

17) 이희승, 「국어교육의 몇 가지 문제」, 『새교육』 5, 1949.3.

의 단원을 독점하다시피 했기 때문에 고전문학교육은 민족교육의 성격을 강하게 띠었다고 할 수 있다. 다시 말하면 고전소설교육의 논리적 기반을 민족 문화 전승의 차원에서 마련했던 것이다. 이후 고전소설교육이 학계의 연구 성과를 받아들여 지식 차원의 교육 내용이 풍부해졌지만 그 이념은 민족 문화 전승의 틀을 크게 벗어나지 않았다고 할 수 있다.

4. 고전소설 연구와 고전소설 교육의 관계

국어교육은 국어국문학의 학문적 성과를 적절히 가공하거나 위계화하여 각급 학교에서 가르치는 것으로 인식하는 경향이 적지 않다. 국어교육학과 국어국문학은 밀접한 관련이 있지만 동시에 엄연히 별개의 학문 분야라 할 수 있는데, 그러한 인식이 널리 퍼져 있고, 그리고 오랫동안 지속되고 있는 까닭은 민족사의 불행과 관련이 있다.

앞에서 개략적으로 살핀 대로 대한제국기에 국어교육이 시작되었으나 식민지 전락으로 중단되었기 때문에 국어교육에 대한 경험의 축적과 학문적 연구는 불가능해졌다. 반면 일제강점기에 민족해방 운동의 일환으로 국어와 국문학을 지키고, 연구한 성과는 상당히 축적되었다. 안확(安廓)과 같은 국학파 연구자들의 업적과 조윤제 등의 경성제대 출신의 연구자들의 업적이 그 중심을 이루었다.[18] 그래서 해방 이후 국어교육이 재개되었을 때 대한제국기와 달라진 것은 국어국문학의 업적이 어느 정도 축적되었다는 점이다.

18) 이에 대해서는 김종철, 「총론」, 이화여자대학교 한국문화연구원 편, 『국문학 연구 50년』, 혜안, 2003 참조.

조윤제의 『국문학사』가 요약되어 『교육국문학사』로 출판되어 고등학교와 사범학교의 국어과 국문학사 교재로 된 것이 그 대표적인 사례이다. 국어교육의 경험이 축적되지 못한 데다 교사와 교재까지 부족한 상태에서 가장 확실한 것은 바로 이 국어국문학의 학문적 성과를 학교에서 가르치는 것뿐이었다.

국어국문학이 국어와 국문학을 연구 대상으로 하여 그 실체를 드러내고, 규칙과 의미를 탐구하는 것이라면 국어교육은 인간의 성장과 언어 능력의 신장, 한 개인의 국민으로서의 성장과 국어 능력의 발달을 동시에 추구하는 활동이고, 국어교육학은 그것을 탐구의 대상으로 하는 학문 분야이다. 국어국문학이 국어와 국문학이라는 대상에 주 관심을 두는 지적 활동이라면 국어교육은 국어 능력의 신장과 인간의 성장을 동시에 도모하는 기획 활동이다. 초등학교에서 대학까지 국가가 주도하는 교육 과정에서 한 개인이 발달·성장하는데 국어가 어떤 역할을 하며, 동시에 국어능력은 어떤 위계를 거쳐 어떤 수준까지 가야 하는가를 설정하고 실천하는 행위와 국어국문학의 학문적 성과는 상관 관계가 매우 크지만 어느 한 쪽에서 다른 한 쪽으로 일방적으로 전이될 수 있는 관계가 아니다.

고전소설 연구와 교육의 관계도 마찬 가지이다. 국어교육이 민족문화의 한 분야로서 국문학(고전소설)에 대한 지식 전수를 담당해야 한다면, 고전소설 연구 성과 중 중요한 것들을 가르치면 된다. 무엇이 중요한 것인가는 고전소설학계에서 정하면 된다. 그러나 인간의 서사 능력의 발달을 국어교육(문학교육)이 담당해야 한다면 고전소설의 서사적 특징은 중요한 학습 내용이 될 수 있으나 그것 자체만 교육의 목적이 될 수는 없다. 나아가 고전소설 작품을 하나의 언어 자료로 보고 그것을 국어교육의 다양한 목표를 달성하기 위한 제재로 활용하는 데에 이르면 고전소설 연구 성과는 직접적으로 교육될 가능성이 더욱 작아진다.

따라서 고전소설 연구와 교육은 밀접한 관련이 있되 동일한 것이 아님을 재인식할 필요가 있다. 교육이 연구의 파생 분야가 아니라 독자적 존재이며, 교육과 연구는 상호 교류를 통해 상호 이익을 증진할 수 있는 관계임을 재인식할 필요가 있다. 국어국문학 연구와 국어교육의 일반적 관계도 마찬 가지이다.

이러한 일반론을 굳이 개진하는 이유는 고전소설학계를 포함한 국문학계가 국문학교육을 매우 단순하게 인식하는 경향이 있기 때문이다. 국민들이 평소에 고전소설을 향유하는 태도를 갖게 하는 제도적 장치가 교육이고, 현실적으로 국어교육이라는 국가 차원의 교육 과정이 있기 때문에 고전문학의 전승이 이루어지고 있다는 점을 재인식할 필요가 있다. 몇 년 전 문학의 위기가 문학계의 화두였던 적이 있는데, 12년 동안의 교육 과정에서 문학이 교육되고 있는 현실은 별로 주목되지 않았던 것처럼, 학계와 문단은 교실에서의 문학 교육 또는 향유, 이를 통한 습관의 형성에 무심하다. 따라서 국문학계에서 생산된 지식이 있는데 왜 제대로 가르치지 않는가 하고 나무라지만 말고, 그 지식이 학습자의 문학 능력과 문학 향유 태도로 이어지기까지는 매우 복잡한 과정과 변인이 있음을 인식하는 한편, 초중등 교육과정에서 가르칠 만한 가치 있는 지식을 많이 생산하고, 제공하는 일에 힘쓸 필요가 있다.

5. 고전소설교육의 위상

고전소설교육은 고전소설을 가르치는 것에 국한되지 않고 다양한 교육적 위상을 지닌다. 이 점을 확인하는 것도 고전소설연구가 고전소설교육에 기여하는 활동까지 포괄하는데 도움이 될 수 있다고 본다.

1) 근대 교육으로서의 고전소설교육 : 조선시대의 소설 배격 논의에서 보듯 근대 이전에는 소설은 가르치거나 배우는 대상이 아니었다. 공식적으로 인정되지 않았으나 비공식적으로는 하나의 문화를 형성했던 것이 소설의 창작과 향유였는데, 근대에 와서는 소설의 창작과 향유가 공식적으로 인정되고 학교 교육에서 교수·학습의 대상이 되었다. 즉 고전소설교육은 근대 교육의 일환인 것이다. 근대가 민족어를 국어로 삼고, 민족문학의 전통을 재평가한 것과 우리 고전소설교육이 국문소설을 중심으로 시작된 것은 동궤의 일이다. 다시 말해 고전소설교육은 민족문학의 전통을 근대적 입장에서 계승하고 발전시키는 일과 관련이 있는 것이다.

2) 인문교육으로서의 고전소설교육 : 고전소설교육은 인문교육의 중요한 부분을 차지한다. 즉 고전소설교육은 교양교육이자 고전교육이라 할 수 있다. 이 경우 '고전'으로서 고전소설 텍스트를 선정하고, 그 가치를 밝히는 일은 고전소설 연구자의 중요한 몫이다. 고전으로 평가받는 작품의 가치를 풍부하게 해석하고, 학습자들이 고전을 중심으로 한 해석 공동체의 일원이 될 수 있도록 하는 원천은 고전소설 연구자들이 마련해야 한다.

3) 민족문화교육으로서의 고전소설교육 : 고전소설은 우리 민족문화의 한 부분이다. 민족의 전통 문화를 계승하고 발전시킬 수 있도록 하는 것이 교육의 중요한 과제라면 고전소설교육은 그것의 구체적 실천 분야라 할 수 있다. 앞에서 보았듯이 민족 문화 전승의

차원에서 고전소설교육이 시작된 점이 이를 잘 말해준다.

4) 문학예술교육으로서의 고전소설교육 : 고전소설은 민족 문학과 예술의 역사적 형태이자 한국인의 서사 능력의 구체적 발현 형태이다. 따라서 고전소설은 한국인의 언어예술 능력, 특히 서사 능력을 신장하는데 중요한 모델이 될 수 있다. 특히 서사의 민족적 형식은 고전소설 연구와 교육 양쪽에 중요한 과제이자 대상이 될 수 있다. 오늘날 서사교육이 주로 서구의 서사 이론에 기대고 있는 상황이어서 우리 고전소설에서 생산한 서사이론이 절실히 요청된다.

5) 국어교육으로서의 고전소설교육 : 현재의 교육 체제 하에서 고전소설교육은 국어교육의 하위 영역인 문학교육의 영역에 속한다. 고전소설 국어교육의 대상이 되고 있는 데는 복합적인 논리적 근거가 있다. 앞에서 본 바와 같이 민족문화의 일환이라는 것, 민족어 창조된 예술이라는 것, 새로운 민족문학 창조의 원천이 된다는 것 등등이 그것이다. 동시에 고전소설 작품들은 국어 교육의 자료로서 말하기, 듣기, 읽기, 쓰기 활동의 다양한 제재로 활용될 수 있다. 다시 말하면 학습자의 국어 능력을 발달시키는 다양한 기획 활동의 제재가 될 수 있는 것이다.

6. 고전소설교육의 위계

현재 우리 교육 과정은 국민공통 기본교육과정 10년과 심화 선택 과정 2년 그리고 대학교육으로 되어 있다. 국민공통교육과정 10년과 심화 선택 과정 2년 동안의 국어과 교육 과정은 과목으로서 『국어』, 『국어생활』, 『화법』, 『독서』, 『작문』, 『문법』, 『문학』으로 구성되어 있다. 『국어』는 '듣기', '말하기', '읽기', '쓰기', '국어지식', '문학' 영역으로 이루어져 있다. 고전소설은 주로 <국어> 과목 중 '문학' 영역과 <문학> 과목에 속한다. <문학> 과목은 11학년과 12학년의 심화 선택 과목이고, <국어> 과목 중 '문학' 영역은 1학년부터 10학년까지 연속되어 있다.

따라서 1학년에서 10학년까지의 교육 과정에서 어떤 고전소설을 어떤 학년에 어떤 목적으로 가르칠 것인가가 고전소설교육의 중요한 과제이다. 이미 시행되고 있지만 그것이 타당한지, 어떤 내용들이 지원될 수 있는지 고전소설 학계에서 따질 필요가 있다. 다음으로 검인정교과서로 구현되고 있는 <문학> 과목에서 고전소설은 적절한 위상을 차지하고 있는지, 관련 지식과 정보는 정확하고 타당한지 검토될 필요가 있다.

대학에서 고전소설교육은 국어국문학과 및 국어교육과를 제외하고는 교양 교육 또는 대학 국어교육의 일환으로 수행되고 있다. 고등학교까지의 국어교육과 고전소설교육에 비추어 대학의 교양 국어 교육 속의 고전소설 교육의 수준이 어떠한지도 검토되어야 한다. 대학의 『문학개론』 과목이 고등학교의 <문학> 과목에 실질적으로 미치지 못하는 경우도 있으므로 이 점도 점검하고 개선할 것은 개선해야 한다. 또 일반 교양 교육으로서 한국고전문학교육의 수준이 대학의 교양 교육답게 이루어지는지도 검토되어야 한다.[19] 국어국문학과의 전공 차원의 관심사가 그대로 교양 교육의 관심사와 동일시되는 경우가 적지 않기 때문이다. 최근에는 교양 교육이 상당한 정도로 개선되어, 고전문학 강좌가 주제별로 심화되고 있는데, 바람

19) 대학 교양 교육으로서의 문학교육에 대해서는 김종철, 「대학 교양 교육으로서의 문학교육의 방향」, 『문학교육학』 10, 한국문학교육학회, 2002 참조.

직한 현상이다.

초등교육에서 대학 교양교육에 이르기까지 13년 이상 동안 제도의 차원에서 고전소설교육이 수행되고 있으므로 고전소설교육의 위계화를 정밀히 하고, 방법론을 개발하고, 정수적인 교육 내용을 선정하는 일은 매우 중요한 일이다. 이에 고전소설 연구자들이 어떤 기여를 할 수 있는지 점검하고 실천하는 일도 중요하다.

7. 고전소설교육을 위한 요건

고전소설교육을 고전소설에 대한 지식 교육으로 한정한다고 가정하자. 이렇게 제한된 교육도 제대로 충족하기 어려운 것이 오늘날의 현실이다. 대학 입시 면접 때 <관동별곡>의 여정을 말해보라 했더니 그 전체 틀의 수준에서도 제대로 답변하는 학생은 한 명도 없었음을 확인한 경험이 있다. 또 <춘향전>의 인상적인 대목을 들어보라 했더니 주로 암행어사 출도 부분을 언급했다. 이른바 고전적 명작이라고 평가되고 국정 교과서에 수록되어 있는 작품에 대한 학습의 결과가 이러하니 다른 교육을 더 할 수 있는가를 회의하지 않을 수 없다.

그런데 이 문제는 머리말에서 언급했듯이 그 확실한 실마리를 찾기 어려운 것이어서 손쉽게 나무라고 말 바꿀 성질은 아니다. 앞에서 보인 사례는 지식 위주의 교육을 비난하고 사고력 · 창의력 중심의 교육을 한다고 한 결과이기도 하기 때문에 교사와 학생이 전적으로 책임질 일도 아니다. 그렇다고 지식 위주의 교육이 낳은 폐단도 많았기 때문에 사고력 · 창의력 중심의 교육을 또 무조건 비난할 일도 아니다.

그렇다면 고전소설 연구자 또는 학계에서 할 일은 무엇인가?

우선 교사 양성과 교사 연수에 기여하는 일을 들 수 있다. 국어교사는 사범대학(또는 교직과정 및 교육대학원)에서 양성하고, 연수도 주로 대학 교수들이 담당한다. 이들을 제대로 길러내고 제대로 재교육하는 일에 관심을 가져야 한다. 학부제 또는 복수전공제로 인해 전공 능력이 현저히 떨어진 학생들을 어떻게 할 것인가를 고민하고 보완할 방안을 모색해야 한다.

둘째, 학습 제재로 삼을 만한 작품을 개발하고, 교수 학습에 응용할 수 있는 내용의 생산에 기여하는 일을 들 수 있다. <홍길동전>은 왜 중학교에서 가르치고, 그 수록 부분도 계속 '길동이 집 떠나는 대목'이어야 하는가를 반성해 볼 필요가 있으며, 그것이 그 나름대로의 타당한 이유가 있다면 새로이 보강할 수 있는 학습 내용을 지원할 수 있어야 한다. 기존의 전범의 위치에 있는 작품들을 교육의 관점에서 비판적으로 점검할 필요도 있으며, 나아가 몇몇 전범의 위치를 차지하고 있는 작품 외에 교사와 학습자가 용이하게 이용할 수 있는 교육 자료를 개발해야 한다.[20] 이런 일은 연구자와 현장 교사가 함께 한다면 더욱 효과적일 것이다.

셋째, 교수・학습의 내용과 방법, 교육 과정, 평가 등에 대해서 고전소설 연구자들이 직접 관여하기는 어려우나 고전소설의 창작, 유통, 수용의 과정에서 일어난 여러 현상들 중 교육적으로 의미 있는 것들을 집적해서 교육 현장에 소통시키는 일도 중요하다. 고전소설 교육 쪽에는 평소 관심이 없다가 어떤 계기를 만나면 한 수 가르치듯 접근해서는 서로 도움이 되지 않는다. 무엇을 어떻게 무슨 목적

---

20) 예컨대, 권순긍 편저, 『우리소설 토론해봅시다』(고전소설 편), 새날, 1997을 사례로 들 수 있다. 대학의 고전소설론 강의에서 시도한 개작 활동 수업은 중등학교 교실에서도 응용할 수 있는 좋은 참고 사례라 할 수 있다.

으로 가르칠 것인가는 현재와 미래의 시대적 요구에 의해 결정되기도 하지만 과거의 역사적 사실을 다각도로 살피는 데서 오히려 확실하게 결정될 수 있다. 현재와 미래의 요구는 실현되지 않을 수도 있고 검증되지 못할 수도 있으나 과거 사실의 탐구는 검증된 정보를 무한히 제공할 수 있기 때문이다.

고전산문 연구와 국어교육

서 인 석

[영남대학교]

* 이 논문은 원래 한국국어교육연구학회에서 발표된 것을 수정하여 『국어교육』 107호(한국국어교육연구학회, 2002.2)에 실은 것인데, 이후 교과과정의 변화를 반영하여 현재적 시점에서 한 번 더 수정한 것이다.

서인석

현재 영남대학교 문과대학 국어국문학과 교수로 있다. 서울대학교 문학박사. 소설을 포함한 한국 고전산문을 주로 공부하고 있다. 저서로 『한국 고전문학 작가론』(공저), 『민족문학사 강좌』(공저) 등이 있고, 논문으로는 「가사와 소설의 갈래 교섭에 대한 연구」, 「조선 후기 향촌사회의 악인 형상」, 「1910년대 강릉 여자의 서울 구경-<서유록>의 경우」, 「봉건시대 여성의 이념과 행동-<박효랑전>과 <김부인열행록>의 경우」 등이 있다.

1. 머리말

'고전산문 연구와 국어교육'이라는 두 영역을 놓고 보니, 다소 막연하다는 생각이 든다. 우선 가장 쉽게 생각해 볼 수 있는 것은, 고전산문을 연구하는 쪽에서 본 '국어교육'이 될 것 같다. 이 경우 고전산문을 공부하는 본 필자의 처지에서는, <고전산문 연구자가 본 국어교육의 실상>이라든가 <국어교육에 도움이 되는 고전산문 연구 성과>와 같은 구체적인 '부제'가 떠오른다. 그렇다면 국어교육 연구자들이나 국어교육을 하고 있는 교사들이 미처 보지 못한 것, 고전산문을 연구하면서 남다르게 느낀 것들에 대해 서술하는 것이 필요하리라. 그러나 그런 것이 어디 쉽겠는가. 자칫하면 대안 없는 비판을 늘어놓거나 고전산문 연구 결과를 들이대면서 아직 이런 것을 잘 모르느냐는 식이 되기 쉬운데, 이런 것은 '국문학 연구와 국어교육'이라는 학술 대회 주제의 진정한 목표와는 거리가 멀 것이다. 사실 위와 같은 제목을 내걸었을 때, 가장 중요한 것은 그 동안 두 영역의 소통이 잘 안되었다는 점에 대한 반성과 그에 기반을 둔 '대화의 길'을 모색하자는 것이겠기 때문이다. 그렇다면 이 글의 논의 중심은 아무래도 고전산문 연구와 국어교육(론)의 '행복한 만남'을 위해 각자가 어떤 노력을 할 수 있는가에 관한 것이 될 것이다.

사실 그 동안 '고전산문'을 포함한 '국문학 연구'와 '국어교육' 사이의 거리는 생각 이상으로 컸던 것으로 보인다. 국어교육 안에서 문학의 위상에 대한 논의가 상당한 시일을 두고 이루어졌지만, 국문학 연구자들 중 그러한 논쟁에 관심을 가지고 있었던 사람은 극소수였으며, 대부분 문학을 바탕으로 국어교육을 연구하는 사람들만 그 논쟁에 참여하였었다. 그리고 논쟁이 어느 정도 정리가 된 지금에 와서도, 국문학 연구자들은 그것이 중등학교 국어교육에 한정된 것이라 생각하여 그것이 어떤 문제점을 안고 봉합된 것인지조차 모르는 경우가 많다. 반면 대학에서의 '인문학'의 위기 담론에는 많은 국문학 연구자들이 관심을 갖고 있었던 것으로 보인다.

그러나 '인문학'의 위기라는 것을 그 추상적인 수준이 아닌, 좀더 구체적인 수준에서 이야기해 본다면 대학보다도 중등학교에서 인문학의 핵심 과목인 문학, 철학, 역사의 교육이 위기라는 것이 아닐까? 본래 인문학이란 사회에서의 물질이나 서비스의 생산보다는 인문적 교양의 '교육'에 그 생존의 기반을 두고 있는 것이다. 그렇다면 예컨대 대학에서 역사나 철학이 위기라는 것은 무엇보다도 중등학교 교육에서 그런 것들이 무너지고 있기 때문일 것이다. 이처럼 중등 '교육'이 대학에서의 '연구'의 중요한 기반이 되고 있다는 것을 생각해 본다면, 대학에서의 '연구'와 중등학교에서의 '교육'이 어느 정도의 독립적인 것을 인정한다 해도, 이 둘 사이의 긴밀한 관계까지 무시될 정도는 아닐 것이다.

이런 점을 필자의 주관심사인 '고전산문'으로 돌려보면, 실상 '인문학 위기'와 직결되는 것은 '문학' 일반이 아니라 '고전문학'이라는 점에서 문제의 심각성을 느끼지 않을 수 없다. '젊음'이 찬양되고 '유행'이 문화 행세까지 하는 상황에서, 학생들에게 '고전문학'은 과거의 낡은 유물로 치부되는 경향이 점점 커지고 있다. 중등학교든 대학교든 '제도' 안에서만 '교육'의 힘으로 겨우 읽히는 것이 고전문학인데, 대학에서부터 점차 설자리가 좁아지고 있으니 언젠가는 중등학교 현장까지 그 여파가 미칠 것만 같다.

이러한 위기 속에서 지금 할 수 있는 일은 '국어교육(론)'과의 상호 교류를 활발하게 하면서 끝임 없이 자기 점검을 하는 길인 것 같다. 대학 안에만 갇혀 있을 게 아니라 중등학교 국어교육에 지속적인 관심을 가져야 하는 것이다. 이 글은 그러한 문제 의식과도 연관된다. 그리고 여기에서 국어교육이란 중등학교 중 특히 '고등학교에서의 국어교육'에 초점을 맞추었음을 밝혀둔다.

2. 국어교육에서의 고전 교육의 의미

(1) 최근 학생들은 물론이고 교사들조차 고전문학을 왜 가르쳐야 하는지 모르겠다는 말을 한다고 한다. 고전문학은 번역이나 주석이 필요한 만큼 그런 장벽이 학생들을 괴롭히고 그런 장벽을 넘어 들어가 보아도 현재적인 삶과는 낯선 세계라서 흥미도 없다는 것이다. 과거에도 '古典'은 '苦戰'이라는 말이 나올 정도로 어렵고 다소 지루한 과목이었던 것은 사실이다. 그리하여 고전을 너무 어려운 한자어 설명이나 어학적 주석으로부터 해방시켜 고전을 좀더 친근감 있고 생생한 교감을 할 수 있는 문학으로 가르쳐야 한다[1]는 자기반성적인 주장이 나오기도 했다.

사실 어느 시대에나 고전과 당대 문학 사이의 긴장은 있어왔다. 예를 들어 중세 시대에도 그 시대의 고전문학과 현대문학을 문학의 학습으로 생각하고, 그것이 古文과 時文이라는 대립으로 나타났던 것이다.[2] 그리고 이 때에는 아무래도 고문이 더 존중을 받았다. 물론 이 때의 '고문'이란 단순히 과거의 뛰어난 문학을 이야기한다기

1) 이 문제에 대해서는 박영주, 「고전문학교육의 현실과 방향 정립」(『국어교육』 90호, 1995); 김흥규, 「고전문학교육과 역사적 이해의 원근법」(국어국문학회 편, 『대학의 국문학교육』, 지식산업사, 1993); 정병헌, 「고전문학교육의 본질과 시각」(이상익 외, 『고전산문교육의 이론』, 집문당, 2000); 심경호, 「한국고전문학교육의 현황과 과제」(『문학교육학』 6호, 2000년 겨울호) 등의 논문이 나온 바 있다. 이 논문들은 고전문학 교육이 왜 필요한지 그리고 어떻게 가르쳐야 하는지에 대해 다각도로 논의하고 있어, 이 방면 연구에 도움을 주고 있다.

2) 김성룡, 「고전문확교육의 이념과 범위」(『문학교육』 제7호, 1999년 봄).

보다는 역사의 특수한 시기에 나타나 후대의 지속적인 모범이 된 그런 종류의 글을 말하는 것이었다. 그리하여 문인지식인들에게 고문은 오히려 더욱 존중을 받아왔다. 그러나 근대 이후 이것은 역전되어 '현재적 관심'이 과거의 문학을 압도하는 상황이 되었다. 그러니 근대를 살고 있는 교사나 학생들, 그리고 나아가서는 대학에서 국문학을 공부하는 학생들이 현대문학에 더 끌리는 것도 개인적인 취향을 넘어 시대적인 흐름을 어느 정도는 반영하고 있는 셈이다. '근대'의 '젊음' 혹은 '청춘'이 찬양되는 문화 속에서 과거의 문화는 '낡은/늙은'것이 되어 외면 당하고 있기 때문이다.

현대 문화가 젊음과 새로운 것을 찬양하고 있는 것과는 반대로, 고전문학을 낳은 중세의 문화적 분위기는 젊은이를 '早老'하게 만들었다.[3] 고전문학의 작가들, 특히 한문학을 담당했던 지식인들은 젊음보다는 노년의 원숙함을 표날 정도로 내세우는 경향이 있다. 예를 들어 이규보가 천마산에 우거하며 <백운거사어록>과 <백운거사전>을 지어 늙은이의 목소리를 냈을 때가 25살이었다. 그러니 고전문학은 더욱 '낡은' 문학처럼 보이는 것이다.

그러나 다시 생각해 보면, 이 '낡은/늙은' 것을 뒤집어 보면 거기에서 반대로 '새로운' '젊은' 것을 찾을 수도 있지 않을까? 호이징가의 『중세의 가을』의 서두는 다음과 같은 인상 깊은 말로 시작된다.

> 세계가 지금보다 5세기 가량 더 젊었을 때……[4]

보기에 따라서는 일종의 '수사'로 치부될 수도 있는 말이지만, 이 말은 우리의 과거가 '낡은/늙은' 시대가 아니라 반대로 '젊은' 시대

---

3) 알랭 핑켈크로트, 주태환 옮김, 『사유의 패배』(동문선, 1999), 190쪽.
4) 호이징가 지음, 최홍숙 옮김, 『중세의 가을』(문학과지성사, 1988), 11쪽.

일 수도 있음을 보여준다. 즉, 고전문학을 낳은 시대는 우리가 사는 시대보다 젊은 시대이고, 그 작품들은 그만큼 젊은 열정과 치기가 있는 것일 수도 있다는 것이다. 우리의 조상들은 개인의 나이로 치면 우리 할아버지 할머니들이지만, 인류의 나이로 치면 우리보다 더 젊은 시대를 살았던 것이 아니겠는가? 그렇다면 고전문학은 '근대'라는 인류사의 늙은 시대를 사는 우리에게 '젊은' 것이 될 수도 있다. 고전은 '고어'와 '한문'이라는 겉모습만 벗겨내고 보면 의외로 젊은 모습으로 우리에게 다가설 수 있는 것이다.

뿐만 아니라 이 고전문학은 현재와의 시간적 거리만큼 '낯선' 것이면서 또 그만큼 '새로운' 것이기도 할 것이다. 새로움은 '미래'에서만 오는 것이 아니라, 과거에서도 온다. 그러므로 고전문학은 '낯설은 존재'에서 '새로운 존재'로 거듭 나도록 교육되어야 할 것이다.

과거가 활용하기에 따라서 '새로운' 모습으로 나타날 수 있다는 것을, 최근 상상력의 원천으로서의 중세의 '부활'에서 볼 수도 있다. 최근의 환타지 소설이나 '서사'가 중요한 역할을 하는 게임의 중요한 모티프는 중세적인 상상력에 많이 의존하고 있다. 왜 그러한가? 우주를 무대로 하는 최첨단 전쟁의 무기가 '칼'이나 '방패'인 것은 무엇을 말하는가? 단추 하나로 끝나는 그런 전쟁에는 '서사'가 들어갈 여지가 없기 때문이기도 하지만, 현대라는 동시대 속에서는 '환타지' 구현이 오히려 어렵기 때문이다. 이런 '중세'까지도 아직은 서양의 중세를 빌어오는 경우가 많은데, 우리의 중세에서 빌어올 가능성은 얼마든지 있을 것이다.

이런 것이 서양 중세 '로망스'의 부활이라고 본다면, 동양 그리고 나아가서는 우리 고전의 부활은 불가능한가? 중국의 경우, 호금전의 영화 <협녀>(1971)는 포송령의 『聊齋志異』 속의 한 이야기(<俠女>)를 소재로 한 것이었다. 단순히 서사적 틀만 딴 것이 아니라

'지괴'적인 면모-신비하면서도 몽환적인-까지 그대로 딴 것이었다. 거기다 불교의 선적인 명상 분위기까지 더해서 아주 독특한 영화를 만들었다. 우리의 경우 지방자치 시대에 이르러 '관광' 차원에서 문화 사업을 한다고 <홍길동전>, <흥부전>, <심청전> 등을 서로 끌어들이려 하고 있는데, 다소 못마땅한 바가 없지는 않지만, 이 역시 '고전문학'이 중요한 문화적 자산으로 '새롭게' 부각되는 것이 아니겠는가. 고전은 언제든지 소재로서 모티프로서 쓸 수 있는 거대한 잠재성의 창고인 것이다. 우리가 그런 것을 외면한다면 우리의 상상력 자원은 아주 제한되거나 계속 서양의 것을 빌어와야 할 것이다. '현실'을 빌어오는 것보다 '꿈'이나 '상상'을 빌어오는 것이 사실은 더 무서운 것이 아닐까?

물론 이런 것이 제대로 된다는 것은 대단히 어려운 일이다. 국어교육과 관련해 볼 때, 위와 같은 움직임은 아직 교육 내용 속에 들어오려면 좀더 풍부한 사례를 기다려야 되고, 또 위와 같은 움직임이 모두 '교육적'이라는 보장이 없기 때문이다. 특히 이 '새로움'이라는 것이 자본주의 방식으로 새롭게 포장되고 상품화되어 소비되는 것인 한에서만 선별적으로 부여될 가능성을 생각해 본다면, 이런 자본주의적 '소비 문화'와 교육 내용 사이의 거리는 생각 이상일 수도 있는 것이다. 하지만 우리는 이런 방면의 노력을 너무 안 해온 것 같다. 우리는 학생들에게 '낯설음'이 아닌 '새로움'의 대상으로 우리 고전을 새롭게 가르치려는 노력을 다각도로 해야 할 것이다.

(2) 시야를 좀더 거시적으로 보면, 고전문학은 우리의 미래를 '새롭게' 하는 데도 필요한 것이 된다. 사실 어떤 면에서 우리는 이미 '포스트 모던'이라기보다는 '새로운 중세'에 접어들었는지도 모른다. 에코는 『포스트모던인가 새로운 중세인가』[5)]의 제1부 '새로운

중세로 나아가는 길목에서'에서 이런 점을 다각도로 지적하고 있다. 19세기 중반 이후 우리의 '근대'는 민족적/민중적 근대사회의 성립이라는 이중적 과제를 갖고 있었다. 그러나 그것이 실패하여 식민지 경험을 하였는데, 이제 문제는 이 '근대' 이후의 단계이다. 근대를 넘어서는 과제 역시 이중적 과제로 부과되고 있기 때문이다. 사실상 '서양의 근대'인 오늘날 우리의 근대를 넘어서야 한다는 것과 서양식의 근대를 넘으려는 서양의 포스트모던으로부터 주체적인 자세를 가져야 한다는 것. 근대 이후조차 서양식의 것에 휩쓸리지 않으려면, 근대를 넘는 노력에 서양과는 다른 요소를 고려해야 하는데, 그것은 우리의 전근대 문화 중 근대 이후에도 생산적일 수 있는 것밖에는 없다.

이러한 것을 문명사적으로 보면, 근대가 중세를 그대로 이은 것이라기보다는 고대를 부흥(르네상스)시키면서 시작되었다는 것을 하나의 참고로 삼을 수 있지 않을까?[6] 이와 관련하여 조동일 교수는 다음과 같이 주장한 바 있다.

> 근대를 이룩하기 위해서 중세를 비판하고 고대를 긍정적으로 평가해 계승하고자 한 것과 같은 일이 다시 필요하다. 지금은, 근대를 넘어서서 다음 시대를 마련하기 위해 근대를 비판하고 중세를 긍정적으로 평가해 계승할 때이다. 그렇게 해야 전환의 거점을 마

---

5) 움베르토 에코 지음, 조형준 옮김, 『포스트모던인가 새로운 중세인가』(열린책들, 1993).

6) 약간 방향은 다르지만, 서구의 지성들이 격변기일수록 자기 문명의 찬란했던 '황금 시대'를 거점으로 하여 당대를 보았던 것도 참고할 만하다. 루카치의 '호머적인 세계'나 벤야민의 '이름과 사물이 일치되어 있던 아담의 시대'와 같은 것. 물론 그것은 일종의 자본주의 비판이겠지만, 현재를 객관화할 수 있는 거점으로서의 과거의 황금 시대는 그만큼 유용했던 것이다.

련할 수 있다.[7]

현재적 삶의 근시안적 시각을 벗어나 '근대의 밖'을 사유하는 거시적 조망의 필요성은 교육적으로 필요한 것이다. 그렇다면 현재 우리에게 정말로 결핍된 것은 당대 문화의 풍요로움보다는 오히려 당대 문화와 창조적으로 결합하여 다음 문화를 만들어낼 수 있는 문화, 즉 우리의 거점이 될 수 있는 과거의 문화에 대한 인식이 아닌가 싶다.

우리의 고전문학이 그런 짐을 감당할 정도로 훌륭한가 아닌가의 문제는 그 다음 문제이다. '(과거는)-역사가 자신이 과거에 관해 던진 질문 유형에 스스로 답변한 대답들의 집합이다.'[8]라는 말처럼 우선 고전문학에 관심을 갖고 '질문'을 해야 하는 것이다. 질문하지 않으면 과거는 없는 것이다. 고전도 마찬가지이다. 고전문학을 끊임없이 우리들의 '질문' 속에 끌어들여야 한다.[9] 그렇게 함으로써 우리는 '근대 안'에서 살면서도 '근대의 밖'을 사유할 수 있게 되는 것이다.

(3) 이상의 논의에서 다룬 것은 보기에 따라서는 너무 거창해서 현실성이 약해 보이거나 시도하기에는 그 성과가 미지수로 보이는 것일지도 모른다. 그리고 고전문학이 이 모든 것을 다 할 수 있는 것은 아닐 것이다. 그러나 고전문학이 그런 역할을 나누어 맡을 수 있다는 것도 사실이다. 더구나 중등교육에서 국어과의 고전문학만

---

7) 조동일, 『하나이면서 여럿인 동아시아 문학』(지식산업사, 1999), 21쪽.
8) 케이스 젠킨스/최용찬 옮김, 『누구를 위한 역사인가』(혜안, 1999), 44쪽.
9) 그런 의미에서 조동일 교수의 중세문학의 재인식 3부작(『하나이면서 여럿인 동아시아 문학』, 『공동문어문학과 민족어문학』, 『문명권의 동질성과 이질성』, 지식산업사, 1999)이 학문적인 딱딱함이 있으나, 고전문학의 의미를 파악하고 시야를 넓히는 데는 많은 도움을 줄 것이다.

큼 문화 유산을 집중적으로 학습하는 과목도 드물 것이다. 어쨌든 중요한 것은 이런 거시적 비전 아래 이루어지는 고전문학 교육일 때 그 교육은 현대적 삶 속에서 그만큼 생산적일 수 있으리라는 것이다. 학생들에게도 이런 점을 강조하기가 쉽지는 않겠지만, 최소한 국어교육을 하는 교사들이라도 이런 거시적 안목을 가질 필요가 있다고 본다.

3. 국어교육 속의 고전산문 교육

(1) 고전산문 연구 결과가 국어교육 현장에서 직접 수용될 수는 없을 것이다. 고전산문 연구는 거의 아무런 '제도'적인 압력 없이 자유롭게 이루어지고 있으며 '학설' 수준으로 존재하는 경우도 많기 때문이기도 하지만, 더욱 중요한 것은 '교육 목표'의 차이일 것이다. 연구와는 달리 중등학교 국어교육은 그 교육목표가 '국가 수준'에서 정해지며 정기적으로 바뀌는 '교육과정'에 따라 조금씩 그 위상이나 목표가 달라지고 있는 것이다.

5차 교육과정 이후 국어교육에서는 '언어 능력 신장'이라는 면이 강조되면서, '문학'이 '국어'에서 갖는 위상에 대한 논쟁이 벌어진 바 있다. '국어' 과목이 가지고 있는 복합적 성격을 배제하고 '국어'라는 말의 사전적 의미만을 취하여 '순결주의'로 나아가려는 강한 움직임과 그에 대한 반대 움직임 사이의 논쟁. 논쟁의 결과는, 국어교육학의 연구 대상을 정확성이나 규범성 등 사용 원리로서의 국어 활동과 창의성과 역사성 및 심미적 깊이와 관련되는 문화 원리로서의 국어 활동으로 규정하는 것이었다.[10] 논의 과정에서 문학이 '국어교육'에서 배제되지 않은 것은 그나마 다행이라 하겠다.

그러나 고등학교 교육과정을 보면, 6차나 7차의 경우, '공통 필수 과목'(6차) 혹은 '국민 기본 공통 과목'(7차)으로서의 『국어』와 '과정별 필수 과목'(5차) 혹은 '심화 선택 과목'(7차)으로서의 『문학』이라는 두 개의 과목으로 분리되었다.[11] 그 결과 문학교육은 예전과는 다른 고민을 하지 않을 수 없게 되었다. '분리'되면서 그 분리시킨 논리에 따른 '문학교육의 이원화'가 불가피하게 된 것이다. 특히 7차 교육과정에 따르면, 『국어』는 '국민 기본 공통 과목'으로서 모든 학생이 이수해야 하는 과목이지만, 『문학』은 '학생에 따라 이수할 수도 있고 그렇지 않을 수도 있'는데, 그 이유는 '심화 선택 과목은 학생의 진로, 적성과 소질을 계발하는 데 도움을 주기 위한 과목이기 때문에 원론적으로 보면 국어국학과나 국어교육학과 또는 문예창작학과 등 국어나 문학 관련 학과에 진학할 학생들이 선택하여 이수하는 것으로 보아야'[12] 하기 때문이다. 그렇다면 '문학교육'의 비중이 줄어들 수도 있으리라.

그러나 더 중요한 문제는 문학 교과서가 이원화되면서 초래되는 '문학교육의 이원화'가 아닌가 싶다. 『국어』의 문학 작품은 아무래도 문학의 독자성보다는 '다양한 유형의 국어 자료'로서의 면이 강조되고, 『문학』의 문학 작품은 문학의 독자성이 강조될 것이기 때문이다. 실제 7차 『국어』 교과서에서는 문학 작품을 '예술'이나 '일상 언어와 구별되는 특별한 언어 양식'으로 보지 않고 그저 '가치 있는 독서물'로 보아 비문학 제재와 나란히 통합적으로 제시되고 있다. 이 경우 고전산문 연구자로서는 '국어 자료'로서의 고전산문

---

10) 이용주, 구인환, 김은전, 박갑수, 이상익, 김대행, 윤희원 공저, 「국어교육학 연구와 교육의 구조」(『사대논총』 제46집, 서울대학교 사범대학, 1993).

11) 『고등학교 교육과정 해설-[2]국어』(교육부, 2001), 10쪽.

12) 위 책, 11쪽.

에 상당한 당혹감을 느낄 수 있다.

물론 『고교국어』 교과서에 실린 문학 작품의 수가 크게 줄어든 것은 아니다. 고전산문만 보더라도 6차 교육과정에는 <借馬說>(이곡)과 같은 수필, <구운몽>, <춘향전>, <허생전>, <흥보가>와 같은 소설(판소리), <技藝論>(정약용)과 같은 논설, <매헌에게 주는 글>(홍대용)과 같은 편지가 있었다. 그리고 7차 교육과정에는 <동명일기>와 같은 수필, <구운몽>, <허생전>, <춘향전> 등의 소설, <유배지에서 보낸 편지>(정약용)와 같은 편지가 있다. (그리고 <심화> 과정으로서 <유재론>, <요로원야화기>, <조침문>이 덧붙여져 있다.) 18종 『문학』 교과서에 '문학'의 일정 부분을 이월하고 난 뒤에도 이 정도나마 남은 것이 다행이라면 다행이라고 하겠다. 그러나 중요한 것은, 이들 작품들이 '고전산문'으로서보다는 '언어 자료'로서의 면에 비중을 두고 가르치도록 되어 있다는 것이다. 이 '언어 자료'라는 의미는 물론 이들 작품을 '문학'으로 가르치는 것을 배제한다는 것은 아닐 것이다. 그러나 고전문학 작품으로서의 장르적 성격과 그 작품의 문학사적 혹은 역사적 의미가 소홀하게 될 가능성 또한 배제할 수 없을 것이다. 이런 것들이 관련 지식이라 하여 교육목표에서는 사실상 배제되기 시작하면, '고전'의 고전다운 요소는 약화될 우려가 있다.

고전이 고전인 것은 '작품이 어떤 시대적 개인적 각인을 받으면서 동시에 그것을 넘어서는 이월 가치를 지닌다'[13]는 것 때문이다. 시대적 각인이 보여주는 '역사성'과 그럼에도 불구하고 현대인과 통하는 데서 오는 '이월 가치'. <구운몽>만 해도 성진의 '다른 세계를 살고 싶은 욕망'은 어느 시대나 공통이겠지만, 그의 그러한 욕망

---

13) 김흥규, 「고전문학 교육과 역사적 이해의 원근법」(국어국문학회 편, 『대학의 국문학 교육』, 지식산업사, 1993), 190쪽.

은 중세기적 형태로 형상화되고 있는 것이다. 그렇다면 바로 이 인간의 보편적 욕망의 중세기적인 역사성을 그 양식적 특징과 함께 가르쳐야 할 것이다. 현재와는 다른 그 '역사성'의 요소는 경우에 따라서는 장애물일수도 있겠지만 반대로 그 자체가 호기심의 대상일 수도 있는 것이다.14) 아니 좀더 적극적으로 말한다면, '시대적 각인'은 작품이 매 시기마다 새롭게 태어나는 데도 중요한 영향을 미친다고 할 수 있다. 작품이 생산되던 시대에서 멀어질수록 그것은 작품의 새로운 요소로 부가되기 때문이다.

이야말로 고전산문 연구와 국어교육 사이의 '거리'라 하겠는데, 자연스럽게 고전산문 연구자는 대부분 작품의 장르적 성격이나 그 역사성을 아주 중시하는 것이다. 이런 '거리'는 물론 18종 『문학』 교과서를 통해 약간은 해소될 수도 있을 것이다. 실제로 『문학』 교과서는 대학 국문과 학생들도 놀랄 정도로 많은 작품들이 수록되어 있고, 『고등국어』에 비해 상대적으로 관련 지식들이 교육될 수 있다. 그러나 '공통 필수 과목'이 아닌 데다가 분량은 많아서 얼마나 수업 효과가 있는지 걱정이 될 정도이다.

물론 이러한 거리는 당분간은 좁히기 어려울 것이다. 고전산문 연구자가 문학 작품을 '언어 자료'로 연구할 리가 없고, 교육 현장에서는 이미 교육과정에서 그것이 중요한 목표로 되어 있어 그렇게 가르치지 않을 수가 없기 때문이다.

(2) 앞에서 본 '거리'가 교육과정상의 교육 목표에 따른 피치 못할 것이라면, 피할 수 있는 데도 고전산문 연구자와 국어교육 담당

---

14) 필자는 최근 영화 <맨발의 청춘>(1964년)을 보았는데, 이 영화가 보여주는 60년대 중반의 서울 모습과 60년대식 사랑을 흥미있게 보았다. 죽음으로 귀결된 애정 도피였는데도, 애정 행위라고는 키스 장면 하나뿐이었다. 그것도 창틀에 교묘하게 가리워진 장면으로 나오는……. 이러한 '시대적 각인'은 그 자체로서도 흥미소가 아니겠는가.

자 사이의 대화 부족으로 생기는 '거리'도 있을 것이다. 예를 들어 고전소설이 그 역사성과 관련하여 현대소설과 다르다는 점을 강조하기 위하여 가르치는 것 중에 이른바 '고전소설의 일반적 특징'이라는 것이 있다.[15] 비록 교과서에는 없지만 교육 현장에서는 상당히 널리 가르쳐지는 것으로 보이는데, 그 내용은 다음과 같다.

> 대부분 작자 미상이다. / 중국을 배경으로 하고 있다. / 운문체의 문장으로 되어 있다. / 권선징악적 내용이 많다. / 행복한 결말로 끝을 맺고 있다. / 비현실적이고 우연적인 전개가 많다. / 전형적, 평면적 인물이 등장한다. / 주인공의 일대기적인 형식으로 구성된다.

이들 중에는 모든 고전소설이 중국을 배경으로 하고 있다는 식의 사실 여부가 의심스러운 지식이거나, 아니면 그야말로 표피적인 것들이어서, 차라리 안 가르치는 것이 나은 것들도 있다. 이런 특징론을 거의 다 갖춘 것은 물론 조선 후기에 집중적으로 나온 '영웅소설'(군담소설)류인데, 이들 유형은 비교적 짧은 기간에 집중적으로 나온 만큼 그 유형성이 특히 두드러진 것들이다. 그나마 이들도 '운문체'는 아니다. '운문체'라는 용어부터가 이미 용도 폐기된 것이거니와 그 대신 사용되고 있는 '율문체'도 이들 작품의 실상에 맞지 않다. 고전소설이 '낭독'이라는 유통 방식의 영향을 어느 정도는 받고 있었겠지만, 그렇다고 해서 판소리계 소설을 빼고 나면 부분적으로 율문인 경우는 있어도 전체가 '율문체'인 것은 극소수이기 때

15) 이것이 교과서 수준에서 제시되는 경우는 별로 없을 것이다. 그러나 참고서들에는 약방의 감초처럼 제시되곤 한다. 우리나라 문학교육이 입시 때문에 많은 폐단을 낳고 있다고 하지만, 사실 제대로 된 공적인 입시 못지 않게 참고서의 폐단도 크다.

문이다. 나머지 특징이라는 것들도 그렇다. 『고교국어』에 나오는 <구운몽>, <춘향전>, <허생전>, <흥보가> 중 영웅소설의 성격에 좀 가까운 <춘향전>을 빼면 어느 작품도 위 특징 중 상당 부분이 해당되지 않는다.

문제를 드러내기 위해 이들 중 몇 가지를 조금씩 더 보기로 하자. '작자 미상'의 경우, 모든(최소한 대부분의) 고전소설이 '작자 미상'인 것도 아니고, 작자 미상인 것도 무슨 원시적인, 예술적 자각이 뒤떨어져서 그리되었다기보다는 당대에 소설이 사회와 맺는 특수한 관계의 산물인 바, 여기에서 근대 이후의 '저작권' 문제 등과도 결부된 문화사적인 차이를 읽어낼 필요가 있는 것이다. 이 '익명성'은 어떤 면에서는 수많은 이본과 관련하여 작가의 다수성 혹은 집단성으로 이해할 수 있고, 수용자들의 잠재적 창작 과정의 산물로서 문학교육(창작 교육)에 많은 시사를 줄 수도 있다는 연구도 있다.16)

'권선징악'과 '행복한 결말'은 결국 같은 것이라 할 수 있다. 대체로 여기에서는 강한 윤리적 성격을 보게 되는데, 소설이란 어차피 '어느 장르보다도 윤리가 미학적인 것이 되는 장르'(루카치)이므로, 윤리 그 자체가 문제되는 것은 아닐 것이다. 문제는 고전소설이 항상 '선이 승리'하는 모습을 보여주어 현대소설에서와 같은 '선이 패배하더라도 도덕적 정당성을 잃지 않는' 모습을 보여주지 못한다는 데 있어 보인다. 즉 선악의 승패를 도덕의 승패와 '비현실적으로' 일치시키고 있다는 것이다. 게다가 그 한결같음이라니! 그러나 역으로 현대소설 역시 유형성을 보여주는 경우가 많다는 것에 유의할 필요가 있다. 예를 들어 현실적으로는 세계에 패배하면서도 정신적으로는 패배하지 않는 인물을 설정하여, 이 타락한 세계에서 정신

16) 김종철, 「고전소설 이본과 창작 교육의 한 방향」(『고소설연구』 7, 1999).

적으로나마 세계에 맞서도록 하여(세계와 어떤 식으로든 균형을 이루어 살아가도록 하여) 내면적인 '행복한 결말'을 보여준다. 그렇지 않은 경우, 현실적 패배 속에서도 '미래의 승리'를 암시하든가 '역사적 전망'을 제시하는 결말을 보여준다. 어쨌든 중요한 것은 현대소설 역시 나름대로의 유형성이 있듯이, 소설의 결말은 어차피 한정되어 있다는 것이다. 고전소설의 결말만 유독 천편일률적이라고 매도하기 전에 그러한 소설을 낳은 시대의 문화적 감각을 문제삼을 필요가 있는 것이다.

이처럼 그 실상에 차이가 있거나 심층적 의미에 대한 이해가 없는 특징론이 보여주는 또 다른 폐해도 문제이다. 이 특징론이 '부정적 요약'이어서, 고전소설에 대한 나쁜 선입관을 조장하여, 학생들로 하여금 고전문학에 대한 '훈련된 무관심'만 키워 줄 우려가 있다. 위 특징론은 일종의 '선악/신구 이원론'에 입각하여 고전소설을 단죄하고 있는 듯하다. 현대소설의 특징들은 다 좋은 것인가? 고전소설들에서 보여주는 현대소설과 다른 점 중에는 김종철 교수가 '작자 미상'을 새롭게 본 것처럼 다른 시각에서 보아 긍정적으로 수용할 여지는 없는 것인가? 실상이 이렇다면, 이런 특징론은 위와 같이 '일반론적으로' 단편적으로 가르칠 것이 아니고 설사 가르친다 해도 현대의 문화적 상황과 대비하여 그 심층적 의미를 살려서 가르쳐야 할 것이다.

(3) 그런데도 이런 식의 피상적이고 부정적인 것이 계속해서 불변의 진리인 양 가르쳐지고 있는 것은, 고전산문 연구자와 국어교육 담당자의 대화 부족이 아닐 수 없다. 고전산문 연구자는 자신의 연구와 국어교육 현장의 접점에 대해 어느 정도의 관심을 가질 필요가 있고, 국어교육 담당자는 오랜 관습에 따른 교육에서 벗어나려는 노력을 해야 하는 것이다. 이와 관련해서 고전산문 연구자와

국어교육 담당자가 상호 노력하면 좋겠다고 생각하는 몇 가지를 덧붙여 본다.

고전산문 연구자의 경우, 무엇보다도 교사나 학생들이 읽을 만한 믿을만한 현대역 텍스트에 대한 관심을 키울 필요가 있다고 본다. 주석본의 간행은 산발적으로 이루어지다가 최근 고려대학교 민족문화연구소에서 『한국고전문학전집』을 간행하고 있어 그나마 다행이지만, 학술적인 성격이 강해서 학생들에게는 상당한 거리감이 있을 것 같다. 대중용으로 나온 것들 중에는 원전을 너무 훼손한 것도 있으니 믿을 만한 것이 많지 않다. 적어도 교과서에 실리거나 그와 병행해서 읽힐 만한 고전 작품들에 대한 믿을만한 현대역 텍스트가 필요할 것이다. 물론 여기에는 고전산문 연구자뿐 아니라 소설가가 참여할 수 있을 것이다. 일본이 자랑하는 장편 고전소설 <겐지 이야기(源氏物語)>는 유명한 소설가 다니자끼 쥰이치로(谷崎潤一郎)가 현대어역본을 내놓음으로써(1939년, 전 26권) 일본인에게뿐만 아니라 외국인에게도 널리 알려지게 되었다고 한다. 이 작품의 현대어역이 원본과 어느 정도 차이가 있는지는 모르지만, 현대 일본어를 공부한 외국인이 읽을 수 있을 정도는 되지 않나 싶다. 이런 작업이 우리의 고전문학 연구자나 소설가에 의해서도 이루어져야 할 것이다. 우리의 경우 <완월회맹연>이나 <명주보월빙>과 같은 작품은 조정래씨의 <태백산맥>보다 훨씬 더 긴 장편대하소설인데, 국문학자에 의해 활자로 복원해 놓은 뒤 적절한 현대역을 만나지 못해 연구자들 사이에서만 알려져 있는 형편이다.

이와 함께 서양에는 흔한 주요 작품에 대한 ‘강의 노트’나 ‘가이드 북’같은 것이 없는 것도 문제이다. 예를 들어 자주 언급되는 주요 작품을 대상으로 하여 줄거리가 요령 있게 소개되고, 주요 등장인물의 분석이 있으며, 양식적 특징이나 미학 등에 대한 연구의 핵심 사항 등이 잘 정리되어 있는 조그마한 책자는 교육 현장에서 얼마나 유용하겠는가? 서양에는 그런 것이 많이 있어 연구입문서나 교사용으로 활용되고 있는 것으로 알고 있는데, 우리의 경우 아직 그런 것이 나오지 못하고 있는 것이다.

이처럼 연구 성과를 충실하게 반영하면서도 교육 현장에 도움이 될 수 있는 작업들이 다양하게 이루어진다면, 좀더 열성적인 교사들은 교과서의 작품과 그 외의 것을 좀더 풍부하고 올바르게 가르칠 수 있을 것이다.

국어교육 담당자의 경우, 국어교육에서 고전을 '고립'시켜 가르치지 않고 현대문학 작품과 '연계'시켜 가르치는 것도 하나의 방법이 아닌가 싶다. '시간'을 사이에 둔 두 작품의 상호 조명 속에서 시간에 대한 감각은 예리해지는 것이기 때문이다. 고전산문에만 국한되는 것은 아니지만, 한 동안 국문학, 주로 고전문학 연구에서 화두가 되었고 많은 연구가 이루어진 것이 '전통 계승' 혹은 '한국문학의 연속성' 문제였다. 논의는 당연히 고전과 현대의 구분이라는 '현실'을 도마에 놓고 그것이 왜곡된 인식이라는 비판을 하는 형태였다. 그런데 국어교육과 관련해서 생각해 보니, 고전과 현대를 하나의 '한국문학'으로 섞어서 가르치는 '교육적 실천'도 학문적 논의 못지않게 중요하지 않았을까 하는 생각이 든다. 고전과 현대가 '상호 조명'되면서 새로운 조명을 받는 교육, 그러한 교재 편성과 교육의 길은 불가능할까?

대학의 국문학 연구는 대체로 전공 의식이 강해서 다른 분야와의 연관에는 아무래도 소홀한 편이다. 그러나 중등학교 국어교육에서는 오히려 다양한 종류의 글을 공시적/통시적으로 대비하여 하나의 큰 틀에서 가르칠 수 있을 것 같다. '영향'이나 '연속성' 여부와는 상관없이 '대비'라도 할 수 있는 것이다. 주제나 제재를 통한 고전과 현대의 여러 작품(장르에 따른)간의 대비도 그 한 예가 되겠다. 교과서의 전부를 그렇게 편성할 수 없다면, 그 일부라도 그렇게 편성하여 고전문학을 현대문학과 함께 놓고 그 같고 다른 점을 따져가며 문학을 입체적으로 공부하는 것도 생각해 볼 수 있겠다. 현재의 교과서는 '대단원' 속에 고전 작품과 현대 작품을 함께 넣고는 있지만, 두 작품은 거의 연관 관계 없이 가르쳐지고 있다. 이처럼 가르치는 것은 둘 사이의 내적 연관을 무시할 뿐더러 고전문학과 현대문학이라는 연구자들의 '휴전선'을 학생들에게까지 강요하는 것이 된다고 본다. 장르간의 역사적 차이 등도 이런 대비 속에서 자연스럽게 더 분명해질 것이다. 이런 제안은 경우에 따라서는 고전문학의 총체적 구도에 대한 인식을 사상시킬 위험한 발상이 될지도 모르지만, 잘 되면 고전문학을 좀더 생생하게 가르칠 수 있는 길이 될 것이다.

예를 들어 '애정'을 주제로 한 고전 작품들(소설, 시조, 가사, 민요)과 현대 작품들을 함께 모아 '황단적 조명'을 해볼 수도 있고, 다소 황당해 보이긴 해도 <아기장수 전설>과 이상의 <날개>처럼 대단히 거리가 먼 듯한 작품도 비교해 볼 수 있다.[17] 그뿐인가? 고려 중엽 김극기의 농민시와 신경림의 농민시는 훌륭한 비교감이다.[18] 이들 작품들이 중등학교 '국어'나 '문학' 교재 안에 채택되지는 못

---

17) 이 둘 사이의 대비는 여러 각도에서 이루어질 수 있다. 인물(거세된 집단적 영웅과 거세된 개인 지식인, '날개' 잘린 영웅과 '날개'를 소망하는 지식인), 상황(중세의 압박 받는 농민 사회와 황폐화된 식민지 사회), 비전(새로운 세계에 대한 유토피아적 비전) 등. 물론 다소 극단적인 예이기는 하나, 그렇기 때문에 예로 든 것이기도 하다.

18) 조동일, 『한국문학통사』(3판) 2권(지식산업사, 1994), 15쪽에 나오는 김극기의 '농민시' <전가사시>나 <숙향촌>은 신경림의 시집 『농무』에 실린 <농무>와 같은 작품과 비슷한 데가 많다. 한국 농민시의 전통과 함께 교육적으로 다루어 볼 만한 사실이 아닌가 싶다.

해도 채택되는 작품을 대상으로라도 이런 '횡단적 조명'은 해볼 수 있을 것이다.

이왕 '횡단적 조명'을 이야기했으니 좀더 나아가 보자. 이제는 사실상 사라져버린 고전문학의 여러 장르들을 국어교육에서 활용할 수는 없을까? 현대문학에서 말하는 장르 체계 중 유력한 것은 3분법(서정, 서사, 극)인데, 이 3분법에서 설자리가 모호한 데도 교육 현장에서 글쓰기를 할 때 가장 많이 활용되는 것은 바로 '수필'이다. 그만큼 수필이 대중적이고 전문 문인이 아니더라도 쉽게 쓸 수 있는 장르이기 때문이리라. 이런 논리를 한 걸음 더 확장하면, 이제는 창작과는 거리가 멀어져버린 몇몇 고전 문학 장르들도 이 수필과 비슷한 글쓰기 자료로 '살려낼' 수 있을 것 같다. 예를 들어 '假傳'이나 '托傳', '夢遊錄' 그리고 '逸話'와 같은 것들. '짧은 산문' 혹은 '짧은 서사'들이다. 어떤 사물에 대한 백과사전적인 지식을 모으고 몇 가지 일화를 결합하여 한편의 짧은 전기를 써보는 것(가전). 자기 자신을 다른 사람인 양 가탁하여 짧은 전기를 써보는 것(탁전). 몽유 체험을 빌어 가상 세계 속에서 노닐던 이야기를 써보는 것(몽유록). 주변에서 보고 들은 짧은 이야기들을 짧은 서사 적 틀 속에 써보는 것(일화). 이런 것들이 완성된, 살아 있는 장르 문학으로는 될 수 없겠지만, 교육적으로는 의미가 있어 보이는 것이다. 사실 '시'는 몰라도 '소설'이나 '희곡'은 국어교육에서 거의 '창작'과는 단절된 교육일 수밖에 없다. 그러나 이들은 모두 '짧은 산문'이기에 '소설'과는 달리 '수필'처럼 '교육 현장'에서 유용하게 쓸 수 있을 것이다. 이 경우 장르는 '장벽'이 아니라 하나의 '길'이 될 것이다.[19)]

19) 고전문학의 그 수많은 '갈래'들은 현대문학의 시, 소설, 희곡, 수필에 비해 엄청나게 분화되어 있다. 이들은 보기에 따라서는 과거 한때 존재했던 '역사적 갈래'에 불과할 지도 모른다. 그러나 문학교육의 측면에서 본다면 이들 중 상

4. 고전산문 연구와 국어교육론

(1) 이상에서 본 것과는 달리, '문학을 교육적 효용이라는 관점에서 다룸으로써 얻는 이득이 다시 학계에 기여하게 되는 善循環構造야말로 가장 소망스러운 바램이자 현실적 요청에 부응하는 길'[20]이라는 말 그대로, 최근 국어교육론의 활성화와 함께 고전문학 연구에 대한 반성적 충격을 주는 경우도 생기고 있다. 그런 예로서 들 수 있는 것이 이른바 '문화론적 시각'과 '고전표현론'이다. 이 두 방면의 연구 경향은 고전문학 연구와 병행되기도 하면서 고전문학 연구에 영향을 미치고 있는 바, 고전산문 역시 예외가 아니다.

(2) 김대행 교수는 이 '문화론적 시각'에 대해 여러 편의 논문을 쓴 바 있다. 이 중 문화론적 시각의 기본 전제라 함직한 내용을 볼 수 있는 두 대목을 우선 보기로 하자.

> (A) 다시 한번 되풀이하고 싶은 것은 문학이 특별한 언어 체계도 아니고 특별한 사람들에 의해 향유되는 별개의 세계도 아니라는 점이다. 예전에 다정한 얘기를 들려주시던 할머니가, 그리고 신분에 관계없이 그들의 노래와 이야기를 만들어냈고, 또 즐겼던 보통 사람들의 언어생활이 문학이고, 오늘날도 우리가 배꼽을 잡을 수밖에 없는 아이들의 많은 이야기들은 오늘날 우리 사회의 삶을 표출하는 문학인 것이다.[21]

당수는 '교육적으로' 되살려 쓸 수 있을 것이다. 현재 중등학교 문학교육의 '창작'은 거의 '수필'로 국한되는 경향이 있는데, 그런 획일성에서 벗어나 다양한 문학 체험을 할 수 있는 소중한 자산일 수도 있는 것이다.

20) 정재찬, 「청산별곡에 대한 시교육적 접근」(운정 이상익박사 회갑 기념논문집 『고전문학 어떻게 가르칠 것인가』, 집문당, 1994), 280쪽.

21) 김대행, 「문학의 개념과 문학교육론」(『국어교과학의 지평』, 서울대출판부), 344쪽.

> (B) 문학은 문화의 한 양상으로 보아야지 예술가들의 전유물로 보아서는 안 된다. 문학은 우리 모든 보통 사람들이 만들어냈고 또 그 사람들이 즐기는 문화 양식이다. 따라서 오늘날의 대중문학이 어디를 어떻게 향해 가고 있는가에도 주목할 필요가 있다.[22)]

문학은 일차적으로 '생활 문화'의 기반에서 나온 것이고, 보통 사람들 역시 언어 생활 속에서 다양한 문학적 실천을 하고 있다는 것. 여기에서 말하는 '문화'란 '사회구성원에 의하여 습득, 공유, 전달되는 양식 내지 생활방식의 총체'(270쪽)라고 하지만, 아무래도 '언어 활동'의 범위에서 이루어지는 것이 중점 대상이 아닐 수 없고, 여기에서 보여주는 '일종의 질서이자 관습'이 예술성을 강화할 때 '예술문화로서의 문학'이 될 것이다.

'문화적 귀족주의'(338쪽)를 비판하는 이러한 주장은, 사실 그 동안 우리 문학교육을 지배하고 있던 기본 정서를 뒤흔드는 것이기도 하다. 비록 교육은 비문학적인 지식 위주로 하고 있어도 우리 문학교육 현장의 지배적인 문학관은 '낭만주의적 문학관'이었던 바, 작가를 천재로 보고 작품을 신비한 예술품으로 보았던 것이다. 그런데 위와 같은 주장은 뛰어난 예술 작품과 일상 언어 활동 사이의 근본적인 경계를 무너뜨리고 그들 사이의 공유점을 확인하고자 한다.

생활문화로서의 문학이란 문학 장르(그러니까 문학) 외부로까지 확대하여 일상언어 속에서 실현되는 문학적 요소를 중시하여, 모두가 잠재적 문학인이라는 점을 부각시키는 것이다. '일상 생활에서 이루어지는 국어 활동이 지닌 문화적 성격과 규칙들'을 보여주는 것. 그러니까 '국어 활동에 내재하는 문화적 질서의 체계를 설명하

---

22) 김대행, 「문학교육의 지표」, 위 책, 365쪽. 이하 이 책의 인용은 인용 쪽수만 표시한다.

고 그 창조적 전망에 이르'[23]고자 하는 것이기 때문이다.

사실 그간의 논쟁에 비추어 지나치게 예술성 위주로 문학교육이 나아갈 때 국어교육에서 '특수인 교육 운운'의 문학교육 배제론을 불러올 가능성은 충분하고 이에 대비하자면 '국어교육'에서 이런 방향의 시각은 아주 중요한 의미가 있어 보인다.[24] 그러나 바로 이런 점 때문에 국문학 연구자로부터 의구심을 자아낸 점도 있다. 예를 들어 '문학이 국어의 영역에서 벗어난 것이 아니라는 시각을 강조하는 차원에서 문화 원리가 제시된 까닭에 문학이 갖는 일상성의 축이 상대적으로 강조되고 예술성의 축은 위축된 느낌을 지울 수 없다.'[25]는 지적이 나오는 것이다. 문학의 예술성이 일상 언어의 차원으로 해소되지나 않을까 하는 우려의 표현이다. 이는 위 논의가 주로 거론한 글들이 예술성이 떨어진다고 여겨지던 글들인 데서 더욱 커진 듯하다. 물론 이 논의는 일반인의 문학 체험이 꼭 고도의 예술적인 작품을 통해서만 이루어져 온 것이 아니라는 현실을 인정하는 동시에, 그런 일상적 차원의 문학 체험의 다양한 스펙트럼을 여러 수준의 문학 혹은 문화적 산물을 통해 적극 수용하고자 하는 의도에서 나온 것으로 본다. 고도의 예술성을 갖춘 작품을 높이 평가할 수 있는 여지까지 차단하려는 것은 아닐 것이다. 그럼에도 불구하고 '외연'의 확대가 '내포'의 감소를 가져온다는 일반론에 입각한 비판적인 시선은 쉽게 사라질 것 같지는 않다.

예를 들어 문학의 장르적 차원의 문제를 언어(그리고 표현) 수준으로 낮춤(?)으로써 작품들간의 장르적 경계에 대한 인식이 약화되

---

23) 김대행, 「국어교육과 국어교과학」, 위 책, 149쪽.
24) 김대행, 「문학교육론의 시각」(『문학교육학』 2호, 98년 여름), 153쪽.
25) 박경주, 「고전문학 교육의 연구 현황과 전망」(『고전문학과 교육』 제1집, 태학사), 29쪽.

지나 않을까 하는 우려가 가능할 것 같다. 언어 생활에서 단초적으로 들어 있는 문학적 표현부터 고도의 언어 질서를 갖춘 예술 작품에 이르기까지 '일원론적으로 규정'하는 것이 갖는 장점과 약점의 양면이라고나 할까. 이는 문학성을 '문학적 양식'보다는 '문학적 속성'에서 찾는데서 오는 결과이기도 하다. 즉 '장르 체계 속에서 창조되는 실체로서의 문학만이 아니라 언어 활동 일반에서 문학성이 실현될 수 있다는 관점'[26]의 산물인 것이다.

그럼에도 불구하고 이 '문화론적 시각'은 고전산문 연구에 상당한 자극을 줄 수 있을 것 같다. 필자의 관점에서 볼 때, 무엇보다도 고전산문의 상당 부분을 차지하는 '교술 산문'이 문학의 대상으로 재확인되고, 많은 고전산문들이 고도의 예술성이라는 잣대로 소외당해서는 안 된다는 것을 논리적으로 주장하고 있다는 점이 주목할 만하다고 본다. '일상언어와 문학언어가 별개의 존재가 아니며, 일상언어가 곧 문학언어일 수 있음의 학습, 예컨대 오늘날의 관점에서 본다면 객관적 사실 지향의 성격으로 인해 실용문쪽으로 분류될 수 있는 글들(記, 傳, 書……)이 훌륭한 문학이 되는 원리의 학습, 삶에 도움이 되는 의사소통의 방식으로 표현과 이해를 조직하거나 활용하는 학습이 우선적으로 강조될 필요가 있을 것이다.'[27]라는 말에서도 드러나듯, 그 동안 장르론적 접근에서 상대적으로 소외되어 온 고전산문들에 대한 재조명의 논리를 제공하고 있는 것이다.

이는 사실 고전산문 연구의 큰 문제점과도 그대로 직결되는 것인데, 고전산문 연구는 그 동안 소설과 서사적 산문 외에는 별 관심을

26) 김종철, 「문학교육의 문화론적 관점」(한국고전문학회, 『국문학과 문화』, 월인, 2001), 98쪽.
27) 김종철, 「문학교육의 문화론적 관점」(한국고전문학회, 『국문학과 문화』, 월인, 2001), 99쪽.

두지 않아 왔다. 이른바 '소설사적 구도' 위에서 그 중요성이 배치되어 온 셈이다. 그 나머지 중 일부는 오늘날의 '수필' 개념으로 포괄하여 '문학'으로 대접받고 있으나, 당대에는 문학이었으나 지금은 실용문 범주에 드는 많은 산문들이 완전히 방치되어온 것이다.[28] 비록 조동일 교수가 '교술산문'이라 하여 『한국문학통사』에서 비중 있게 다루고 있지만, 개별 작품의 연구는 빈약하기 짝이 없었다. 총론이 각론에까지 파급되지 못하고 있었던 셈이다.[29]

그런데 문화론적 시각은 이들 작품이 '문화'로서 당대의 글쓰기 전략을 보여주는 글이라고 생각한다. 그리하여 (훌륭한 문학 작품 여부는 몰라도) 훌륭한 문화적 산물임을 보여준다. 물론 작품에 따라서는 '훌륭한 문학이 되는 원리'도 보여줄 것이다. 이러한 예가 李穀의 <借馬說>에 대한 김대행 교수의 분석이다.[30] 문학성보다는 그 사고의 논리적 설계(이른바 구성)에 중점을 두면서도, 아울러 이 글이 인식(의미 발견)과 미적 쾌감을 제공하는 문학임을 보여주고 있다. 이런 시각은 후학들에 의해 '상소문'이나 다른 실용문 분석으로 이어졌다.[31]

---

28) 『동문선』의 목차를 보면 중세의 '문학' 범위가 오늘날과 얼마나 다른지를 단적으로 알 수 있다.

29) 최근 '비소설적 서사'에 대한 관심이 많아지고 있는 바, 이러한 관심은 '비서사적 산문'까지 이어져야 할 것이다.

30) 김대행, 「옛날의 글쓰기와 사고의 틀」, 앞 책.

31) 이런 '소설'로서는 다소 특이하거나 소설과 무관한 산문을 대상으로 한 조동일 교수의 다음과 같은 주장도 이와 일맥상통하는 것 같다. '이규보의 <問造物>, 김시습의 <南炎浮州志>, 박지원의 <虎叱>은 독자에게 계속 새로운 도전을 하는 명문의 좋은 본보기이다. 그런 글을 일반 독자는 물론이고, 뜻하는 바를 당 라고 평가했다고 하는 연구자들도 우롱하고 있다. 논리와 체험, 사유와 형상, 주장과 호소가 하나가 되어 있다. 문학 작품이면서 철학논문이다. 그러면서 그 둘의 관습에서 모두 벗어난 자유로운 창조물이다.'(조동일, 「글읽기와 글쓰기」, 『문학과 교육』 제7호, 1999년 봄호)

이러한 연구는 고전산문 연구에서 볼 때 아주 중요한 의미가 있어 보인다. 고전산문을 재조명할 필요성을 촉구하는 데서 한 걸음 더 나아가 문학이라는 좁은 틀을 벗어나면서 역설적으로 예술성을 설명하는 예를 보여주고 있기 때문이다. 사실 그 동안 고전산문 중 소설을 뺀 대부분이 소홀하게 취급된 것은 이들의 문학성에 대한 의구심 때문만은 아니었다. 좀더 엄격하게 말한다면, 문학적으로 읽어낼 만한 방법(분석 방법)을 찾기 어려웠기 때문이기도 했다. 분석 방법이 없는 것은 물론 시, 소설, 희곡과 같은 허구적 상상에 입각한 것들과는 달리 작품들의 '구조 미학'이 분명하지 않다는 데서 연유한다고 생각해 온 것이다. 예컨대 <차마설>과 같은 작품의 '문학성'은 시나 소설 그리고 희곡 작품의 그 다채로운 문학성 분석 결과에 비해 뭔가 부족감을 느꼈던 것이다. 그런데 이제 그러한 작품들이 중요하게 다루어지고 좁은 의미의 미학적 분석의 틀을 벗어나 '사고의 틀'과 그것에 바탕을 둔 '의미 발견'이라는 점이 강조하면서 분석되는 것이다.

여기에 대해서도, 문학을 지나치게 '사고' 혹은 '인지적(cognitive) 기능'과 연관지어 보고 있다거나, '사고의 틀'과 '의미'라는 용어가 장르들 사이의 차별을 넘어 다소 범박하게 사용되고 있다는 비판이 있을 수 있을 것이다. 그러나 어쨌든 문화론적 시각은 다양한 고전산문에 대한 관심을 환기하고 이들 작품의 분석 방법에 대한 새로운 노력을 하고 있다는 점에서 고전산문 연구에 신선한 자극을 주었다. 그리고 한국고전문학회에서 2년 동안 기획 주제로 발표하여 책으로 묶은 『국문학과 문화』(월인, 2001)는 이 문화론적 시각을 국문학 연구에 수용해보려는 다각도의 연구 성과를 모은 것이기도 하다.

(3) '문화론적 시각'이 상대적으로 내용에 치우쳐 있다면, '고전표

현론'은 섬세한 표현의 측면을 분석하는 데 필요한 것으로 보인다. 그 선언적 논문이라 할 수 있는 한 논문에서 김대행 교수는 상소문, 가사, 소설, 편지 등 다양한 글에 나타나는 다양한 표현의 체계를 구상하고자 한다.32) 여기에서 다루고자 하는 것은 일차적으로 '표현의 여러 과정과 단계 그리고 요소들'인 바, 그 과정에서 이것들의 '역사성과 사회성'을 고려해야 하고 '표현을 구체화하는 것이 기교가 아니라 인식이며 사고라는 점'에 대한 고려도 필요하다고 한다. 그 동안 수사학으로 혹은 문체론으로 연구되어왔던 것을 언어 표현의 체계로 집대성하려는 이 시도 역시 실용문까지 포함한 광범위한 고전산문을 포괄하는 것이고 '고전적 언어문화'를 살피는 것이기도 해서 '문화론적 시각'과 동전의 안팎을 이룬다. 게다가 표현의 체계화가 '지나간 시대가 남긴 언어의 화석이 아니라 창안을 위한 지적 지식이 될 것'이라는 강한 희망까지 곁들이고 있어, 고전의 계승 내지 활용이라는 미덕도 갖추고 있다. 이 역시 후학들에 의해 그 응용이 이루어지고 있다.33) 아울러 고전 속에서 선인들의 '글쓰기 방식' 연구로도 확장되고 있다.

이 '고전표현론'이라는 용어가 단순한 '수사'의 연장선 위에 있는 것이 아니라는 것은, 그 '역사성과 사회성' 그리고 '인식과 사고'를 충분히 고려하는 것임을 강조하고 있는 데서도 드러난다. 이것이 '기교가 아니라 인식이며 사고'라는 것. 이는 기존의 용어로 보자면 '수사'와 '논리'를 아우르고자 하는 것인데, 문제는 이제 이 '수사'와 '논리'라는 두 개념쌍의 시대적, 양식적 배치를 정태적으로가 아

---

32) 김대행, 「고전표현론을 위하여」, 앞 책.

33) 우선 눈에 띄는 것으로는 다음과 같은 연구가 있다. 염은열, 『고전문학과 표현교육론』(역락, 2000).
배수찬, 「고소설 표현의 양상과 구술성의 관계 연구」(이상익 외, 『고전산문교육의 이론』, 집문당, 2000).

닌 동태적으로 살펴보는 일일 것 같다. 그렇게 된다면, 예를 들어 '수사'가 '논리'를 압도해 가는 포스트모더니즘적인 문화 현상을 설명하는 데도 유용하게 활용될 수 있어, '현대 표현론'까지 연장될 가능성이 있어 보인다. 게다가 이 고전표현론이 '우리말 표현의 기본적 골격을 체계화'(251쪽)하거나 '언어 생활이라는 것의 총체성을 그리는 요소의 체계화'(243쪽)로까지 확장된다면, 그 생산성은 상당할 것 같다.

요컨대 이상에서 본 '문화론적 시각'이나 '고전표현론'은 고전산문 연구 자체에도 유용하겠지만, 이 외에도 고전산문 연구와 국어교육의 접점이 가능하다는 것을 보여주는 것이기에 좀더 주목할 필요가 있다고 본다.

5. 맺음말

이상 '국어교육'에서 고전 교육의 의미, '국어교육' 현장에서 이루어지는 고전산문 교육의 몇 가지 문제점과 반성적 제안, '국어교육론'의 고전산문 연구에 대한 자극 등에 대해 살펴보았다. 제목과는 달리 고전문학에서 시가와 구별되는 산문만의 독특한 면을 거의 다루지 못하고 이 둘을 때로는 구별 안 하고 쓴 것이 아쉽기는 하다. 그러나 이는 국어교육과의 관계에서 이 둘 사이가 크게 구별되는 것 같지 않았기 때문에 어쩔 수 없이 그렇게 된 것이기도 하다.

3장에서 간단히 언급했듯이 이른바 '국어교육 논쟁'을 겪으면서 '국어교육'이 좁은 의미의 '언어 사용 기능' 신장이라는 잣대에 밀려 문학교육 위기론이 확산된 적이 있었다. 이는 '국어'라는 말을 좁은 의미의 '언어 자료'로만 보는 가운데 국어교육의 정체성을 지나치게 언어 기능 위주의 순결성에서 찾으려는 노력에서 나온 것이라 하겠는데, '국어교육'의 정체성 문제에 대한 심각한 논쟁을 불러일으켰다. 다행히도 논쟁의 결과 문학교육의 필요성이 역설적으로 강조되었고 문학교육론이 더욱 활성화된 듯하여 '위기가 곧 기회'라는 말이 실감날 정도이다. 정말이지 근래 국어교육과 관련하여 문학교육론은 대단히 활성화되어, 많은 논저들이 나오고 있는 것이다. 그러나 이런 활성화는 어디까지나 문학이나 문학교육을 전공하는 연구자의 경우이고, 교육과정이라는 국가 제도 차원에서 볼 때, 문학 교육은 여전히 안심할 수 없는 위치에 있어 보인다.

'고전산문 연구와 국어교육'이라는 제목은 그러한 위기의식을 어느 정도는 반영하고 있는 것인데, 고전문학이 국어교육에서 왜 필요한지부터 다룬 것은, 현대문학과는 다른 고전문학의 고민을 그대로 보여주기 위해서였다. 사실 다른 모든 예술이 그러하듯, 문학도 상당 부분 '비평'과 병행되지 않으면 자기 자신을 드러내기가 어려운 것이다. 현대문학이 친숙하다는 것은 언어나 정서 등에서 고전문학에 비해 장벽이 별로 없다는 것에서 나오는 것이기도 하지만, 그 외에 그것이 끊임없이 '광고'나 '비평'의 도움을 받으며 독자에게 친숙하게 느껴지는 것에서 나오는 것이기도 하다. 물론 광고나 비평의 관심권 안에 있다는 것 자체가 이미 흥미를 갖고 있기 때문이라고도 할 수 있다. 그러나 이러한 순환론적 논리를 넘어, 어쨌든 고전문학이 광고나 비평의 측면에서 현대문학에 비해 불리한 위치에 있는 것은 사실인 것이다.

그런데 이 글에서 다룬 것 외에 혹 현 교과서 속의 고전산문과 관련된 구체적인 논의나 그것들을 어떻게 가르쳐야 하는지에 대한 내용을 기대했다면 기대에 제대로 부응하지 못한 것 같아 미안하게 생각한다. '지침서' 수준의 글에도 물론 관심을 가져야겠지만, 그것은 별도의 좀더 체계적인 작업으로 이루어져야 할 것으로 본다. 아울러 고전산문을 연구하면서 '교육'도 해왔지만, 거의 학문적 관심에서 해왔기 때문에, 교육과정의 변화에 따른 고전산문의 비중 변화나 고전산문이 국어교육에서 어떻게 가르쳐져왔는가 등에 대해서도 거의 언급을 하지 않았다.

그러다 보니 이 글은 구체성이 약한 일반론적인 것이 되고 만 듯하다. 그러나 어쨌든 필자는 이 글을 준비하면서, 대학에서 고전문학을 연구하고 가르치는 사람으로서 '문학교육'에 대해 진지한 관심을 가져보지 못했다는 것에 대해 반성을 하기도 하고 아울러 많은 자극도 받게 되었다. 연구자라면 일차적으로 연구를 통해 문학교육의 토대를 튼튼하게 하는 것이겠지만, 그 연구의 시야가 자기가 가르치고 있는 대학의 학생들로만 제한되어서는 안 된다는 것을 깨달은 것이다. '고전산문'을 포함한 고전문학이 '국민적 교양'으로 살아남느냐의 문제는 대학의 국문학 연구 못지 않게 중등학교 국어교육 현장에도 달려있다는 것. 이런 사실에 대한 자각이 필요하다는 것을 느낀 것이다.

그렇게 할 때 고전산문, 나아가 국문학을 연구하는 연구자나 국어교육에 종사하는 교사들과의 교류도 가능해지고, 그 결과 국어교육을 매개로 하여 서로가 풍성해지는 길을 찾을 수 있지 않을까 싶다.

참고 문헌

김대행, 「문학교육론의 시각」, 『문학교육학』 2호, 1998년 여름.
김성룡, 「고전문학 교육의 이념과 범위」,『문학과 교육』 제7호, 1999. 봄.
김종철, 「고전소설 이본과 창작 교육의 한 방향」, 『고소설연구』 제7집, 1999
______, 「문학교육의 문화론적 관점」, 한국고전문학회, 『국문학과 문화』, 월인, 2001.
김흥규, 「고전문학교육과 역사적 이해의 원근법」, 국어국문학회 편, 『대학의 국문학교육』, 지식산업사, 1993.
박경주, 「고전문학 교육의 연구 현황과 전망」, 『고전문학과 교육』 제1집, 1999.
박영주, 「고전문학 교육의 현실과 방향 정립」,『국어교육』 90호, 1995.
배수찬, 「고소설 표현의 양상과 구술성의 관계 연구」, 이상익 외, 『고전산문교육의 이론』, 집문당, 2000.
심경호, 「한국고전문학교육의 현황과 과제」,『문학교육학』 6호, 2000년 겨울호.
이용주, 구인환, 김은전, 박갑수, 이상익, 김대행, 윤희원, 「국어교육학 연구와 교육의 구조」, 『사대논총』 제46집, 서울대학교 사범대학, 1993.
정병헌, 「고전문학교육의 본질과 시각」, 이상익 외, 『고전산문교육의 이론』, 집문당, 2000.
정재찬, 「청산별곡에 대한 시교육적 접근」, 운정 이상익박사 회갑 기념논문집 『고전문학 어떻게 가르칠 것인가』, 집문당, 1994.
조동일, 「글읽기와 글쓰기」, 『문학과 교육』 제7호, 1999년 봄호.

『고등학교 교육과정 해설-[2] 국어』, 교육부, 2001.
김대행, 『국어교과학의 지평』, 서울대출판부, 1995.
김대행 외 7인 공저, 『문학교육원론』, 서울대출판부, 2000.
염은열, 『고전문학과 표현교육론』, 역락, 2000.
조동일, 『하나이면서 여럿인 동아시아 문학』, 지식산업사, 1999.

알랭 핑켈크로트 지음, 주태환 옮김, 『사유의 패배』, 동문선, 1999.
움베르토 에코 지음, 조형준 옮김, 『포스트 모던인가 새로운 중세인가』, 새

물결, 1993.
케이스 젠킨스 지음, 최용찬 옮김, 『누구를 위한 역사인가』, 혜안, 1999.
호이징가 지음, 최홍숙 옮김, 『중세의 가을』, 문학과지성사, 1988.

고전소설의 이해 확산을 위한 교육 방안

임 치 균
[한국학중앙연구원]

임치균

현재 한국학중앙연구원 교수로 있다. 서울대학교 문학박사. 저서로는 『조선조 대장편소설 연구』가 있다.

1. 서론

김시습의 <금오신화>에서 시작한 고전소설은 일제 강점기까지 많은 독자를 가지고 있었던 듯하다. 적지 않은 작품수와 그 이본을 가지고 있을 뿐만 아니라 필사본, 방각본, 활자본 등 다양한 형태로 존재하고 있는 사실이 그것을 말하여 주고 있다.

그러나, 현재 고전소설은 더 이상 국민들의 주목을 받지 못하고 있다. 아니 어쩌면 완전히 관심 밖으로 밀려났다고 보는 것이 적합할 것이다. 이는 새로운 창작 경향과 주제가 시대의 빠른 흐름에 맞춰 끊임없이 모색되고 있는 현대의 문학 환경과 무관하지 않다. 이러한 속에서 사람들에게 여전히 '옛 것'에 머물고 있는 것으로 인식되고 있는 고전소설의 입지가 약화되는 것은 어쩌면 자연스러운 현상일 수도 있다. 그런데, 고전소설의 전공자들은 고전소설이 단순히 "옛 것"이 아니라고 생각하고 있다. 그것에는 현대, 아니 나아가 미래에도 유효한 어떤 의미가 담겨 있다는 것을 알고 있다. 여기에 두 계층 사이에 극복하기 힘든 의식의 차이가 있다.

이러한 의식의 차이가 생기게 된 가장 큰 이유는 소통의 부재에 있다. 고전소설의 연구 성과는 양적, 질적으로 축적되어 갔지만 그 성과를 알리려는 노력은 상대적으로 부족하였던 것이 사실이다. 그리하여 고전문학 장르 가운데 고전소설 연구자의 수는 증가하였지만 일반인들에게는 생소해지는 기현상이 벌어졌다.

따라서 고전소설에 대한 이해 확산을 위하여서는 우선 일반인들에게 고전소설을 제대로 알려야 할 필요가 있다. 여기에는 다양한 방법론이 제기될 수 있다. 필자는 그 한 가지 방법론을 교육에서 찾고자 한다. 이렇게 생각하게 된 계기는 우리나라 국민들이 고등학교에서 배운 적이 있는 고전소설 작품에 대하여 비교적 잘 알고 있다는 사실에 비롯한 것이다.

실제로 필자 주변의 사람들은 “춘향전”, “심청전”을 비롯한 판소리계 소설과 “홍길동전”, “구운몽”, “허생전” 등의 고전소설을 알고 있고, 친근감을 느끼고 있다. 필자의 전공이 고전소설인 것을 안, 많은 사람들이 자신도 고전소설을 알고 있다며 질문을 하기도 하고, 이야기하기도 한 작품들이 대체로 상기 작품들이다.

그 이유는 무엇일까 ? 여러 가지 견해가 있을 수 있겠지만, 필자는 그 이유를 우리의 ‘초·중등 교육’에서 찾을 수 있지 않을까 한다.[1)] 이들 작품들은 초·중등 교과서에 실려 있다는 공통점을 가지고 있다. 즉, 보통 교육을 받은 우리나라 사람들이 배우고 익힌 작품인 것이다.

그렇다면 고전소설 교육이 제대로 이루어지면 고전소설에 대한 올바른 이해 확산이 가능하리라는 추론이 가능할 수 있다. 여기에 본고의 출발점이 있다.

2. 고전소설 이해 확산의 전제조건

고전소설은 이미 창작된 작품이 존재하고 있다. 게다가 고전은 현대의 사람들이 쉽게 접할 수 없는 형태이거나 표기로 남아 있다. 따라서 고전소설의 이해 확산을 위하여서는 먼저 누군가가 고전을 제대로 이해하여 수용자에게 알려주는 일이 중요하다. 결국, 고전소

1) 물론, “콩쥐팥쥐”, “장화홍련전”과 같이 어릴 때 동화적 수준에서 읽었던 작품들도 알고 있는데, 이 역시 취학 전 교육의 결과라고 할 수 있다. 다만 이러한 교육은, 관심이 지속되지 않으면, 자칫 고전소설을 동화의 수준과 동일한 것으로 인식시킬 위험성도 내포하고 있다.

설이라는 자료를 수용자에게 제대로 전달할 수 있는 매개자가 필요한 것이다.

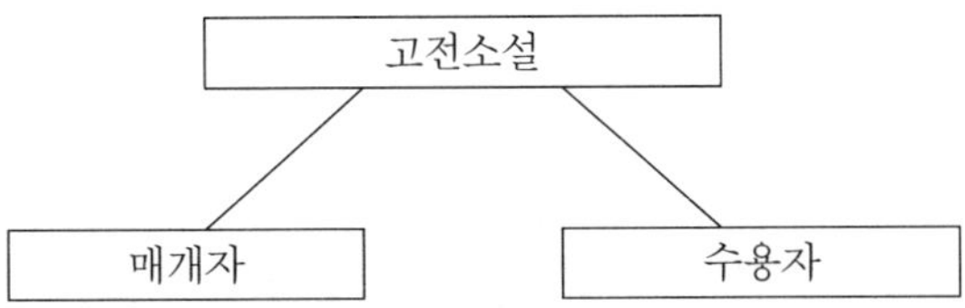

즉, '고전소설의 이해 확산'을 위하여서는 무엇보다도 매개자와 수용자가 고전소설이라고 하는 것에 대해 관심을 가지고 있어야 한다는 점이다. 이 관심은 포지티브(+)와 네거티브(-)에 따라 분류해 볼 수 있다.2)

매개자 (-) 수용자 (-) :
매개자 (-) 수용자 (+)
매개자 (+) 수용자 (-)
매개자 (+) 수용자 (+)

첫 번째 경우는 고전소설에 대한 부정적인 이해 확산이라고 할 수 있다. 우리는 이러한 경우를 "변강쇠전"을 통해서 볼 수 있다. 그동안 잘 알려지지 않았던 "변강쇠전"은 영화와 만화로 제작된 것을 계기로 우리 대중들에게 매우 낯익은 작품이 되었다. 그러나, 필자의 판단으로는 이러한 일련의 작업을 통해 우리가 얻은 것은 '정력의 화신'으로서의 변강쇠일 뿐이다. 필자는 이를 '변강쇠 신드롬'이

2) (+)는 매개자가 고전소설에 대하여 올바르게 이해하여 그것을 알리려고 하거나, 수용자가 긍정적인 의미 속에서 적극적으로 받아들이려는 자세를 가리키며, (-)는 반대의 경우를 말하는 것이다.

라는 말로 표현하기도 하였다. 작품 속에 들어 있는 미학적, 사회사적 의미에 대한 이해 없이 단지 하나의 소재로 등장하는 성에 집착한 것은 오히려 고전소설을 욕되게 하는 일이 아닐 수 없다. 물론 이러한 현상은 상업성과 밀접한 관련을 맺고 있다. 고전에 대한 재해석과 수용은 매개자와 수용자에게 맡길 수밖에 없다. 그러나, 최소한 원작의 본 뜻을 왜곡시키는 일은 없어야 할 것이다. 이 경우는 매개자가 고전소설의 의미를 제대로 섣불리 대중화하였고 수용자 역시 무비판적으로 받아들이는 상황을 말하는 것이다. 이는 실제로는 고전소설에 대한 이해가 전혀 없는 상태라고 말할 수 있을 것이다.

두 번째와 세 번째의 경우에도 고전소설에 대한 이해 확산은 쉽지 않다. 두 번째는 수용자의 관심을 따라갈 수 있는 매개자가 필요하고, 세 번째는 수용자의 관심을 올바른 방향으로 전환시키려는 작업이 필요하다. 그러면 가장 긍정적인 양상을 보이는 네 번째로의 전환이 이루어질 수 있을 것이다.

고전소설의 이해 확산이 필요하다고 한다면, 우리는 네 번째의 형태를 목표로 해야 할 것이다. 이러한 것을 고려하지 않은 선부른 이해 확산을 위한 시도는 수용자들이 고전소설에 대해 더욱 심각하게 실망할 수도 있을 것이다.

매개자(+), 수용자(+)는 고전소설에 대한 전반적이고 지속적인 관심과 애정이 없이는 출현할 수 없다. 고전소설에 드러나는 특정 내용이나 소재에 일회성으로 흥미를 느끼는 것으로는 불충분하다. 오히려 이러한 것에서 고전소설이 왜곡될 가능성은 더 크게 열려 있다.

결국, 고전소설에 대한 이해를 확산시키기 위하여서는 훌륭한 매개자와 수용자가 필요한 것인데, 교육의 문제에서 바라보는 본고의 목적을 감안한다면 대학교와 중등학교의 교육적 상황에서 어떻게 하는 것이 최적인지를 따져볼 필요가 있다.

여기서 대학교와 고등학교에서의 매개자와 수용자를 따져 볼 필요가 있다. 대학교에서의 매개자는 교수가 될 것이고, 수용자는 대학생이 될 것이다. 그리고 중 · 고등학교에서의 매개자는 교사가 될 것이고, 수용자는 중 · 고등학생이 될 것이다. 그런데, 현행 교육 제도 아래에서 수용자인 대학생은 매개자로 역할 전환이 가장 용이한 존재이다. 학문에 뜻을 두어 교수가 될 수도 있을 것이며, 교육에 뜻을 두어 중 · 고등학교 선생님이 될 수도 있는 것이다. 아니면 보다 많은 사람들에게 고전소설을 알리는 전문가[3]가 될 수도 있을 것이다. 이 때 이들의 수용자는 일반인이 될 것이다. 이렇게 보면 대학생에 대한 고전소설 교육이 우선 고려되고 중요시되어야 하는 당위성이 드러난다. 아울러 일반 사람들이 중 · 고등학교에서 배웠던 까닭에 고전소설 가운데 일부 작품이라도 알고 있는 경우에서 알 수 있듯이, 수용자의 역할을 하는 중 · 고등학생들에 대한 관심도 배제하지 말아야 할 것이다.

3. 고전소설의 이해 확산을 위한 교육 방안

1) 대학교육의 문제점과 개선 방향

이미 앞에서 대학생의 경우, 매개자와 수용자로서의 위치에 있음을 밝힌 바 있다. 본고에서는 매개자로의 전환 가운데에서 대학 교

3) 이는 고전소설을 현대화하여 보다 많은 사람들이 쉽게 읽을 수 있게 가공할 수 있는 존재를 가리킨다.

수가 되는 경우는 논외로 하고자 한다. 이는 대학원이라는 또 다른 교육 과정을 필요로 하기 때문이다.

수용자인 대학생을 훌륭한 매개자로 키우기 위하여서는 여러 가지 노력을 기울여야 할 것이다. 일단은 수용자가 고전소설에 접할 수 있는 기회를 제공하여야 한다. 여기서 우선 고려하여야 할 부분은 교과 과정이다. 그들이 대학 과정 동안에 고전소설에 대하여 학습할 수 있는 기회가 얼마나 주어졌는지는 반드시 검토되어야 할 사항이다. 이를 위하여 대학생 대부분이 졸업 후 '국어 교사'로 활동하기를 원하는 전국의 사범대학 국어교육과의 교과 과정을 분석하여 그 가운데 '고전소설'과 관련된 교과목 수를 살펴보았다. 그 결과 하나 또는 두 개의 과목이 개설되어 있는 경우가 대부분이었다. 그나마 모두 선택 과목으로 되어 있기 때문에 복수 전공이 허용된 현 제도 하에서 학생들이 그들 과목을 수강하지 않을 가능성이 매우 높은 것도 사실이다.[4] 심지어는 아예 한 과목도 개설하지 않아 학생들에게 고전소설을 접할 기회조차 주지 않은 대학도 있었다.[5] 이런 상황이라면 한 편의 고전소설 원작품도 읽어 보지 않은 채 교사가 되어 학생들에게 고전소설을 가르치게 되는 경우도 있을 수 있다. 이들이 고전소설에 대하여 긍정적인 인식을 가지고 있다고 하더라도 그것을 발전시켜 나갈 수 있는 길이 차단된 것이다.

긍정적인 수용자를 훌륭한 매개자로 양성하기 위하여서는 무엇보다도 교과 과정에 대한 손질이 필요하다. 즉 좀더 전문화된 분야별 교육을 할 수 있는 교과 과정으로의 개편이 요구되는 것이다. 여기에는 '교사=전문직'이라고 하는 사회적인 공감대 형성을 전제로

---

4) 어학이나 현대 문학 등의 분야도 마찬가지이다.

5) 해당 대학에 고전소설 전공 전임 교수가 없는 경우, 대체로 이러한 경향이 나타났다.

한다. 이미 중 · 고등학교는 '논술', '문학' 등으로 국어 관련 교과목이 세분되어 있기 때문에 전문 분야를 공부한 교사의 필요성은 높아지고 있다.

그런데, 현재의 4년 교육으로는 전문적인 교사를 배출해낼 수가 없는 실정이다. 이에 필자는 최소 6년제가 되어 마지막 2년 동안에는 학생들이 자신의 전문 분야를 택하여 공부할 수 있는 기회가 제공되어야만 한다고 생각한다. 이는 의과대학의 예과와 본과의 구분과 비슷한 것이다. 사람의 생명을 다루는 의사의 전문 영역이 중요하듯이 앞으로 자라날 학생의 학식과 인품을 다루는 교사의 전문 영역 또한 강조되어야 할 것이다. 이렇게 되었을 경우, 고전소설에 관심을 가지고 있는 대학생들은 2년 동안 전문적인 교과 과정 속에서 교육을 받을 수 있을 것이고, 교사가 되어서도 학생들에게 고전소설을 올바르게 알려줄 수 있을 것이다.

그리고 여기에서는 원전 자료를 중심으로 가급적 많은 고전소설 작품들을 접할 수 있는 강좌가 개설되는 것이 바람직하다. 현재 1~2개의 강좌로는 강의 시간에 다룰 수 있는 작품 수가 한정될 수밖에 없다. 작품을 접하지 않고서 고전소설을 운위한다는 것은 있을 수 없는 일이다. 따라서 이러한 기회를 제공하는 방향에서 교육이 이루어지는 것이 좋다고 생각한다.

이에 덧붙여, 교사 임용에 있어서의 전문화도 절실하다. 요즘 세상은 미분화, 세분화 되어가고 있다. 그러나 교사 임용은 여전히 '국어'라는 통합적(?)인 명칭으로 이루어지고 있다. 따라서 현재 중 · 고등학교의 국어 교사는 '국어 교과'와 관련된 다양한 분야를 책임져야 하는 슈퍼맨 또는 슈퍼 우먼이 되기를 강요받고 있다. 이는 교사의 강의 부담으로 이어져 결국 교육의 질을 의심하는 지경에까지 이를 수 있다. 따라서 우선은 최소한 장르(시가, 소설 등)나

학문 분야(어학, 문학)에 따른 세분화된 임용이 필요하다.[6)]

또한 이미 앞에서 언급한 바 있듯이, 대학생들은 일반인들에게 고전소설을 쉽게 접할 수 있도록 할 수 있는 매개자로 성장할 수도 있다.

그런데, 현재 전하고 있는 우리나라 소설의 원본은 대부분 붓으로 흘려 썼을 뿐만 아니라 띄어쓰기도 되어 있지 않아 일반인들이 읽어내기가 쉽지 않다. 또한 잘못된 어휘 표기로 인한 어려움도 적지 않다. 이러한 형태의 작품이 그나마 읽히기 위해서는 현대 활자화되는 것이 중요하다. 그러나 현대 활자화된다고 해서 문제가 해결되는 것은 아니다. 어휘의 생경함 때문이다.

> 숙종 대왕 즉위 초에 성덕이 넓으시사 성자 성손은 계계승승하사 금구옥촉은 요순 시절이요, 의관문물은 우탕의 버금이라 좌우보필은 주석지신이요, 용양호위는 간성지장이라. 조정에 흐르는 덕화 향곡에 퍼졌으니 사해 굳은 기운이 원근에 어려 있다. 충신은 만조하고 효자 열녀 가가재라 미재 미재라 우순풍조하니 함포고복 백성들은 처처에 격양가라 이 때 전라도 남원부의 월매라 하는 기생이 있으되 삼남의 명기로서 일찍 퇴기하여 성가라 하는 양반을 데리고 세월을 보내되 연장사순에 당하여 일점혈육이 없어 이로 한이 되어 장탄수심의 병이 되겠구나 일일은 크게 깨우쳐 옛 사람을 생각하고 가군을 청입[7)]

6) 실제로 중・고등학교의 많은 교사들이 모든 분야를 혼자 맡아야 하는 부담을 가지고 있다고 한다.
7) 완판 84장본『열녀춘향수절가』. 예를 들기 위해 원문을 현대어로만 고쳤다.

고전소설의 원문을 현대 활자화할 때는 이와 같이 띄어쓰기는 물론 원본에 잘못 표기된 글자까지 올바르게 고치는 것이 필수적이다. 그러나 그렇게 하였다고 하더라도 고전소설의 어휘에는 현대의 일반 독자가 이해하기 힘든 한문과 고사 등이 어우러져 있다. 따라서 이들의 의미가 정확하게 전달될 수 있도록 하는 일이 일차적으로 요구된다.

이러한 문제를 해결하기 위해서는 우선 제대로 된 역주본이 나와야 할 것이다. 한문과 고사를 쉽게 설명해주고, 잘못된 어휘를 바로잡아서 의미를 알 수 있게 하는 작업이 필요하다는 것이다. 최근에 역주본을 내는 데 도움을 줄 수 있는 공구서들이 출간된 것도 힘을 더해주고 있다.[8)]

그러나 역주는 실상 쉬운 일이 아니다. 상당한 노력과 끈기가 요구되는 작업이다. 또한 고전소설에 대한 전문적인 지식과 연구가 축적되지 않고서는 해낼 수 있는 것도 아니다. 설사 역주가 잘 되었다고 하도라도 역주 그 자체는 일반 대중 독자들에게 두 가지 방식의 독서를 요구하게 된다는 점에서 '고전소설 이해 확산'에까지 나아가는 데에는 적지 않은 제약이 따른다. 여기서 말하는 두 가지 방식의 독서라고 하는 것은 줄거리 중심으로 읽어 가면서 동시에 주석된 것을 찾아 읽어야만 한다는 것을 의미한다.

> 房子놈 여짜오되 雪膚花容(1)이 南方에 有名키로 方 · 僉使(2), 병부사, 郡守, 縣監, 官長님네 엄지 발가락 두 뼘가웃식 되는(3) 兩班 外入匠(誤入匠)이들도 무수히 보려 하되 莊姜(4)의 色과 任姒(5)의 德行이며 李杜(6)의 文章이며 太姒의 和順心과 二妃(7)의 貞節

8) 한국정신문화연구원 편, 『한국고전소설 독해사전』, 태학사, 1999; 박재연, 『고어스뎐』, 선문대학교 중한번역연구소, 2001.

을 품었으니 今天下之絶色이요 萬古女中君子오니 惶恐하온 말씀으로 招來하기 어렵내다

(1) 눈같이 흰 皮膚와 꽃같이 고운 얼굴
(2) 方伯은 觀察使의 別稱. 僉使는 府使의 略稱.
(3) 兩半이니 두 뼘 가웃임.
(4) 春秋時代 衛莊公의 夫人. 「左傳」에 「衛莊公이 齊나라 東宮得臣의 妹를 아내로 얻으니 莊姜이라 함. 아름답게 생겼으나 子息이 없었다」고 있음.
(5) 太任, 太姒를 말함, 太任은 王季의 妻이며 周 文王의 母요, 太姒는 文王의 妻이며 武王의 母.
(6) 李白과 杜甫
(7) 堯의 二女이며, 舜의 二妃. 舜을 좇아 南으로 왔다가 湘水에 溺死하여 湘水神이 됨.[9)]

본문을 읽을 때, 독자는 이해하기 힘든 부분에서는 읽기를 멈추고 그에 대한 주석을 보아야 한다. 인용문의 경우, 주 자체도 한문이어서 이해하기가 쉽지 않은 경향이 있다. 그러나, 한글로 쉽게 주를 달았다고 하더라도 원문과 주를 번갈아 보아야 하는 두 가지 방식의 독서는 필연적이다. 독서의 연속성이 깨지고 마는 것이다.

결국, 역주본은 전문적 연구자가 할 수 있는 영역이면서 일반인들에게 고전소설에 대한 이해를 확산하는 데에는 그다지 도움을 주지 못한다는 것을 알 수 있다.[10)]

---

9) 韓國古典文學大系 10 『춘향전』, 민중서관, 1970, 23쪽. 이 책에는 頭註로 되어 있으나, 서술의 편의를 위하여 바꾸었다.
10) 실제로 시중에 나와 있는 고전소설 역주본의 중심 수요층은 고전소설 연구자

여기서 전문적 연구자와는 다른 긍정적 매개자의 출현과 그의 역할을 기대하게 된다. 바로 대학생들이 성장할 수 부분이 여기이다. 전문적 연구자들이 역주본을 열심히 출판해내면 긍정적 매개자들이 그것을 가공하여 일반인들에게 알리는 형태를 취하자는 것이다.

앞서 언급한 바 있지만, 일반 독자들에게 고전소설에 사용된 어휘는 낯설기 그지없다. 따라서 이들 작품의 情調나 분위기를 살려서 현대적인 어휘로 되살리는 것도 효과적인 방법이라고 할 수 있다.

> 방자가 말하였다.
>
> "춘향의 아름다운 모습을 소문으로 들은 무수한 양반 오입쟁이들이 한 번만이라도 춘향이를 보려고 안달하였지만 모두 거절당했어요. 그러니, 곧은 절개를 가슴에 품고 현명하고 맑은 행실을 가진 춘향이를 함부로 오라 가라 하기가 어디 쉽겠습니까?

이 글은 역주본의 정조와 분위기를 거의 그대로 담고 있으면서도 어휘는 현대화한 예이다. 이렇게 하면 독자들은 이 글을 읽으면서 주석을 참고할 필요가 없게 된다. 역주본과는 달리, 고전소설 독서에 연속성이 이루어질 수 있게 된 것이다.

이 작업에서는 원전의 의미를 훼손시키지 않는 것이 무엇보다 중요하다. 비록 어휘와 문장은 다르지만 고전소설의 정조와 분위기, 그리고 그 의미를 제대로 수용자에게 전달하는 것이 우선이기 때문이다. '현대어로 고전소설 읽기'라고 할 수 있다.[11]

이지 일반 독자가 아닌 것은 부정할 수 없는 사실이다.

11) 꼭 이러한 방식만이 있는 것은 아니다. 최근 '소설 속 소설 읽기'의 방식으로 창작 소설을 읽어 가면서 그 속에서 자연스럽고 편안하게 고전소설을 접하게

고전소설의 대중화를 위해서는 이러한 작업을 제대로 수행할 수 있는 긍정적인 매개자의 양성이 필연적으로 이루어져야 한다. 이들이 고전소설에 대한 전문적인 지식을 가지고 있으면, 더욱 바람직할 것이다.

그러나 앞서 지적하였듯이, 고전소설의 분위기와 정조를 살려 현대어로 복원하는 것은 그렇게 간단한 것이 아니다. 현재 대학에서 고전소설을 강의할 때, 그 분위기는 고전에 머물고 있는 것이 사실이다. 이러한 경우, 앞에서 제시한 것과 같은 '고전소설의 현대화'는 쉽지 않다. 끊임없는 관심과 노력이 뒤따라야 할 것이다. 각 대학교 "국어국문과", "국어교육과" 또는 "문예창작과"의 커리큘럼에 '고전소설의 표현 정조와 어휘', '고전소설의 현재화'(가칭)와 같은 과목이 개설된다면, 매우 유용할 것이다.[12] 이를 통해 고전소설을 현대어로 되살리는 교육이 이루어진다면, 이와 같은 역할을 수행할 수 있는 긍정적인 매개자의 양성으로 성과가 이어질 것이다.

2) 중 · 고등학교 교육의 현황과 개선 방향

일반인들은 고등학교 때 학습한 고전소설의 몇 작품에 대하여 알

하는 새로운 형태가 모색되기도 하였다(임치균, 『검은 바람』, 태학사, 2005).

12) 이러한 일련의 과정을 통하여 고전소설에 대한 일반인들의 이해가 확산되었을 때, 이를 바탕으로 하는 파생품들이 나올 수 있고 대중화될 수 있다. 고전소설이 익숙하게 되었을 때, 고전소설의 내용을 패러디한 작품에 흥미를 가질 수도 있을 것이고, 고전소설을 근간으로 한 창작물이나 상업물, 문화 콘텐트, 그리고 기타 장르로의 전환에도 관심을 가질 수 있을 것이다. 이는 현재 『춘향전』, 『심청전』 등 우리에게 익숙한 작품들을 중심으로 현대의 예술가들이 현대 소설(최인훈, 『춘향뎐』)을 비롯하여 최근에 뮤지컬(『성춘향』), 현대 무용(『심청전』) 등으로 다시 다루고 있는 현상과도 일치한다. 익숙하기 때문에 대중에게 쉽게 접근할 수 있을 것으로 판단한 것으로 볼 수 있다.

고 있는 것은 사실이지만, 문제는 이들이 가지고 있는 고전소설에 대한 인식이 매우 부정적이라는 데 있다. 이들이 보인 반응은 "주인공이 전형적이고 평면적인 인물이다", "내용과 구성이 천편일률적이다", "우연성이 남발되고 있다", "이해하기 어렵다"는 등이 대부분이었다.[13] 물론 이들은 고전소설의 다양한 면모를 전혀 모르고 있다. 그럼에도 불구하고 이들이 이러한 인식을 가지게 된 이유는 학교 교육에 의해서 형성된 선입견 때문이라고 할 수 있으며,[14] 마지막 "이해하기 어렵다"는 아직까지 고전소설의 대중화가 제대로 이루어지지 않은 탓이 크다고 할 수 있다. 이는 고전소설 어휘의 문제와 결부된 것이기 때문이다.

그렇다면 고등학교에서 고전소설을 교육하는 수준은 어느 정도인가? 이에 대하여서는 고등학교 학생들이 많이 참고하는 국어 참고서에서 고전소설에 대해 소개하는 내용을 살펴봄으로써 어렵지 않게 짐작할 수 있다.

소설

(1) 개념 : 설화, 패관문학, 가전체 등을 바탕으로 중국의 전기(傳奇), 화본(話本) 등의 영향을 받아 생겨난 산문 문학의 한 장르이다

(2) 특징 : ① 재자가인적(才子佳人的) 인물 ② 문어체적인 문장 표현 ③ 비현실적인 신비로운 내용 ④ 권선징악적(勸善懲惡的)인 주제 ⑤ 사건의 결말이 해피 엔딩 ⑥ 사건의 전개가 우연적[15]

---

13) 이는 필자가 접해 본 사람들의 대체적인 반응이었으므로, 다소 객관성이 떨어질 수는 있다. 그런데, 필자는 대부분의 사람들의 반응도 이와 크게 다르지 않을 것으로 생각한다.

14) 실제로 『중학교 3학년 2학기 교사 지도용』의 내용을 보아도 "홍길동은 매우 보수적이고 전형적인 인물"로 설명되어 있다.

국문소설

① 주제 : 유교의 영향으로 착한 사람은 복을 받고 악한 사람은 벌을 받는다는 권선징악(勸善懲惡)의 도덕적 의식으로 이루어져 있다.

② 구성

- 평면적 구성 : 고대소설의 사건은 거의 대부분이 시간의 흐름에 따라 전개된다.
- 전기적(傳記的) 구성 : 주인공이 태어나서 죽을 때까지의 사건이 시간의 순서에 따라 진행된다.
- 행복한 결말 : '운영전(雲英傳)'을 제외한 거의 대부분의 작품이 행복하게 결말지어진다.

③ 인물

- 평면적 인물 : 작품에 등장하는 인물의 성격이 처음부터 끝까지 변하지 않는다.
- 주인공 : 고대 소설은 주인공의 일대기라고 할 정도로 주인공이 매우 중요하며, 주인공 이외의 인물들은 다만 주인공을 더욱 두드러지게 보이기 위한 존재에 불과하다.

④ 사건

- 우연성 : 고대 소설의 사건은 필연적인 상황이나 원인 없이 우연하게 발생한다.
- 비현실성 : 고대 소설에서는 현실 세계에서 도저히 불가능한 황당무계한 사건이 갑자기 발생하는 경우가 많다.[16]

물론, 고전소설에 대한 이러한 평가가 전적으로 잘못되었다는 말

15) 한샘국어교육연구회, 『Up Grade 문학 평가집』, 한샘출판사, 2000, 53쪽.
16) 권영민 외, 『하이라이트 문학 1』, 지학사, 2001, 71~72쪽.

은 아니다. 그러나 이는 고전소설에 드러나 있는 외형적 특징일 뿐이다. 여기에는, 학생들에게 더욱 중요하게 인식시켜야 할, 고전소설의 내면적 의미가 갖는 긍정적인 면은 모두 무시되고 있다. 즉, 고전소설 이 대체로 이와 같은 외형적 특징을 공유하고 있는 것은 분명하지만, 그것은 나름대로의 의미를 가지고 있다는 사실을 분명히 해줄 필요가 있다. 즉, 부정적인 것으로서가 아니라 우리가 이해하고 따져보아야 할 것으로 인식시켜야 한다는 것이다. 예를 들어, "행복한 결말"은 외형적 특징이지만, 그 속에는 우리 선조들의 삶에 대한 자세, 고난 해결에 대한 긍정적인 의식 등이 내포되어 있는 것이다. "비현실성" 역시 외형적 특징이지만, 그 속에는 당대 질곡의 현실을 살고 있었던 우리 선조들의 소망 의식이 투영되어 있는 것이다. 그러나 현재의 교육 여건 속에서 이러한 점은 전혀 부각되지 못하고 있다. 학교의 고전소설 교육에서 이에 대한 고려가 절실하게 요구된다.[17)]

또한, 이러한 평가는 은연중에 현대소설이 비교의 잣대가 되고 있다. 그 결과 고전소설은 왠지 모르게 현대소설과는 비교되지 않는 후진적인 것, 발전하지 못한 것이라는 부정적 인식을 형성시키는 데 큰 몫을 담당한다. 이렇게 고전소설에 대해 부정적인 인식을 하고 있는 경우, 긍정적인 수용자를 만들어내기란 쉽지 않다.

긍정적인 수용자가 없는 상황에서의 이해 확산이란 공허해지기가 쉽다. 긍정적인 매개자가 대중을 위한 글을 쓰거나 행위를 한다

---

17) 최근 고등학교 국어 교과서에 실린『구운몽』,『춘향전』,『흥부전』을 중심으로 고소설 교육의 방향과 시각을 새롭게 하여야 한다는 논의가 있었다(권순긍,「문제제기를 통한 古小說 敎育의 방향과 시각」,『古小說研究』12, 2001). 이러한 논의는, 고전소설에서 현대소설의 소재로도 유용한 '꿈', '사랑', '가난(富)'을 생동감 있게 그리고 있으며, 그것을 얼마든지 긍정적인 시각으로 풀어낼 수 있다는 것을 확인시켜주었다는 데 의미가 있다.

고 해도, 그 것에 대한 관심이 일회성에 그치고 말기 때문이다.

앞에서 지적했듯이, 우리나라 사람들이 "춘향전" 등의 작품을 알게 된 주원인을 학교 교육에서 찾을 수 있다면, 긍정적인 수용자를 만들어내는 일차적인 노력도 학교 교육에서 이루어져야 할 것이라는 데는 이견이 없을 것이다. 이들이 고전소설에 대한 부정적인 인식을 버리고 관심과 애정을 가진 수용자 층으로 형성될 수만 있다면, 고전소설에 대한 이해 확산은 그렇게 어렵지만은 않을 것이다. 다만, 이를 위해서는 현재 이루어지고 있는 고전소설 교육에 다소의 수정이 있어야 할 것이다.

다행히 최근에 고전소설 교육에 관한 활발한 논의가 제기되고 있다. 이들 논의의 결과는 고전소설 교육을 한 단계 향상시키는 바탕이 될 수 있을 것이고, 이러한 결과가 긍정적인 수용자 층을 확대하는 데 기여할 것임은 의심치 않는다.

다만, 필자는 고전소설이 가지고 있는 참 의미와 특징 등을 제대로 알릴 수 있는 고전소설 교육이 이루어져야 한다는 점을 분명히 하고자 한다. 여기에서 매개자인 교사가 문제가 될 수 있다. 결국 교사는 이러한 부정적인 평가를 뒤집을 수 있을 정도로 고전소설에 대하여 이해하고 있어야 할 것이다. 이는 앞에서 제시한 바 있는 6년제 사범대학이 되는 경우 많은 부분 해소할 수 있을 것이다. 그러나 우선 교사 연수를 세부 관심 분야를 중심으로 시행하는 것이 한 방편이 될 수 있을 것이다. 다양한 분야를 듣다 보니 정작 세부 분야는 단 몇 시간에 걸쳐 들을 수밖에 없는 연수 방식에 대한 획기적인 재고와 개선이 필요하다.

이와 아울러 학생들이 학습 과정에서 많은 특징적인 고전소설을 접하게 함으로써 고전소설과의 거리감을 좁히는 것도 중요하다. 현재 우리의 초·중등 교육 교과서에 실린 고전소설 작품의 유형과 수를 살펴보면 이는 더욱 시급하게 해결되어야 할 문제이다.

먼저 초등학교 교과서에 실려 있는 작품부터 살펴보자.

1) 4학년 1학기 - 흥부와 놀부
2) 5학년 2학기 - 별주부전
3) 6학년 1학기 - 장끼전
4) 6학년 1학기 - 놀부전
5) 6학년 2학기 - 심청전

특이하게 초등학교 교과서에 실린 작품들은 모두 판소리계 소설이다. 이러한 현상은 중등학교 교과서에서도 별반 차이가 없다.

중등학교 국어 교과서에 실려 있는 작품은 다음과 같다.

1) 중학교 1학년 1학기 - 홍길동전
2) 중학교 1학년 2학기 - 심청전
3) 중학교 2학년 2학기 - 토끼전
4) 고등학교 국어 상 - 구운몽
5) 고등학교 국어 상 - 춘향전
6) 고등학교 국어 상 - 허생전
7) 고등학교 국어 하 - 흥보가

여전히 판소리계 소설의 점유율이 압도적으로 높다. 그 결과 현행 초·중등 교육 기간인 12년 동안 학생들이 접하는 고전소설은 8종에 불과하다. 또한 이미 알고 있는 작품을 반복해서 다시 배우는 결과를 초래하고 있다. 물론, 학습자의 성장에 따른 교육 내용이나 교재가 달라지고 심화되는 것이 사실이다. 그러나 계속 같은 작품을 대할 때, 학생들은 식상함을 느끼는 것은 물론이려니와, 고전소설에 대하여 편협한 정보를 갖게 될 것이며, 그에 따라 인식의 폭과 깊이도 한정될 수밖에 없는 위험성이 있는 것은 부정할 수 없을 것이다.

한 가지 분명히 할 것은, 필자는 여기에서 판소리계 소설의 우수성 여부를 문제 삼으려고 하는 것이 아니라는 점이다. 오히려 누구보다도 판소리계 소설이 갖고 있는 문학적 성취와 소설사적 의미에 대하여 긍정하고 있다. 다만 고전소설에 대한 긍정적인 수용층을 형성하기 위해서는 소설 유형의 편식성은 재고되어야 한다는 점을 강조하고자 하는 것이다.

> 물론 대중문화에 접할 기회가 거의 없었던 예전과는 상황이 많이 달라졌지만, 여전히 중·고등학교 시절에 읽은 문학 작품은 그 사람의 문학적 소양의 형성 과정에 중요한 역할을 담당하고 있다. 따라서 학교에서 이루어지는 문학교육의 현장에서 작품을 보다 풍성하게 읽고 흥미롭게 읽을 수 있는 환경을 마련한다면 흔히 재미없거나 고리타분하게 여기는 문학에 대한 기존 통념을 바꿀 수 있을 것이며, 더 많은 대중이 문학에 가깝게 접근할 수 있는 기회를 열어줄 것이다.[18)]

이상의 인용문은 고전문학 전반을 염두에 둔 언급이지만, 고전소설에 대해서도 상당한 설득력을 가지고 있다. 앞으로 주체적인 삶을 살아가는 대중으로 자라날 학생들에게 다양하고 풍부한 고전소설 작품을 접하게 한다면, 이들이 고전소설에 대한 긍정적인 수용

18) 정우봉, 「국문학 연구의 전문성과 대중성」, 『정신문화연구』 통권 75호, 1999, 21쪽.

층이 될 가능성은 매우 높다.

주지하다시피, 고전소설은 다양한 유형의 작품을 가지고 있다. 작가의 뛰어난 문재와 의식을 드러내면서 남녀의 만남과 헤어짐을 다루고 있는 "금오신화"와 같은 전기소설부터 시작하여 주인공의 영웅적 삶을 그린 영웅소설, 가정 내의 여러 갈등을 그린 가정소설, 가문의 대내외적 완성을 그린 가문소설, 피상적인 도덕률에 얽매어 일그러진 한 인간을 조롱하는 훼절소설 등[19] 그 유형은 실로 다양하다.

초·중등 교육에서 이러한 다양한 유형의 작품들을 접할 수 있게 하여야 한다는 것이 필자 주장의 요지이다. 각 유형의 한 작품씩만이라도 교과서에 실리게 되면, 교육 과정에서 그 유형에 대한 설명이 뒤따를 것이고, 그에 따라 학습자 학생들은 우리나라 고전소설이 상당히 다양한 형태로 향유되었다는 사실을 인식할 수 있을 것이다. 그리고 이러한 인식의 전환은 고전소설의 긍정적 수용자층의 형성으로 이어질 수 있을 것이다.

일반인들은 자신이 전혀 모르고 있는 것보다는 조금이라도 알고 있는 것에 더 관심을 가지고 흥미를 느끼는 것이 보편적이다. 따라서 학생들이 성장하여 잠재적인 고전소설의 수용자층을 다시 형성하였을 때, 이들은 지금의 일반인들과는 전혀 다른 새로운 인식을 가지고 고전소설을 접할 수 있을 것이다.

---

19) 이상의 유형은 구조적 특징을 바탕으로 명명한 것, 소재를 바탕으로 명명한 것 등이 섞여 있다. 이는 구체적인 유형 분류를 염두에 두고 시도한 것이 아니라, 필자가 논의의 편의를 위하여 분류한 것임을 밝힌다.

4. 결론

이상으로 고전소설의 이해 확산을 위한 교육 방안에 대하여 모색해 보았다. 고전소설의 이해 확산을 위하여서는 우선 고전소설의 실상을 제대로 전달해 줄 긍정적인 매개자와 이를 적절하게 받아드릴 긍정적인 수용자가 우선 요구된다. 매개자와 수용자를 만들어가는 데에는 여러 가지 방법이 있을 수 있으나 본고에서는 교육적인 방안을 모색해 보고자 하였다. 교육이 이루어지는 중심 기관은 대학교와 중·고등학교이기 때문에 본고 역시 두 기관을 중심으로 하였다. 이제 그 논의를 요약하는 것으로 결론에 대신하겠다.

첫째, 수용자인 동시에 매개자로 성장할 수 있는 대학생의 경우, 그 교육의 중요성은 더욱 크다. 매개자로 성장하는 경우는 교사와 고전소설의 다루는 전문가가 되는 두 가지 방향을 상정하였다. 먼저 교사가 될 경우, 우선은 그들에게 고전소설의 원전을 충실히 읽히는 동시에 그 작품에 대한 이해를 높이는 것이 필요하다. 그러나 현재의 복수 전공도 허용하고 있는 각 사범 대학의 교과 과정으로는 이것을 하는 것이 불가능하다. 따라서 필자는 사범대학을 6년 과정으로 개편하고, 4년 후의 과정에서는 전문적인 지식과 교양을 갖출 수 있는 교과 과정이 필요하다고 생각한다. 여기에서는 다양한 '고전소설' 원전 자료를 읽어 내는, 실질적이고 전문적인 교과 과정 개설이 요구된다. 또한 현재 막연히 '국어 교사'로 뽑는 임용도 전문 분야로 세분화하는 것도 한 방법이 될 수 있다.

고전소설을 다루는 전문가는 '고전소설'을 현대화하는 사람을 가리키는 것이다. 이들은 전문가가 내어 놓은 역주본을 현대식 문장과 표현으로 바꾸어 표현함으로써 고전소설을 고전에 머물게 하지 않는 매개자들이다. 굳이 역주본을 다시 현대식 표현으로 바꾸어야 하는 것은 역주본이 작품을 읽으면서 어려운 부분은 주석을 보면서 이해해야 하는 2가지 형태의 독서로 인하여 독서의 연속성을 해치게 되기 때문이다. 이를 해결하기 위하여, 고전소설의 정조와 분위기를 그대로 유지하면서 현대어로 되살리는 것이 필요하다. 이 때, 원전의 의미가 훼손되어서는 안 된다는 대원칙은 지켜져야 한다. '고전소설의 현대어 읽기'라고 할 수 있는데, 본고에서는 '국어국문과', '국어교육과', '문예창작과' 등에 이들의 양성을 위한 커리큘럼의 설치를 제안하였다.

중 · 고등학교에서는 교사가 매개자 역할을 하게 되고 학생들이 수용자가 된다. 긍정적인 수용자를 형성하기 위해서는 중 · 고등학교 교육에서, 고전소설의 실상을 제대로 알려 줄 필요가 있다. 고전소설에 대한 부정적인 평가와 그에 따른 학습은 고전소설을 받아들이는 데 장애 요인이 된다. 따라서 고전소설의 특징에 드러나 있는 내면적인 의미를 알려주도록 노력해야 할 것이다. 또한 교육에서 다루는 작품을 다양화하는 것이 필요하다. 현재 판소리계 소설 중심의 교과서 내용은 재고되어야 한다. 이러한 분포는 학습자들에게 고전소설이 가지고 있는 유형과 작품의 다양성을 인식하지 못하도록 할 뿐 아니라, 고전소설이 뻔한 유형의 뻔한 내용으로 이루어졌다는 잘못된 선입관을 심어줄 위험성이 높다. 이러한 상황에서는 긍정적인 수용자가 형성되기 어려운 것이 사실이다.

고전소설에는 우리가 오늘날 필요로 하는 보편적인 가치가 담겨 있다. 그러나 연구자를 제외한 사람들에게는 이러한 것이 전혀 알려지지 않고 있다. 고전소설에 대한 정확한 정보가 제공되고 있지 않은 것이다. 고전소설의 내용은 물론이고 그 속에서 드러나고 있는 '행복한 결말', '태몽' 등의 의미를 일반인들에게 제대로 인식시키고 이해시키는 것이 시급하다.

고전소설을 활용한 한국어 교육 방법

양 민 정
[한국외국어대학교]

* 본 논문은 2003년도 한국외국어대학교 교내 학술연구비 지원에 의하여『국제지역연구』제7권 제2호(2003년 여름호)에 게재되었던 글을 수정, 보완한 것임.

양민정

현재 한국외국어대학교 사범대학 한국어교육과 교수로 있다. 저서로는 『기봉류 소설연구』, 논문으로는 「<옥원재합기연>연구」 등, 대하장편소설에 관한 다수의 논문, 「디지털콘텐츠개발을 위한 고전소설의 활용 방안론」 등이 있다.

1. 머리말

韓流 열풍, 한국의 세계화 등으로 한국어에 대한 관심이 세계적으로 그 지평을 확장해 가는 추세에 있다. 한국어의 수요가 급증하는 고무적인 시점에서 이제 우리의 한국어 교육은 그간의 교육 현황을 재점검하고 반성하면서 새로운 인식과 이론의 정립이 시급하고 절실한 국면을 맞게 되었다. 외국어로서의 한국어 교육이 교육 현장에서 체계적이고 학문적 교수법으로 시행된 본격적 교육의 역사는 10여년을 훌쩍 뛰어 넘어서지 않는다. 그럼에도 한국어 교육계의 선구적 헌신과 노력과 연구로 지금 한국어 교육의 기초 단계는 상당한 기반을 다졌고 이제 문화공보부에서 교사인증서를 부여하기에 이른 괄목할 만한 성장을 보이고 있는 분야로 주목되고 있다.

지금까지 외국어로서의 한국어 교육은 의사소통 능력의 향상을 지향하는 언어 중심의 교육 방식이 주도를 이루어 왔다. 그러나 언어교육은 궁극적으로 언어의 본질에 입각한 활동과 탐구이며, 이같은 언어의 본질에 대한 탐구는 문학 능력을 통한 인간다움의 성취라는 문학교육의 목표와 밀접한 관련이 있다.[1] 이런 맥락에서 단순히 한국어의 구사 능력 배양에만 중점 목표를 두어 왔던 기존의 한국어 교육은 그 실용적 목표에도 곧 한계를 드러낼 수밖에 없다. 세계화, 지구촌화가 가속화되고 있는 현실의 추이 속에서 한국어 교육은 그 위상과 수준, 교육 방향 등에 있어 아직 기초적 단계에 머물러 있는 게 아닌가 하는 물음으로 되돌아보게 된다. 이제 한국어 교육은 학습자에게 기본적 의사소통의 수준을 넘어서는 비유적, 상

---

1) 김대행 외, 『문학교육원론』, 서울대출판부, 2000, 27~28쪽 참조.

징적, 간접적 의미의 언어소통 능력으로 상향, 개발시켜 주는 방향으로 개선되어야 한다. 나아가 한국의 문화를 이해하고 상호 교류의 폭을 넓히며 세계화의 확장에 기여할 수 있는 외국인을 양성하는 데까지 교육의 내용과 방향은 심화, 확대되어야 한다고 본다.

그동안 일차적 교육 목표였던 언어소통은 의미 공유를 목표로 하는 과정에서 소통이 집단화되고 집단화된 소통에는 문화개념이 개입한다. 이른바 문화 간 소통은 문화맥락을 고려한 소통으로서 문화 간 소통의 양상을 매우 잘 보여줄 수 있는 자료가 문학이다. 언어는 삶의 양식과 질을 동시에 반영하는 것이고, 그 언어를 공유하는 문화권의 형성에서 사고방식과 생활방식의 특징을 가장 잘 용해시키고 있는 장르가 바로 문학이라 할 수 있기 때문이다.

따라서 이러한 문화적 관점은 외국인을 위한 한국어 교육에서 반드시 고려되어야 할 요건이다. 문화의 개념 규정은 매우 다양하며 또 층위에 따라 그 내포망도 다양하다. 그럼에도 문화는 어느 권역의 사람들이 사고하고 행동하는 데 보이지 않는 규칙으로 작용하는 바, 그것은 상징적 교섭 작용을 매개하는 규칙으로서 공유된다. 이때 상징적 교섭행위로 규정되는 문화 가운데 하나가 문학이다. 문학을 통해 넓은 의미의 소통작용을 도모할 수 있다. 상징적 언어소통의 문화가 문학이기 때문이다. 또한 문화는 그 권역의 사람들이 그 시대에 선택한 최선의 삶의 방식과 구체적 문물의 특징이 집약된 상정물인 바, 그러한 문화양상은 문학 작품을 통해 이해되고 교육될 때 문화 간 소통으로 연계시킬 수 있는 가능성은 높다고 볼 수 있다. 문학은 문화와의 관계와는 별도로, 그것은 가치 있고 정통적인 자료가 된다는 점, 문화적 소양을 풍부하게 해 준다는 점, 언어감각을 풍부하게 해 준다는 점, 개인의 정신적 성장을 도와준다는 점 등에서도 외국어학습 자료로서 매우 중요하다.[2)]

이처럼 외국인을 위한 보다 효율적이고 구체적인 한국어 교육에 문학의 활용은 필수적이라 하겠다. 윤여탁도, 한국어 교육에서 문학 작품을 활용하여 언어교육을 실시해야 하는 당위성을 잘 설명하고 있는바, 첫째, 품위있는 한국어의 학습, 둘째, 살아있는 언어 자료 열람, 셋째, 의사소통 능력 함양을 위해 활용하는 외국어 교육의 사례가 주는 교훈 참고 등으로 제시하고 있다.[3] 윤여탁은 이에 더 나아가 한국어 교육에서 중급 단계부터 문학을 가르쳐야 한다는 견해들을 바람직한 것으로 받아들일 수만은 없으며, 의사소통 능력 함양을 위해서는 초기 단계부터 문학을 활용할 수 있다고 주장하고 있어서,[4] 필자도 전적으로 이 견해에 동의하는 입장이다.

그리고 문학교육은 고전문학으로부터 출발하는 것이 바람직하다. 고전문학 작품은 한국인의 전통적 문화의식, 즉 세계관, 가치관, 우주관 등 한민족 정신세계의 원형과 본질이 내재되어 있기 때문이다. 한국어의 기초적인 의사소통 능력은 물론 고급스런 텍스트까지 이해하고, 이를 바탕으로 한국어로 표현할 수 있는 언어 능력을 함양할 뿐만 아니라 한국 문화에 대한 올바른 이해에도 도달할 수 있는 문화 능력 함양에 가장 효율적인 학습 텍스트는 고전문학이라 할 수 있다. 그러나 아쉽게도 그동안은 한국어 교육의 담당자가 거의 어학 전공자들이었을 뿐만 아니라 극소수의 문학 전공자들마저도 고전문학 교육의 필요성에 대해선 그 인식이 절실하지 못하였던 연유로 고전문학 작품을 활용한 체계적인 한국어 교수법이나 교재,

2) 우한용, 「외국인을 위한 한국어교육에서의 문학의 효용」, 『외국인을 위한 한국어교육 연구』 제3집, 2000, 서울대 사대 외국인을 위한 한국어교육 지도자 과정, 28~30쪽 참조.

3) 윤여탁, 「국내의 한국어 문학 교육」, 『한국어교육론』 2, 한국문화사, 2005, 310~311쪽 참조.

4) 위의 책, 311쪽.

학습이론 등에 관한 연구는 거의 박토인 것이 현재의 실정이다.

이제 외국어로서의 한국어 교육이 어학 연구자들만의 전담이었고, 문학은 아주 지엽적이며 종속적 도구로만 활용되어 온 기존의 인식은 대폭 전환될 것으로 본다. 한국어 교육은 세계화의 구심점 역할을 자임해야 하는 시대적 요청에 직면해서 종래의 교육 방식을 반성, 극복해야 한다. 생활언어 소통에서 문화 간 소통으로 그 수준을 향상시키는 한편 어학과 균형을 이루는 교육 매체로써 문학 특히 고전문학 작품의 활용이 구체화될 수 있는 방안들이 강구되어야 할 것이다. 이에 덧붙여 한국어 교육에 있어서 한국어 어휘의 많은 부분이 한자어로 구성되어 있는 점을 근거로 하여 한자 교수가 이루어져야 한다는 견해도 일정 정도 설득력이 있다.[5)]

본 연구는 이러한 문제의식에서 출발되었다. 한국어 교육의 효율적 방안의 하나로서 고전문학 교육이 왜 필요한가, 고전문학 교육의 구체적 발전 방향은 무엇인지를 살펴보고자 한다. 나아가 우리의 고전 애정소설 <춘향전>을 활용한 한국어 교육 방법 및 유사한 주제를 지니고 있는 서구의 애정 희곡작품 <로미오와 줄리엣>과의 상호 대비를 통한 한국어 교육 방법에 대해 고찰할 것이다. 나아가 고전소설을 활용한 한국어 교육의 과제와 전망에 대해서도 살펴보고자 한다.

소설문학의 한국어 교육에 대한 기여에 대해서 우한용은, 첫째, 풍속과 관습의 이해 자료로서, 둘째, 인간 행동의 이해로서, 셋째, 문화 원형의 이해로서라고 파악하고 있으며, 특히 고전소설에서는 하늘에 대한 관념과 지하세계에 대한 관념을 알 수 있는 작품들이 많아서 원형을 문화 차원에서 이해하는 통로를 발견할 수 있을 것

---

5) 강현화, 「한자어 교육용 기초 한자어에 대한 기초 연구」, 『한국어 교육』 제12권 2호, 국제한국어교육학회, 2001.

이라고 전망하고 있다.[6] 고전소설은 한국인의 문화 전통적 삶의 모습을 가장 핍진하게 담고 있으며 한국인의 보편성, 특수성, 민족성 등이 가장 포괄적으로 용해되어 있는 장르이다.

본고에서는 고전소설 중에서도 당대에 가장 많은 애독자를 확보했으며 현대까지 다양한 장르로 변화, 지속되어 온 불후의 고전 애정소설이면서 판소리계 작품인 <춘향전>을 연구 대상으로 한다. 동시에 외국인 학습자들에게 가장 익숙한 사랑 이야기이면서 <춘향전>과 유사한 주제나 사회의식을 지닌 <로미오와 줄리엣>작품과도 대조하면서 동양과 서양의 고전이 남녀 사랑으로 만나는 자리를 함께 탐색해 보고자 한다. 이러한 작업은 외국인 학습자를 위한 한국어 교육의 고급화된 방법의 제시라는 점과, 그동안의 고전소설을 활용한 한국어 교육 방법에 관한 논문이 거의 없었던 척박한 연구 현황에 하나의 디딤돌이 된다는 점에서 연구 의의가 있을 것으로 기대한다.

<춘향전>은 주지하다시피 많은 이본들을 갖고 있으나 본고에서는 목판본 <열녀춘향수절가>를 대상으로 한다.

2. 한국어 교육에 있어서 고전문학 교육의 필요성 및 발전 방향

1) 필요성

그러면 외국어로서의 한국어 교육에 있어서 먼저 고전문학은 학

6) 우한용, 위의 글, 33~37쪽.

습 내용으로서 어떠한 역할과 필요성을 담지하고 있는지, 향후 고전문학 교육은 어떠한 발전 방향으로 전망될 수 있는지 살펴보기로 한다.

외국인 학습자의 학습 목표가 다양화되고 학습 수준이 고급화되면서 생활적 의사소통 능력을 배양하는 수준을 넘어서 한국학이나 한국문학 학습과 같은 고급 단계의 교육적 필요성은 당연히 제기되는 수순이다. 또한 보다 원활하고 자유자재한 의사소통 능력을 키우기 위해서도 서로 다르게 이해되는 의사소통 맥락이나 문화적 내용도 학습되어야 한다. 고전문학은 현대문학과 더불어 이러한 고급적 한국어 학습의 요구에 부응할 수 있는 효율적 방법의 하나이다.

문학작품은 외국인 학습자에게 흥미와 관심을 유발시켜 학습자가 자신의 경험을 되살려 자발적으로 작품 이해와 토론에 참여할 수 있도록 하는 데에 효과적인 텍스트이다. 문학 텍스트는 읽기 교육뿐만 아니라 말하기, 듣기, 쓰기 교육을 통합적으로 실천할 수 있는 학습 텍스트라 할 수 있다. 문학 작품에는 한국의 정치, 경제, 역사, 환경 문제 등과 같은 주제를 많이 다루게 되는데, 문학은 다양한 인간의 다양한 삶의 모습을 담고 있어 다양한 시각에서 자유로운 토론이 가능하다. 그러므로 문학교육은 단순한 어학적 지식의 학습에 비해 학습자 중심의 교육, 열린 교육이 이루어질 수 있는 입지가 훨씬 넓게 확보될 수 있는 영역이다.

고전문학 작품을 작문 교육에 활용할 경우, 현대어로 번역된 간단한 한 작품을 읽게 한 후 감상문을 쓰게 할 수 있으며, 느끼고 생각한 바를 한국어로 토론하게 할 수 있다. 나아가 다양한 견해가 나올 수 있는 작품의 경우 결말을 학습자들이 스스로 써 보게 하는 활동 등도 가능하다. 문학작품을 많이 읽으면 쓰여진 언어의 특징, 즉 문장의 형성과 기능, 다양한 구문, 생각을 연결하는 여러 방법 등에

익숙하게 되고, 이것은 쓰기 능력, 말하기 능력의 향상에 크게 도움을 준다.[7)]

문학 교육의 연장선상에서 외국인을 위한 한국고전문학 교육은 우리 민족의 구체적인 삶의 양상과 방식 및 풍속, 예속 등과 관련하여 이루어져야 하며 동시에 의사소통 능력 향상이라는 목표도 염두에 두어야 한다. 외국인 학습자에게 고전문학 작품이 창작 당대의 생활의 구체적인 국면과 맞물려 어떻게 형상화되고 향유되었는지를 작품 분석을 통해 밝히고, 나아가 이를 통해 중세적 한국인의 생활이 어떠했으며, 그 생활이 언어를 통해 어떤 문화적 성취를 이루었는지를 보여주는 학습 과정이 필요하다. 그리하여 일상적인 언어나 대중 매체에서 찾기 어려운 고급스런 언어로서의 문학 언어의 원리를 배움으로써 묘사하기, 이야기하기, 비유하기, 상징하기, 풍자하기, 전달하기 등의 언어 능력을 함양시킬 수 있다. 또한 문학의 속성인 배경, 갈등과 해결, 성격, 시점, 주제, 플롯, 작가, 내면화 등과 관련된 문학 지식을 배우고, 이를 활용한 학습 전략을 구사하여 언어 또는 문학 활동을 할 필요가 있다.[8)]

그런데 한국어 교육에 있어서 그간의 문학교육은 대부분 현대시나 현대 단편소설 중심이었고, 고전작품으로서는 드물게 <흥부전> 등의 전래동화, 짧은 우화 정도가 텍스트로 차용될 정도였다. 한국어 교육이 외국인에게 언어 습득이라는 실용성만을 중요시한다면 고전 서사문학과 같은 어렵고 긴 작품들은 학습에 크게 도움이 되지 않는다고 볼 수도 있다. 그러나 현대에 쓰이는 언어나 현대 문학

7) 홍혜준, 「문학을 이용한 한국어 교수법」, 『외국어로서의 한국어 교수법의 현재와 미래』, 국제한국어교육학회 제12차 학술대회 발표 요지, 2002, 399쪽 참조.

8) 윤여탁, 위의 글, 314~315쪽 참조.

작품들도 그 근원은 다 고전어와 고전문학에 기대고 있는 것이므로 그 역사적 산물로서의 고전문학은 그 교육의 중심에 위치하게 된다.

김종철은 한국어 교육에서 한국 고전문학 작품들은 교재로 적절치 않을 수도 있으나, 오늘날 쓰이는 한국어 자체가 역사적 산물이고, 역사적 축적 위에서 역할을 하고 있다는 점에서는 역사적 축적으로서의 고전문학을 도외시할 수 없다고 피력하고 있다. 즉 고전문학은 외국인을 위한 한국어 교육에서 주요한 제재가 된다는 견해를 크게 세 가지로 제시하고 있다.

첫째, 한국어의 역사에서 그 정수적 표현을 얻은 것이 고전문학이며 그러한 표현은 오늘날의 한국어에도 이어지고 있다는 점에서 고전문학은 한국어교육의 중요한 교재가 된다. 둘째 한국인의 언어생활사에서 삶과 세계를 인식하는 틀과 지향하는 가치를 가장 잘 표현한 것이 고전문학이며, 이에 대한 학습을 통해 한국인의 사고방식과 가치관을 잘 알 수 있고, 그것의 표현방식도 알 수 있게 되어 한국어를 고급수준에서 구사할 수 있는 능력을 기를 수 있다. 셋째, 한국의 고전문학은 인류사에서 한국인이 성취한 고전이다. 한국어로 이루어진 고전을 배우는 것은 한국문화가 세계문화의 일원으로서 이룬 최고의 성과를 이해하는 것[9]이라는 것이다.

여기에 그 중요성을 덧보태면 다음과 같다. 고전문학은 그 자체가 교훈과 교양을 담고 있기 때문에 교육적으로 유용할 뿐만 아니라, 정화된 감정과 세련된 감각으로 다듬어져 있어서 독자들의 감정도 함께 정화, 발전시키는 데 도움이 된다. 또한 고전문학은 당대인들의 생활과 관념들을 담고 있으므로 중세적 사회와 문화를 함축적으로 보여주는 매개체가 되며, 고전어로서의 일상 언어와 특정한

9) 김종철, 「한국 고전문학과 한국어 교육」, 『한국어교육』 1, 서울대 사범대 외국인을 위한 한국어교육 지도자 과정, 2002.

어휘들을 변별적으로 학습하면서 실제적인 언어들을 간접적, 통합적 방법으로 배울 수 있다.

요컨대, 고전문학 교육은 일반 문학교육과 마찬가지로 문학 작품 자체에 대한 교육이라기보다는 고전문학을 통해 언어를, 문화를 가르치는 방향으로 나아가야 할 것이다. 그리하여 고전문학이 한국어 학습에 미치는 영향은 한국어 구사력, 한국어 지식, 한국어 학습에 대한 긍정적 동기 부여, 그리고 한국 문화에 대한 이해 및 이해 능력의 배양 등으로 그 효과를 기대할 수 있다. 또한 고전문학을 통하여 언어교육에서 목표로 하는 말하기, 듣기, 읽기, 쓰기 등 한국어의 이해와 표현 학습을 통합적으로 수행할 수 있다. 문학작품에서 일상어를 바탕으로 풍부하게 구사되고 있는 구어적/관용적 표현 등을 학습할 수 있으며, 나아가서는 문학 언어의 특징인 심미적 언어능력도 신장시킬 수 있다.[10]

2) 발전 방향

그러면 다음으로 한국어 교육에 있어서 고전문학은 어떠한 방향으로의 학습이 효율적인 것인지 그 발전 방향에 대해 고찰해 보고자 한다.

외국인을 위한 고전문학 교육에 있어서는 몇 가지의 전제가 필요하다. 우선 유의할 점은 이것이 단순히 강독수업이 아니라는 것이다. 그리고 강독 이전에 반드시 한국어로 번역된 텍스트가 제시되어야 할 것이며 가능하면 학습자들이 미리 읽어 오도록 과제로 주어져야 한다. 작품 강독은 단순히 글의 내용을 파악하거나 이해를

10) 윤여탁, 「문학을 통한 한국어 지도법」, 『한국어교육』 1, 서울대 사범대 외국인을 위한 한국어교육 지도자 과정, 2002, 43쪽.

위한 것만이 아니다. 외국인 학습자들의 한국 문화의 이해를 폭넓게 깊이 있게 도울 수 있는 강독으로 이끌어가도록 한다.

강독의 보다 효율적 성과를 위해서는 다른 문화 매체들에 힘입는 것도 필요하다. 영화나 구비문학 작품의 영상자료 등의 활용으로 학습자의 이해를 용이하게 할 수도 있고, 유사한 현대문학 작품이나 현대문화와의 비교 학습 등을 통해서 그 변화를 인지시킬 수도 있다. 한편 단순 강독에서 벗어나 학습자 모국의 고전문학 작품들과 비교 시켜본다든지, 역할극을 주어 상호간 문화적 공통점과 차이점에 대한 스스로의 발견을 유도해서 작문하거나 발표케 하여 쓰기와 말하기 학습을 심화시킬 수 있다.

그럼에도 한국어 교육 현장에서 무엇보다도 절실한 요구는 교사의 고전문학에 대한 우선적 관심과 주체적 인식과 풍부한 지식 등이 충족되었느냐의 여부에 그 효율성의 성패가 좌우된다고 본다. 고전문학을 가르치는 교사는 외국인에 대한 한국인으로서의 주체성과 정체성이 먼저 확립되어 있어야 하며, 외국인 학습자가 다양한 내용을 다양한 시각에서 접근할 수 있도록 고전문학에 대한 총체적 지식과 체계적 이론이 정립되어 있어야 한다. 풍부한 고전문학 자료들을 필요에 따라 자유자재로 피드백하면서 외국인 학습자 앞에서 내용에 우선하여 교사의 자신감과 긍지가 당당하게 전달될 필요가 있다고 본다.

이러한 전제가 충족될 때, 한국어 교육에서의 고전문학 수업은 언어 수업과는 달리 교사와 학습자간의 정서적인 의사소통이 효과적으로 교감될 수 있으며, 한국의 전통문화 학습에 단계적 업그레이드가 가능할 것으로 본다.

재론하지만, 최근에는 한국어 교육 현장에서 독해 학습을 위한 교재로 전래 동화와 현대 단편소설을 종종 활용하고 있으며, 학습자는 단순히 한국어로 말하기 보다는 고급 수준인 문학작품을 읽을 수 있다는 데 많은 흥미와 자부심을 느끼고 있다. 따라서 고전문학 수업을 통해 교사와 학습자는 언어 수업에서 찾아보기 어려웠던 정서적인 의사소통이 이루어지게 되고, 나아가 한국 문화를 교육적으로 자연스럽게 전달하게 된다. 한편, 고전문학 작품인 전래동화나 짧은 소설을 드라마, 영화, 연극, 판소리 등 다양한 장르로 변형한 작품들과 비교, 감상하게 한다면 학습자의 흥미를 더욱 고조시킬 수 있고, 좀더 고급스런 한국어 교육으로 전진할 수 있을 것이다.[11]

그러면, 이를 바탕으로 외국인을 위한 고전문학 교육은 구체적으로 어떠한 발전 방향으로 지향되어야 할 것인가?

고전문학작품을 한국어 교육에 활용할 경우 우선 한국어 교육 목표에 적합한 학습목표를 세워야 할 것이다. 그리고 학생들의 흥미와 수준을 고려하여 학습자가 자발적으로 학습에 참여할 수 있는 고전문학 작품을 선정해야 할 것이다. 작품을 선정함에 있어서 학습자들의 흥미와 이해 능력의 범위를 우선적으로 고려하여 문학적 감동이 큰 작품, 외국인들이 공감할 수 있는 보편적 주제의 작품, 한국적 특수성과 보편성, 민족성 등을 잘 보여주는 작품을 택하는 것이 바람직하다. 그리고 가능하면 작품의 길이가 짧고 내용이 쉽고 위에 언급한 내용들이 명쾌하게 잘 제시되어 있는 작품일수록 선정의 우선 기준의 대상으로 삼을 만하다. 또한 한국의 가족제도, 사회, 관습, 문화, 의식 구조, 가치관 등의 한국 문화의 특성을 담고 있는 작품들을 선택해 외국인 학습자들이 한국 문학을 통해 한국의 문화를 접할 기회의 지평을 넓혀 주는 방향으로 모색되어야 한다.

---

11) 홍혜준, 위의 글, 405쪽.

외국인에게 한국어를 가르치는 궁극적인 목표는 한국어를 효과적으로 이해하고 표현할 수 있게 하는 것이다. 초기 단계에서는 생활문이나 문법을 중심으로 한국어 교육 내용을 구상할 수 있지만, 상위 단계에서는 문학작품이나 학술적인 담론과 같은 언어자료를 효과적으로 학습할 수 있는 방향으로 교육과정을 구안하고 교재를 구성해야 한다.[12] 한편 다양한 매체를 활용하여 문학 작품이 노래, 동요, 가곡, 드라마, 연극, 영화, 판소리 등으로 만들어진 작품 등을 함께 소개하여 학습자들의 한국 문화 이해를 돕고 장르별로 비교, 감상하게 하는 것이 중요하다. 그 외에도 외국인을 위한 한국어 문학 교재의 작품 선정 시 변별 기준 문제, 그리고 시, 소설 외에 수필, 희곡 등 다양한 장르에 걸쳐 교재 대상을 다양화해야 할 것이다.

특히 본고에서 핵심 장르로 다루고자 하는 고전소설의 경우, 고전소설 작품을 다양한 시각에서 다룬 교재, 그림, 사진, 모형, 실물자료 등과 동영상 자료를 함께 제시하여 언어적 수준, 문화적 타당성, 학습자의 이해 가능한 어휘 등을 학습자 수준에 맞게 재구성하여 지도한다면 살아있는 의사소통 자료와 이해 가능한 언어자료로서 교육의 효율성은 훨씬 제고될 수 있을 것이다.

고전소설교육은 문학교육의 한 분야이면서 이야기 교재의 핵심이다. 또한 인간의 보편적 진실을 중시하는 산문문학인 동시에 한국의 문화를 체득할 수 있고, 도덕적인 교훈성과 인간적인 흥미를 내포한 옛이야기 담론이므로 고전소설은 다른 어떤 고전문학 장르보다도 효율적인 한국어 교육 텍스트로 중시될 수 있다.

---

12) 윤여탁, 「문학을 활용한 한국어 교육 방법」, 60쪽.

3. 〈춘향전〉을 활용한 한국어 교육 방법

먼저 소설작품을 한국어 교육에 적용시키고자 할 때는 학습자의 한국어 실력을 충분히 파악한 후 여러 방법을 시도해 보는 것이 중요하다. 학습자가 일상생활에서도 충분히 활용이 가능하며 또 흥미를 가질 수 있는 한국어 교육이 되기 위해서, 또한 읽기, 쓰기, 말하기 듣기 등을 통합적으로 학습시킬 수 있는 효율적인 학습방안을 구상해 본다. 물론 장편에 속하는 소설, 즉 고전소설을 활용한 한국어 교육 방법의 시도는 찾아보기 어렵다. 그럼에도 본고에서 시도하고자 하는 의도는 언어적 차원을 넘어서서 고전소설 창작 당대의 한국인들의 생활상, 서민적 정서, 남녀의 애정담, 가치관 등 한국의 중세 문화를 흥미 있고 쉽게 익히면서 한국에 대해 포괄적으로 이해할 수 있는 능력을 키워주고자 하는 데 그 의의를 두고 있다. 이와 더불어 텍스트로 <춘향전>을 택한 이유는 앞에서도 밝혔지만 <춘향전>이 우선 당대에 가장 많이 읽힌 작품[13)]일 뿐만 아니라 현대에서도 판소리, 영화, 패러디 소설 등 다양한 장르로 재생산되고 있고, 한편으론 외국의 유사한 주제의 희곡작품 <로미오와 줄리엣>도 있어서 장르 등 여러 면에서 대비가 가능한 대표적 판소리계 고전소실이기 때문이다. 즉 외국인 학습자에게 한국문화적 특수성과 주제적 친숙함과 소설적 흥미를 동시에 보여줄 수 있는 효율적인 문학 텍스트로 판단되기 때문이다.

그러면, 본항에서는 <춘향전>을 중심으로 고전소설을 통한 한국어교육이 어떠한 방법으로 실현될 수 있는지 그 교육방법을 읽기, 듣기, 말하기, 쓰기 등의 구체적 항목으로 나누어 살펴보기로

---

13) 유탁일, 『판각본 고소설에 관한 일고찰』.

한다.

1) 읽기 교육

① 원 텍스트를 현대어로 번역하여 작품의 일부분을 읽게 함으로써 문학 작품 읽기, 긴 문장 읽기 등 읽기 교육을 심화시킨다. 한편 작품의 분량이 길고 함께 읽는 데 많은 시간이 소요되므로 미리 작품을 읽어 오도록 전 시간에 과제를 내 준다. 학생들이 선택한 단어들을 읽게 하고 그 단어를 선택한 이유를 설명하게 한다.

② 새롭게 배우는 어휘나 표현, 토속어 등에 대해 공부한다. 특히 판소리 문체의 특징인 해학적이고 서민적인 표현을 익힌다. 한국 문화적 특징이 잘 나타나는 부분에 대해서도 중점 교육을 한다. 예를 들어 당시의 신분 계급, 단오절과 그네 풍속, 도령의 학문하는 모습, 춘향과 이도령의 복색 묘사, 장모와 사위 관계의 특수성, 특히 한국 남녀의 전통적 사랑관계 등에 대해 이야기 한다.

2) 듣기 교육

① 판소리 <춘향가>를 들려주거나 혹은 비디오 등 영상매체로 보여주고, 판소리 창과 판소리계 소설과의 장르적 특성에 따른 감상의 차이점을 이야기한다.

② 작품 내용의 한 대목을 처음의 한 학습자로부터 시작하여 귓속말로 전해가는 방법으로 하여 맨 끝 학습자에게까지 전달하여 그 내용의 시종 여부를 확인하는 방법을 사용함으로써 한국어 전달 능력도 배양시킨다.

3) 말하기 교육

① <춘향전>에서 춘향이 그네 타는 장면, 사랑과 이별의 장면, 변사또에게 저항하는 장면, 옥중 장면, 어사또 출현 장면, 춘향과 이몽룡의 재회 장면 등과 관련된 그림을 학습자에게 한 장씩 주고 이야기 순서대로 그 장면과 상황에 맞는 이야기를 간략하게 말해 보게 한다.

② 열녀의 개념을 설명하고 학습자 나라의 열녀관과 관련지어 비교, 토론하게 한다. 또 현대 학습자들의 열 개념은 어떤 것인지 자유롭게 토론하게 한다.

③ 춘향, 이몽룡, 변학도, 방자, 월매 등 각 인물들의 특성과 사건의 전개에 대해 이야기해 보고 특히 판소리계 작품의 해학성, 그 바탕이 되는 서민생활 등에 대해 이야기하면서 한국적 특성을 부각시키는 토론으로 이끌어 간다.

④ 외국인 학습자의 나라에서도 판소리와 유사한 장르 혹은 <춘향전>과 비슷한 주제의 작품이 있는지 발표하게 한다.

⑤ 외국인 학습자에게 가장 감명깊었던 대목, 혹은 가장 흥미로웠던 대목 등을 말하게 하고 그 이유를 설명하게 한다.

4) 쓰기 교육

① 판소리의 장르적 특성을 설명하면서 한국적 민속과 중세사회적 문화를 이해시키는 시각을 마련한다. 그런 다음 학습자들에게 내용을 이야기하기, 가장 인상 깊은 대목을 직접 다시 대본을 짜서 역할극으로 연행하기, 사설의 일부를 창으로 노랫말 형식으로 지어 노래하기 등의 방법으로 교육한다.

② 학습자들이 함께 공부한 <춘향전> 작품 내용을 서술문 형태로 길게 써 보게 한다.

③ <춘향전> 작품을 역할극으로 할 경우 대본을 각 등장인물의 대사, 행동, 지문 등을 소그룹별로 직접 써 보게 한다.

④ 문학작품을 작문 교육에 이용할 경우 한 작품을 읽고 난 감상을 쓰게 할 수 있으며, 나아가 다양한 견해가 나올 수 있는 작품의 경우 결말을 학습자들이 스스로 써 보게 하는 활동 등도 가능하다. 문학작품을 많이 읽으면 쓰여진 언어의 특징, 즉 문장의 형성과 기능, 다양한 구문, 생각을 연결하는 여러 방법 등에 익숙하게 되고, 이것은 쓰기 능력을 향상시켜 준다.[14)]

이상 적용된 학습 방법들은 <춘향전> 작품을 텍스트로 하면서 한국어 교육의 기초단계인 읽기, 쓰기, 듣기, 말하기 등의 4단계 학습이 통합적으로 심도 있게 이루어지는 효과를 기대할 수 있다. 뿐만 아니라 작품에 나타난 조선조 사회상, 양반과 시종들의 복장, 해학적 대화, 서민적 생활상, 신분 등급, 청춘남녀의 사랑과 이별, 상봉, 악인의 징치, 열녀의 승리 등 권선징악적 주제를 기조로 한 조선조 후기 사회의 문화, 그리고 현대까지 연결되는 그 전통의 계승 등을 포괄적으로 이해할 수 있는 교육방법이 될 수 있다.

고전소설을 외국인에게 교육함에 있어서는 우선 고전어의 문제에 봉착하게 된다. 원문으로 가르친다면 어학적 풀이나 표현법을 알아내고 익히는 과정에서 시간소모와 흥미 상실의 우려가 있다. 따라서 일차적으로는 고전소설 작품을 현대어로 번역된 작품을 텍스트로 삼는 것이 중요하다. 수준은 어느 정도 한국어에 익숙하고,

---

14) 홍혜준, 위의 글, 339쪽.

한국어를 읽는 것에 자유로운 고급단계에서 읽기 수업에 활용하되 쓰기를 병행하여 가르친다. 한편 학습자 나라의 작품 중에서 유사한 형식, 혹은 유사한 주제 등의 작품들이 있는지 조사해 보고 서로 발표하게 한다.

어느 정도 학습이 끝나면 쓰기 교육의 한 방법으로 간단한 희곡으로 써보게 한 뒤, 각자 역할을 분담하여 연극으로 재연해 보도록 한다. 역할극 분담의 연극적 수업 방식은 학습자가 작품 전체를 이해하고 분담된 역할을 소화할 수 있는 데까지 작품 이해의 수용이 이루어졌다는 의미이므로, 이 단계의 학습 방식은 읽기, 쓰기, 듣기, 말하기 등의 4단계 기본 학습단계가 한 차원 향상되었다는 의의를 지닌다.

4. 〈춘향전〉과 〈로미오와 줄리엣〉의 대조를 통한 한국어 교육

한편 <춘향전>을 세계적으로 널리 읽히고 있는 유사 주제의 <로미오와 줄리엣>작품과 비교하면서 공통점과 차이점이 야기된 두 작품 간의 생성 문화적 배경, 인류의 보편적 주제, 두 문화간의 특수성, 동, 서양적 사고의 차이 등에 관해 토론해 본다. 또 표현된 어휘, 남녀 주인공들의 애정 행위, 애정 실현 과정에서 보여주는 두 작품 주인공들의 성격 등을 비교, 분석하면서 학습자들의 애정관도 이야기하며 남녀 사랑과 정절이라는 열녀 담론도 진행해 볼 수 있다.

예를 들어 <춘향전>의 경우 구성은 남원 광한루의 춘향, 옥중의 춘향, 마지막 이몽룡과 상봉하는 춘향, 이 중에서 <춘향전>의 주제적 춘향은 옥중의 춘향이라고 볼 수 있는지, <로미오와 줄리엣>에서는 무도회장에서의 줄리엣, 재혼 핍박을 피하기 위한 假死상태의 줄리엣, 로미오의 죽음을 보고 자결하는 줄리엣, 이 중에서 <로미오와 줄리엣> 작품의 주제적 줄리엣은 마지막에 자결하는 줄리엣에 있는지에 대해 학습자들이 공감하는지 다른 의견이 있는지 등의 의견을 펼쳐 보도록 한다.

1) 두 작품 간의 공통점

① 예부터 전해 내려오는 민족의 설화들이 이야기를 구성하고 있다.[15] : <춘>은 열녀설화, 한시설화, 춘향 박색터설화, 신물 교환설화, 해몽설화, 어사출도설화 등 많은 설화들로 집성되어 있으며, <줄>은 잠자는 약을 마시고 원하지 않는 혼인 핍박을 피한다는 열설화, 기사도의 위기 구출설화 등이 근간을 이루고 있다. 즉 <줄>도 <춘>의 경우와 같이 셰익스피어의 온전한 창작이 아니라 전해 내려 오는 구전설화에서 소재들을 취하고 있다.

② 처음 본 순간 사랑에 빠지며, 정식 혼인절차를 밟지 않고 즉흥적 자의적 방식으로 혼인한다. : <춘>에서는 이몽룡이 그네 타고 있는 춘향의 자태에 첫 눈에 반하고, 바로 그날 밤 춘향의 집에 찾아가 온갖 회유로써 춘향 모녀를 설득하여 첫날 밤 신방을 차린다. 육례의 예를 갖추지 못한 점에 대해 춘향 모 월매의 요구로 <불망기>를 써 주는 것으로 대신한다. <줄>에서는 캐풀렛가의 무도회에 간 몬터규가의 로미오가 줄리엣을 본 순간 첫 눈에 반하고 둘은 사랑에 빠져 결혼을 약속한다. 바로 다음날 수도승 로렌스를 찾아가 부모 모르게 교회에서 결혼식을 감행한다.

---

15) 이하 <춘향전>은 <춘>으로, <로미오와 줄리엣>은 <줄>로 약칭함.

③ 10대 남녀들의 청순하고 뜨거운 사랑을 그리고 있다. : <춘>은 남녀가 모두 16세이며, <줄>에서 줄리엣은 14세이며 로미오의 나이는 정확하지 않으나 비슷한 10대로서, 두 작품의 남녀 주인공들 모두가 10대들로서, 조선조에선 16세, 서양에선 14세가 각각 혼인 적령기인 점이 반영되고 있다.

④ 처음의 구혼은 남성 쪽에서 하나 일단 사랑이 받아들여진 다음부터는 여성의 애정이 더욱 적극적, 능동적인 모습으로 남성을 리드해 간다. : <춘>에서 춘향은 이도령의 구혼에 선뜻 응하지 않는 태도로써 이도령의 마음을 조급하게 하다가 일단 월매의 중재로 신방을 차린 후부터는 <사랑가>에서도 적나라하게 드러나듯이 춘향의 애정적 모습이 훨씬 적극적, 능동적이다. <줄>에서도 서로 마음을 확인한 후 결혼을 주도적으로 진행시켜가는 쪽은 줄리엣이다. 베로나의 몬터규家와 캐풀렛家 두 가문이 대대로 서로 원수같이 대립, 질시하고 있는 상황이어서 자신들의 결혼은 현실적으로 거의 불가능함을 알면서도 줄리엣은 로미오보다 더 대담하고 모험적인 행동으로 자신들의 행복을 추구하고 실현시키고자 한다.

⑤ 헤어짐을 강요당한 후 여성은 다른 남성에게 열절의 훼손을 강요당하나, 적극적으로 저항한다. : <춘>에서 춘향은 이도령이 상경한 후, 변학도의 수청 요구에 모진 악형을 당하면서도 거부하고 항변한다. <줄>에서는 로미오가 줄리엣 가문에서 결혼 반대를 주장하는 줄리엣 친척 티벌트와의 칼부림에서 살인, 추방령이 내린다. 둘은 하룻밤을 함께 지낸 후 로미오는 만토바로 도피하고 줄리엣은 부친의 명령으로 패리스 백작과의 혼인 핍박을 받는다. 줄리엣은 피하기 어려움을 알고 수도승과 상의한다. 수도승의 권유로 24시간 동안만 잠자는 藥을 먹고 假死상태로 납골당에 안치, 결혼 핍박의 위기를 모면한다.

⑥ 적대자 혹은 적대적 상황의 핍박으로 죽음의 위기에 처한 여성을 멀리 떠나있던 남성이 급하게 구하러 달려온다. : <춘>에서 이도령은 암행어사가 되어 달려와 춘향을 죽음 직전의 옥중에서 구출하며, <줄>에서 로미오는 줄리엣이 죽었다는 소문을 듣고 도피처에서 급히 말을 타고 달려온다.16)

2) 두 작품 간의 차이점

① <춘>은 작자 미상인 민중공동체 작품이고, <줄>은 작자가 분명하다.

② <춘>은 판소리계 소설이며, <줄>은 희곡이다.

③ <춘>은 18세기 후반, <줄>은 16세기 후반의 사회가 시대배경이 되고 있다.

④ 혼사장애요인이 <춘>은 신분 계급이라는 사회적 제도라는 장벽에 기인하고, <줄>은 가문간의 반목과 불화라는 가문 차원적 장벽에 기인한다.

⑤ <춘>에서는 남녀 주인공의 사회적 장애 세력에 대한 완강한 저항을 보인 반면, <줄>은 편법으로 그 장애를 비켜가려는 태도를 취할 뿐 강력한 반항은 없다.

⑥ 헤어짐의 계기가 <춘>은 승진한 부친을 따라 상경함으로 인하여, <줄>에서는 결혼을 반대하는 양가 가문구성원들 간의 칼부림 끝에 로미오가 줄리엣의 사촌 티벌트를 죽여 추방령이 내려지자 도피함으로써이다.

⑦ <춘>에서는 이도령이 춘향을 죽음 직전에서 구출해 내었으

---

16) 장경학, 「춘향전과 로미오와 줄리엣」, 월간 『동서문화』 제42호, 1997, 25~28쪽 참조.

나, <줄>에서는 로미오가 줄리엣을 살려내지 못했을 뿐만 아니라 로미오 자신도 절망하여 스스로 죽음을 택한다.

⑧ <춘>은 남녀 재회하는 해피엔딩의 결말인 반면, <줄>은 남녀 모두가 죽게 되는 철저한 비극적 결말이다.[17]

3) 두 작품 간의 대비를 통한 한국어 교육

그렇다면, 외국인 학습자들은 한국어의 효율적 학습을 위해 위의 두 작품 간의 비교, 활용을 어떤 방식으로 진행하면 좋을 것인가? 그 교육 방법에 대해 살펴 보기로 한다.

(1) 장르적 차이

<춘향전>은 동양의 판소리계 소설인 반면, <로미오와 줄리엣>은 서양의 희곡 작품이다. 동양과 서양이라는 엄격한 문화적 차이 및 장르간 차이가 뚜렷한 두 작품이다. 따라서 두 작품 간 주제인 '사랑'의 양상에는 동 · 서양이라는 대조적 문화의식이 반영되어 있을 것이고, 뿐만 아니라 소설과 희곡이라는 장르 간 담론 형식에서도 그 형상화 방식의 차이를 노정시킬 것이다. 외국인 학습자들은 중점적으로 이 차이점들을 부각시키는 토론을 전개하도록 한다.

(2) 주제와 구조

위의 두 작품은 기본적으로 '남녀 사랑과 烈節의 주제를 다루고

17) 장경학, 위의 글, 25~28쪽.

있다.' '사랑과 烈節'은 인류의 보편성, 영원성을 띤 주제이며 두 작품은 특히 동, 서양의 대표적 古典 애정작품이라는 점에서 학습자들에게 쉽게 흥미와 관심을 집중시킬 수 있는 학습 대상의 텍스트가 될 수 있다.

남녀 사랑에는 반드시 갈등구조가 내재되기 마련이고 그것은 '혼사장애구조'로 설명될 수 있다. 즉 두 작품의 기본구조는 혼사장애구조라는 점에서 동질적이다. 혼사장애구조는 두 작품 간의 시대적 배경, 동, 서양의 문화적 배경, 사회적 제도, 인물들의 특성 등의 유기적 관련 속에 용해되어 있으며, 이러한 구성요인들의 인과관계는 나아가 결말에서 제시되는 세계인식으로 함축된다.

<춘>에서의 혼사장애구조는 양반과 기녀 혹은 기녀 딸이라는 생래적 신분 차별이 바탕이 되고 있다. 이들의 혼사장애는 개인적 차원이 아니라 조선조 사회의 제도적 이데올로기에 연유하고 있는 것이다.[18] 한편 <줄>에서의 혼사장애구조는 가문 차원의 불화와 알력이 바탕이 되고 있다. 생래적 신분은 로미오나 줄리엣이 모두 명문가의 자녀들로서 아무 문제가 없다. 따라서 <춘>에서의 혼사장애구조는 사회제도가 변화하지 않는 한 그 장애를 극복하기 어려운 한계가 있는 반면, <줄>에서의 그것은 가문간의 이해관계를 극복하고 감정적인 앙금이 불식되기만 하면 극복되는 것이어서 장애요인의 성격은 훨씬 유연성이 있다고 볼 수 있다.

그러나 또 다른 각도에서 볼 때, <줄>에도 중세 서양사회의 가부장의 억압이 강하게 개입하고 있다는 점을 중시한다면 <줄>도 마찬가지로 가부장의 권위와 위엄이 중시되는 사회적 이데올로기로부터 자유롭다고 말하기 어렵다. 이처럼 기존의 질서와 새로운 사

---

18) 박일용, 『조선시대의 애정소설』, 집문당, 1993.

상의 대립과 갈등으로 인한 불안과 혼란이 팽배하던 사회적 상황은 결국 <줄>과 <춘>이 탄생할 수 있는 배경이 되었다고 할 수 있다. 그 이유는 두 작품에서 모두 기존의 전통과 질서에 대항하고 대립하는 요소들이 분명하게 나타나 있기 때문이다.[19] <줄>에서의 두 남녀 모두 가문간의 반목에 내재된 양가 가부장들의 억압에 희생되고 있으며, 두 청춘남녀를 모두 죽게 만드는 비극의 철저성에서도 당대 가부장제도에서의 가장의 권위와 위엄이 중시된 사회적 관습을 읽을 수 있다.

다음으로는 혼사장애가 여성의 '열절'을 통하여 극복되고 있다는 점에서도 두 작품은 공통적이다. <춘>에서는 변학도의 수청요구와의 대립에서 보여준 춘향의 열절이 궁극적으로는 신분 차별이라는 운명적, 생래적 비극성을 극복하고 있으며, <줄>에서는 줄리엣 부친의 개가 핍박에 맞서서 보여주는 줄리엣의 假死결단의 행위로 나타난 열절이 일차적 혼사장애를 극복하고 있는 것이다. 그럼에도 <줄>의 결말에선 강렬한 운명적 비극성을 수용하고 있는데 이 점은 작가의 세계관 혹은 중세 서양사회의 혼인 양상과 관련시켜 해석될 소지를 남긴다.

춘향의 열절은 사회의 이데올로기적 장벽에 강하게 항변하는 형식으로 발휘되고 있어서 강한 사회성을 함의하고 있다면, 줄리엣의 그것은 상대적으로 낭만적 이상적 성격을 띠고 있어서 보다 개인성을 함의하고 있다. 춘향의 변학도에 대한 항변은 줄리엣의 가부장에 대한 항변의 모습과의 대비에서 그러한 차이점이 파악된다.

아무튼 이러한 두 작품 간의 차이는 동양과 서양이라는 문화권의 차이와도 연결시켜 생각해 볼 수 있고 한편, <춘>은 현세 지향적

19) 강석주, 「<로미오와 줄리엣>과 <춘향전>의 사랑에 관한 소고」, 『서강영문학』 제9집, 서강영문학회, 2000, 4쪽.

애정관을 <줄>은 내세지향적 애정관을 보이고 있다는 차이로도 설명될 수 있다.[20] <춘>에서의 애정관계는 사실성을 획득하고 있다면, <줄>에서의 그것은 비현실적 낭만성에 기대고 있는 차이를 보인다. 이는 <춘>이 현실적 행복한결말의 구조를 취하는 반면, <줄>은 비극적 결말을 갖는 구조의 차이에서도 찾아볼 수 있다.

(3) 가치관

<춘>에서는 춘향이 자신에게 주어진 기생의 딸로서의 사회적 신분이라는 운명과 관습을 신관사또로부터 당하는 모진 고문과 핍박을 참아내면서 결국은 사랑의 성취와 신분 상승을 동시에 성취해 낸다. 반면, <줄>에서도 원수 가문끼리의 대립과 혼사 장애, 부친의 다른 혼처 핍박 위협 등에 저항하고 도전하면서 사랑의 성취를 이루어내는 듯하나 결말에서는 죽음으로의 이별을 맞는다. 두 작품 모두 당시 사회의 기존 질서에 대한 저항과 도전의식이 작품의 중요한 요소가 된다는 데에는 공통적인 바, 이는 두 작품이 공통적으로 지향하고 있는 사회적 가치에서 비롯한다. 즉 두 작품 간 주인공들의 사랑이 개인적 차원의 순간적 사랑이 아니라 사회적 차원의 숭고한 사랑으로 승화된다는 사회적 가치를 보이는 공통점이 있다.[21]

한편, 두 작품 모두 애정 실현의 과정에서 삶과 죽음의 극단까지 나아갔다가 <춘>은 죽음 직전에 행복한 삶으로 회귀한 반면, <줄>은 애정 실현을 위한 역설적 假死가 영원한 죽음으로 종식되는 비극적 삶으로 좌절된다는 차이를 보인다. 다시 말하면 진정한 사랑

20) 위의 글, 28쪽.

21) 강석주, 위의 글, 7~8쪽.

은 자신의 목숨까지도 기꺼이 담보할 수 있다는 개인적 가치를 보이는 공통점이 있다. 요컨대 두 작품 간은 결말 방식의 대조적 차이에도 불구하고 작품에 반영된 사회적 가치나 개인적 가치에서는 궁극적으로 동질적인 사랑의 모습을 담고 있다 하겠다.

(4) 결말 방식을 통해 본 문화 간 차이

<춘>은 행복한 결말을 보인 반면, <줄>은 비극적 결말을 보이는 형상화의 방식에서도 두 문화 간 차이를 극명하게 읽을 수 있다. <춘>을 비롯한 수백 여편의 고전소설 작품엔 <운영전>을 제외하곤 현재 알려진 바로는 비극적 결말의 작품은 찾아볼 수 없다. 한국의 문학 전통에는 비극의 전통은 없다고 해도 과언이 아니다. 이러한 배경에는 유교라는 문화적 전통이 자리하고 있으며 이는 고전소설이 창작된 조선시대의 이데올로기가 기본적으로 개인보다는 가문과 사회가 절대 우선시되던 전통으로도 함의될 수 있다. 따라서 개인의 숭고하고 영웅적인 파멸을 그리기보다는 고통과 난관을 극복하고 공동체를 위해 헌신함으로써 보상을 받아 행복을 누리는 인물들이 조선시대 문학의 주인공들이 된 것이다. 반면, <줄>에서의 비극적 결말은 서구의 비극 전통에 합류한 것으로서 로미오와 줄리엣의 죽음을 통한 사랑은 마치 한 비극적 영웅의 죽음을 통한 자기 성취와도 같은 의미를 갖는다는 것이다. 즉 서구적 사랑의 가치는 이와 같이 비극과 죽음을 통해서 숭고해지고 완전해 진다고 할 수 있다.[22)]

이처럼 <줄>이 희극적 요소를 비극적 결말로 이끌었기에 대표적

22) 위의 글, 15~16쪽.

인 서구의 사랑 이야기가 되었다면, <춘>은 비극적 가능성을 통해 희극적 결말을 더욱 고양시킴으로써 한국의 대표적인 사랑 이야기가 되었다고 할 수 있다.[23)]

(5) 영상매체 활용

두 작품에 관한 영화 등 영상매체를 활용할 수 있다면, 영화 감상 후 주요 장면 사진 카드 등을 이용한 '내용 순서대로 나열하기' 등의 활동을 통하여 영화 내용의 이해도를 확인한다. 내용 정리가 끝나면 두 작품의 여주인공이 모두 동일한 '열녀'의 개념을 부여할 수 있는지의 여부 등에 관해 토론해 보도록 한다. 또 학습자 본인이 춘향, 혹은 줄리엣이라는 가정을 통해 줄거리나 결말을 바꿔보게 한다. 이 때 남/녀 학습자를 구분하여 먼저 남자들이 바꿔보고 그 후 여자들이 바꿔보게 한다. 이 과정에서 남/녀 학습자 간의 줄거리나 결론이 대립되거나 의견 차이가 난다면 서로 각자 그렇게 된 이유에 대해 자기의 의견을 말해 보도록 한다. 학생이 많다면 짝활동을 통하여 변사또 : "이리와서 내 수청을 들거라" 춘향: "사또 분부 황송하오나 일부종사 바라오니 시행 못하겠소" 변학도: "거역관장하는 죄는 정하느니라 죽노라 슬퍼마라" 춘향: "유부 겁탈하는 것은 죄 아니고 무엇이오" 등의 춘향과 변사또와의 대화를 재구성하도록 시켜보는 것도 한 방법이 되겠다.

두 소설작품에 대한 영상매체 감상이 끝나면 다음과 같은 질문을 함께 나누어 볼 수 있다.

---

23) 위의 글, 16쪽.

① 두 작품 간의 애정적 형상화에서 가장 감동 깊거나 인상에 남는 장면 혹은 대화
② 남녀 주인공들의 인물의 특성-애정 성취 여부에 중요하게 적용
③ 두 소설작품에서 주인공의 비극의 원인
④ 각 나라에도 비극적 애정작품이 있는지의 여부
⑤ 현대 젊은이들의 연애관 혹은 혼인관과 비교

5. 고전소설을 활용한 한국어 교육의 과제와 전망

한국어 교육에 있어서 고전소설의 활용은 이제 새로운 장에 접어들었다. 어학 중심의 한국어 교육에서 문학, 그 중에서도 고전문학, 그리고 더 세부적이며 폭넓은 장르로서 고전소설을 활용하고자 하는 데까지 이른 연구 시각의 확장은 이제 한국어 교육이 단순히 의사소통에만 중점을 둘 수 없다는 현실인식이 반영된 결과물이다. 이러한 문제의식과 이제까지의 논의를 바탕으로 향후 고전소설을 활용한 한국어 교육의 과제와 전망에 대해 살펴보기로 한다.

첫째, 교사 자신이 고전문학, 특히 고전소설에 대한 소양과 깊은 이해를 심화시켜야 한다. 문학교육은 곧 문화교육이므로 한국인의 전통적 문화를 다양한 방면에서 통합적으로 보여줄 수 있는 텍스트가 고전소설 작품이기 때문이다. 교육의 질은 교사의 질을 뛰어 넘기 어렵다고 보므로 교사 자신의 고전소설 작품에 대한 깊이 있는 이해와 관심, 그것을 향유할 수 있는 자질이 선행되어야 한다.

둘째, 다양한 유형의 고전소설 작품을 접할 기회를 부여한다. 고전소설 작품의 제목이 밝혀진 것은 거의 1,000여편에 가깝고 그 내용이 출판된 것도 300~400여편이나 된다. 우선 그 중에서 현대어

로 번역된 작품, 분량이 길지 않은 작품, 그리고 일반인들에게도 대체로 제목만이라도 알려진 작품 등을 선정, 학습하는 것이 바람직할 것이다. 소설작품은 작가가 쓰는 일상적 언어, 잘 다듬어진 고급 언어의 접촉 기회를 제공하며 그러한 작품 독서 자체가 흥미나 즐거움을 주어 초, 중급에서 조직적, 실용적 언어 습득에 지루함을 느낀 중, 고급 학습자들에게 외국어 습득에 대한 불만과 부담을 줄이고 새로운 활력을 줄 수 있으며 언어 능력을 향상시킬 수 있는 효율적 방법이 될 수 있다.

셋째, 문학작품이나 장르에 다른 다양한 교수법의 활용이다. 시조, 전래동요 등은 짧고 주제가 선명하며 정형화된 형식이어서 보다 이해가 쉽고 시조, 창이나 동요 부르기를 통해서 음악적 정서까지도 함께 가르치고 즐길 수 있다. 소설에서는 역할놀이를 통해 더욱 깊은 이해를 도모할 수 있으며 자신들의 시각에서 새로운 대본을 써서 역할놀이를 해 보게 함으로써 학습자 모국의 그것과 다른 점을 더 잘 파악할 수 있으며 소설 등에서 주인공이 되어보게 하는 방법 등으로 활용한다.

넷째, 다양한 영상매체의 적극적 활용이다. 비디오, 영화, 컴퓨터 등 현대의 첨단 기자재를 활용하여 읽기에서 부족하기 쉬운 시각적이고 현장적인 경험을 이끌어낼 수도 있고, 의상, 자연환경, 풍습 등을 이해할 기회를 제공할 수 있다.

다섯째, 교육현장에서 가장 필요로 하는 교재의 개발이다. 교사들은 한국어 지도를 하며 어느 정도 궤도에 오른 고급 학습자들에게 보다 품위 있고 깊이 있는 우리 문화의 향유 능력을 길러 주기 위해 문학 작품을 읽을 기회를 제공할 수 있어야 한다. 그러나 대부분의 한국어교사들은 수천 년간 이어온 우리 문화와 함께 발전해 온 문학작품들 중에서 어떤 작품이 외국인에게 관심을 불러일으킬 수 있으며 우리의 정서를 실감나게 해주는 작품인지 잘 파악하지 못한다. 그리하여 대부분은 자신이 읽었던 작품들 중에서 좋았거나 자신이 선호하는 장르만을 선택하는 안이한 방식을 택하여 온 경향이 있다.

소설작품 교재를 만든다면 고전에서부터 현대에 이르기까지 우리 언어의 아름다움과 독특한 정서, 그 시대의 풍습이나 생활상을 잘 나타내는 대표작을 엄선하여야 할 것이다. 교사들에게는 자신감과 긍지를 고취시키고 학습자들에게는 우리의 문화적 정서를 이해하고 사랑할 수 있는 자료가 되는 문학교재를 개발해야 할 것이다. 고전소설교육의 목표는 고전소설 작품을 통해서 한국어 능력을 고급화시키고 보다 효율적인 의사소통을 통하여 우리의 전통 문화를 이해하고 그 바탕 위에 계승된 현재의 우리나라를 사랑하며 알리는 韓國通 외국인을 양성하는 데 있기 때문이다.

여섯째, 외국인 학습자들을 위해 고전문학 생산과 관련된 현장 답사 및 문화 유적지 현장 답사 등을 통해 한국어로 설명해 주고 상호 한국어 토론의 기회도 부여하며 최종적으로 감상문을 작성하는 글짓기 대회 등을 시행함으로써 어학과 문화 교육적 효과를 동시에 창출해 볼 수 있을 것이다.

따라서 한국어 교육에서 고전소설을 포함한 고전문학 교육은 국제 이해 교육의 차원에서 이루어져야 한다. 한국문학을 모르고 한국의 언어, 문화를 이야기할 수 없을 뿐만 아니라 외국어를 배울 때 외국 문학에 대한 지식이나 학습이 외국어 학습에 도움이 되었던 점을 상기할 필요가 있다. 초급단계에서는 한국 또는 한국문학 이해나 소개 차원에서 학습자의 자국어로 번역된 한국 문학 자료를 활용할 수 있으며, 고급단계에서는 한국어로 된 교재나 문학작품을 본격적으로 채택할 수 있을 것이다. 또한 초급단계에서는 동화 등으로 쉽고 재미있게 접근하게 하며, 중급단계에서는 어휘 중심의 심화학습으로 나아가고, 고급단계에서는 한자성어 등도 학습하면서 고전의 맛을 살리는 방법으로 다양화해 볼 수도 있다.

한편, 한국어 교육은 이루어지는 지역적 특성에 따라 문학교육의 필요성도 차별적이어야 한다. 동남아권은 주로 실용적 차원에서 한국어 교육이 이루어지고 있으며, 유럽권은 한국학이나 한국 이해의 차원에서, 미주권은 재외 동포 교육이나 초강대국의 패권주의 시각에서 한국어 교육이 실시되고 있다. 이에 비하여 전통적인 한자 문화권의 일원이라는 공통점 속에서 살았던 동북아시아권의 한국어 교육 방향은 이들과 많이 다르다. 이 점은 중국의 대외 漢語교육이나 일본의 외국인을 대상으로 한 일본어 교육이나 교사 양성 교육과정에서 문학뿐만 아니라 문화나 지역사정을 중시하는 경향을 통해서도 잘 확인될 수 있다.[24)]

고전소설을 활용한 한국어 교육은 지금까지 진행되어 온 의사소통 및 정보전달 방식의 획일적인 한국어 교육 방식을 극복, 다양화하여 한국어 구사능력의 질적 향상뿐만 아니라, 한민족의 얼이 담긴 한국전통 문화를 교육, 이해시킴으로써 한국에 대한 관심과 흥미를 유발시키고 진작시키는 데 기여할 것으로 전망된다. 또한 상대적으로 폐쇄되어 있는 한국고전문학을 세계적 지평으로 확장시키는 데도 기여할 수 있다고 본다. 그리하여 궁극적으로는 고전문학 작품을 통해서 한국어 능력을 고급화시키고 보다 효율적인 의사소통과 한국에 관한 풍성한 지식을 통하여 한국 문화를 이해하고 우리나라를 사랑하며 알리는 한국통을 양성하는 데 그 교육의 목표가 집중되어야 한다고 본다.

여기에서 남은 문제가 있다면, 지금까지의 논의는 외국인 교육에

---

24) 윤여탁, 위의 글, 20쪽.

만 중점을 두었다는 점이다. 학계에서의 그간 논의도 이 범주에 국한되어 왔다. 그러나 한국어 교육은 외국인뿐만 아니라 해외에 장기 거주한 교포 혹은 교포의 2세, 3세 자녀들을 대상으로 한 교육 방법도 그 수준에 맞는 새로운 방식으로 강구되어야 함을 강조하고자 한다. 그리고 이러한 교육 방안이 외국인 교육과는 별도로 모색되더라도 궁극적으로는 통합적으로 아우를 수 있는 국제성을 띤 효율적 방안이 도출될 수 있는 방향으로 지향되어야 한다고 본다.

6. 맺음말

이상으로 본고에서는 고전소설을 활용한 한국어 교육 방법에 대해 고찰하여 보았다. 지금까지 외국어로서의 한국어 교육이 주로 한국어 구사능력의 배양에만 목표를 두어 온 기존의 교육방식을 반성, 극복하고자 하는 문제의식에서 본고는 출발하였다.

생활언어 소통에서 문화 간 소통으로 그 수준을 고양시키고 고급언어를 익히며 한국인의 보편성, 특수성, 민족성 등을 폭넓게 이해하고 나아가 한국에 대한 이해와 홍보로써 친한파적 외국인을 양성하는 데 가장 효율적인 교육자료는 문학이다. 그 중에서도 한국의 전통문화, 한국인의 얼, 한국인의 전통적 가족제도 및 사고방식, 한국인의 가치관, 미학 등을 두루 담지하고 있는 장르는 고전문학이며 또 그 중에서도 소설 장르라 할 수 있다.

본고에서 고찰한 내용을 요약, 제시하면 다음과 같다.

2장에서는 한국어 교육에 있어서 고전문학의 필요성과 방향에 대해 검토하였다.

3장에서는 판소리계 고전애정소설의 대표작인 <춘향전>을 중심으로 한국어 교육 방법을 살펴보았다.

4장에서는 외국인들에게 유사 주제로서 친숙한 <로미오와 줄리엣>과의 대조를 통한 방법으로도 한국어교육 방법을 고찰하였다.

5장에서는 고전소설을 활용한 한국어 교육의 과제와 전망에 대해 논의하였다.

참고 문헌

강석주, 「<로미오와 줄리엣>과 <춘향전>의 사랑에 관한 소고」, 『서강영문학』 제9집, 서강영문학회, 2000.

강현화, 「한자어교육용 기초 한자어에 대한 기초 연구」, 『한국어교육』 제12권 2호, 국제한국어교육학회, 2001.

김대행 외, 『문학교육원론』, 서울대출판부, 2000.

김종철, 「한국고전문학과 한국어교육」, 『한국어교육』 I, 서울대 사범대학 외국인을 위한 한국어교육 지도자 과정, 2002.

김종철, 「한국어 교육에서 문학 제재 활용의 전통」, 『국어교육연구』 14, 서울대 국어교육연구소, 2004.

박일용, 『조선시대의 애정소설』, 집문당, 2003.

우한용, 「외국인을 위한 한국어교육에서 문학의 효용」, 『외국인을 위한 한국어교육 연구』 제3집, 서울대 사범대 외국인을 위한 한국어교육 지도자 과정, 2000.

우한용, 『문학교육과 문화론』, 서울대출판부, 2001.

유탁일, 『완판방각소설의 문헌학적 고찰』, 학문사, 1985.

윤여탁, 「문학을 활용한 한국어교육 방법」, 『국어교육연구』 6, 서울대 국어교육연구소, 1999.

윤여탁, 「국내의 한국어 문학 교육」, 『한국어교육론』 2, 한국문화사, 2005.

장경학, 「춘향전과 로미오와 줄리엣」, 월간 『동서문화』 제42호, 1977.

조항록, 「초급 단계에서의 한국어교육과 문화 교육」, 『한국어교육』 11권 1호, 국제한국어교육학회, 2000.

홍혜준, 「문학을 이용한 한국어 교수법」, 『외국어로서의 한국어교수법의 현재와 미래』, 국제한국어교육학회 제12차 학술대회 발표 요지문, 2002.

초등학교 고전소설 교육의 의의와 방향

이 강 옥

[영남대학교]

이강옥

현재 영남대학교 국어교육과 교수로 있다. 서울대학교 문학박사. 경남대학교 교수 역임. 미국 예일대학교 방문교수. 저서로는 『조선시대 일화 연구』가 있다.

1. 서론

초등학교 국어 교과서는 '고전소설'이란 용어를 쓰지 않는다. 신화, 전설, 민담 등 전래동화와 창작동화를 '이야기'로 통칭한다. 그래서 엄밀하게 말하면 초등학교 '고전소설 교육론'은 성립하기 어렵다. 다만 교과서를 만들거나 활용하는 교육자들이 정확한 장르 개념을 가진다면 더 원활한 서사교육을 할 수 있다는 전제에서 초등학교 고전소설 교육론은 가능할 것이다.[1] 또 초등학교 교육 과정에서는 '문학'의 영역이 따로 설정되어 있기는 하나, '말하기 · 듣기 · 쓰기'와 '읽기' 영역과의 관계 속에 존재한다.

한편 민간 출판사들은 초등학생을 위한 우리 고전 작품집들을 간행하면서 '고전소설'의 영역을 명확하게 설정하고 있다. 초등학생들이 주로 이들 작품집들을 통하여 고전소설을 경험한다는 점에서 출판사들은 초등학교 고전소설 교육에서 매우 중요한 역할을 하고 있다.

본고는 초등학생들에게 민족 고전으로서 고전소설을 가르칠 수 있고 또 가르쳐야 한다는 당위를 입증하는 쪽으로 논의를 전개하고자 한다. 초등학생들에게 어떤 동기를 부여하고 어떤 목표를 설정하여 고전소설을 가르칠 수 있을까 고민해 보자는 것이다.

초등학교 문학교육은 제5차 교육과정까지가 역사주의나 형식주의 비평 방식에 기반을 두고서 텍스트 중심으로 이뤄졌다면, 제6차

1) 초등학교 문학 교육론에서 '이야기'는 문학 이야기와 비문학 이야기로 나눠지고, 문학 이야기는 '설화'(혹은 '전래농화')와 '동화'(혹은 '창작동화')로 나눠진다. '설화'('전래동화')는 다시 '신화', '전설', '민담'으로 나눠진다(한명숙, 「독자가 구성하는 이야기 구조 교육에 관한 연구」, 한국교원대학교 박사학위논문, 2003, 179~186쪽을 참조할 것). 이처럼 엄밀하게 말하면 '이야기'에도 '고전소설'이 포함되지 못한다.

부터 제7차 교육과정에 이르기까지는 수용미학이나 독자반응비평을 참조하여 학습자 반응을 중심으로 이루어지고 있다. 특히 제7차 교육과정에 들어와서는 구성주의 방법론을 적극 받아들여서 수용자의 역할을 더욱 부각시킨다.2) 이와 같은 문학교육 방법의 변화를 고려한다 하더라도 여전히 논의는 텍스트 자체에서 출발할 수밖에 없다. 텍스트를 통해 확인할 수 있는 선택의 원리, 지향의 원리가 본고의 출발이고 귀결이다.

2. 초등학교 고전소설 교육 상황에 대한 이해

1) 방법 중심인가 내용에 대한 배려인가

초등학교 '문학' 교육은 '말하기', '듣기', '쓰기', '읽기'의 각 영역으로 나누어져 있다. 다섯 개의 마당(대단원)은 각각의 주제와 학습 목표를 가진 두 개의 소단원으로 나눠진다. '문학'은 대단원 및 소단원의 학습 목표나 차시별 목표에 맞도록 선정되었다. 그 결과 '토막글 위주의 제재 수록'이 일반화 되었고 문학 작품 자체의 가치보다는 대단원·소단원의 목표에 대한 부합 여부가 선택의 기준이 되었다.3) 고전소설의 경우도 대단원·소단원의 목표를 수행하는 데

---

2) 위의 논문, 1~2쪽; 류덕제, 「초등학교 문학교육의 바람직한 방향」, 『어문학교육』 25, 한국어문교육학회, 2002, 15쪽. 그러나 제7차 국어과 교과서 문학단원의 대단원 목표 내용 요인을 분석한 결과 이야기교육이 여전히 작품 중심으로 이루어졌으며, 그것도 인물, 사건, 배경을 중심으로 하는 초보적인 수준이라는 점이 지적되기도 했다(한명숙, 앞의 논문, 70~74쪽).

3) 초등학교 문학 교육 전반에 대한 문제 지적은 류덕제, 앞의 논문, 27~29쪽을 참조했음.

도움이 되는 한 부분만이 아주 짧게 주어지거나 본문이 전혀 제시되지 않기도 한다.

<심청전>, <토끼전>, <흥부전>, <춘향전> 등 판소리계 소설들은 교과서에서 유용한 텍스트로 활용되는데, 말하기, 듣기, 쓰기, 읽기라는 언어 생활을 배양하기 위한 도구적 수준에서 다뤄진다. 가령 3학년 2학기 『말하기 · 듣기』의 셋째 마당은 '다른 사람의 말을 주의 깊게 듣고, 내 의견을 말할 수 있다.'[4]는 것을 학습 목표로 설정하고 ''심청'의 예화를 통해 각자가 주장하는 생각에 대한 이유를 알아보고, 자신의 생각을 말해 보는 활동을 제시하였다.'를 소단원 2차시의 특성이라고 설명했다. 그리고는 <심청이는 효녀인가>라는 제목으로 두 학생의 말을 들려준다.

강우: 선희야, 너 '심청전'을 읽어 봤니? 난 어제 그 책을 읽고 큰 감명을 받았어. 특히 심청이가 눈먼 아버지를 두고 뱃사람을 따라갈 때에는 눈물이 났어.

선희: 강우야, 나도 그 이야기 읽어 봤어. 그렇지만 난 심청이의 행동을 이해할 수 없었어.

강우: 심청이는 무엇보다도 아버지 눈을 뜨게 해 드리고 싶었을 거야.

선희: 그렇지만 자식도 없이 혼자서 살아가야 할 아버지를 생각해서라도 심청이가 뱃사람을 따라가서는 안 되지.

강우: 그렇게 생각할 수도 있겠구나. 하지만 심청이도 여러 가지로 생각해 보았을 거야. 심 봉사가 얼마나 눈을 뜨고 싶었으면 공양미 삼백 석을 바치겠다고 약속을 했겠니? 심청이는 아

4) 교사용 지도서 3-2, 184쪽.

버지 약속을 지켜 드리고 싶었을 거야.

선희: 심청이는 자기가 죽는 것이 아버지에게 가장 큰 불효라는 것을 몰랐던 것같아. 나는 심청이가 집에 남아서 아버지를 모셨어야 했다고 생각해.[5]

여기서 문제가 되는 점은 학생들이 <심청전>을 어디서 어떻게 읽어야 하는 지 분명하게 밝히지 않는다는 것이다. <심청전>은 이본이 매우 많고 현대 활자본으로 간행된 것 역시 많다. 이 '말하기' 소단원에 학생들이 동참하기 위해서는 스스로 어디서든 <심청전>을 읽어 와야 한다. 현직 교사들에게 물어보면 이 단원을 공부하는 학생들의 절반도 <심청전>을 읽지 않은 것이 보통이고 대강 이야기를 들은 아이들도 정확한 줄거리조차 모른다고 한다. 같은 학년『읽기』셋째마당 '더 나아가기'에서는 '토끼와 자라의 의견이 무엇인지 생각하며 '내가 재판장이라면'을 읽어봅시다'는 과제를 부여하고 <내가 재판장이라면>이라는 제목으로 토끼와 자라의 주장을 제시했다. 이에 대한 교수 · 학습 과정의 '목표 확인하기'에서는 '여러분은 토끼의 간을 꺼내려고 하였던 '별주부전'을 알고 있습니까?'라며 아이들의 배경 지식을 확인한다.[6] 그런데 이렇게 질문들 던져서 아이들이 <별주부전>을 읽지 않았다고 했을 때 교사가 해야할 교수 내용은 제시하지 않았다.

6학년 1학기『읽기』의 '다섯째 마당'은 <장끼전>의 서두 부분만을 옮기고는 '읽기 전 활동하기'로 '장끼와 까투리에 대하여 아는 바를 말하여 봅시다.'를 제시했다. 심지어 '옛글의 제목과 주제 정리하기'에서는 '내가 읽은 글'의 사례로서 <금오신화>, <홍길동전>,

---

5) 교사용 지도서 3-2, 191쪽.
6) 위의 책, 220쪽.

<사씨남정기>, <구운몽>, <흥부전>, <별주부전>, <호질>, <허생전> 등을 들었다.

또 5학년 1학기 『읽기』에는 <황새의 재판>이라는 짧은 이야기가 실려 있는데, 이것은 <황새결송> 중에서 따오기가 황새에게 뇌물을 바치고 황새가 재판을 하는 부분이다. 그러나 <황새결송>에 대한 설명은 어디에도 없다. '따오기와 황새의 성격에 주의하여 '황새의 재판'을 읽어 봅시다.'가 수업 목표다. <황새결송>이란 고전소설의 흔적을 찾을 길 없는 것이다.

이와 같은 예들은 '정확하고 효과적인 국어 사용의 원리와 작용 양상'을 익히기 위하여 우리 고전소설을 '말하기' '듣기' '읽기' 영역의 도구로 활용한다는 교육 방식에 근본적인 문제가 있음을 보여준다고 하겠다.[7)]

이런 문제를 해결하기 위해서는 먼저 문학 교육의 독자성을 보장하는 방안을 마련해야 하겠다. 그리고 교과서 편찬 주체들이 초등학교 국어 교육을 정상적으로 받기 위해 필요한 고전문학 작품을 선정하고 초등학생 수준에 알맞게 고쳐 한두 권의 독본으로 만들어 학생들에게 제공하는 것도 고려해야 한다. 그 독본들을 교사가 필요할 때 적극 활용할 수 있도록 해야 한다. 그것은 물론 중학교와 고등학교 학생용 고전소설 텍스트와 연계되어야 할 것이다.

다음 방안으로는 국어 교과서와 출판사 간행 고전문학 소설집과의 연계성을 높이는 것이다.[8)] 이것은 학교 문학 교육이 맡아야 할

---

7) 이에 대해서는 많은 문학교육 연구자들이 거듭 지적한 바 있다. 다음의 진술이 대표적인 예이다. '제7차 국어과 교과서에서 언어 사용의 실제에 해당하는 설득, 정보, 전달, 친교 등의 언어를 다루는 단원에서 문학 작품을 대거 수용한 점으로 미루어 보면 제7차 국어과 교육과정에서 문학 작품을 더욱 더 언어 사용 능력의 자료로 삼고 있다는 의구심이 들게도 한다.'(한명숙, 앞의 논문, 68쪽)

상당 부분을 출판사에게 내맡기는 꼴이라고 하겠는데 현재 여건을 고려하면 차선책은 되겠다.

2) 이분법과 대조법을 넘어서서

제7차 교육 과정에서는 교사가 교과서의 어떤 과제에 대한 해답을 학생들에게 제시하지 않도록 한다. 교수·학습 상황에서 핵심 주체는 학습자이어야 한다는 것이다. 교과서는 이런 기본 방향을 고려하여 목표 진술, 학년별 교육 내용의 선정·조직, '방법'과 '평가'에 관한 지침을 마련해야 한다.[9]

이와 같은 제7차 교육과정의 원칙을 고려할 때 텍스트의 선정과 독해에서 학생들의 주체적 활용이 존중되어야 하며, 교과서 편찬이나 교수에서 어느 쪽으로의 편향된 독해 유도는 바람직하지 않는 것이 된다.

그러나 초등학교 국어 교과서는 이런 편향성을 완전하게 극복하지 못한 듯 하다. 우선 이분법에 의한 교훈주의의 성향이 강하다. 대표적인 예로 <짧아진 바지>(초등 3-2)를 들 수 있다.[10] 이것은 재물욕과 효성 중 효성이 소중하다는 교훈을 학생들에게 강조하기 위하여 부자의 세 딸과 선비의 세 딸을 대조시켰다. 선명한 이분법에 의한 대조다. '수업 목표'와 '수업 전개'도 그걸 부추긴다. '동기 유발하기'에서 '이야기를 통하여 우리는 어떤 점을 배울 수 있습니까?'라고 물었는데, 교사용 지도서는 바람직한 답안으로서 '부모님

---

8) '열린 어린이'(http://www.openkid.co.kr)는 출판사가 간행한 고전소설들과 관련될 수 있는 교과 단원을 밝혀주고 있다.

9) 『초등 학교 교사용 지도서 국어』 6-1, 교육인적자원부, 2004, 11쪽.

10) <도깨비 가족>(5학년 1학기 『말하기·듣기·쓰기』)도 버금가는 사례이다.

께 효도하자/ 욕심부리지 말고 착하게 살자' 등을 제시했다.[11] 이렇게 동기부터 교훈적인 쪽으로 유도했을 뿐만 아니라 '읽기 후 활동하기'에서도 '부자가 자기 딸들이 가장 효성스럽다고 생각한 까닭은 무엇입니까?', '짧아진 바지를 통하여 알 수 있는 글쓴이의 생각은 무엇이겠습니까?'라는 질문을 던지고는, 유용한 답변으로서 '진심으로 부모님을 사랑하고 공경하자'등을 제시하였다.

이렇게 작품 자체뿐만 아니라 읽기 전, 읽기 중, 읽기 후의 활동도 학생들로 하여금 교훈을 성급하게 추출하도록 유도한다. 학생들에게 스스로 성찰할 여유를 주기보다는 다급하게 교훈을 추출하도록 이끄는 것은 학생들이 작품을 내면화하는 것을 어렵게 할 것이다.

초등학교 3학년 연령이 '남을 객관적으로 인식하며 거기에서 자신의 도덕적 행위의 모델을 구하는 면이 강하게 일어나기 시작'[12] 하는 시기로 본다면, 대조를 통하여 선인형 인물이 실천하는 교훈적 행위를 부각시키는 것이 무의미한 것은 아니다. 그러나 이 연령에는 사람 사이의 관계에 대한 성찰이 시작된다고 볼 수 있기에 선악의 평면적 대조만을 보여주는 것은 이 연령 학생들의 인지 · 도덕 수준을 지나치게 낮게 설정했다는 비판을 받을 수 있다.

나아가 고학년이 되면 스스로 선인과 악인을 분별할 줄 알고 사회 질서를 유지하는 일이 중요하다는 것을 인식하기 시작하기에 도덕적 판단력을 기르는데 적절한 가치갈등[13]을 담은 작품이 더 필요하다. 아울러 서사적 선을 단순화하는 것은 서사적 상상력를 위축

11) 『초등 학교 교사용 지도서 국어』 3-2, 교육인적자원부, 2004, 214쪽.

12) 신헌재, 「아동을 위한 서사문학 작품 선정의 기준 고찰-아동의 발달 수준을 중심으로」, 『국어국문학』 114호, 국어국문학회, 1995, 383쪽.

13) 위의 논문, 384쪽.

시키거나 발전을 억제한다는 점에서도 문제가 될 것이다.

저학년에서 이분법을 설정하여 어느 한쪽으로 몰아가는 경향이 강하다면 고학년에서는 이분법을 설정하지만 양쪽을 다 제시하여 한 쪽을 선택하게 한다. 이것은 학생들에게 도덕적 판단의 기회를 주는 것이기는 하지만 종합적인 판단의 계기를 흐트려 버린다는 점에서 이분법의 또다른 폐단을 보인다. 가령 6학년 1학기 『읽기』 '넷째마당'에서는 '서로 대립하는 양쪽의 주장을 생각하며 '인조의 고민'을 읽어봅시다'는 수업목표를 제시한다. 정묘호란 이후 청에 대한 조선 신하들의 태도를 '척화파'와 '주화파'로 나누고 각각의 주장과 그 주장의 근거를 알아보라 한다. 마침내 내가 지지하는 주장을 정하고 근거를 들어 가며 토론해 봅시다로 수업을 이끈다. 이것은 대조되는 두 지향 중 어느 한 쪽만을 유도하려 했던 저학년의 교수 태도가 지양되어 한 단계 더 나아간 것이라 할 수 있다. 그런데 판단과 선택의 주체가 학습자 쪽으로 옮겨지기는 했지만 여전히 이것 아니면 저것이라는 이분법적 도식을 유도한다. 양쪽의 견해와 그 근거에 대해서 살펴보기는 했지만 결국은 그중 어느 한쪽만을 선택하게 만든 것은 여전히 상황을 한 면으로만 보게 만든다.

문제는 이분법 자체에 있다. 이분법은 상황을 간명하게 이해하도록 하지만 상황에 대한 정확한 이해를 방해한다. 또 문제를 해결하는 방식도 종합이 아닌 배제·선택이다. 이렇게 되면 학습자는 텍스트가 담고 있는 포괄적인 미덕들을 자기화·내면화하지 않으려 할 것이다. 학습자는 텍스트의 여러 요소들 중에서 자기에게 맞은 것만을 수용하고 인정하기 어려운 것은 무시해버림으로써 텍스트의 본 모습을 온전하게 이해하려 하지 않게 된다.

교과서는 이분법에 따라 한쪽을 선택하여 나의 편으로 여기고 다른 쪽을 거부하여 적으로 만들게 해서는 안 된다. 한 국면에 다양한 시각이나 태도가 공존할 수 있다는 것을 체득해가도록 해야 하는 것이다. 그런 점에서 이야기의 등장인물도 선인형 인물 위주로만 설정하거나 선인형 인물과 악인형 인물의 대조만을 부각시키는 데 그치지 말아야 한다. 한 인물 속에 여러 관점이 들어가는 입체적 인물, 문제적 인물도 제공하는 것이 필요하다. 무엇보다 두 인물을 정태적으로 대조하기보다는 서로 얽혀 갈등하는 양상을 제공해야 하겠다. 그런 갈등이 소설에서 전형적으로 나타난다는 점에서 초등학교에서 고전소설을 텍스트로 선택할 명분이 선다.

3) 우리나라 아이들의 인지 발달·도덕성 수준에 대한 이해가 정확한가?

만 6, 7세인 초등학교 저학년은 모든 사물들을 자기와 같은 생명체로 받아들이기 때문에 모든 것을 의인화하여도 무리가 없고 오히려 그것을 재미나게 받아들인다. 또 꿈과 현실을 대등하게 보기 때문에 '판타지적 세계'를 마음껏 펼칠 수 있는 때라고 여겨진다. 반면 만 10, 11세인 고학년은 서서히 합리적이고 논리적인 사고를 하게 되면서 미분적인 팬터지의 세계를 어느 정도 벗어나게 된 시기라고 분석되었다. 판타지적 세계 구성도 보다 치밀한 리얼리즘적 세계의 뒷받침 아래 이뤄져야 하고 나아가 현실적 문제 상황으로 인해 풀리지 못한 욕구의 대리 충족적인 면보다, 그로 인한 자아와 세계와의 갈등을 다루는 서사문학의 본질에 들어선 작품이 적절하다고 한다. 그래서 대체로 저학년에게는 전설이나 민담, 동화가 적절하고 고학년에게는 좀더 복잡한 구조를 갖춘 소설이 적절하다고 한다.14)

그런데 지금까지 우리나라 아동의 인지 발달 과정에 대한 연구는 셀만(Selman), 콜버그(Kohlberg), 삐아제(Piaget)의 연구 결과를 근간으로 하여 진행되었다. 그것이 우리 아동들의 전형적 인지 발단 단계를 섬세하고도 정확하게 담았는지 확신하기 어렵다. 가령 저학년의 도덕성에 대하여 '도덕적 개념이 없는 전 도덕 단계이므로, 아직 도덕적 사고와 판단을 요구하는 것보다 상벌(賞罰)에 따라 도덕적 행위가 규제되는 내용이 적절하다....권선징악을 모토로 한 대부분의 전래동화식의 주제와 분위기가 이 시기에 걸맞다. 주인공도 선악의 2분법적 구분이 단순 명료한 평판적 인물 유형이 적절하다.'[15]는 판단이 과연 우리 시대 아동들의 인지적 도덕적 수준에 대한 것으로 적절한가는 재고할 필요가 있다.

우리나라 초등학생들의 인지적 정서적 능력과 경향은 최근 빠른 속도로 달라지고 있다. 그들은 전과는 매우 다른 문화적 환경에서 살기에 그 문화적 경험과 수준은 급속도로 향상되고 있다. 이미 저학년부터 인터넷이나 영화, 애니메이션을 통하여 복잡하고 다양한 서사물들을 경험한다. 그래서 다양한 인간의 관계나 심리를 경험하게 되고 그 결과를 어느 정도 내면화하고 있다. 가령, 많은 저학년들은 『해리포터와 마법사』나 『샌과 치이로의 모험』, 『하울의 움직이는 성』 등을 보면서 거기에 몰입한다. 이런 영화나 애니메이션에는 다채로운 환상, 사람의 복잡한 심리, 심지어 생태주의 사상까지 중요한 소재나 제재로 등장한다. 이들을 경험한 우리나라 초등학교 저학년 학생들은 더 이상 '단순한' 존재들이 아니다.

우리나라 아동들이 상당히 달라졌으니 서사문학의 수준을 높이자고 막연하게 주장할 게 아니라 그들의 인지 능력, 어휘 수준에 대한 좀 더 광범위한 체계적 조사가 필요하다. 우리 현실에 충실한 조

14) 이상 위의 논문, 375~376쪽 참조할 것.
15) 위의 논문, 382~383쪽.

사 결과를 바탕으로 하여 교과서의 서사문학 수준과 편찬방침, 그리고 교육 방안을 재정립해야 한다는 것이다. 물론 아이들의 의지 · 도덕 · 정서 수준에 그대로 따라가야 한다고 주장하는 것은 아니다. 교육이란 피교육자가 나타내는 어떤 성향을 유의미한 쪽으로 인도해야 한다는 원칙에서, 아동들이 달라졌음에도 불구하고 여전히 선명한 이분법에 의해 도덕적 정돈을 해야 한다고 주장하면 그런대로 설득력을 얻을 것이다. 그러나 '아동들이 달라졌음에도 불구하고 단순 구조의 서사 교육을 통해 아동들을 이런 쪽으로 이끌어가야 한다.'는 주장과 '아동들이 단순하기 때문에 그 수준에 맞는 단순 구조의 서사 교육을 수행해야 한다.'는 주장은 매우 다른 시각이다. 초등학교 고전소설 교육은 최소한 전자 수준에서 출발해야 하지 않을까 한다.

4) 고쳐 쓰기는 어느 정도 어떻게 해야 하는가?

지금까지 초등학생용 고전소설을 간행한 출판사들은 적지 않을 것이다. 최근의 사례만을 살펴보면 창작과 비평사, 한겨레어린이, 청솔, 지경사 등이 어린이를 대상으로 한 고전소설들을 펴냈고 웅진닷컴은 곧 간행할 고전문학 전집 속에 약 20여편의 고전소설을 포함시킨다고 한다.

창작과 비평사...<토끼전>, <심청전>, <홍길동전>, <박씨부인전>, <장화홍련전>, <북경거지>, <도깨비손님>, <옹고집전>, <흥보전>, <양반전>(<광문자전>, <허생전>, <호질>, <최생원전>, <이홍전>, <심생전>)

한겨레아이들...<조선의 여걸 박씨부인>, <아름다운 사랑 숙향>,

<허생전>(<이춘풍전>), <춘향전>, <전우치전>(<조웅전>), 이생규장전(<옥영전>), <금방울전>(<홍계월전>)

청솔...<장화홍련전> · <흥부전>, <허생전> · <양반전>, <심청전> · <춘향전>, <사씨남정기>, <박씨전> · <인현왕후전>, <토끼전> · <두껍전>, <홍길동전>, <구운몽>, <금오신화>

지경사...<홍길동전>, <구운몽>, <사씨남정기>, <한중록>, <금오신화>

초등학교 고학년과 중학생들을 독자층으로 설정하기는 했지만 많은 수가 적지 않다. 수많은 고전소설 중 어떤 작품을 선별하여 초등학생에게 읽히느냐 하는 점은 교육적으로도 매우 중요한 사안이다. 일단 여러 유형들을 균형 있게 소개해야 하겠지만 지명도나 선호도를 무시할 수도 없다. 또 알려지지 않은 작품 중에서도 아이들에게 읽히기에 적절한 작품도 있으니 그것들을 '발굴'해야 할 것이다.

창작과 비평사는 고전소설 작품 이름은 그대로 살리고 작품을 고쳐 쓴 사람을 'OOO 글' 형식으로 밝혔다. <홍길동전>은 '허균 작'이 아니라 '정종목 글'이다. 글쓴이는 아동문학 작가들이다. 한겨레 아이들은 '아름다운 사랑 숙향'처럼 작품 이름을 고치기도 하고 그대로 살리기도 했다. 글쓴이는 창작과 비평사와 같이 'OOO 글'로 표기했다. 아동문학작가들 뿐만 아니라 연구자들도 글쓰기에 동참했다. 청솔은 작품 이름을 그대로 살리고 글쓴이도, '김만중 지음/ 고향란 엮음/ 김담 그림' 식으로 표기하여 원작자의 원작을 존중한다는 취지를 나타내었다. 지경사도 청솔과 같은 방식을 취했다.

초등학생을 위한 고전소설 작품들을 읽어보면, 또 다른 이본 혹은 재창작본으로 보아야 할 만큼 많이 고쳐졌다. 요즘 초등학생들의 수준과 정서, 취향에 맞게 고쳐 쓰는 것은 상업성을 고려한다는 차원 뿐만 아니라 초등학생들에 의해 수용되기 위한 조건을 만들어 준다는 차원에서도 꼭 필요한 작업이다. 그러나 그 정도나 방식에 대한 진지한 검토가 필요하다.

어느 출판사가 초등학생을 위한 고전소설을 간행하기 전에 설문조사를 했다. 고쳐 쓰기 방식과 관련하여 '원작에 충실해야 한다.'와 '요즘 아이들 정서와 취향에 맞게 구성해야 한다.'는 두 문항을 제시하여 학부모와 교사 집단에게 물었는데, 학부모가 22%와 13%로 '원작에 충실해야 한다.'는 것을 더 강조했는데 반해, 교사 집단은 18%와 21%로 '요즘 아이들 정서와 취향에 맞게 구성해야 한다.'는 것을 약간 더 중시했다고 한다. 모순적인 두 지향을 동시에 요구하고 있는 셈이어서 어느 한쪽만을 고집하는 것은 어렵다.

두드러진 예를 들어 보자. 『이생규장전』[16]은 원작을 크게 고쳐 쓴 경우에 해당한다. 먼저 최씨녀 아버지의 성격을 반대로 만들었다. 원작에서 아버지는 최씨녀의 행동에 대해 관대하다. 도덕적 융통성을 가졌던 개경 귀족이었기에 딸이 정조를 잃은 것에서 충격을 받기 보다는 딸이 건강하게 되기를 우선 생각했다. 이에 반해 이 책에서 아버지는 최씨녀의 행동에 대해 사사건건 화를 낸다. 그리하여 '최씨녀 아버지: 이생의 아버지 = 개경에 터전을 마련한 권문세가 : 지방 향리에 터전을 둔 신흥계층'이라는 인물의 전형성을 상실하였다. 더 큰 변화는 마지막 대목이다.

> 몇 년 뒤 어느 봄날, 마을 사람 하나가 산에서 나무를 하고 내려오다 젊은 남녀 한 쌍을 보았답니다. 두 사람은 최랑의 무덤 가에

---

16) 백승남 글, 『이생규장전』, 한겨레아이들, 2004.

나란히 앉아 있었습니다.

"어?"

이생과 최랑인 듯 싶어 마을 사람들은 몹시 놀랐지요. 다정히 애기 나누는 남녀의 모습은, 해거름녘 노을빛을 받아 처연하도록 환했습니다. 마을 사람이 조심조심 다가서자, 마주보던 두 사람이 고개를 끄덕이는가 싶더니만 어느 결에 사라졌습니다. 둘이 있던 곳에서 하얀 나비 두 마리가 팔랑팔랑 날아오르더니 어디론지 가 버렸고요. 살랑 바람을 타고 떨어진 하얀 꽃잎들도 춤추듯 뒤따라 날려 갔습니다.

집으로 돌아온 마을 사람은 그 얘길 하면서도, 진짜로 이생과 최랑을 본 건지 꿈을 꾼 건지 자기도 잘 모르겠다고 했답니다.[17]

이 마지막 장면은 새롭게 덧붙여진 것이다. 이생과 최씨녀가 무덤 앞에서 다정하게 껴안고 있는 삽화도 넣었다. 아마 이생의 죽음으로 끝난 원작의 허전함을 보전하려 했던 것 같다. 그러나 이 부분을 덧붙임으로써 아련한 분위기를 만들기는 했지만, 이생의 비극적 최후를 통하여 폭력적 현실에 대하여 강렬하게 문제를 던졌던 원작의 치열한 주제의식이 약화되었다. 초등학생을 대상으로 한다 하더라도 원작을 이만큼 바꿔 쓰는 것은 바람직하지 않을 것이다.

이런 문제점은 같은 제목 속에 들어 있는 두 번째 작품인 <옥영전>에서도 나타난다. 이 작품은 <최척전>을 옥영에 초점을 맞춰 다시 쓴 것이다. <최척전>에서 옥영의 인물상이 가장 전형적으로 드러난다는 점에서 이런 설정은 괜찮다. 그런데 그 과정에서 옥영의 내면이 지나치게 강조되었다.[18] 여유문[19]과 돈우[20]의 성격도 반

---

17) 위의 책, 42쪽.
18) '옥영은 망연히 취해 있던 정신을 추스르면서 수틀을 바로 세웠어요. 꽂아 두

대가 되었다. 가장 큰 변화는 만복사 부처의 존재가 완전히 배제되었다는 점이다.[21] <최척전>의 사실주의와 관련하여 만복사 부처의

었던 바늘을 빼 들다가 옥영은 얼굴을 찌푸렸어요. 손가락이 바늘에 찔렸던 거예요. 금세 붉은 핏방울이 수틀 위로 투둑 떨어졌어요. 그때였어요. 하늘에서 밝게 빛나던 달을 구름이 가리는가 싶더니 금세 주변이 캄캄해지지 뭐예요. 갑자기 바람이 세게 불면서 빗방울이 떨어지기 시작하고요, 복사꽃잎이 눈송이처럼 흩날렸어요. 최척도 옥영도 난데없는 비바람에 무척이나 놀랐지요. 하늘을 올려다보는 옥영의 가슴 한구석이 알 수 없는 불안감으로 서늘하게 젖어들었습니다(『이생규장전』, 한겨레어린이, 60~61쪽).

19) '최척의 사람됨됨이에 반한 여유문은 자기 누이와 혼인하지 않겠느냐고 물었어요. 최척은 정중하게 거절했지요. ……여유문은 더 이상 권유하지 않았지만 속으로는 괘씸한 마음이 들었어요. 굳이 거절하는 게 자기 동생이 마음에 들지 않아서라 생각했던 거예요. 여유문은 그날부터 최척을 대하는 태도가 눈에 띄게 달라졌어요. 그 무렵 최척은 송호라는 사람을 알게 되었어요. 송호는 마음이 어질고 너그러운 중국 사람이었어요. 장사꾼 치고는 학문이 깊은 송호와 최척은 서로한테 호감을 느꼈지요.'(72~73쪽) 여유문과 송호를 대조시키기 위하여 여유문을 부정적 인물로 바꾸었다.

20) 원본에서는 안남에서 옥영과 최척이 만나자 옥영을 데리고 있던 돈우가 두 사람이 함께 사는 것을 축원해주고 돈까지 주는 걸로 되어 있는데, 다시 쓴 결과 돈우가 끝까지 옥영을 내어주지 않아 옥영이 몸값 백금 세 덩이를 남기고 탈출하는 것으로 되었다. 일본인에 대한 부정적 고정관념을 담은 것이다.

21) ① '玉英欲投水溺死 再三出船 輒有所覺 一夕 丈六金佛 夢玉英而告曰 我萬福佛也 愼無死 後必有喜 玉英覺而諗其夢 不能無萬一之冀 遂强食不死'를 생략함.

② 몽선 탄생담 변형(産兒之前夕 丈六佛 又見于夢曰 兒生亦有背痣 夫妻或以爲夢釋再來 遂名之曰 夢仙 → '부부 사이에 둘째 아들이 태어났습니다. 이 아이의 등에도 붉은 점이 있었어요. 부부는 몽석이 다시 태어났다고 생각해 몽선이라고 이름지었습니다.'(81쪽)

③ 최척 출전 뒤 옥영의 현몽담('忽於一夕 夢見丈六佛 撫頂而言曰 愼無死 後必有喜 覺而語夢仙曰 吾於被擄之日 投水欲死 南原萬福寺丈六金佛 夢余而言曰 愼無死 後必有喜 後四年 得見爾父於安南海中 今吾欲死 而又夢如是 汝父 豈或免於鋒鏑歟 汝父若存 吾死猶生 願何恨焉 夢仙哭曰 近聞奴酋 盡殺天兵 而鮮人皆脫云 父親本自鮮人 獲生必矣 金佛之夢 豈虛應哉 母親須臾無死 以待父親之來也' → '어느 날 옥영은 꿈을 꾸었어요. 전쟁터인 듯 많은 군사들이 모여 있는데 어디선가 불길이 일어나더니 군사들을 하나하나 집어삼키는 것이었어요. 그 속에 최척이 있었어요. 불길을 피해 달아나는 남편 모습이 안타까워 옥영은 비명을 지르

현몽 모티프는 여전히 연구자들 사이에서 논란이 되고 있기는 하지만, 어느 쪽으로 보든 분명한 것은 만복사 부처가 옥영과 최척이 고난과 절망에 당면했을 때마다 삶을 포기하지 않고 희망을 갖게 하던 구원자 역할을 했다는 점이다. 만복사 부처는 사건의 전개에서도 매우 중요한 역할을 했으며 소설의 주제를 형성해가는 원동력이 되기도 했다. 그런 존재를 배제하는 것은 작품의 본질을 근본적으로 바꾸는 것이다. 오늘날 작가들이 고전소설에서 초월적 존재가 개입하는 것을 비현실적이라고 여겨 부담감을 가졌다고 하더라도 이런 식의 다시 쓰기는 문제가 있지 않을까 한다.

교육 방법을 생각하더라도 그렇다. 제7차 교육과정은 학습독자에게 적절한 작품을 제공하고 그것을 이해하고 감상할 도구를 제시하는 것을 중시한다. 설사 근대적 사유 방식이나 합리적 소설 구성법과 동떨어진 것이라 할지라도 학습독자들이 주체적 판단이나 토론의 자료로 활용될 수 있도록, 원본의 핵심 사항들은 그대로 제공하는 것이 바람직하다.

고쳐 쓰기를 지나치게 했을 경우, 제목을 바꾸고 고쳐 쓴 이를 밝혀야 한다. 그리고 작품 해설에 어떤 대본을 어떤 방향으로 고쳤다는 사실을 지적해주어야 하겠다. 아울러 고쳐 쓰되, 고쳐 쓴 것이 어떤 점에서 학생들에게 타당하고 유익한가를 설명할 수 있어야 한다. 그런 점에서 전공 연구자들이 고쳐 쓰기에 관여하여야 한다.

현재 간행된 고전소설들은 대부분 초등학생들에게 우리 민족의 정서과 사상이 베여있는 고전소설을 읽힌다는 취지에서 비롯된 것

다 깨어났어요. ……"(90~91쪽)

④ 마지막 예불 장면(玉英謂陟曰 吾等之得有今日 寔賴丈六佛之陰극 而今聞金佛亦皆毁滅 無所憑禱 而神靈之在天 容有不泯者存 吾等 豈不知所以報乎 乃供具詣廢寺 潔齋修豆) 생략.

이다. 그렇다면 지나친 고쳐 쓰기는 일단 경계해야 한다. '아이들의 흥미를 돋구거나', '아이들이 쉽게 이해할 수 있도록' 하기 위해서 반드시 원전으로부터 멀어져야 하는 것은 아니다. 원전에 충실하되 아이들의 정서와 취향에 맞게 고치는 일이 꼭 불가능하지는 않다. 가령 『이춘풍전』[22]은 원작을 크게 개조하지 않았으면서도 어투와 장면 설정이 작품 분위기나 주제를 아주 생생하게 되살리고 있다. 『옹고집전』[23]은 본문 뿐만 아니라 끝에 붙은 작품해설에서도 초등학생을 위한 고전소설 고쳐 쓰기의 한 모범을 보여준다. 작가는 '박순호 30장본'을 중심대본으로 삼았지만 여러 이본을 검토하면서 서로 중복되는 사건은 피하고, 나름대로 흥미를 더하기 위해 약간의 장면을 추가했다.

> 이 글을 쓰면서 가장 어려웠던 점은 모든 이본에 공통적으로 나타나는 집치레와 살림살이에 대한 긴 사설 부분, 그리고 가짜와 진짜 옹고집 간의 지나치게 지루한 싸움을 어떻게 요약하느냐 하는 문제였습니다. 그러나 글을 쓰며 되도록 원본에 충실하려고 노력했습니다. 그 이유는 이런 글을 통해 잊혀져 가는 우리 가구의 옛 이름도 한 번 알아보고 과장되지만 그들이 어떤 실내장식을 하며 살았는가 보여주고 싶었습니다. 가짜 옹고집과 진짜 옹고집의 다툼에서는 옛 문장의 묘미를 맛보게 하기 위하여 다소 반복적인 어법이지만 원문을 따른 경우가 많았습니다.[24]

이런 의도가 그대로 실현되었는가는 다른 문제로 본다면, 초등

22) 장주식 글, 『이춘풍전』, 한겨레아이들, 2004.
23) 박철 글, 『옹고집전』, 창비, 2004.
24) 박철, 「어린이와 청소년이 읽는 작품 해설」, 『옹고집전』, 창비, 2004, 111쪽.

학생을 위한 고전소설 고쳐 쓰기를 하면서 이런 사항들을 두루 배려하고 고민했다는 점은 고쳐 쓰기의 귀감이 될만하다. 이를 바탕으로 하여 고쳐 쓰기에서 고려해야 할 사항을 살펴보면 다음과 같다.

① 가능한 한 많은 이본을 참조한다.
② 스토리와 주제의 일관성을 유지하기 위해 중심 이본을 설정한다.
③ 원 이야기를 골격과 분위기를 파괴하지 않는 범위에서 약간의 장면이나 사건을 추가할 수 있다.
④ 원 이야기의 인물, 사건, 배경 등을 고치는 데는 신중해야 한다.
⑤ 축약이나 생략은 가능한한 묘사 부분에서 한다.
⑥ 옛 문장의 묘미를 살리기 위해 노력한다.
⑦ 작품 해설에서는 다시 쓰기의 원칙, 중심 이본, 생략한 부분, 추가한 부분 등을 밝혀야 한다.

앞으로 더 많은 출판사가 고전소설들을 간행할 것이다. '고전소설 다시 쓰기 비평'이 필요하다. 다시 쓰기가 해당 작품의 주제와 분위기, 시대적 성격과 인물상을 어떤 방식으로 어떻게 잘 살려서 초등학생들이 읽기에 적당한 것으로 만들었는가에 대한 냉철한 비평 작업은 더 적절한 다시 쓰기를 이끌어낼 것이다.

또 다시 쓰기나 작품 해설에 전공연구자들이 좀더 적극적으로 참여할 필요가 있다. 초등학생들을 위한 고전소설집을 간행하는 데 연구자들이 자문에 응할 뿐만 아니라 직접 참여하고 집필하는 것도 적극 고려해야 하겠다.

5) 삽화의 활용이 적절한가

초등학생을 대상으로 한 책에서 삽화는 중요한 비중을 차지한다. 초등학교 국어 교과서도 삽화를 아주 요긴하게 활용한다. 교사용 지도서는 '교과용 도서 편찬 방향과 효율적인 활용' 항목에서 삽화에 대한 방침을 이렇게 밝혔다.

> 삽화 및 편집 체제의 다양성을 추구하였다. 지금까지의 교과서 삽화는 대체로 수채화 일변도였다고 할 수 있다. 그런데 학습 내용에 관계없이 수채화 일변도의 삽화를 제시하는 것은 학생들의 학습 동기 유발에 부정적인 측면이 있다는 점을 고려하여, 새로 편찬한 교과서의 삽화 형식 및 채색 기법에 있어 다양성을 강조하였다. 즉, 학습 내용에 따라 사실적인 기법, 회화적인 기법, 추상적인 기법 등을 다양하게 도입하였고, 컴퓨터 그래픽을 도입하여 학습자의 흥미와 학습 동기 유발에 기여하도록 하였다. 특히, 새로 편찬한 교과서가 2000년대에 활용하게 된다는 점을 고려하여 학습자의 관점을 반영한 편집 체제로 개선하고자 하였다.[25)]

이렇게 삽화가 아이들의 독서에 중요한 도움을 준다는 것은 인정한다 하더라도 고려해야 할 사항들이 있다. 책에 삽화가 들어있을 때 아이들은 그 책과 쉽게 친해질 수 있고 서사의 흐름에 몰입할 수 있다. 그러나 삽화는 아이들이 서사의 굵은 선을 따라가는 데 도움을 준다는 수준에서 멈춰야 한다. 또 삽화는 글로써는 잘 이해시키기 어려운 대목이나 장면, 동물의 존재를 아이들이 이해하는 데 도움을 줄 수 있다.

---

25) 『초등학교 교사용 지도서 국어』 5-1, 교육인적자원부, 2003, 51쪽.

그러나 다른 한편 삽화는 아이들이 소설의 진정한 메시지를 파악하는데 방해가 되기도 한다. 삽화는 문자에 의해 이미 구축한 세계를 왜곡, 위축시킬 수 있는 것이다.[26] 아동들은 독서를 하면서 자기 자신만의 시각적 연상을 하게 되고 거기에다 개인적 의미를 부여할 수 있다. 그런데 그 과정에서 삽화가 지나치게 강렬하게 개입하면 아동은 더 이상 자기 자신의 연상을 하지 못하게 된다. 강하게 부각된 삽화는 삽화 작가의 연상법으로써 아동들의 개인적 의미 형성을 방해하는 꼴이 되는 것이다.[27] 아동들이 쉽게 만화에 심취하는 것도 글자를 통하여 스스로 연상하기를 포기하고 남의 연상에 기대려 하기 때문일 것이다.

그럴진대 삽화는 스토리 라인을 생각하면서도 형상화 자체의 사정을 함께 고려해야 할 것이다. 이야기 전개 과정에서 아이들이 스스로 연상이나 상상을 통해 주체적 의미를 부여해야 할 곳에는 삽화를 삽입하지 않거나 윤곽이 지나치게 뚜렷하지 않도록 추상적 기법을 적절하게 활용하는 것도 좋지 않을까 한다.

3. 초등학교 고전소설 교육의 의의와 방향

초등학생에게 고전소설을 잘 가르치고 그들로 하여금 읽게 만들

---

26) 글과 삽화의 관계는 보완적 관계, 구체화와 확장의 관계, 대위법적 아이러니의 관계로 나누어진다. 삽화를 그리는 쪽에서 볼 때는 구체화와 확장의 관계 및 대위법적 아이러니의 관계도 중시하겠지만, 여기서는 글 쪽에서 바라보기 때문에 보완적 관계 이상을 말하기 어렵다(글과 삽화의 관계에 대해서는 「그림책을 말한다」, 『창비 어린이』 창간호, 2003 여름, 140~143쪽 참조할 것).

27) 삽화의 기능에 대해서는 Bruno Bettelheim, *The Uses of Enchantment*: New York, Vintage Books, 1989, 59~60쪽 참조.

기 위해서는 고전소설에 대한 부정적 선입견을 타파할 수 있는 논리가 마련되어야 한다. 부정적 선입견이 고전소설에 대한 오해에서 비롯된 것임을 밝혀야 한다. 그리고 고전소설을 읽는 것이 오늘날 초등학생들에게도 소중한 경험이 될 수 있다는 것을 입증할 수 있어야 한다.

1) 민족적 정서와 사상의 터득

서사문학 중에서 아이들에게 익숙한 것은 신화나 전설 등이다. 민족 정신과 민족적 정서를 담았다고 여겨지는 이들 작품들은 어느새 아이들의 의식에 각인되었다. 신화나 전설 못지않게 고전소설은 민족 고전으로서의 성격을 다분히 간직하고 있다. 그런데 우리 교과서는 서사교육을 통하여 '민족적'인 것을 되새긴다는 의지가 분명하지 않다. 민족문학으로서의 고전소설을 감상하려는 자세를 갖추지 못한 것이다. 또 고전소설이 민족사의 전개과정에서 기리 향유되는 원동력인 된 '민족적인 것'을 비틀거나 왜곡하기까지 한다.

앞서 언급한 <심청전>부터 다시 생각해보자. <심청전>이 심청전일 수 있고 또 우리 문화 유산을 대표하는 작품 중의 하나가 될 수 있었던 것은 심청의 헌신 행위가 주는 감동 때문이다. 그녀의 헌신 행위가 무모하고 어리석게 보이기도 하지만, 오히려 그런 무모함과 어리석음이야말로 심청이의 지극한 정성을 감동적으로 만드는 요소가 되는 것이다. 그러나 3학년 2학기 『말하기 · 듣기』에서는 심청이의 효의 방식이 옳은가 그른가를 따지는 데 초점이 맞춰져 있다. 그리고 심봉사의 초라한 모습을 강조한 삽화를 제시함으로써 결국 심청이 아버지를 두고 떠난 것이 무모한 짓이었다는 식으로 생각하도록 유도하였다.[28] <심청전>이 우리 민족에게 주는 감동의 핵심을 무시하고 다만 분별적 말하기의 소재로 전락시키는 이런 교육 방식이 과연 민족 고전에 대한 바람직한 태도인가는 다시 반성해볼 필요가 있을 것이다. 또 5학년 1학기 『읽기』는 <흥부전>의 제목을 <놀부전>으로 바꾸고 극의 형식으로 전환했다. '악인형 인물'을 부각시켜 학습자 스스로 판단하게 만들었다는 점에서 선인형 인물 일변도의 한계를 극복했다고 긍정적으로 볼 수 있겠다. 그러나 악인형 인물의 부각은 적절한 텍스트를 통하여 이루어져야 한다. <흥부전>은 놀부라는 악인형 인물을 보여주는 작품이 아니다. 흥부와 놀부의 관계를 통하여 결국 어떤 난관에도 선량함을 저버리지 않아 복을 받게 되는 흥부의 삶의 자세와 인간상을 전하려는 작품인 것이다. 그런 점에서 <놀부전>은 텍스트를 왜곡시킨 것이다.

고전소설이 우리 민족 정서와 세계관의 전형을 마련하는 것이라고 본다면, 그런 점을 초등학생 스스로가 감상하고 이해하는 기회를 갖게 해야 하겠다. 그러기 위하여 고전소설은 듣기, 읽기, 말하기, 쓰기의 도구 텍스트가 되기 이전 민족 고전으로서 제 자리를 찾아야 한다.

이런 점은 통합교육과 관련하여서도 살펴보아야 하겠다. 현재 초등학교 국어교과서는 『말하기 · 듣기』, 『쓰기』, 『읽기』(고학년은 『말하기 · 듣기 · 쓰기』, 『읽기』)로 분책되어 있다. 『말하기 · 듣기 · 쓰기』 교과서는 텍스트를 싣지 않는 것을 원칙으로 한다. 그러니 『말하기 · 듣기 · 쓰기』 교과서에서 고전소설이 단지 말하기나 듣기의 제재로서만 이용되는 것은 당연한 귀결이다. 이런 분책이 과연 바

28) 이신성, 「古典文學 教材의 問題點과 改善方案에 대하여」, 『어문학교육』 제27집, 한국어문교육학회, 2003, 272쪽; 274~275쪽; 박영희, 「한 · 중[조선족] 초등학교 교과서 소재 고전산문 비교 연구-『국어』와 『조선어문』을 중심으로-」, 『어문학교육』, 한국어문교육학회, 2003, 147~148쪽.

람직할까? 가령 앞에서 언급한 <심청전>의 경우도 '읽기' 영역에서 <심청전>을 먼저 이해한 뒤, 그것을 바탕으로 하여 말하기 듣기 영역에서 대화나 토론을 발전시킨다면 위에서 지적한 문제점들을 어느 정도는 해결할 수 있지 않을까 한다. 기본 텍스트를 제시하고 그것에 대한 읽기와 이해를 출발점으로 삼아 '말하기', '듣기', '쓰기'로 나아가는 교육 방법을 생각해보면 좋겠다.

우리가 '민족성'을 이야기하고 '민족적 정서'라는 개념을 설정하는 것은 민족의 정체성을 정립하여 계승해야 한다는 당위를 인정하기 때문이다. 민족성과 민족적 정서를 밝혀주는 가장 중요한 영역이 문학이고 소설은 문학 중에서도 사람과 사람 사이의 갈등관계를 통하여 민족성과 민족적 정서의 특징을 보여준다.[29] 시가 양식이 민족 정서를 일방적으로 토로하는 경향이 강하다면 소설은 좀더 일상적인 차원에서 민족성과 민족 정서를 감지하도록 해준다.정서나 감정은 타자와의 지속적인 갈등 관계를 통해 더 구체화되어 나타나기 때문이다.

고전소설은 초등학생들로 하여금 등장인물의 관계를 통하여 민족성과 민족 정서를 체득하게 한다는 점에서 초등학교 문학 교육의 중심에 놓여야 할 것이다. 그러기 위해서는 몇 가지 조건을 충족해야 한다. 먼저 고전소설이 간직한 문체를 어떤 식으로든 아이들이 감상할 수 있도록 해야 한다. 아이들이 한자어가 많은 고어투를 쉽

29) 약간 다른 차원이긴 하지만 이신성 교수는 제6차 교육 과정기의 교과서에 실려 있던 단군영정이 제7차 교육 과정 6학년 2학기 읽기의 <단군의 건국 이야기>에서는 빠져 있다는 것을 '만약 특정 종교 집단의 '偶像崇拜 云云'에 편승해 단군영정을 싣지 않았다면, 이는 우리 민족 正體性을 뒤흔드는 處事로 우리 교육의 앞날에 심각한 문제가 아닐 수 없다.'고 비판했다(이신성, 「古典文學 教材의 問題點과 改善方案에 대하여」, 『어문학교육』 제27집, 한국어문교육학회, 2003, 272쪽). 물론 '민족'적인 것을 지나치게 강조하는 문학교육은 지난 비민주적 정권 시절 '충효교육'의 오류를 답습할 위험이 있어 주의를 요한다.

게 읽지 못하고 이해하지 못하는 것은 자명하다. 그렇다고 하여 고전소설을 현대소설과 똑같은 문체로 바꾸는 것은 바람직하지 않다. 고전소설의 문체를 가능한 한 살리면서 아이들이 쉽게 이해하도록 하는 방법은 어떤 것일까? 난삽한 어휘는 각주로 풀이를 해주거나 그것이 여의치 못하면 쉬운 현대 어휘로 바꾸는 것도 괜찮다. 그렇지만 국문고전소설이 보여주는 종지법 등 어투를 살려줌으로써 분위기를 그대로 전할 수도 있다. 또 등장인물의 말투에는 등장인물의 인격과 정서가 묻어 있는 것이기에 존중하여야 할 것이다.

다음으로 배경이 문제된다. 많은 국문 고전소설이 중국을 배경으로 하기 때문이다. <조웅전>,[30] <두껍전>[31]이 중국 배경을 그대로 살리고 있는데 반해, 『아름다운 사랑 숙향』(신동흔 글, 한겨레아이들)은 '송나라' '남양'을 '조선시대' '강원도'로 바꾸었다. 이 점에 대해서는 교육적인 관점에서 논의가 더 필요하다.

2) 초 현실 세계와 현실 세계의 관계에 대한 유기적 성찰

우리 서사문학에는 이곳 현실의 공간뿐만 아니라 저승, 지옥, 지하, 천상 등 '초현실 세계'가 등장한다. 특히 고전소설은 현실의 주인공이 다른 세계로 이동하여 교섭하는 모티프를 적극 활용한다. <숙향전>에서 숙향이 방문하는 천상의 세계는 우리 조상들이 천상계에 대해 가졌던 관념을 잘 보여주고, <이생규장전>에서 최씨녀가 나아가는 길은 저승과 이승의 관계를 암시하여 준다. <토끼전>의 용궁 묘사는 또 어떠한가? 이와 같이 고전소설은 설화보다 더 구체적이고 적실하게 현실을 묘사하면서도 현실 밖의 세계도 자세

30) 송재찬 글, 『전우치전』, 한겨레아이들, 2004.
31) 초록글연구회 엮음, 『토끼전 · 두껍전』, 청솔, 2004.

하게 보여준다. 나아가 현실과 비현실계의 관계를 설명해주기도 한다. 그런 점에서 조상들의 세계관을 이해하는 중요한 좌표가 될만하다. 조상의 세계관을 좌표로 삼아 아이들 자신의 세계관을 정립하는 초석을 만들 수도 있다. 물론 이것은 사실의 문제와 믿음의 문제가 맞물려 있기에 아주 조심스럽다. 알맞은 교육방법이 모색되어야 할 것이다.

그런데 근대 합리주의적 세계관으로 보면 초현실 세계로의 여행은 일종의 환상의 범주에 들어가게 된다. 특히 초등학교 저학년은 이런 환상 세계에 쉽게 몰입할 수 있다고도 한다. 이런 비현실 지향을 부정적으로만 볼 필요가 없다. 대부분의 환상적 이야기에서 주인공이 환상의 세계로 들어간다 하더라도 그가 현실세계로 돌아온 뒤에 이야기는 끝난다. 돌아온 주인공은 현실 삶을 전보다 더 잘 꾸려갈 수 있게 되는 것이다. 그런 이야기를 감상하는 아이들도 주인공의 뒤를 따라간다. 환상이나 마술, 초현실 경험은 아이들로 하여금 현실에 대한 감각을 약해지게 하기보다는 오히려 현실을 더 적극적으로 살아가게 하는 계기를 제공하는 것이다.32)

또 환상은 현실적으로는 부재하지만 심리적으로 실재하는 욕망이 가시화되는 지점에서 발생한다. 이들은 사람이 억압했던 은폐했던 욕망들을 해방시키고, 현실의 질서나 법칙들이 은폐했던 욕망들을 해방시키며, 현실의 질서나 법칙들이 배제한 요소들을 복원하는 반문화적 힘을 행사하여 준다고 볼 수 있다.33)

바로 이런 맥락에서 천상계나 저승, 지하계나 용궁에 대한 경험, 도사나 영웅, 신선 등의 인물이 가지는 의의를 말할 수 있다. 고전

32) 환몽 세계가 아이들의 인지 발달에 끼치는 영향에 대해서는 Bruno Bettelheim, 앞의 책, 63쪽을 참조할 수 있다.

33) 최기숙, 『환상』, 연세대 출판부, 2003, 5쪽.

소설은 이런 비현실적 세계나 인물들을 스토리 전개 과정에서 적극적으로 활용한다. 아이들은 고전소설을 읽으면서 어른보다 더 자연스럽게 그 비현실의 세계에 들어가 그 속의 인물들이나 사건들에 대해 공감을 잘 할 수 있다. 고전소설이 제공하는 비현실 세계에 쉽게 몰입하여 그것을 내면화할 수 있게 될 것이다. 그것은 낯선 세계를 철저히 대상화하는 근대의 어른들이 쉽게 가질 수 없는 비현실 세계에 대한 경험이다. 이런 경험은 상상의 세계를 보다 다채롭게 할 것이다. 나아가 이곳 현실에 국한된 삶의 테두리를 넓히고 시간적으로도 확장하여 삶과 죽음의 경계, 죽음 이전과 이후 세계에 대한 진지한 성찰의 토대를 마련하는 것이다.

요컨대 환상이나 마술, 초현실 세계에 쉽게 탐닉할 수 있는 아이들의 성향을 잘 활용한다면 아이들로 하여금 고전소설의 세계에 쉽게 다가가 우리 전통적인 공간 관념을 적극적으로 경험하게 할 수 있다. 이 과정은 서구 신화나 동화를 통하여 동물의 세계나 마술의 세계, 신의 세계를 경험하기 이전에 우리 고유의 세계관을 먼저 경험하고 이해하고 성찰한다는 의의를 가진다.

나아가 낯선 공간에 대한 호기심을 자극하여 아이들의 상상력을 마음껏 펴게 해주는 역할도 한다.

이렇게 고전소설의 초현실성 혹은 환상성을 달리 인식한다면 그런 인식의 틀 속에 고전소설의 현실성에 대한 교육론도 담을 수 있다. 고전소설에 나타나는 초현실성 혹은 환상성이 현실성과 무관하기보다는 오히려 긴밀한 관련이 있다는 것이다.

이와 관련하여 신돈복(辛敦復; 1692～1779)이 『학산한언(鶴山閑言)』에서 펼친 논리가 도움이 된다. 우리에게 기이하게 보이는 것은 그 자체가 기이하기 때문이 아니라 낯설기 때문이라는 것이다. 그래서 낯익게 되면 더 이상 기이하거나 환상적으로 여겨지지 않는다.

낯설면 기이하게 보인다는 논리는 현실 영역까지 확장될 수 있다. 그래서 현실적인 사건이라 하더라도 그것이 낯선 것이면 기이한 것으로 보인다는 것이다.34)

현실에서 일어난 '기이한 것'은 보통사람들이 자주 경험하지 못한 낯선 것이기 때문에 사람들이 그 실재성을 쉽게 인정하지 못한다. 그러나 그 실재를 쉽게 인정하지 못한다고 하여 그 실재성을 부정해서는 안 된다.

현실에서 특별하게 일어난 '현실적인 이야기'를 단지 특별하다는 이유만으로 외면하지 않아야 하며, 오히려 그런 것들이야말로 변화된 현실의 핵심을 터득하는데 도움이 된다고 보아야 한다.

이렇게 되면 기이하거나 환상적인 것은 현실적인 것과 더 이상 모순적인 것이라 하기 어렵다. 고전소설은 '익숙하지 않아서' '기이하게 느껴지는 것'을 경험하게 만들기 때문에 생각의 폭과 깊이를 더할 수 있게 할 수 있다.

다양한 현상을 폭넓게 경험한 사람만이 통념과는 다르게 세상을 보고 숨겨진 본질을 꿰뚫어 볼 수 있다. 가령 우리 고전소설에 자주 나타나는 '지인지감(知人之鑑)' 모티프는 이와 관련하여 이해할 수 있다. 경험의 폭이 넓지 않은 보통 사람들은 다른 사람을 외모나 신분, 처지 등 겉으로 드러나는 면만 보고, 거기에 집착하여 진실과 동떨어진 판단을 내린다. 그에 반해 지인지감을 가진 사람은 겉으로 사람을 보지 않고 그 숨겨진 실체를 본다. 그리하여 어떤 사람의 어수선한 외모 안에 감추고 있는 탁월한 능력이나 심성을 정확하게 포착하는 것이다. 이런 고전소설은 초등학생들로 하여금 드러난 현상 자체만이 유일한 진실이 아니라는 점을 인정하게 하여, 판단의

---

34) 이에 대해서는 이강옥, 「초기야담집 『학산한언』의 서사지향 연구」, 『구비문학연구』 제17집, 한국구비문학회, 2003.12, 337~341쪽을 참조할 것.

유연성을 길러줄 것이다. 그리고 사람을 겉으로 함부로 판단하지 않는 겸양을 터득하게 할 것이다.

또 다른 사례로 주인공이 초현실의 세계나 사후의 세계로 오가는 모티프를 생각해볼 수 있겠다. 그것은 살고 죽는 것에 대한 거듭된 성찰과 관련된다. 죽어서 가는 저승은 이승과 엄연히 구분되지만 저승과 이승, 그리고 저승 인물과 이승 인물 사이에는 긴밀한 소통이 이루어질 수 있고 또 이루어져야 한다는 것을 경험하게 된다. 이런 소통은 사람과 사람 사이, 공간과 공간 사이의 소통의 사례 중 가장 극단적이고 어려운 경우이다. 고전소설은 그런 힘든 소통조차 가능하다는 것을 보여준다. 이런 소통조차 가능하다는 것을 경험한 학생들이라면 일상적 사람들 사이의 소통을 더 쉽게 이루지 않을까?

우리 고전소설이나 설화는 귀신을 비롯한 초월적인 존재와 사람 사이의 대등한 대화와 상호 소통을 보여준다. 비현실 지향에 대한 관용적 자세가 현실적 기이를 있는 그대로 바라보게 하였다면, 현실지향에 대해서 열려진 자세는 비현실적 기이의 가치를 다시 인정하게 한 셈이다.

3) 삶에서의 우연과 필연의 문제

삶을 철저히 필연의 연속으로만 생각하고, 그런 필연적 단계에서 벗어난 것은 '있을 수 없는 일' 혹은 '있어서는 안되는 일'이라 생각하게 만드는 것을 과연 고전소설 교육이 당당하게 할 수 있을까?

초등학교 아이들은 이미 자기들만의 삶을 시작한 단계다. 이들이 스스로 겪어가는 일상을 어떤 태도로 맞이하여야 한다고 가르칠까? 삶에서 때로는 이유를 설명할 수 없는 뜻밖의 일들도 벌어진다고 느끼게 해야 하는가, 아니면 이 세상에는 어떤 예외도 어떤 우연도 없다고 믿게 만들어야 하는가?

일상에서 어떤 사건이 일어나고 해결되는 것을 필연으로 이해하고 설명할 수 있다면 그것은 참 바람직한 것이라 할 수 있다.[35] 그러나 '우연히' 사건이 일어날 수 있다는 것을 받아들이는 자세도 필요하다. 그리고 그 우연이 왜 초래되었나 곰곰이 생각하는 과정에서 자신을 반성할 수 있다면 더 바람직하다. 그만큼 세상살이에서 겸허해질 수 있고 인지로 해명할 수 없는 부분을 인정할 수 있게 된다. 이른바 우연이나 기적 저 너머에 있는 초현실적 힘을 성찰하게

---

35) 이와 관련하여 신동흔 교수가 『최척전』(『옥영전』으로 개칭했다.)의 우연을 설명한 대목이 눈에 띈다. '좀 억지 같아서 잘 실감이 나지 않는다고 느낄 수도 있겠어요. 하지만 실제로 그렇게 아버지와 아들이 함께 전쟁터에 끌려 나가던 시절이었답니다. 충분히 있을 만한 일이었지요. 그건 그렇다 해도 그 넓은 바닷가에서 옥영과 최척이 다시 만나는 건 지나친 우연인 것 같다고요? 그렇게 생각할 수도 있어요. 하지만, 옥영은 그날 처음 바다에 나온 게 아니랍니다. 넓은 바다를 수없이 오가면서 생활했지요. 그러면서 그 마음은 항상 남편을 향해 열려 있었던 거예요. 낯선 배를 만날 때마다 '혹시나, 혹시나'하면서 귀를 기울였겠지요. 그 귀에 거짓말처럼 남편의 피리 소리가 들려온 것이에요. 그것은 간절한 의지와 신념이 만들어 낸 기적 아닌 기적이었답니다. 정말 한 편의 드라마 같은 이야기예요. 하지만, 놀라지 말아요. 이 이야기의 원작은 누가 제 멋대로 꾸며낸 것이 아니라 실제로 있었던 일을 바탕으로 한 작품이랍니다.'(신동흔, 「운명을 만들어 간 여인, 최랑과 옥영」, 『이생규장전』, 한겨레 아이들, 2004, 118~119쪽)

여기서 신동흔 교수는 기구하게 헤어진 옥영과 최척이 타국의 항구에서 만나는 것이 단순한 우연이 아니라고 설명하였다. 즉 옥영이 아무 바람도 없이 바닷가에 처음으로 나왔다가 최척을 만났다면 우연이라 할 수 있겠지만 ①이미 바닷가로 수없이 나왔기에 옥영이 최척과 만날 확률이 높아졌으며 ②옥영이 최척을 만나고자 하는 '간절한 의지와 신념'을 가졌기 때문에 우연이 아니며 기적도 아니라는 것이다.

우리 고전소설에 나타나는 우연에 대한 이런 설명법은 아주 유익한 것이라 생각한다. 다만 우리의 삶에서 정말 우연 자체가 거듭 개입한다는 것도 사실이며, 우연이 거듭 나타나는 우리 고전소설은 바로 그런 우연의 현실을 반영한 것이라고도 설명할 수 있어야 하지 않을까 한다.

되는 것이다. 가령 김성룡 교수는 <창선감의록>을 분석하면서 악인의 계획은 인과율과 필연성에 따라 이뤄지기에, 악인의 의지와 계획이 좌절되었다는 것은 악인들이 설정한 인과적 필연성이 실행되지 않고 우연이 개입했다고 했다.[36] 이런 맥락에서 우리 고전소설에 거듭 나타나는 우연을 윤리성과 관련시켜 교육할 수 있는 여지를 마련할 수 있다고 본다.

우연의 개입은 대체로 악한 쪽을 불리하게 하고 선한 쪽을 유리하게 만든다는 점에서 우연은 윤리적이다. 이런 윤리적 심성 못지않게 우연을 통하여 작용하는 심성이 있다. 사람의 의지와 노력으로는 도저히 넘어설 수 없는 절망적 상황에서도 단념할 수 없는 희망의 불씨를 살리려는 심성이다. 그래서 우연에서 희망을 발견한다.

또 초등학생들이 인지 발전 과정에서 '환상 → 현실'로 나아가는 단계라 한다면, 환상에서 곧바로 현실로 나아가는 것이 아니라 중간단계를 거치는 것도 필요하다. 그 중간 단계가 우연의 형식이다.

환상이나 판타지는 합리적인 이성에 의해 구성된 서사적 필연을 요구하지 않는다. 물론 환상이나 판타지도 내적 필연을 동반하면 우수한 작품으로 인정받기는 하지만 내적 필연이 없다 하더라도 환상이나 판타지는 성립한다. 환상이나 마술 등 초현실 세계에서 우연은 자연스런 형식인 것이다. 반면 현실적인 사건은 객관적인 인과관계 혹은 필연을 요구한다. 그래서 현실적인 사건을 서술할 때는 우연을 바람직하지 못한 요소로 간주한다. 근대적 합리주의를 전제로 할 때는 더욱 그러하다.

그렇다면 현실적인 사건을 우연으로 연결하게 하는 것은 어떨까? 현실적인 사건을 우연에 의해 연결하는 것은 환상적인 데서 현실적

---

36) 김성룡, 「우연성과 환상성」, 『국어국문학』 137, 국어국문학회, 2004, 204쪽.

인 데로 나아가는 중간단계 혹은 과도기의 서술형식이라 인정할 수 있겠다. 바로 이런 논리에 의해 환상에서 현실로 나아가는 초등학생들에게 '현실적인 사건이 우연에 의해 연결되는' 고전소설의 서술방식이 자연스럽게 대응될 수 있다. 초등학생들은 환상적이기만 한 단계로부터 조금씩 멀어져서 우연에 의해 엮어지는 현실적인 사건을 경험하게 되고 마침내 필연에 의해 질서정연하게 엮어지는 현실적인 사건으로도 나아갈 수 있게 되는 것이다. 즉 철저한 인과율에 의해 꾸려지는 현실적 사건의 연쇄에서 서사적 자유와 해방을 경험하게 해주는 것이 우연이라 할 수 있겠다.

우리 고전소설을 우연을 남발한다는 이유로 황당무계하다며 폄하한 전통은 김동인에 의해 비롯되었다. 우연은 예술로서의 소설에서는 용납되기 어려운 '전근대적이고 미숙한' 서사의 구성 원리라는 것이다.[37] 이런 생각은 교과서의 편찬 과정에도 나타나고 출판사들이 고전소설을 선별하거나 다시 쓰는 과정에서도 나타났다. 그러나 먼저 우리 현실에서 조차 필연만이 유일한 삶의 방식이 아니며 오히려 우연이 더 빈번한 삶의 형식임을 인정한다면 우연이 자주 나타난다는 이유만으로 우리 고전소설을 부정적으로 교육한다는 것은 부당하다.

우연은 분별적 논리와 단계적 인과를 넘어서는 서술 형식이다. 우연은 사람의 인식과 의지를 벗어난 영역과 연결되어 있다. 그것을 초월적 힘으로 보든 윤리적 당위로 보든 서사적 해방으로 보든, 우연을 삶의 중요한 형식으로 포착한 선인들의 뜻을 음미할만 하다.

이런 점에서 초등학생들에게 우연이라는 고전소설 고유의 서사원리를 감상하게 하는 것은 충분한 의의를 가진다고 하겠다.

---

37) 이에 대해서는 감진구, 「근대초기 소설론 연구: 우연성 논의를 중심으로」, 중앙대 박사학위논문, 2002, 4~23쪽; 김성룡, 위의 논문 194~195쪽 참조할 것.

4) 금기의 극복과 시간 의식의 확장

고전소설의 내용을 구성하는 두 가지 가장 중요한 요소는 삶과 죽음이다. 그중 죽음에 대해서 아이들에게 말하는 것은 금기시 되었다. 삶을 본격적으로 시작하려 하는 아이들에게 죽음을 이야기하는 것은 바람직하지 못하다는 것이 죽음을 금기시한 이유였을 것이다.

그러나 과연 초등학교 학생들은 죽음이란 것을 자기들과는 무관한 사항이라고 생각하거나 느낄까? 아이들은 갖가지 죽음의 양상들로부터 자유롭지 못하다. 동화책에서 많은 사람이 죽는 걸 확인한다. 현충일 등 기념식 때 나라를 위해 목숨을 바치신 분들을 위하여 묵념을 한다. 묵념은 사람이 죽는다는 것을 가장 집중적으로 생각하게 만들며 나아가 죽은 사람의 혼이 존재한다고 생각하게 만들기도 한다. 또 아이들은 더 자주 장례식을 목격하고 집안의 제사에 참여하기도 한다. 죽음이나 환생 문제는 아이들의 일상에서 아주 중요한 요소로 자리잡고 있다. 아이들은 죽음을 시시각각 직면하는 것이다. 그래서 부모들에게 그에 대하여 묻기도 한다. 그때가 부모들이 가장 난감해 하는 때라고도 한다.

저승과 천상, 지하와 용궁의 세계를 이끌어온 우리의 고전소설은 이런 죽음의 문제를 아이들이 성찰할 기회를 제공한다. 환생과 윤회도 자연스레 접하게 된다. 이미 5학년 1학기 교과서는 환생을 이야기하고 있다. 이청준 선생의 <할미꽃은 봄을 부르는 술래란다>를 개작한 <봄을 부르는 할미꽃>이다. 할머니가 돌아가실 것을 걱정하는 은지에게 은지의 어머니는 이렇게 말한다.

> "너무 걱정하지 마라. 할머니께서 우리 곁을 떠나시더라도 모든

> 것이 사라져 없어지는 것은 아니란다. 사라져 가는 것은 자꾸 작아지는 할머니의 육신일뿐 할머니의 영혼은 영원히 남아 있단다. ……"
>
> "하지만, 인제 할머니를 이 세상에서 영영 뵐 수 없게 되잖아요?"
>
> "엄마와 아빠는 할머니께서 새 아기로 다시 태어나실 것이라고 믿는단다. 할머니께서는 좋은 일을 많이 하셨거든."
>
> 이에 대해 은지도,
>
> "할머니, 고마워요. 안심하고 떠나세요. 할머니께서 저에게 나누어주신 나이는 제가 잘 맡아서 간직하고 있을게요. 그래서 이다음에 제가 어른이 되면 새로 태어나는 아기들에게 할머니 대신 그 나이를 다시 나누어 줄 거예요."

이렇게 은지 어머니는 자신의 환생관을 피력했고 은지가 그것을 수용했다. 그러나 교사용 지도서는 이 이야기를 환생의 문제와 관련시켜 교육하기 보다는 살아있는 사람의 마음가짐에 초점을 맞춰 가르치기를 권한다. 이처럼 교육과정은 아직도 이런 문제에 대하여 보수적이다. 2학년 1학기 『말하기 · 듣기』는 <해와 달이 된 오누이> 전문을 싣고 있는데, 아동들이 가장 재미있고 인상 깊게 여기는 대목 "떡 하나 주면 안 잡아먹지"라는 반복적인 대사가 나오는 호랑이와 어머니의 만남과 어머니의 죽음 장면을 생략하였다. 아동의 정서적인 면을 고려하여 어머니의 죽음이라는 어두운 장면을 보이지 않으려 했기 때문일 것이다.[38)]

38) 박영희, 「한 · 중[조선족] 초등학교 교과서 소재 고전산문 비교 연구-『국어』와 『조선어문』을 중심으로-」, 『어문학교육』, 한국어문교육학회, 2003, 155~156쪽 참조.

주인공의 죽음과 환생을 중요하게 다루는 고전소설은 아이들로 하여금 죽음이나 환생과 관련된 금기를 깨고, 생명과 관련된 시간 의식을 확장하도록 도와줄 것이다.

5) 생활 이념의 제공

고전소설은 주제 면에서 우리 민족이 일상 경험의 과정에서 터득한 도덕과 생활 이념을 담고 있다. 고전소설은 '어떻게 살아야 할 것인가'를 구체적으로 생생하게 보여준다. 그것은 충분한 감동을 주고 학습독자들로 하여금 자기 일상에서 실천할 힘을 불어 넣어 줄 수 있다.

심청이 자기 몸을 바쳐 아버지의 눈을 뜨게 한 효행은 성치 않은 몸으로 홀로 자기를 키워준 아버지에 대한 보은이다. 그런 효행은 우리 민족이 일상의 경험 가운데 얻게 된 최고의 생활 이념이다. <흥부전>의 우애는 그 어떤 관념도 가르칠 수 없는 생활 윤리다. <춘향전>에서 춘향과 이도령이 함께 만들어내는 신뢰와 사랑은 정절 관념에 의해 길러진 열녀 혼자로서는 제공할 수 없는 것이다. <이생규장전>이나 <최척전>은 부부 간 사랑과 가족의 소중함을 감동적으로 보여준다. 또 야담집이나 잡록집에 나오는 많은 선인들은 검소함과 청렴함이 편안한 것임을 실천적으로 보여준다. 영웅소설이나 가정소설은 사필귀정의 도덕률을 엄격하게 보여준다. 우리 시대에 이런 도덕과 생활 이념들을 경험하고 내면화하는 데 고전소설은 아주 유용하게 활용될 수 있는 것이다.

또 고전소설은 오늘날 학생들이 쉽게 경험하기 어려운 세계를 경험하게 해준다. 특히 가난에서 비롯한 고난은 야담계소설이나 <흥부전> 등을 통하여 절실하게 경험할 수 있다. 가난에 대한 간접 경험은 아이들로 하여금 이 세상에서 넉넉하게 살고 있는 것을 감사하게 여겨야 한다는 것을 깨닫게 할 것이다. 그런 깨달음은 아이들이 좀더 진지하게 일상을 영위하게 만들어줄 것이다.

그 외 자비와 관용, 선린, 시혜 및 보은이라는 미덕을 찾게도 할 것이다. 특히 '보은담'은 초등학교 국어 교과서 설화 제재에서 가장 뚜렷한 자리를 차지하는 것이다.[39] 고전소설의 전개과정에서도 이런 보은 혹은 배은 모티프가 치밀하게 작용한다. 그 작용 양상에 대한 감상은 학생들로 하여금 보은과 관련된 다양한 생각을 하게 할 것이다. 시혜와 보은의 고리에서 가장 한국적인 심성의 구조를 찾을 여지가 있다.

이처럼 고전소설에는 이런 미덕을 교육적으로 내면화하는 데 유익한 작품들이 많다. 연구자들은 이런 교육을 위해 적절한 작품들의 정보를 제공하는 데 머물 것이 아니라 그것들을 정확하게 이해할 틀까지 제공해야 할 것이다. 작품들을 어떻게 가르칠 것인가 하는 방법론은 문학 교육학자들과 함께 모색해야 할 과제라 생각한다.

4. 결론

초등학교 고전소설 교육의 현실은 어떠하며 앞으로 초등학생들에게 고전소설을 적극적으로 가르치기 위하여서는 고전소설에 대하여 어떤 긍정적 의미를 부여할 수 있을까에 대해 살펴보았다.

먼저 초등학교 고전소설 교육 상황에 대하여 살펴보았다.

---

39) 이신성, 「보은담의 교재화에 대하여」, 『어문학교육』 16집, 한국어문교육학회, 1994; 김대성, 「초등학교의 문학교육을 위한 고전산문 제재의 교재화에 관한 연구」, 한국교원대 박사학위논문, 73~74쪽 참조.

초등학생들이 고전소설 작품을 직접 감상할 기회를 주지 않고 있다는 것이 가장 큰 문제다. 고전소설 작품을 선정하여 초등학생 수준에 알맞게 고쳐 한두 권의 독본으로 만들어 제공하는 것이 필요하다. 당장 그것이 가능하지 않다면 민간 출판사들이 간행한 고전소설집을 적절하게 활용하는 것이 차선책이다.

교육 방법으로서는 이분법과 대조법을 극복해야 하겠다. 이분법은 상황을 간명하게 이해하도록 하지만 상황에 대한 정확한 이해를 방해한다.

우리나라 초등학생들의 인지 능력, 어휘 수준에 대한 좀 더 광범위한 체계적 조사를 하여야 한다. 그 결과를 바탕으로 하여 교과서의 서사문학 수준과 편찬방침, 그리고 교육 방안을 재정립해야 할 것이다.

'다시쓰기'의 방법과 방향을 결정하는 데 전공연구자들이 적극 동참하여야 하겠다. 작품의 주제와 분위기, 시대적 성격과 인물상을 어떤 방식으로 어떻게 잘 살려서 초등학생들이 읽기에 적당한 것으로 만들 것인가에 대한 냉철한 비평 작업이 활성화되어야 하겠다.

삽화는 스토리 라인을 생각하면서도 형상화 자체의 사정을 함께 고려해야 할 것이다. 이야기 전개 과정에서 아이들이 스스로 연상이나 상상을 통해 주체적 의미를 부여해야 할 곳에서는 삽화를 삽입하지 않거나 윤곽이 지나치게 뚜렷하지 않도록 추상적 기법을 활용하는 것이 좋다.

다음으로 초등학교 고전소설 교육의 의의와 방향을 살펴보았다.

초등학생에게 고전소설을 잘 가르치고 읽히기 위해서는 고전소설에 대한 부정적 선입견을 타파할 수 있는 논리가 우선 마련되어야 한다. 고전소설 교육을 통하여 초등학생들로 하여금 민족적 정서와 사상의 터득하게 할 수 있다는 점이 우선 중시되어야 하겠다.

민족성과 민족적 정서를 밝혀주는 가장 중요한 영역이 문학이고 소설은 문학 중에서도 사람과 사람 사이의 갈등관계를 통하여 민족성과 민족적 정서의 특징을 보여준다.

고전소설은 초 현실 세계와 현실 세계의 관계에 대한 유기적 성찰이 가능하게 해준다. 환상이나 마술, 초현실 세계에 쉽게 탐닉할 수 있는 아이들의 성향을 잘 고려한다면 아이들로 하여금 고전소설의 세계에 쉽게 다가가 우리 전통적인 공간 관념을 적극적으로 경험하게 할 수 있다. 이 과정은 서구 신화나 동화를 통하여 동물의 세계나 마술의 세계, 신의 세계를 경험하기 이전에 우리 고유의 세계관을 먼저 경험하고 이해하고 성찰한다는 의의를 가진다. 그리고 기이하거나 환상적인 것이 언제나 현실적인 것과 모순되는 것만은 아니라는 것을 납득시킬 수 있다. 고전소설은 '익숙하지 않아서' '기이하게 느껴지는 것'을 경험하게 만들기 때문에 생각의 폭과 깊이를 더할 수 있게 할 수 있다.

'우연을 남발한다'는 것은 지금까지 고전소설에 대한 부정적 평가를 내리는 주요인이 되어왔다. 그러나 우연에 대해서 다른 인식이 가능하다. 우연의 개입은 대체로 악한 쪽을 불리하게 하고 선한 쪽을 유리하게 만든다는 점에서 우연은 윤리적이다. 또 사람의 의지와 노력으로는 도저히 넘어설 수 없는 절망적 상황에서도 단념할 수 없는 희망의 불씨를 살리려는 심성이 우연에는 들어있다.

고전소설의 내용을 구성하는 두 가지 가장 중요한 요소는 삶과 죽음이다. 죽음에 대해서 아이들에게 말하는 것은 금기시 되었다. 삶을 본격적으로 시작하려 하는 아이들에게 죽음을 이야기하는 것은 바람직하지 못하다는 것이 죽음을 금기시하는 동기였을 것이다. 그러나 아이들의 일상은 죽음과 긴밀하게 연결되어 있으니 죽음을 절대적으로 금기시하는 것은 바람직하지 않다. 주인공의 죽음과 환생, 저승과 천상계 여행을 중요하게 다루는 고전소설은 아이들로 하여금 죽음이나 환생과 관련된 금기를 깨고, 생명과 관련된 시간 의식을 확장하도록 도와줄 것이다.

또 고전소설은 우리 민족이 일상 경험의 과정에서 터득한 도덕과 생활 이념을 담고 있다. 고전소설은 '어떻게 살아야 할 것인가'를 구체적으로 생생하게 보여준다. 그것은 충분한 감동을 통하여 학습 독자들로 하여금 자기 일상에서 실천할 힘을 불어 넣어 줄 수 있다.

이상과 같은 미덕을 교육적으로 내면화하는 데 유익한 고전소설 작품들이 많다. 연구자들은 적절한 작품들의 정보를 제공하는 데 머물지 말고 그것들을 정확하게 이해할 틀까지 제공해야 할 것이다. 작품들을 어떻게 가르칠 것인가 하는 방법론은 문학 교육학자들과 함께 모색해야 할 과제라 생각한다.

초등학생들이 처한 오늘날의 현실이나 그들이 앞으로 나아갈 바를 염두에 둔다면 고전소설에 부정적인 요소가 적지 않다는 점을 인정한다. 그런 점에 대해서는 지금까지 막연하게나마 지적되어 왔다. 앞으로 고전소설이 초등학교 교육의 대상이 되기에 적절한 점과 적절하지 못한 점을 함께 고려하면서 교육 방법까지 제시하는 작업이 이루어져야 할 것이다.

참고 문헌

『초등학교 교사용 지도서 국어』 3-2, 교육인적자원부, 2004.
『초등학교 교사용 지도서 국어』 5-1, 교육인적자원부, 2003.
『초등학교 교사용 지도서 국어』 6-1, 교육인적자원부, 2004.
「그림책을 말한다」, 『창비 어린이』 창간호, 2003 여름.
'열린 어린이'(http://www.openkid.co.kr)

감진구, 「근대초기 소설론 연구: 우연성 논의를 중심으로」, 중앙대 박사학위논문, 2002.
김대성, 「초등학교의 문학교육을 위한 고전산문 제재의 교재화에 관한 연구」, 한국교원대 박사학위논문, 2001.
김성룡, 「우연성과 환상성」, 『국어국문학』 137, 국어국문학회, 2004.
류덕제, 「초등학교 문학교육의 바람직한 방향」, 『어문학교육』 25, 한국어문교육학회, 2002.
박영희, 「한 · 중[조선족] 초등학교 교과서 소재 고전산문 비교 연구-『국어』와 『조선어문』을 중심으로-」, 『어문학교육』, 한국어문교육학회, 2003.
박철 글, 『옹고집전』, 창비, 2004.
박　철, 「어린이와 청소년이 읽는 작품 해설」, 『옹고집전』, 창비, 2004.
백승남 글, 『이생규장전』, 한겨레아이들, 2004.
송재찬 글, 『전우치전』, 한겨레아이들, 2004.
신동흔, 「운명을 만들어 간 여인, 최랑과 옥영」, 『이생규장전』, 한겨레아이들, 2004.
신헌재, 「아동을 위한 서사문학 작품 선정의 기준 고찰-아동의 발달 수준을 중심으로」, 『국어국문학』 114호, 국어국문학회, 1995.
이신성, 「古典文學 教材의 問題點과 改善方案에 대하여」, 『어문학교육』 제27집, 한국어문교육학회, 2003.
이신성, 「보은담의 교재화에 대하여」, 『어문학교육』 16집, 한국어문교육학회, 1994.
장주식 글, 『이춘풍전』, 한겨레아이들, 2004.
초록글연구회 엮음, 『토끼전 · 두껍전』, 청솔, 2004.

최기숙, 『환상』, 연세대출판부, 2003.
한명숙, 「독자가 구성하는 이야기 구조 교육에 관한 연구」, 한국교원대학교 박사학위논문, 2003.
Bruno Bettelheim, *The Uses of Enchantment*: New York, Vintage Books, 1989.

초등학교 고전소설 교육의 현황과 과제

김 선 민
[인왕초등학교]

김선민

현재 인왕초등학교 교사로 있다. 서울교육대학교, 명지대학교 강사. 저서로는 『쓰기 교수 · 학습론』, 논문으로는 「작문 교육의 창의성에 관한 연구」 외 다수가 있다.

1. 초등학교 교육과정의 고전소설 교육[1)]

제7차 교육과정은 국민공통기본 교육과정과 고등학교 선택중심 교육과정으로 구성되어 있다. 초등학교 국어교과는 국민공통기본 교육과정에 속하며, 국민공통기본 교육과정은 교과, 재량 활동, 특별 활동으로 편성되어 있다. 재량 활동은 교과 재량 활동과 창의적 재량 활동으로 하며, 특별 활동은 자치 활동, 적응 활동, 계발 활동, 봉사 활동, 행사 활동으로 명시하고 있다.

재량 활동의 교과 재량 활동은 국민공통기본 교과의 심화 · 보충 학습을 위한 것이며, 창의적 재량 활동은 학교의 독특한 교육적 필요, 학생의 요구 등에 따른 범교과 학습과 자기주도적 학습을 위한 것이다. 초등학교의 재량 활동은 학교의 실정에 따라 융통성 있게 배정할 수 있으나, 교과의 심화 · 보충 학습보다는 학생의 자기주도적 학습 능력을 촉진시키기 위한 창의적 재량 활동에 중점을 둔다.

특별 활동에 배당된 시간(단위) 수는 학생의 요구와 지역 및 학교의 특성을 고려하여 학교 재량으로 배정하되, 영역 간의 균형이 유지될 수 있도록 유의한다. 시간(단위) 수가 배정되지 않은 활동에는 학교의 실정에 따라 별도의 시간을 확보한다. 또한, 특별 활동은 학교의 필요에 따라 시간(단위) 배당 기준보다 더 많은 시간을 확보하여 운영할 수 있으며, 다양한 방식으로 시간 운영을 통합하거나 분할하여 융통성 있게 할 수 있다.

1) 교육부, 『초등학교 교육과정』, 대한교과서주식회사, 1997, 2~34쪽.

구분 \ 학년 \ 학교		초등학교					
		1	2	3	4	5	6
교과	국어	201	238	238	204	204	204
	도덕						
재량활동		60	68	68	68	68	68
특별활동		30	34	34	34	34	34
연간수업 시간 수		830	850	986	986	1,088	1,088

<제7차 국민공통기본 교육과정 초등학교 국어 교과, 재량활동, 특별활동 시간(단위)배당기준>

위의 표를 근거로 교과 교육 활동 이외에 고전소설이 다루어질 수 있는 시간은 재량 활동 시간과 특별 활동 시간이 가능하다는 것을 알 수 있다. 교과 교육 활동은 특수 목적교의 별도 교육과정이 계획되지 않는 한 대부분 이수 시간의 차이가 없다. 그러나 재량 활동이나 특별 활동은 앞서 언급하였듯이 교육 수요자의 요구와 학교의 실정 그리고, 지역사회의 여건 등을 종합적으로 고려하여 시행하기 때문에 학교별로 차이가 있다.

해당 활동에 사용되는 교재의 경우 초등학교 교과교육활동 교재는 거의가 국정교과서로 되어 있으며, 국어과의 경우는 전국의 모든 초등학교가 동일한 교재를 사용하고 있다. 그러나 재량 활동이나 특별 활동의 경우에는 학교 운영 위원회 혹은 학교 교육과정 위원회 심의와 의결을 거쳐 별도의 교재를 구성하거나 사용할 수 있도록 하고 있다. 따라서 초등학교에서의 고전소설 교육은 국가 교육과정을 기반으로 하는 학교 교육과정의 교과 교육 활동과 재량 활동, 특별 활동을 통해서 가능하다는 것을 알 수 있다.

2. 초등학교 고전소설 교육의 현황

1) 교과

초등학교 국어과에 등장하는 고전소설은 6학년 1학기 대단원 '다섯째 마당'의 소단원 '1.소중한 우리말'의 '장끼전'이 유일하다.[2] 교과서에 실린 '장끼전'에 관한 교사용지도서의 안내 자료를 보면 다음과 같다.

> **<장끼전>**
> 작자와 창작 연대가 밝혀지지 않은 고대소설로, '장끼타령'을 소설화한 작품이며, 한글로 쓰여졌다. 내용은 영 · 정조 때 사람인 송만재의 「관우희(觀優戱)」에 나타난 것으로 보아 영 · 정조 시대를 배경으로 한 인간 세계를 풍자하고 있다. 타인의 충고를 받아들일 것과 분수에 넘친 욕심을 부리지 말라는 교훈과 여성의 정조 관념에 대해 풍자적 해학적으로 보여주고 있다.

초등학교 교육과정 운영상의 국어과 배당시간은 1, 2학년의 도덕통합 교과운영을 포함하여 총 1,289시간이다. '장끼전'은 대단원의 총 9차시 분량의 교수-학습 활동 단위 시간 중 2차시 분량을 차지하고 있으며 교수-학습 과정은 다음과 같다.[3]

---

2) '흥부전', '심청전', '토끼전', '춘향전' 등이 본문 게재나 작품에 대한 일체의 소개 없이 수업의 한 소재로 활용되는 경우가 있기는 하나, 미약하지만 원작품의 서두 부분을 초등학생 수준에 어울리게 바꾸어-교과서에는 '옛글'이라고 표현되어 있음-소개한 경우는 '장끼전'이 유일하다.

3) 교육인적자원부, 『초등학교 교사용 지도서-국어-』, 대한교과서주식회사, 2004, 322~325쪽.

<교수 · 학습 개요>

□읽기 전 활동하기
 ○그림 살펴보기
 ○내용 예측하기
 ○옛글을 읽을 때 주의할 점 알기
 ○학습 목표 확인하기

□읽기 중 활동하기
 ○글 읽기
 ○어려운 낱말 뜻 알기
 ○중심 내용 찾기

□읽기 후 활동하기
 ○내용 파악하기
 ○옛 사람들의 삶의 모습과 생각 찾아 비교하기
□일반화하기
 ○옛글의 제목과 주제 정리하기

<교수 · 학습 과정>

❶ 수업 목표
 ○옛 사람들의 삶을 생각하며, 옛글을 읽을 수 있다.

❷ 수업 전개

□읽기 전 활동하기

○그림 살펴보기

· '장끼'와 '까투리'에 대하여 아는 바를 말하여 봅시다.

· 교과서 186쪽의 그림은 어떤 장면입니까?

○내용 예측하기

· 교과서 186쪽 그림에서 장끼가 죽은 까닭은 무엇이겠습니까?

○옛글을 읽을 때 주의할 점 알기

· 옛글을 읽을 때 주의할 점을 말하여 봅시다.

○학습 목표 확인하기

· 옛 사람들의 삶을 생각하며, 옛글을 찾아 읽어 봅시다.

□읽기 중 활동하기

○글읽기

· 어떤 내용인지 생각하며 '장끼전'을 읽어 봅시다.

○어려운 낱말 뜻 알기

· 어려운 낱말의 뜻을 이해하며 글을 읽어 봅시다.

○중심 내용 찾기

· 시로 표현된 부분에 나타난 내용은 무엇인지 정리하며 글을 읽어 봅시다.

· 장끼와 까투리의 행동을 비교하며 글을 읽어 봅시다.

· 장끼와 까투리의 말과 행동을 통해 옛사람들의 삶과 생각을 알 수 있는 부분에 주의하며 글을 읽어 봅시다.

※ 이 활동들은 글을 읽는 과정에서 학생들에게 적절하게 질문

할 수도 있고, 미리 교사가 그러한 활동을 하도록 주지시킬 수도 있다. 단, 학생들이 이해하는 활동에 방해가 되어서는 안 된다.

□읽기 후 활동하기

○내용 파악하기

· 장끼와 까투리의 모습을 설명한 부분은 어디입니까?
· 꿩이 살아가면서 겪는 어려움은 무엇입니까?
· 콩을 본 장끼와 까투리는 각각 어떻게 생각하였습니까? 그렇게 생각한 까닭은 무엇입니까?
· 장끼와 까투리의 성격은 어떠합니까?
· 각각의 성격이 잘 나타나 있는 부분은 어디입니까?

○옛 사람들의 삶의 모습과 생각 찾아 비교하기

· 옛 사람들의 삶의 모습과 생각을 알 수 있는 부분은 어디입니까?
· '장끼전'의 내용과 우리의 삶을 비교하여 봅시다.

□일반화하기

○옛글의 제목과 주제 정리하기

· 옛글 중에서 내가 읽은 글의 제목과 주제를 말하여 봅시다.
· 여러 친구들이 말하는 내용을 교과서에 적고 주제별로 작품을 정리하여 봅시다.

※ 꼭 교과서에 쓸 필요 없이 모듬 학습을 통하여 많은 작품들을 정리하여 보도록 한다. 본문 학습을 줄이고 이 부분에 많은 시

간을 배당하는 것도 옛날 작품을 많이 생각해 보게 하는 한 방법이 될 수 있다.

위에 전개되어 있는 '장끼전'의 교수-학습 과정을 살펴보면 읽기 중심의 내용 파악이 주를 이루고 있음을 알 수 있다. 지도상의 단계는 본문의 내용을 파악한 후에 내용을 바탕으로 옛사람들의 삶에 대하여 유추하는 활동을 하고 있지만 실상 교과서 본문에 실린 서두 부분만으로는 옛사람들의 삶을 파악하기란 쉽지 않다. 뿐만 아니라 본문 지도상의 핵심은 주로 낱말 이해와 내용 해석을 중심으로 전개되어 있기 때문에 교수-학습 활동은 독해 중심의 읽기임을 쉽게 짐작할 수 있다.

고전소설의 가치를 알기 위해서는 고전소설의 문학적 특성과 성격을 파악하는 것이 선행되어야 할 것이다. 다른 장르 문학에 비하여 고전소설은 우리 민족의 정서와 삶을 간직하고 있다. 고전소설의 성격과 특성을 소개하는 것은 아동들에게 국문학사적인 가치를 알리는 본질적 지식 전달이 아니라 작품에 내재된 가치를 받아들이기 위한 배경지식의 습득으로 보아야 할 것이다.

따라서 낱말의 뜻을 알고 글의 내용을 파악하는 것에 중점을 두기 보다는 '장끼전'의 문학사적인 가치를 소개한 후에 이 글이 갖고 있는 특성과 성격을 파악하는 데에 중점을 두어야 할 것이다. 내용을 이해한 후에는 그 속에 담긴 민족적인 정서와 삶의 모습에 대하여 유추 해석하고 그와 관련된 다른 고전소설 작품을 대할 수 있는 기회를 마련하여야 할 것이다. 무엇보다 선행되어야 할 짐은 고전소설을 별도의 단원으로 구성하여야 할 것이며, '장끼전' 이외에 초등학생 수준에 알맞은 다른 작품을 본문과 함께 수록하여야 한다는 것이다.

2) 재량 활동 및 특별 활동

제7차 교육과정의 국민공통기본 교육과정은 교과, 재량 활동, 특별 활동으로 편성한다. 이중 재량 활동은 교과 재량 활동과 창의적 재량 활동으로 하며, 특별 활동은 자치 활동, 적응 활동, 계발 활동, 봉사 활동, 행사 활동으로 한다.

재량 활동에서 교과 재량 활동은 중등학교의 선택 과목 학습과 국민공통기본 교과의 심화·보충 학습을 위한 것이며, 창의적 재량 활동은 학교의 독특한 교육적 필요, 학생의 요구 등에 따른 범교과 학습과 자기 주도적 학습을 위한 것이다.

초등학교의 재량 활동은 학교의 실정에 따라 융통성 있게 배정할 수 있으나, 교과의 심화·보충 학습보다는 학생의 자기 주도적 학습 능력을 촉진시키기 위한 창의적 재량 활동에 중점을 둔다.

특별 활동에 배당된 시간(단위) 수는 학생의 요구와 지역 및 학교의 특성을 고려하여 학교 재량으로 배정하되, 영역 간의 균형이 유지될 수 있도록 유의한다. 시간(단위)수가 배정되지 않은 활동에는 학교의 실정에 따라 별도의 시간을 확보한다. 특별활동은 학교의 필요에 따라 시간(단위) 배당 기준보다 더 많은 시간을 확보하여 운영할 수 있으며, 다양한 방식으로 시간 운영을 통합하거나 분할하여 융통성 있게 할 수 있다.

시도교육청은 재량 활동, 특별 활동 운영을 위한 각종 교수·학습 자료를 연구, 개발하여 보급하고, 교육 시설, 설비, 자료 등의 정비 및 확충에 필요한 행·재정적인 지원을 하여야 한다. 또한 지역교육청에서는 재량 활동 및 특별 활동에 배당된 시간 34주의 기준에 미달되지 않도록 지역교육청 교육과정을 편성하여야 한다.

초등학교 재량 활동에서는 주제 탐구, 소집단 공동 연구, 학습하는 방법의 학습, 통합적인 범교과 학습 등 다양한 교육 프로그램을 학교와 교사, 학생의 요구와 필요에 따라 편성하여 선택적으로 운영할 수 있도록 하여야 한다. 또한 교과 중에서 주당 3시간 이상의 수업 시간 수가 배당된 교과는 주당 평균 1시간 이내에서 시수를 감축하여 학생의 요구와 학교의 필요에 따라 창의적 재량 활동에 증배, 활용할 수 있다. 이 경우에는 감축된 교과의 학습 활동과 관련되는 직접적인 체험 활동 등으로 통합, 운영하여야 한다.

특별 활동에서는 각 영역이 균형 있게 운영되도록 노력하여야 하며, 각 학교별로 특색 있는 중점 영역을 설정하여 육성함으로써 학교의 전통을 가꾸어 나가도록 한다. 그러기 위하여 지역 사회의 인적 자원과 물적 자원을 계획적으로 활용하고, 학생의 개성, 취미, 흥미, 특기, 등이 충분히 신장될 수 있도록 배려한다. 또한 지역 및 학교 실정과 활동 내용의 특성에 따라 집중 연속적인 이수를 할 수 있으며, 다양한 방법으로 융통성 있게 운영하도록 한다.

재량 활동 및 특별 활동과 관련하여 학교 교육 과정은 모든 교원이 전문성을 발휘하여 참여하는 민주적인 절차와 과정을 거쳐 편성, 운영하여야 한다. 또한 학습 효과를 높이기 위하여 교과용 도서 이외의 교육 방송, 시청각 기교재, 각종 학습 자료 등을 활용할 수 있으며, 학교에서는 학생들이 좋은 글을 많이 읽을 수 있도록 독서 목록을 작성하고, 국어과를 비롯한 각 교과 교육과 재량 활동 및 특별 활동에 활용할 수 있도록 한다.

학교는 동학년 모임, 교과별 모임, 현장 연구, 자체 연수 등을 통해서 교사들의 교육활동 개선이 이루어지도록 하여야 하며, 학생들의 자발적인 참여와 요구, 학부모의 요구를 바탕으로 방과 후 혹은 방학 중 프로그램을 개설할 수 있다.

재량 활동과 특별 활동 교육과정의 합리적 편성과 운영을 위하여 교원, 교육 과정(교과교육) 전문가, 학부모 등이 참여하는 학교 교육 과정 위원회를 구성하여 운영하며, 이 위원회는 학교장의 교육 과정 운영 및 의사 결정에 관한 자문의 역할을 담당하도록 한다. 또한 교원의 조직, 학생의 실태, 학부모의 요구, 지역 사회의 실정 및 교육 시설 · 설비 등 교육 여건과 환경이 충분히 반영되도록 노력하여야 한다.

그러나 이와 같은 제7차 교육과정의 특성과 장치에도 불구하고 초등학교의 재량 활동과 특별 활동에서 고전소설이 다루어지는 경우를 찾기가 매우 어렵다.4)

3. 초등학교 고전소설 교육의 문제점

1) 교과 교수-학습 내용

초등학교 6년 동안 이수하여야할 최소의 국어 교과 시간(단위)은 1,289시간(단위)이다. 이 중에서 본문의 일부를 수록하여 편성된 고전소설 교수-학습 활동은 단 2시간에 불과하다. 제7차 국어과 교육과정의 국어과의 성격을 보면 '국어과는 한국인의 삶이 베어 있는……'이라고 시작한다. 고전소설은 한국인의 삶을 그대로 반영하고 있는 매우 귀중한 국어교육 내용이다. 그럼에도 불구하고 초등학교의 국어교과에 배당된 고전소설 교육의 단위 시간은 다른 종류

4) 서울시 관내 초등학교에 대한 무작위 전화<20여 개교> 설문 조사 결과 단 한 곳도 시행하지 않았다. 초등학교의 재량 활동과 특별 활동은 학년말 교육과정 운영위원회의 심의를 거쳐서 결정되는 것이 원칙이다. 대부분의 학교는 교육과정 부장이 업무를 담당하고 있기 때문에 해당 부장과의 전화 설문을 통하여 재량 활동과 특별 활동의 시행 여부를 확인할 수 있다.

의 내용에 비하여 현저히 빈약하다는 사실을 알 수 있다.

이런 현상의 원인은 두 가지로 생각할 수 있다. 첫째, 교육과정 계획 단계에 참여한 연구자들의 고전소설 교육에 대한 필요성의 결여를 들 수 있다. 국어과의 장르별, 문종별 교육내용 선정은 교육과정을 기초로 이루어진다. 교육과정의 핵심 방향이 설정되면 그 이후 교과의 내용 체계가 수립되고 그것을 바탕으로 교육 내용이 선정된다. 이 과정에서 고전소설은 고전문학의 한 부류이거나 문학 장르의 하위 내용 영역으로 분류되어 그 중요성을 인정받지 못하였을 것이다. 그러나 다른 장르의 글이나 문종별 텍스트의 학년별 비율을 보면 고전소설이 얼마나 빈약한 내용을 구성하고 있는 지 한눈에 알 수 있다. 즉, 전 학년을 통하여 고전소설 교육 내용은 단 한 학년인 6학년에 불과하고 그 시간 배당 또한 2시간에 지나지 않는다는 사실이 그걸 입증한다. 다른 장르의 글이 학년별로 골고루 배당된 것에 비하여 이러한 현상은 매우 심각하다고 할 수 있다. 학년별로 적용이 가능한 교육 내용을 제시하여 고전소설 텍스트를 도입할 수 있는 근거를 마련하여야 한다.

둘째, 교과서와 교사용 지도서 집필 과정에서의 고전소설의 국문학사적인 가치와 교육적 효과에 대한 인식의 부족을 들 수 있다. 교육과정의 교육 내용을 기반으로 교과서가 집필되어지고 그에 따른 교사용 지도서가 만들어진다. 이때 교과서는 교육과정의 내용을 기초로 하여 텍스트를 선정하게 되고, 그것을 바탕으로 교육과정이 목표하는 바를 달성할 수 있는 텍스트 선정 기준을 마련하고 결정하게 된다. 이 과정에서 고전소설의 국문학사적인 가치를 인정하고 초등학생들에게 민족의 정서와 삶을 깨우칠 수 있는 교수-학습 활동으로 인식되었다면 지금과 같은 결과는 없었을 것이다. 초등학교에 비하여 중 · 고등학교로 갈수록 고전소설 교육의 비중이 높아지는 현상은 고전소설 교육이 초등학생의 수준에 맞지 않는다는 관점이라기보다는 지식 중심 교육에 초점을 둔 결과라고 보아야 할 것이다.

오히려 초등학교에서 고전소설은 중등학교에 비하여 보다 우위를 차지하여야 한다. 상당수의 초등학생들의 고전소설 읽기는 초등학교 저학년이나 그 이전의 문자 해득기에서 이루어지고 있다는 사실이 그를 입증한다. 교육과정 내용 목표를 달성하기 위한 텍스트는 일차적으로 학생의 흥미와 사고를 촉진할 수 있어야 하며, 창의성을 발현할 수 있어야 한다. 그런 측면에서 고전소설은 충분히 교과서 텍스트로서의 가치가 있다. 고전소설 작품을 학년 수준에 맞게 선별하고, 텍스트의 길이와 난이도를 조정하는 재구성 작업을 통하여 한 학년에 한 작품 이상 게재하여야 할 것이다.

2) 재량활동(교과, 창의) 시간 확보

초등학교의 재량 활동은 교과와 관련된 내용의 보충 또는 심화 학습을 위한 것과, 학생의 창의성의 발현하기 위한 창의 재량 활동으로 구분된다. 초등학교의 경우에는 주로 교과의 심화, 보충 보다는 창의성을 계발하기 위한 활동에 중점을 두도록 되어 있다. 교과와 관련된 재량 활동의 경우 현행 교육과정은 3시간 이상의 단위 시간이 부여된 교과에 한하여 주당 평균 1시간 이내에서 재량 활동 시간으로 활용할 수 있도록 유연한 장치를 두고 있다.

고전소설은 교과와 관련된 교과 재량 활동 그리고 학습자의 창의성을 계발하기 위한 창의 재량 활동과 관계가 있다. 고전소설은 국어과에 속한다. 국어과는 주당 3시간의 단위 시간을 초과하는 교과이다. 주당 3시간을 초과하는 교과에 한하여 주당 평균 1시간 이내에서 재량 활동으로 활용할 수 있다. 그렇다면 고전소설은 현행 국어교과의 0.0015%에 불과한 교육 내용을 재량 활동을 통하여 확충할 수 있다. 또한 현행 교육과정이 명시한 국어과의 성격에 따라 한국인의 삶이 베어 있는 국어를 창조적으로 사용하는 능력을 기르기 위하여 고전소설을 교육하여야 하며 그것은 창의재량 활동을 통하여 가능하다.

교과 재량 활동과 창의 재량 활동은 학교 교육과정 위원회의 사전 심의와 의결을 거쳐 차기 학년도 교육과정 운영에 반영된다. 그러나 교과 재량 활동으로서의 고전 소설 교수-학습 방법과 창의 재량 활동 프로그램이 준비되어 있지 않기 때문에 대다수의 학교에서 교과 재량 활동과 창의 재량 활동으로 고전소설 교육을 실시하고 있지 않다.

3) 특별활동 프로그램 개발과 보급

재량 활동에 비하여 특별활동 운영의 선택권은 보다 넓다. 재량 활동과 마찬가지로 해당 학년도 교육과정을 편성 운영하기 위해서는 전년도의 교육과정 위원회의 심의와 의결을 거쳐야 하지만 이 경우 국가 교육과정의 제한으로부터 비교적 자유롭다. 특별 활동의 부서 결정과 활동 내용 그리고, 교수-학습 프로그램과 자료 및 자원의 동원은 매우 다양하게 결정될 수 있다. 초등학교의 경우에는 교사의 의견이 상당부분 반영 된다. 지역사회의 인적 자원을 활용하기도 하지만 학교 교사들의 능력과 자질 그리고, 학생에 내한 요구를 수용하여 부서를 결정하고 활동 내용을 조직한다.

따라서 고전소설과 관련된 특별 활동 프로그램의 개발, 교수-학습 방법의 연구와 적용은 매우 중요하다. 다양한 프로그램을 개발하여 교사와 학생의 관심을 유발할 수 있다면 특별 활동 프로그램으로서 전혀 손색이 없을 것이다. 그러나 이 또한 대다수의 초등학교에서 실시하고 있지 않다.

4) 다양한 자료 개발과 확충

초등학교 고전소설 교육의 문제점을 한눈에 알아볼 수 있는 곳은 학교의 도서실이다. 고전소설로 충실하게 채워져 있는, 우리에게 알려지지 않은 어떤 초등학교 도서실의 서가를 제외하고는 거의 대부분의 초등학교 도서실에서 고전소설을 찾기란 그리 쉽지 않다. 이유는 간단하고 극명하다. 학생이나 학부모에게 고전소설은 문자 해득기에 학생이 띄엄띄엄 읽었을 법한 혹은 부모님이 머리맡에서 읽어주던 수많은 어린이 전집 중의 한 권에 불과한 것이기 때문에 더 이상 초등학교 시절에서의 필요성을 느끼지 못하는 것이다.

또한 상당수의 초등학생들은 설화, 민담, 동화, 이야기 역사 등을 고전소설과 혼동하여 이해하고 있기 때문에 그들 스스로 고전소설을 탐독할 만한 동기나 의욕을 고취하지 못한다는 것이다. 결국 초등학교에서의 고전소설 교육이 요원하기만 한 까닭은 궁극적으로 고전소설에 대한 인식과 자료의 부족 때문이라고 볼 수 있다.

학생들이 이미 읽었다고 기억하는 고전소설의 내용들은 우리 문학사의 고전소설이라기보다는 단순한 재미와 흥미를 유발하는 이야기 중심의 유아 자료에 불과하다는 느낌을 지울 수 없다. 또한 상당수의 책은 원전을 밝히고 있지도 않을뿐더러 해당 작품에 대한 옮긴이의 이해를 의심하지 않을 수 없는 것들이 상당수이다. 더욱 안타까운 현실은 어린이 추천도서 목록을 검색하였을 때 드러난다. 비영리 유명 단체의 추천도서 목록에 고전소설은 특정 학년의 한

두 구석을 차지하고 있을 뿐이다.

4. 초등학교 고전소설 교육의 과제

1) 교과 내용으로서의 고전소설 교육

현행 초등학교 교과 내용으로서의 고전소설 교육은 6학년 1학기 대단원 다섯째 마당의 2차시 분량 '장끼전'이 전부이다. 문제점에서 지적 하였듯이 이러한 결과는 두 가지 원인으로 볼 수 있다. 즉, 현행 교육과정 입안 과정에서 소외된 것과 교과서의 텍스트 선정 과정에서의 누락이 그것이다.

초등학교 국어과 내용면에서 고전소설 교육은 다른 장르나 문종별 텍스트에 비하여 전혀 손색이 없으며, 현행 국어과 교육과정의 교육 목적과 내용 목표를 달성하기 위한 텍스트로서 보다 나은 조건을 갖추고 있다. 특히 고전소설은 한국인의 삶이 고스란히 베어 있는 생활 속의 문학이기 때문에 학년별 특성에 맞추어 적용을 한다면 매우 효과적일 수 있다. 따라서 다음과 같은 조건을 충족한다면 교과 내용으로서의 고전소설은 교육적 가치를 발휘할 것이다.

첫째, 새 교육과정 개편시 고전소설의 교과 내용 보강.[5)]

---

5) 第7차 교육과정은 이미 시행되고 있기 때문에 현행 교육과정 체제에서의 교과 내용의 확보와 교과서 텍스트의 추가는 현실적으로 불가능하다. 그러나 제8차 교육과정은 수시 교육과정으로 진행될 가능성이 높다. 2004년 12월 교육과정 평가원의 第7차 교육과정 개정에 관한 교과별 세미나를 통하여 발표된 논의들은 앞으로의 교육과정이 정부 주도의 일관적이고 전체적인 개정이 아니라 학계와 현장 중심의 수시 개정을 주 의제로 하고 있다. 따라서 고전소설 교육이 앞으로 개정될 교육과정에 대비하여야할 필요성이 강조된다.

둘째, 학년별 수준에 적합한 고전소설의 분류 및 재구성.[6)]

셋째, 읽기와 문학 중심이 아닌 듣기, 말하기, 쓰기, 국어지식 등과 연계한 통합적인 고전소설 교수-학습 과정의 개발.

넷째, 교사용 지도서를 통한 다양한 읽기 자료 및 고전 소설에 대한 국어지식적 안내 자료의 제공.

다섯째, 효과적인 교수-학습 전략의 구안과 현장 적용.

2) 재량활동으로서의 고전소설 교육

현행 교육과정에서 교과 내용으로서의 고전소설 교육을 추가 확충한다는 것은 사실상 불가능하다. 그러나 현행 교육과정은 주당 3시간 이상의 단위 시간을 확보하고 있는 교과에 대하여 주당 평균 1시간 이내에서 재량 활동으로 운영할 수 있도록 명시하고 있다. 고전소설은 국어과에 해당되며, 국어과는 주당 단위 시간이 3시간을 넘고 있으며, 그 중 한 시간을 재량 활동으로 운영할 수 있도록 하고 있다. 따라서 다음의 과제를 바탕으로 고전소설은 국어과의 읽기나 문학 영역과 관련지어 주당 평균 1시간 이내에서 교과 재량이나 창의 재량 활동으로 운영할 수 있다.

첫째, 국어과의 교육 목표를 달성할 수 있는 교과 내용으로서의 고전소설의 지위를 확보한다.[7)]

---

6) 고전소설 텍스트는 전 학년 교과서에 골고루 수록될 수 있도록 해야 한다. 고전소설이 갖고 있는 작품의 특성은 초등학생의 학년별 수준에 맞도록 내용과 텍스트의 난이도를 조정하여 재구성하여야 한다. 초등학교의 교과서 텍스트는 기존의 작품 거의 대부분이 재구성한 경우가 많다. 따라서 고전소설 작품도 내용과 난이도를 초등학생의 각 학년 수준에 맞게 조정하여 제시하면 훌륭한 읽기 자료가 될 것이다.

7) 현행 교육과정은 교과서에 의존하는 교육 내용 텍스트 운영보다는 다양한 텍스트를 동원한 교육 활동을 강조하고 있다. 현행 교육과정 체제의 교과서 고

둘째, 고전소설의 특성을 살린 창의 재량 활동 프로그램 및 자료를 개발하여야 한다.

셋째, 범교과적 읽기 자료로서의 고전소설 텍스트의 다양화와 창의성을 발현할 수 있는 2차 텍스트의 생산이 요구된다.[8)]

넷째, 초등학교 학생들의 학년별 수준과 특성에 맞는 작품을 엄선하고 재구성하여 안내하고 보급하여야 한다.[9)]

3) 특별활동으로서의 고전소설 교육

해당 학년도 특별 활동을 운영하기 위해서는 전학년도의 학교 교육과정 편성과 운영에 대한 평가와 검증을 바탕으로 학교 교육과정

전소설 텍스트는 매우 빈약하다. 따라서 고전소설이 국어과의 궁극적인 교육 목적을 달성할 수 있는 지위를 확보한다면 교과 재량 활동으로 얼마든지 수용이 가능하다.

이 부분은 매우 민감하기는 하나 고선소설과 관련된 학회와 학자들의 꾸준한 연구와 현장에 대한 적극적인 의지의 표출을 통하여 가능할 것이다.

8) 초등학교는 통합교육을 강조하고 있다. 또한 국어과의 경우 듣기, 말하기, 읽기, 쓰기, 국어지식, 문학의 각 영역이 분절적인 것이 아니라 유기적인 연계를 갖는 총체적인 언어활동을 강조한다. 따라서 고전소설을 단지 읽기 자료로서 혹은 문학적인 가치를 강조하는 것에 그치지 않고 모든 영역을 아우를 수 있는 자료로서의 개발이 요구된다. 특히 고전소설은 매우 해학적일 뿐 아니라 우리 민족의 정서를 고스란히 담아내고 있기 때문에 이야기 구연이나 연극 등 다양한 방법으로의 표현이 가능하다. 따라서 학습자의 사고를 자극하는 다양한 자료로서의 변용 생산이 가능하다면 창의 재량 활동으로 매우 효과적이다.

9) 거의 대부분의 초등학교는 도서실을 보유하고 있다. 도서실의 운영은 방과후 학생들이 자율적으로 이용할 수 있도록 하였지만 학교는 일정 시간을 도서실 활용에 배당하고 있다. 모든 학년의 학급은 최소한 2주일에 1회 이상 도서실을 사용하도록 학교 교육과정 운영에 반영하고 있다. 이러한 도서실 활용은 대부분 국어과 운영과 관련을 갖고 있으며, 그것은 교과 재량과 맥을 같이 하고 있다. 따라서 학교 도서실에 학생들의 흥미와 관심을 유도할 수 있는 다양한 고전소설을 구비한다는 것은 매우 중요하다.

위원회의 자문을 받아야 한다. 학교 교육과정 위원회는 교원, 교육과정 전문가, 학부모 등이 참여할 수 있으며, 교원의 조직, 학생의 실태, 학부모의 요구, 지역 사회의 실정 및 교육 시설·설비 등의 교육 여건과 환경이 충분히 반영되도록 하여 특별 활동 내용을 편성 운영할 수 있다.

초등학교에서의 특별 활동 운영은 교과나 재량 활동에 비하여 선택의 폭이 넓다. 즉, 학교, 교원의 조직, 학생의 실태, 학부모의 요구 등을 종합하여 다양한 형태의 활동을 편성하여 운영할 수 있다. 또한 학교는 학생들의 사고력과 창의력을 계발하기 위하여 특색 있는 활동을 구안할 필요가 있다. 초등학교 특별 활동으로서 고전소설 교육이 활성화되기 위하여 다음과 같은 노력을 기울여야 할 것이다.

첫째, 고전소설의 특성을 살린 프로그램을 개발하여야 한다.

둘째, 교사, 학부모, 학생의 요구에 부응하는 고전소설 교육의 유익성을 지속적으로 홍보하여 학교 교육과정 위원회의 호응을 얻어야 한다.

셋째, 고전 소설 관련 특별 활동을 편성 운영할 수 있는 교사를 양성하여야 한다.

넷째, 시도 교육청 및 지역 교육청 단위의 특색사업화를 모색하여 초등학교 현장에 대한 지원을 확대하여야 한다.

4) 특기 적성 및 방과 후 교육 활동으로서의 고전소설 교육

초등학교는 학부모의 사교육비 부담을 줄이고 학생의 요구를 충족시키기 위하여 특기 적성 프로그램과 방과 후 교육 활동을 편성하여 운영할 수 있다. 둘은 용어의 차이가 있기는 하지만 내용이나 성격이 거의 흡사하다. 다만 두 활동 모두 주지 교과의 내용을 심화 · 보충하는 것이 아니라 학생의 요구와 적성에 맞는 활동을 편성하여 교원뿐 아니라 외부 전문가를 영입하여 교육 수요자의 비용 부담으로 선택적으로 운영할 수 있다.

실제로 대다수의 초등학교에서 특기 적성 프로그램과 방과 후 교육 활동을 운영하고 있다. 이 활동 역시 학교 교육 과정 위원회의 사전 심의와 의결을 거쳐서 차기 학년도 교육과정에 편성하여 운영할 수 있다. 특기 적성 프로그램과 방과 후 교육 활동에서 고전소설 교육이 운영되기 위해서는 재량 활동이나 특별 활동에서 요구되는 문제의 해결과 노력이 필요하다.

5) 교사 연수를 통한 고전소설 교육

학교 교육 과정 편성과 운영은 학교 교육 과정 위원회의 심의와 의결을 거쳐서 시행된다. 교과, 재량 활동, 특별 활동 등의 편성과 운영에 있어 고전소설 교육을 도입하고 강화하기 위해서는 무엇보다 고전 소설 교육의 저변확대를 기반으로 하여야 한다. 교과 운영은 교과서와 지도서를 중심으로 운영한다고 하여도 재량 활동이나 특별 활동은 별도의 학교 교육과정을 편성 운영하여야 한다. 즉, '목표-내용-방법-평가'의 일관성 있는 실천과정을 확인하고 실증적인 자료와 교수-학습 프로그램을 확보하여 운영하여야 한다. 그러기 위해서는 고전소설 교육에 대한 기초적인 지식과 교수-학습 능력을 갖춘 전문 인력이 요구된다.

최근의 교사 연수 프로그램은 매우 다양할 뿐만 아니라 교사의 재교육과 인사 관리 차원에서 매우 강화되고 있다. 또한 실제로 현장에 적용할 수 있는 영역과 내용들을 중심으로 연수 프로그램을 개발하여 보급하고 있다. 과거 행정청 중심의 교사 연수 프로그램이 대폭 개선되어 일정한 기준을 갖춘 연구 단체와 기관도 교사 연수 프로그램을 운영할 수 있다.

초등학교의 경우 시도 교육청이나 지역교육청 혹은 교육부 인가를 받은 연수 기관 등 어떤 곳에서도 고전소설과 관련된 교사 연수를 시행하고 있지 않다. 결국 교육과정 내용에 고전소설 교육을 편성할 수는 있어도 이것을 실제로 운영할 수 있는 지도 인력이 없기 때문에 운영이 불가능하다는 것을 알 수 있다.

교사 연수는 두 가지의 매우 중요한 의미를 갖는다. 무엇보다 고전소설에 대한 교사의 관심은 학생과 학부모의 관심을 유발하는 파급 효과를 낳는다. 그리고 지속적인 연수를 통한 저변 확대는 장기적으로 교육과정 내용으로서의 고전소설의 위치를 공고히 할 수 있는 기회를 마련하게 되는 것이다.

신고만으로 가능한 교원 자율 연수 프로그램으로부터 시작하여 시도 교육청 단위의 행정청 지원 연수 프로그램의 등록 등 다양한 연수 프로그램의 개설과 운영이 시급하며, 이를 통하여 초등학교에서의 고전소설 교육의 저변 확대가 이루어질 것이다.

6) 지역사회교육을 통한 고전소설 교육

더 이상 학교는 닫혀있는 기관이 아니다. 학교는 지역사회의 일부이며, 지역사회의 지식보급과 확산을 위하여 열과 성을 다하여야 한다. 때문에 학교에서는 학부모와 지역주민을 위한 교육프로그램을 제공하고 있다. 학교의 교육활동을 통하여 배출된 지역사회의 인력은 다시 학교에 봉사하는 기회를 제공받는다. 결국 학교와 지역사회는 상부상조하는 관계가 된다.

고전소설 교육 활동의 운영은 학교의 교사나 전문가 집단의 것만은 아니다. 교수-학습 활동을 운영할 수 있는 일정한 자격을 갖춘 인력은 언제든지 학교의 교육과정 운영에 참여하여 학생들을 지도할 수 있도록 해놓았다. 특기적성이나 방과 후 활동의 경우에는 일정의 보수를 받으며 교육활동에 참여할 수 있기 때문에 매우 인기 있는 직종으로 인식되기도 한다.

고전소설 교육을 운영할 수 있는 지도사를 양성하는 것도 좋은 방법이다. 최근 독서 교육의 활성화는 그것을 지도하는 전문 인력의 양성을 요구하고 있다. 교육부의 승인을 받은 고전소설 전문 지도사를 양성하여 학교뿐 아니라 학교 밖 교육 활동으로 확대하는 시도를 해봄직도 하다.

5. 초등학교 고전소설 교수-학습 방법

고전소설 작품의 초등학교 교과서 수록 비중이 상대적으로 낮은 것과는 달리 초등학생들의 상당수는 고전소설을 이미 접하였다. 초등학교 입학 전부터 다양한 자료를 통하여 고전소설을 접한다. 대표적인 것이 고전소설의 구전이다. 대개의 경우 부모에 의하여 입말로 전해지는 고전소설은 흥부전, 별주부전 등이 대표적이라 하겠다. 이와 같은 작품들은 상업출판물이며, 원작품을 재구성한 것이 대부분이다. 또한 원작품을 음성 자료화 하여 부모가 직접 읽어주지 않아도 아동들이 삽화를 보고 이해할 수 있도록 구성되어 있다.

고전소설은 초등학교 입학 전부터 아동들에게 매우 익숙한 내용이었다. 그림에도 불구하고 초등학교에서의 고전소설 교육의 중요성은 다른 장르 텍스트에 비하여 양적, 질적으로 매우 열악한 상황이라고 할 수 있다.

아무리 내용이 좋은 교과 영역이라 하더라도 현장에 적용할 수 있는 효과적인 방법 없이는 무용지물이다. 교육활동 공간에서는 내용을 어떤 방법으로 학습자에게 전달할 것인지에 대한 방법의 구안이 우선되어야 한다.

고전소설은 국어과의 다른 텍스트와 동일한 관점에서 교수-학습된다. 고전소설의 장르적인 특징을 살리거나 문학적인 가치를 부여한 교수-학습의 적용이기 보다는 일반적인 교과 활동으로 수업이 진행된다. 고전소설은 현대소설이나 혹은 번역소설과의 차별화가 없는 일반적인 이야기 글로 취급된다. 이것은 고전소설만의 특징적인 교수-학습 활동이 없다는 것을 의미하며, 이를 뒷받침할 만한 방법도 없다는 것이다.

6학년 '장끼전'의 학습 활동은 대부분 내용을 해석하는 수준에서 이루어진다. 그러나 문학 영역의 교수-학습 활동으로 보았을 때, 소재의 중요성을 고려하는 교수-학습 전략을 강구하여야 할 것이다.[10] 모든 이야기 글에는 소재가 있기 마련이지만 고전소설의 소재는 다른 이야기 글과는 다르다. 즉, 우리 민족의 정서와 문화적인 속성을 간직하고 있기 때문에 그 글이 다루고 있는 소재의 특성을 대상으로 교수-학습 전략을 마련하는 것은 매우 중요한 일이다.

1) 이야기 구연

한동안 초등학교 현장에서 이야기 구연 혹은 동화 구연 활동이 활발하게 수행되던 시기가 있었다. 그러나 최근에는 실생활 의사소통 중심의 논리적이고 효율적인 말하기 활동의 중요성으로 인하여

10) 최현섭 외, 『국어교육학개론』, 삼지원, 1997, 338쪽.

이야기 구연 활동은 유치원생 중심의 활동으로 이루어지고 있다.

이야기 구연 활동은 초등학생들의 말하기 교수-학습으로 매우 중요한 역할을 한다. 자신의 의사를 전달하는 의사소통 기능으로서의 말하기에 집중하는 경우 태도와 정서적인 측면의 결여를 목격할 수 있다. 즉, 자신의 감정과 표정이 담긴 언어 표현 능력이 결여되고 기계적이고 습관적인 표현에 젖게 된다. 특히 인터넷 문화의 급속한 확산은 초등학생들의 정서표현의 부족을 초래하게 되었으며, 자신의 감정과 표정이 담긴 말을 전하려는 태도를 찾아보기란 매우 힘들다. 학교 수업 시간에 학생들의 말하기 대부분은 질문에 대한 답이 고작이다.

이야기 구연은 초등학생들의 감정과 표정을 살리는 매우 중요한 말하기 교수-학습 활동이다. 해당 교과 수업 시간의 소리 내어 읽기를 이야기 구연으로 변환하여 활동하는 것이다. 뿐만 아니라 특별활동에 이야기 구연을 하나의 부서로 만들어서 활동하는 것도 매우 좋은 방안이다.

이야기를 할 때 우리는 두 가지의 공동체, 즉 이야기하는 사람과 듣는 사람 그리고 이야기하는 사람과 자기 자신이라는 두 집단을 만든다. 이 두 집단은 동시에 작용하지만 다른 기능을 한다. 이야기하는 사람은 자신이 알고 있는 것처럼 이야기의 전혀 다른 부분을 이끌어내며, 말하면서 이야기를 발견해 간다. 발견과 기억 그리고 경험은 연결, 세부, 감정, 강조와 형상에 영향을 미친다. 청자에게 이야기는 마술적인 시간과 공간을 창조한다. 마음의 눈으로 보면 이야기는 우리가 원하는 곳으로 데려다 준다. 우리들 사이에 공명하는 이야기는 그 안에서 안전하게 상상하고 창조하고, 탐구하고, 경험하게 한다. 우리들의 자아감이 깊어지며, 세계를 이해하는 방법이 넓어지고 깊어짐에 따라 좀더 잘 이해할 수 있게 된다.[11]

고전소설을 이야기로 구연하는 활동은 단순히 자신이 알고 있는 이야기를 암송하는 것이 아니라 자신이 구연할 이야기에 대한 배경 지식을 학습 집단과 공유한다는 데에 의미가 있다. 학습 집단에서의 이야기 공유는 이야기의 내용 전달 뿐 아니라 이야기를 통해서 새로운 상상의 세계를 구축하고 상상을 통하여 우리 조상들의 숨결을 느낄 수 있는 계기를 마련할 수 있다.

이야기 구연은 작품 전체를 대상으로 할 필요는 없다. 자칫 작품 내용 전체를 전달하려는 데에 집착을 하다보면 교육적인 효과는커녕 학습자에게 압박감을 주어 오히려 기피 현상을 우발할 수 있다. 따라서 이야기 구연은 내용 전체를 하기 보다는 구연 주체자가 원하는 부분 혹은 이야기를 분절하여 여러 명이 공동으로 구연하는 것도 좋다.

2) 교육 연극

어린 아이들은 마치 숨쉬는 것처럼 아주 쉽게 연극을 만든다.[12] 다른 어떤 교수-학습 방법보다도 연극적인 혹은 역할 놀이로 불리는 이러한 방식의 교수-학습 활동은 학생들 스스로 흥미를 유발할 뿐만 아니라 학습 동기를 자극하여 자발적인 상승효과를 기대할 수 있다. 이미 연극하는 글로 제공된 대본을 가지고 활동하는 것보다는 학생들 스스로 연극 대본을 만들어보고 그것을 자신들 스스로 재구성하여 창의적으로 활동하는 것이 보다 효과적이다.

고전소설은 다분히 연극적일 뿐 아니라 재구성 효과가 뛰어나다.

---

11) Nancy king(1996), *Playing Their Part*, Heinemann, 황정현 역, 『창조적인 언어사용능력을 위한 교육연극방법』, 평민사, 1998, 222쪽.

12) 앞의 책, 91쪽.

고전소설은 우리의 문화를 그대로 담고 있을 뿐 아니라 어려서부터 접해왔던 익숙한 내용의 것들이다. 신비적이거나 비현실적인 것이 전혀 문제가 되지 않는 것은 고전소설을 받아들이는 학생들의 태도에 있다. 학생들에게 고전소설은 어려서부터 들어왔던 옛 이야기의 한 종류이기 때문이다. 등장 인물과 사건이 한국적일 뿐 아니라 민족의 정서를 담고 있기 때문에 자연스러운 친근감을 느낄 수가 있는 것이다. 그래서 고전소설을 연극적 상황으로 재구성하는 데에 어려움을 느끼지 않는다.

연극이 지닌 몸짓의 요소는 말의 본질 즉, 고전소설의 특징적인 음성언어적 요소와 깊은 관련이 있으며, 연극의 말은 그 몸짓까지를 함께 의미소로 볼 수밖에 없는 '보여주기'라는 점에서 국어교육과 상당부분 관계가 있다.[13] 교육 연극과 관련된 활동은 매우 다양하다. 고소설을 원작으로 한편의 극을 구성하기 위해서는 많은 준비 과정이 요구된다. 일단 텍스트를 극의 형태로 변형하는 것을 시작으로 배경과 소품을 준비하여 무대에 오르기까지 다양한 활동을 하게 된다. 이러한 일련의 과정들은 단순히 고전소설을 극의 형태로 바꾸어서 표현하는 것이 아니라 극을 구성하는 과정을 통해서 고전소설에 나타난 시대 상황과 민족 정서를 이해할 수 있는 계기를 마련하는 것이다.

3) 바꿔 짓기

이야기 구연과 교육 연극이 음성 언어 중심의 활동이라면 바꿔짓기는 문자 언어 중심의 활동이다. 이야기 구연과 교육 연극 활동이

13) 김대행, 『문학교육 틀짜기』, 역락, 2000, 276쪽.

이루어지기 위해 선행되어야 할 하나의 과정이기도 한 바꿔짓기 활동은 고전소설의 장르적 특성을 학습자의 자유로운 상상력으로 재구성하는 텍스트 변용 활동이다.

초등학교 국어과의 문학 영역 수업의 가장 핵심적인 활동 중의 하나는 형식을 달리하여 글을 표현하는 것이다. 즉, 소설을 시나 극본의 형태로 바꾸어 쓴다거나 시를 이야기 형식으로 바꾸어 표현하는 등의 활동은 원 작품이 갖고 있는 문학적인 특성을 훼손하지 않는 한도 내에서 자유롭게 이루어진다.

고전소설은 다른 형식의 글에 비하여 바꿔짓기 활동이 매우 수월할 뿐 아니라 학생의 상상력을 자극하는 요소들이 많이 내포되어 있다. 따라서 원작품에 대한 이해와 경험을 바탕으로 학습자의 상상력을 자극할 수 있는 요소들을 동원한 텍스트 변용 활동이 이루어져야 한다.

고전소설을 다른 형식의 글로 바꾸어 표현할 때에는 글 전체의 내용을 변용하는 것이 아니라 특정 장면이나 사건을 대상으로 하는 것이 효과적이다. 특히 초등학교 국어 수업에 적용할 수 있는 고전소설 작품은 한정되어있을 뿐 아니라-일부 작품의 경우 내용의 선정성이나 자극성으로 인하여-작품 전체를 제시하는 데에도 한계가 있기 때문이다.

예를 들어 초등학교 6학년 교과서의 '장끼전'을 시나 극본으로 바꿔 표현하는 활동은 학생들로 하여금 상상력과 창의력을 발현할 수 있는 좋은 기회를 제공한다. 특히 본문 일부의 운율을 기본으로 시조 형식으로 바꾸어 표현할 수도 있으며, 기존 동요 가락에 노랫말을 새롭게 만들어서 부를 수도 있다.

고전소설은 그 자체로 소중한 우리 문학적 유산이며, 민족의 정서와 얼이 담겨 있는 것이지만 그것을 새롭게 학습 활동에 적용하는 방법을 구안하는 것 또한 매우 중요하다. 우리 문학 작품을 통하여 다양한 교수-학습 활동이 가능하며, 그것이 국어사용 능력 향상에 중요한 역할을 할 수 있다면 고전소설의 위상은 보다 높아질 것이다.

4) 문화 체험

춘향전을 바탕으로 지역사회의 문화상품을 개발한 남원의 경우에서 볼 수 있듯이 고전소설은 훌륭한 문화체험 자산이다. 판소리 춘향전을 비롯하여 수없이 제작된 영화와 연극 등은 고전소설의 문화적 가치를 잘 보여주는 예이다.

고전소설은 작품 그 자체로 훌륭한 문화유산이다. 그러나 그것을 어떻게 널리 알리고 이롭게 하는 가는 고전소설의 영속성과 매우 깊은 관계가 있다. 초등학교 국어과에서 차지하는 고전소설의 양적 질적 한계가 아마도 고전소설의 문화유산적 가치를 제대로 드러내지 못한 까닭일 것이다. 초등학생들에게 적용이 가능한 프로그램을 다양화 하여 그것을 지속적으로 교육 현장에 투입하였을 때 고전소설의 실질적 존재와 가치가 드러날 수 있는 것이다. 실제로 초등학교 현장에서 고전소설에 대한 초등학생들의 반응은 매우 저조할 뿐 아니라 그 존재를 인식하고 있지 못하는 경우가 대부분이다. 오히려 서양 문학 작품에 대해서는 잘 알고 있으면서도 우리 문학 작품에 대해서는 가치는커녕 존재조차도 인식하지 못한다는 것이 현실이다. 고전소설은 설화나 구전동화의 한 부분일 뿐이라고 생각한 나머지 그 진실한 가치를 알지 못한다는 것이다.

초등학생을 위한 문화체험 프로그램을 구안하고 개발하는 것은 매우 중요하다. 초등학생들의 문학작품에 대한 인식은 상급학교 학생들에 비하여 순수하다. 초등학생들에게 고전소설은 시험을 위한 지식의 대상이 아니라 정서와 인지발달을 위한 체험일 수 있다.

초등학생들이 고전소설을 직접 체험할 수 있는 기회를 마련할 수 있는 방법과 기회는 얼마든지 있다. 앞서 밝혔듯이 교과 이외의 시간을 할당하여 얼마든지 가능하다. 학교 안에서는 다양한 문화 컨텐츠를 탐색하고 구안하여 적용할 수 있으며, 학교 밖에서는 고전소설과 관련된 문화 유적과 지역 사회를 탐방할 수 있을 것이다. 봄, 가을로 실시되는 교외학습과 수련활동의 한 부분을 활용할 수 있으며, 주 5일제 수업을 활용한 학습자 개개인의 문화체험 활동 프로그램을 작성하여 안내할 수 있을 것이다.

이러한 문화체험 활동은 문학 작품이 단순히 문자적인 것이 아니라 그 속에 매우 다양한 세계가 내재되어 있다는 것을 느끼고 경험할 수 있게 하는 것이다. 작품을 대하고 그 속에 내재된 많은 문화적 체험을 한다면 고전소설에 대한 가치를 보다 새롭게 인식할 수 있을 것이다.

6. 결론

현실성이 없는 논의는 잡담에 불과하다. 어느 학회의 집요한 노력과 성공의 사례를 통하여 고전소설 교육이 나아가야 할 방향을 짚어보는 것으로 이 논의를 맺는다.

불과 십여 년 전만 하여도 초등학교에서 한자를 가르치는 것은 교육과정 활동에 배치되는 것이었다. 철저하게 초등학교의 한글 전용을 주장해온 학자들과 단체들에 의하여 한자교육은 비집을 틈조차 없어보였다. 그런데 어느 지역 교육청의 한 교장의 주도하에 '한

자교육연구회'가 결성되었고 이 연구회를 통한 교사 연수가 진행되기 시작하였다. 이윽고, 학교 단위별 연수와 학생들을 위한 별도의 교육 프로그램이 편성되고 운영되기 시작하였다. 그때만 하여도 한 지역 교육청의 맹렬 교장에 의한 일시적인 현상이라고 일축하였다. 그런데 결과는 예상 밖이었다. 해가 갈수록 한자교육은 자연스럽게 학교 교육 활동으로 흡수되었고, 초등학생은 물론 일반인에 이르기까지 그 수요는 기하급수적으로 증가하였다. 최근에는 모 언론사로부터 막대한 부의 축적에 따른 표적의 대상이 되기도 하였다.

교육은 투기가 아니다. 투자이다. 계획적이고 장기적인 노력과 인내를 요구하는 잠재적이지만 생산적인 투자임이 분명하다. 때로 실망스런 결과를 가져올 수도 있지만 준비된 투자는 절대로 가치를 상실하지 않는다. 최근의 한자교육 붐은 바로 지속적인 인내와 노력의 결과이다. 초등학교를 시발점으로 한 한자교육은 교사연수로부터 비롯되었다고 하여도 과언이 아니다. 또한 일선 학교 교육 책임자를 통한 부단한 설득과 홍보는 보다 확실한 결과를 창출하게 하였다. 그 이면에는 학회의 책임 있고 꾸준한 지원이 있었다. 그들은 다양한 자료와 프로그램을 개발하였다. 아직도 초등학교의 교과내용으로 들어있지는 않지만 미래를 대비하기 위하여 많은 투자를 하고 있다. 일선 현장은 물론 관계 기관과 언론사를 찾아가 자신들의 주장을 전달하고 때로는 논쟁하면서 일반의 관심을 끌려는 노력을 게을리 하지 않았다.

교육은 그 어떤 것이든지 가능하게 한다. 교육을 통해서는 무엇이든지 가능하다. 기존의 틈새를 채워나가는 교육적 프로그램의 개발과 적용은 무궁무진하다. 일선학교에서 불가능한 한자 교육은 아침자습의 틈새를 찾아 열었다. 교과 지필 일제 평가가 사라진 틈을 타서 한자경시의 문을 열었다. 한자만으로는 새로운 교육 수요를 창출할 수 없다고 생각했기에 사고력과 창의력을 등에 업은 생산적 전략을 구안하였다. 변화에 적응하려는 의지와 노력은 원하는 교육 활동의 확대를 가져온다.

내일 당장이라도 어느 초등학교에 차기 학년도 고전소설 관련 특별 활동 부서를 만드는 것은 그다지 어려운 일은 아니다. 한자와 달리 고전소설은 국어교육의 교과 내용 영역에 속하며, 특별 활동은 물론 재량 활동으로 편성하여 운영할 수 있다. 국어교육의 목표를 달성할 수 있는 교과 교수-학습 전략과 방법을 연구하여 현장에 보급하고, 고전소설의 특성을 살린 재량 활동 내용과 특별 활동 프로그램을 개발하여야 한다. 지속적이고 집요한 연구와 투자 그리고, 장기적인 인내와 노력을 통하여 고전소설 교육의 새로운 장을 열어야 할 것이다.

참고 문헌

교육부, 『초등학교 교육과정』, 대한교과서주식회사, 1997, 2～34쪽.
교육인적자원부, 『초등학교 교사용 지도서-국어-』, 대한교과서주식회사, 2004, 322～325쪽.
국립국어연구원, 『표준국어대사전 상』, 두산동아, 2000.
김대행, 『문학교육 틀짜기』, 역락, 2000, 276쪽.
金宗西 編, 『現代教育論』, 서울대학교출판부, 1983.
김진호 외, 『교육방법의 기초』, 문음사, 2002.
方仁泰 외, 『초등국어과 교육』, 박이정, 2002.
李烘雨, 『教育課程探究』, 박이정, 1992.
정동화 외, 『초 · 중등 국어과교육론』, 선일문화사, 1996.
최현섭 외, 『국어교육학개론』, 삼지원, 1997.
한국교육개발원, 『초중등학교 교육발전 종합보고서』, 신성인쇄사, 1979.
Nancy king(1996), *Playing Their Part*, Heinemann, 황정현 역, 『창조적인 언어 사용능력을 위한 교육연극방법』, 평민사, 1998, 222쪽.
Arthur J. Cropley, *Kreativate und Erziehung*, 김 선 역, 『교육과 창의성』, 집문당, 2000.

〈심청전〉과 〈토끼의 재판〉 교재의 문제점과 개선방안

이 신 성
[부산교육대학교]

* 본고는 "古典文學 敎材의 問題點과 改善方案에 대하여"란 논제로 발표(『어문학 교육』 제27집, 한국어문교육학회, 2003, 265~285쪽 및 『한국고전문학교재연구』, 보고사, 2004, 437~457쪽 참조)한 논문에다가 제목을 바꾸고 내용을 수정・보완했음.

이신성

현재 부산교육대학교 국어교육과 교수로 있다. 동아대학교 문학박사. 저서로는 『천예록(天倪錄) 연구』, 『중국기행 330일』, 『우리 고전문학 교재의 이해』, 『韓國古典散文硏究』, 『韓國古典文學敎材硏究』 등, 논문으로는 「버들잎에 띄운 사랑」(공역), 「揚隱闡微」(공역), 「졸음을 물리치는 가지각색의 이야기[攪睡襍史]」 등이 있다.

1. 머리말

教育課程은 國語敎育의 계획에 해당하고, 교과서는 국어교육의 實行과 밀접한 관련을 맺고 있다. 그래서 교육과정과 교과서는 국어교육을 이루는 수레의 두 축이라고 할 수 있다. 이 두 축이 제 기능을 발휘할 때, 국어교육은 훌륭히 이루어질 수 있다. 현행 제7차 교육과정기에서는 초등학교 국어과 교육목표와 교육과정에 몇 가지 문제점이 보인다.

본고는 초등학교 교과서에 실린 「심청전」과 「토끼의 재판」 敎材의 問題點과 改善方案에 대해서 살펴보기로 한다. 이를 위해 제7차 교육과정기의 국어과교육 목표와 교육과정과 관련하여 초등학교 교과서에 실린 고전문학 교재의 문제점에 대해서 개괄적으로 살펴보기로 한다. 이는 주로 原典, 原典의 改作 · 變容의 측면에서 고찰하기로 한다.

2. 教育目標와 教育課程에 나타난 問題點

국어과교육 목표와 교육과정에 나타난 문제점을 제시해보기로 한다.

첫째, 국어과교육 목표에 문학교육 영역이 명확하게 제시되어 있지 않다. 문학교육은 문학의 기능인 審美的 體驗과 享受를 적절히 수용해야 한다. 현행 교육과정은 듣기 · 말하기 · 읽기 · 쓰기 등 言語能力 伸張에만 역점을 두었기 때문에 문학은 이를 위한 자료 제공으로 그친다. 그리고 民族詩인 時調를 詩의 하위 개념으로 분류하고 있다.[1] 시조에 관해서 제7차 교육과정기 5~6학년 교과서에 3차례 실려 있지만, 시조의 형식에 대해 학습할 기회를 놓칠 수가 있다.2) 이런 식의 교과 운영으로는 文學敎育이 제대로 될 수 없다. 이는 문학교육의 황폐화와 다름 아니어서 문학 시간을 확보하여 문학 교재로 문학교육을 해야 한다는 절박한 시점에 와 있다고 할 수 있다.

제7차 교육과정은 反應中心 文學敎育 理論을 수용하고 있다. 이는 直觀→感情移入→享受의 단계를 거치도록 요구하고 있다. 이것을 좀더 자세히 살펴보면 認知的 思考를 활용한 읽기:내용파악[직관]→感性的사고 영역으로의 전이[감정이입]→감성적 사고의 극대화를 통한 향수와 창작이라고 할 수 있다. 창의적 국어사용 능력 향상이라는 국어과 목표가 반드시 인지적 영역의 지식 이해와 사고의 활용이라는 측면만을 강조하는 것은 아니다. 창의적 국어사용 능력 신장은 감성적으로 풍부한 느낌이나 상상력[비약]을 자극하는 것도 포함되는 것이므로 인지적 영역만 지나치게 강조하여 논리가 정연한 것만을 교육목표와 교육과정에서 강조하는 것은 제고해 보아야 할 문제이다.

둘째, 교육과정 상에 제시된 문학교육[고전문학 포함]의 목표는, '작품에 나오는 인물의 삶의 모습이 작품에 반영된 시대적, 문화적 상황과 관련지어 말한다.' 이다.3) 그러나 그 내용을 시대와 관련지

---

1) 제7차 교육과정기 6학년 문학 영역에 '문학의 갈래를 안다.'가 명시되어 있다. 이 내용은 제7차 초등학교 교육과정 해설서(Ⅲ)에는 문학의 갈래를 시, 소설, 희곡, 수필문학 등으로 구분하고 있어, 時調는 그 갈래에 들어있지 않고 詩 속에 동시, 동요와 같이 하위 개념으로 처리하고 있다.

2) ①5학년 1학기 『읽기』, 142~143쪽, ②5학년 2학기 『읽기』, 132~133쪽, ③6학년 2학기 『읽기』, 44~45쪽 참조. ①에서는 時調의 내용에 관한 언급만 있고, ②, ③은 '쉼터'에 실려 있다. ③에서 비로소 時調의 形式에 대해서 언급하고 있으나, '쉼터'는 학습하지 않고 넘어갈 수도 있고, 교사용 지도서에 '쉼터'의 學習指導 지침 내용이 없다.
이신성, 「현행 초등학교 時調敎育의 問題點에 대하여」, 『열린詩學』 34호(2005, 봄호), 95~114쪽 참조.

어 다룰 수 있을만큼의 학습시간이 배당되어 있지 않다. 또 교사용 지도서에 그런 부분을 例示的으로 다루고 있지 않다. 고전문학 교재의 경우에는 작품이 만들어진 시대와 상황을, 그 시대의 시각으로 보아야 할 필요성이 있다.

3. 教科書와 教師用 指導書에 나타난 問題點

초등학교 국어과 교과서에 등장하는 文學教材는 몇 가지 문제점을 안고 있다. 국어과의 教育目標, 교육과정, 교사용 지도서와 교과서로 나누어 문제점을 짚어보고자 한다. 여기서는 제7차 교육과정기 교과서의 고전문학 교재의 문제점을 주로 거론하면서 제6차 교육과정기 교과서의 것도 살펴보기로 한다.

첫째, 교과서에 고전문학 관련 자료를 제시하는 방식에 문제가 있다.

1) 교과서에 고전문학 관련 자료를 제시하기 위해서는 정확한 出典과 根據를 가지고 있어야 한다.

① 「두더지의 결혼[鼴鼠婚]」의 경우, 제6차 교육과정기 교과서 3학년 1학기 『말하기 · 듣기』 표지화에 꼬리가 길고 주둥이가 뭉툭한 '쥐의 결혼'이 그려져 있다. 두더지는 주둥이가 뾰족하고 꼬리가 짧은 게 특징이어서[4] 땅 속에서 구멍을 파고 생활한다.

② 제6차 교육과정기 교과서의 경우, 「자린고비(玼吝考妣)」는 지독하게 인색한 사람을 일컫는데 마치 '모범적으로 절약하는 사람'

---

3) 『제7차 교육과정 해설서』, 4학년 문학영역, 4)심화, 참조.

4) …천하의 존귀한 것은 나만한 것이 없다. 짧은 꼬리에 날카로운 주둥이는 실로 나의 본 모습이다.(天下之尊莫我若也. 短尾銛嘴 實惟我儀…) 『旬五志』

인 것 같이 교과서에 등장하여 가치관 교육에 큰 혼란을 惹起시켰다.5)

③ 토론 주제 설정에 문제가 있다. 「沈淸傳」의 주제는 孝이다. 명백한 주제를 놓고 "심청이는 효녀가 아니다"라는 주제로 토론을 하는 내용이 6차 교육과정기 교과서 6학년 2학기 『말하기 · 듣기 · 쓰기』에 실려 있고6) 7차 교육과정기 교과서 3학년 2학기 『말하기 · 듣기』에 「그림을 보며 "심청이는 효녀인가"를 들어봅시다.」라는 제재가 실려 있다.7)

④ 제6차 교육과정기 3학년 1학기 『말하기 · 듣기』의 '의좋은 형제[兄弟投金]'의 8 장면의 삽화는 「형제투금」의 진정한 의미를 모르고 題材化했다.8)

제7차 교육과정기 교과서 3학년 1학기 『말하기 · 듣기』에는 「금을 버린 형과 아우(형제투금)」의 삽화가 잘못되어 있고, 원래 이야기는 길을 가다가 금덩이를 주웠는데 물 속에서 금덩이를 주운 것으로 설정했다.9)

---

5) 이신성, 「<玭吝考妣> 이야기의 意味와 敎材化 方案」, 『어문학교육』 제23집, 한국어문교육학회, 2001.11, 283~318쪽 참조.

6) 제6차 교육과정기 교과서 6학년 2학기 『말하기 · 듣기 · 쓰기』, 58~59쪽 참조. 이신성, 「초등교과서 "沈淸은 孝女 아니다" 오류」, <새교육신문>, 1999년 10월 18일자 기사 참조.

7) 제7차 교육과정기 교과서 3학년 2학기 『말하기 · 듣기』, 46~47쪽 참조. '심청은 효녀인가'는 '심청은 효녀가 아니다.'라는 말이 優勢해야 재미있고 목표에 도달하는 수업으로 인식되고 있는 실정이다.

8) 「형제투금」은 형제 간에 우애가 금을 주웠기 때문에 위기에 봉착했다. 금을 버리고 떠남으로 해서 위기를 슬기롭게 극복했다. 이는 재물보다 友愛를 優位에 둔 美談이다. 제6차 교육과정기 교과서 3-1 『말하기 · 듣기』에 실린 제재(24~25쪽 참조)는 물질만능주의가 교과서를 오염시킨 경우이다.

9) 형제가 금을 버리는 장면에 금을 버리는 사람이 놀란 표정을 짓고 있고, 그것을 보고 있는 사람은 무표정하게 서 있다. 보고 있는 사람이 놀란 표정으로 되어 있어야 한다. 또 길을 가다가 금을 주운 게 아니고 깊은 물속에 빠진 금

⑤ 제6차 교육과정기 3학년 1학기 『말하기 · 듣기』의 「알묘조장(揠苗助長)」 삽화 4 장면 중 3 장면까지는 같은 인물 [아버지]이고 4는 다른 인물[아들]이어야 하는데 똑같은 인물로 그려 놓았다.[10)]

⑥ 제7차 교육과정기 교과서에 실린 「토끼의 재판」에서 호랑이는 '함정에 빠진 호랑이'로 나오기도 하고 '궤짝에 갇힌 호랑이'로도 나온다.[11)]

이는 原典(『醒睡稗說』, 19세기 편찬 야담집)과 개연성으로 볼 때 함정에 빠진 호랑이로 해야 한다.

⑦ 제6차 교육과정기 교과서 2학년 1학기 『말하기 · 듣기』의 표지화에 나오는 호랑이와 토끼의 그림은 호랑이와 여우라야 맞다. 이는 故事成語 「虎死狐計」를 제재화했다. 호랑이에게 물고기 잡는 상황 설명에 여우는 꼬리가 길기 때문에 가능하지만, 토끼는 그렇지 못하다. 그리고 호랑이가 물 속에 긴 꼬리를 드리우고 있는데 이는 잘못이다. 호랑이의 긴 꼬리를 꼬불꼬불하게 물속에 들여 놓아야 꼬리가 땔 나무 쌓은 것과 같이 보여 물고기가 몰려 들게 된다. 이는 물고기가 집이라고 생각하기 때문이다.[12)]

⑧ 地名由來談은 명확하게 그 유래를 밝혀야 한다. '박석고개'는 이야기 자체만으로는 '박석고개'의 유래를 알 수 없다.[13)]

을 줍는다.
이에 관한 상세한 논의는 이신성, 「초등학교 교과서에 실린 「兄弟投金」에 대하여」(『어문학교육』 제24집, 2002.5, 285~306쪽)를 참조하면 된다.

10) 제6차 교육과정기 3학년 1학기 『말하기 · 듣기』의 「알묘조장(揠苗助長)」, 39쪽 참조.

11) 제7차 교육과정기 2학년 2학기 『쓰기』 교과서에는 호랑이가 함정에 빠진 삽화(68쪽 참조)이고, 3학년 1학기 『읽기』 교과서(148~157쪽 참조)와 『쓰기』 교과서(106쪽 참조)에는 궤짝에 갇힌 호랑이로 나온다.

12) 제6차 교육과정기 교과서 2학년 1학기 『말하기 · 듣기』의 표지화 참조, 이에 관한 오류를 지적한 자료는 이신성, 『우리 고전문학 교재의 이해』, 1999, 보고사, 288~290쪽을 참조하면 된다.

⑨ <구두쇠>의 삽화에 '우리도 구두쇠 정신을 본받자'라는 말이 나오는데, '구두쇠'는 '인색해서 써야 할 곳에도 쓰지 않는다'는 부정적인 의미가 들어있음을 看過하고 있다.[14)]

⑩ 姨母에게 낮춤말을 쓰는 내용이 있다.[15)]

이모 생일이다. 나는 종이로 별을 접어 주었다. 이모는 아주 좋아하였다. 이는 예사 말투인데 '생신이다. 접어드렸다. 좋아하셨다'로 바꾸어야 한다.

⑪ 6차 교육과정기 6-2『읽기』, 126~127쪽(1997.9.1 발행)에 실린 「고추장」은 숱한 오류가 발견된다.

이 작품은 1996년 6-2『읽기』 실험용 교사서에 실렸던 내용이 정식 교과서에 여과없이 그대로 실렸다.

> 1연:고추장에 보리밥 빨갛게 비벼/장닭에게 먹이면/닭싸움에서 이겼지/피 흘리면서 이겼지.
>
> 4연:보릿고개 배고플 때도/달랑 고추장 한 종지면/밥 한그릇 꿀맛이었지.
>
> 5연:고추장은/을지문덕 장군의 함성이다/계백장군의 부릅뜬 /눈이다/이순신 장군의 거북선이다.
>
> 6연:고추장은 /조상의 빨간 피/억센 힘줄이다.

우선 피흘리며 남과 싸우는 전투적/경쟁적 장면을 보여준다는 것은 아동의 정서에도 맞지 않고, 평화적 정신과 패배자와 소외된 사람에 대한 따뜻한 시선을 강조하는 문학교육의 관점에서 볼 때도

13) 제7차 교육과정기 3학년 2학기『쓰기』, 34~35쪽 참조.
14) 제7차 교육과정기 실험용 교과서 1-1『읽기』, 78쪽 참조.
15) 제7차 교육과정기 실험용 교과서 1-1『쓰기』, 29쪽 참조.

결코 바람직하지 않다. 게다가 '보릿고개'는 굶주려 죽는 이가 속출하는 참상을 가리키는 단어인데 고추장에 보리밥을 비벼먹는다는 발상이 나왔다는 사실과, 임진왜란 때 일본에서 수입된 고추/고추장을 이야기 하면서 삼국시대의 계백장군과 을지문덕을 들먹인 것은 역사적 사실 측면에서 볼 때 語不成說이다. 교과서는 교육 현장에서 거의 절대시되기 때문에 오류를 검증하고 수정하는 작업이 철저히 이루어져야 한다.[16)]

⑫「은혜 갚은 꿩」 제재는 6차 교육과정기 교과서에는「은혜 갚은 까치」로 나왔지만,[17)] 다행히 7차 교육과정기 교과서에는「은혜 갚은 꿩」으로 실려 있다.[18)]

⑬ 實存人物인데도 不特定 人物로 설정하고 내용을 왜곡시키고 있다.

第7차 교육과정기 실험용 교과서 4학년 2학기『말하기 · 듣기 · 쓰기』에 실린「대감을 살린 아이」는 洪彦弼(1476～1549)과 洪暹(1504～1585) 父子事로「洪暹退蛇-홍섬이 뱀을 물리치다」라는 제목으로『海東言行錄』에 전한다. 교과서에는 실존인물의 일인데도 不特定 人物로 설정하고 上典과 下人의 일로 꾸몄다.[19)]

---

16) 이신성,「초등교 국어교과서 일부 내용 오류」, <부산일보>, 1999년 10월 29일 기사 참조.

17) ① 6차 교육과정기 교과서 5학년 2학기『읽기』, 81쪽 참조.
② '「은혜 갚은 까치」는「은혜 갚은 꿩」이 되어야 한다'는 論據는, 이신성의『우리 고전문학 교재의 이해』, 보고사, 1999, 265～269쪽을 참조하면 된다.

18) 제7차 교육과정기 교과서 1학년 2학기『읽기』, 12～17쪽 및 2학년 2학기『말하기 · 듣기』, 24～25쪽 참조.

19) 4학년 2학기 실험용 교과서『말하기 · 듣기 · 쓰기』, 52～53쪽에 실린「대감을 살린 아이」의 내용을 요약하면 다음과 같다.

더운 여름날 대감이 나무 그늘에 멍석을 깔고 쉬다가 잠이 든 사이 독사가 기어 나와 대감의 배 위로 올라갔다. 이를 지켜보던 식구들은 어찌 할 바를 모르고 있

2) 민족의 正體性과 관련한 내용을 소홀히 하고 있다.

「단군의 건국 이야기」는 6차 교육과정기 교과서에 처음 수록되었고,[20] 7차 교육과정기 교과서에서도 실려 있다.[21] 그러나 6차 교육과정기 교과서에 실린 檀君影幀[22]이 제7차 교육과정기 교과서에는 실리지 않았다. 만약 특정 종교 집단의 '偶像崇拜 云云'에 편승해 단군영정을 싣지 않았다면, 이는 우리 민족 正體性을 뒤흔드는 處事로 우리 교육의 앞날에 심각한 문제가 아닐 수 없다.

3) 동일한 고전문학 제재가 4학년 1학기[23]와 6학년 1학기[24]에 다르게 제시되어 있다. 즉 '구두쇠 이야기'는 등장인물과 사건 전개의

는데 머슴의 아들이 개구리를 구해와 던지자 그 개구리를 먹기 위해 독사는 다른 곳으로 가고 대감은 무사했다. 그래서 이 머슴의 아들은 공부도 하게 되었다.

「洪暹退蛇-홍섬이 뱀을 물리치다」

문희공 홍언필이 부모상을 당하여 묘곁에 여묘살이를 하는데 때가 여름철이었다. 그의 아들 섬은 이제 6살로 아버지가 계신 곳에 가니 그의 아버지가 잠을 자고 있는데 뱀이 배 위를 가로로 감싸고 입을 벌려 혀를 날름거리고 있었다. 아버지는 마음 속으로 이를 알았지만 뱀이 물까 두려워서 감히 움직이지도 못하고 다만 木石 같이 누워 있을 따름이었다.

섬은 곧 풀밭으로 가서 개구리 몇 마리를 잡아 와 그것을 땅에 놓았더니 뭇개구리들이 뛰어 흩어졌다(도망쳤다). 뱀은 이내 빙빙 돌려 (감았던 것을 풀어) 사람을 버리고 개구리를 쫓았다. 이에 아버지는 비로소 일어났고 섬을 크게 기특하게 여겼다. 섬의 임기혜민[臨機應變]이 어릴 때부터 이와 같더니 어른이 되어 과연 이름난 재상이 되었다.(洪文僖公彦弼 方遭憂 廬墓側 時下夏月 其子暹 方六歲 往父所 見其父抵枕就睡 有蛇 盤橫胸腹上 張口弄舌 父心知之 而恐蛇三 不敢動 但如木石臥耳 暹 卽往草中 捕蛙三四來 放之地上 衆蛙跳散 蛇乃盤旋捨人而逐蛙 於是 父方得起身 大奇之 暹 應機慧敏 自幼如此 及長 果爲名相(『海東言行錄』)

20) 제6차 교육과정기 교과서 6학년 1학기 『읽기』, 「단군의 건국 이야기」, 128～134쪽 참조.

21) 제7차 교육과정기 교과서 6학년 2학기 『읽기』, 「단군의 건국 이야기」, 88～93쪽 참조.

22) 檀君影幀은 133쪽에 수록되어 있다.

23) 제7차 교육과정기 교과서, 『말하기 · 듣기 · 쓰기』, 「지혜로운 아이」, 56～57쪽 참조.

24) 제7차 교육과정기 교과서 6학년 1학기 『읽기』, 146～147쪽 참조.

주체가 다르게 제시되어 학습자에게 혼란을 주고 있다. 지역에 따라 비슷한 이야기가 여러 형태로 口傳되고 있기는 하지만 교육적 관점에서 一貫性을 갖추어야 한다. 이것은 고전문학[고전 관련 작품 포함]을 단순히 국어과의 학습목표 달성을 위한 수단으로만 취급하고 있기 때문에 생기는 문제이다.

4) 겉으로는 고전문학 제재인 것처럼 보이는 그림과 이야기가 많이 등장한다. 정확한 출전을 알 수 없이 그림만, 혹은 이야기의 삽화만 한복을 입고서 옛 이야기가 등장할 만한 시대로 바꾸어 실려 있는 것들도 수 차례 등장[25]하고 있다.

5) 6차 교육과정기 교과서에는 兄弟美談 교재가 2편(「의좋은 형제」와 「형제투금」) 실렸는데 7차 교육과정기 교과서에는 「의좋은 형제」가 빠지고 「형제투금」 1편만 실려 있다. 교과서에 교재화할만한 형제미담 자료는 많지 않지만, 「兄弟急難圖」, 「피리에 담긴 형제미담」, 「과거길 단념한 형제미담」 등은 훌륭한 교재가 될 수 있다.[26]

둘째, 고전문학 제재를 다루는 차시의 학습 목표 및 학습 활동에 대한 문제점이다. 교사용 지도서에 학습 활동으로 제시된 내용을 살펴보면 앞뒤 내용 상상하기, 내용 간추리기, 이어질 내용 상상하기, 상황에 적절한 말쓰기, 주제 파악하기, 어울리는 표정, 목소리로 말하기 등으로 이루어져 있다. 그 중에서 가장 많은 비중을 차지하는 것은 "앞뒤 내용이나 이어질 내용에 대한 상상하기"로 주로 認知的 영역에 대한 훈련으로 일관하고 있다. 이것은 대단원 교수 · 학습계획에 제시된 "이 단원에서 이루어지는 …(중략)… 이야기의 본질에 좀 더 가까이 접근할 수 있으며, 문학적 상상력과 창조적 사고력도 신장시킬 수 있을 것이다."[27]와는 상당한 차이점을 보이고

---

25) 제7차 교육과정기 교과서, 4-1 『읽기』, 91쪽 참조.
26) 이신성, 『우리 고전문학 교재의 이해』, 보고사, 1999, 13~61쪽 참조.

있다. 지도서의 내용은 단편적으로 제시된 삽화나 내용을 바탕으로 학습 목표에 맞추어 가는 인지적 학습과정을 밟고 있다. 문학적 상상력과 창조적 사고력을 배양하기 위해 반드시 필요한 문학 작품에 대한 感情移入이나 享受活動이 전혀 이루어지지 않고 인지적 사고력 배양에만 중점을 두고 있다고 볼 수 있다. 이것은 교육과정에서 제시된 하위목표조차도 국어과 전체 목표를 수용하지 못하고 있다는 것을 말해 주고 있다.

이러한 문제점들은, 고전문학이 단순히 흥미 있는 이야기거리로만 머무는 것이 아니고 그 시대적, 文化的, 歷史的 狀況의 반영이라는 것을 看過한 데서 온 것이라고 여겨진다. 고전문학 제재들을 보다 잘 이해하기 위해서는 그 時代的 歷史的 特殊性을 제대로 알아야 한다. 작자가 분명하지 않은 口傳, 채록된 고전문학 작품들은 대부분 그 시대를 사는 대다수 사람들의 시대의식을 반영한다. 이러한 시대의식에 대한 認知는 현재의 창의적 국어사용에서 밑바탕이 되며, 현재를 객관적이고 분석적으로 바라볼 수 있는 중요한 자료가 된다. 이에 덧붙여 고전문학 작품을 통한 美的 체험, 감수성의 개발은 민족 문화에 대한 이해와 공감을 가져온다. 이는 민족 정서의 계승이라는 잠재적 교육 효과를 기대할 수 있게 만든다.

創意的인 國語使用能力 신장이라는 목표 달성을 위해서는 感性的 능력의 향상도 반드시 고려되고 교육에 반영되어야 한다. 이를 위해 고전의 체계적 고증과 고전문학 享受와 이의 內面化에 대한 교사용지도서의 가이드 자료가 보충되어야 하며, 교수・학습과정의 전개도 이러한 관점에서 전개되는 것이 바람직하다.

---

27) 제7차 교육과정기 4학년 1학기 『교사용지도서』, 116쪽 참조.

4. 原典을 考慮한 改善方案

위에서 고전문학 제재 중 문제점이 있는 제재를 열거해 보았다. 그 중 「沈淸傳」과 「토끼의 재판」 제재에 대하여 具體的으로 問題點과 改善方案을 살펴보기로 한다.

1) 「沈淸傳」의 問題點과 改善方案

「심청전」은 작자 연대 미상의 국문 고전소설이다. 수십 종의 이본 가운데 성격이 뚜렷이 구별되는 판본은 京板本 계열과 完板本 계열이다. 경판본은 판소리와 관계가 없고 설화가 소설화한 작품이고, 완판본은 판소리로 불리다가 소설로 창작된 작품이다. 시기상으로 경판본이 판소리에 선행하므로, 다른 판소리계 소설처럼 '근원설화→판소리→소설'의 과정을 겪지 않고, '근원설화→소설→판소리'의 과정을 겪었다고 본다.[28)]

「심청전」이 교과서에 교재화된 내용은 완판본 계열을 참고로 했다고 본다. 그런데 교과서에 교재화된 「심청전」은 소설 내용이 실린 게 아니고 특정 내용을 삽화로 제시하여 주인공 심청의 행위에 대해서 학습하도록 하고 있다.

먼저 "심청이는 효녀가 아니다"로 기술한 내용에 대해서 언급해 보기로 한다.

「심청전」의 내용 중 처절한 장면을 삽화로 제시[29)]해 놓고 "심청

28) 국어국문학편찬위원회 편, 『國語國文學資料辭典』, 1994, 1,815~1,816쪽 참조.
29) 심봉사의 울부짖는 장면과 심청이가 인당수에 몸을 던지는 장면을 삽화로 제시해놓아 심청이를 부정적으로 인식하도록 이끌었다(이신성, 「"심청은 효녀 아니다" 교과서 오류」, <새교육신문>, 1999.10.18 기사 참조).

이는 효녀가 아니다"라는 말을 교과서에 실은 것은 言語道斷이다. 「심청전」의 주제는 孝이다.30) 그 효를 실현하기 위한 시련 과정 중의 하나가 심청이 인당수에 몸을 던지고 심봉사는 울부짖는다. 우리 古小說 중 시련 과정이 없는 구조는 없다. 現代小說도 마찬가지이다. 父女가 다시 相逢하고 심봉사가 光明을 찾게 되는 것은 바로 孝의 실현이다. 「沈淸歌」의 대단원은 孝의 실현과 盲人 모두 開眼하는 和合의 場이다.31) 작품을 비판적인 시각으로 보는 것은 바람직하지만, 주제를 깨뜨리는 감상 방법은 옳지 못하다.

孝의 가치를 손상시키지 않는 범위 내에서 討論 주제를 설정해야 한다. 누구나 알고 있는 당연한 사실은 토론의 주제로 마땅치 않다. 토론은 찬성과 반대의 주장이 뚜렷하게 대립되는 談話樣式이다. 그러나 「심청전」의 주제인 孝는 贊反으로 나뉠 성질이 아니다.

討議와 討論은 다르다. 토의가 多樣한 意見의 수용을 목표로 한다면, 토론은 兩端間의 決定을 요구한다. 따라서 「심청전」의 주제에 대한 심청의 孝에 대한 토의는 가능하지만 토론은 타당하지 않다. 「심청전」의 주제가 孝임은 너무나 明白하고 수백년 동안 그 주제가 효로 받아들여져 왔고 앞으로도 변함이 없을 것이다. 그렇다면 "심청이는 효녀가 아니다"란 토론 제목은 "더운 물보다 찬물이 더 따뜻

30) 「심청전」의 주제는 孝라는 것이 통설이다. 여기서 효가 유교적 효냐 불교적 효냐 하는 것은 문제가 된다. 한편, 효보다는 심청의 자기 희생에 초점을 맞추어 '殺身誠孝를 통한 무상의 행복에의 추구', '아버지의 신체적 불구를 회복시키기 위한 딸의 代贖的 自己犧牲의 앙양'을 주제로 내세우기도 한다(『국어국문학자료사전』, 1,816쪽 참조).

31) 여러 맹인들이 눈을 뜰 제, 오뉴월 장마통에 갈모 뜨는 소리가 나고, 날아가는 새짐승도 그날 그시여 눈을 뜨니, 심황후 어지신 성덕, 세상 천지으 무맹인이라. 여러 봉사 눈 뜨고 춤을 추면서 노닌다. …열좌(列坐) 맹인이 눈을 떴으니 춤출 '무'자가 장관이로다. 얼씨구 절시구. 요순 같은 시절에도 봉사 눈 떴단 말 나는 첨 들었네. 얼씨구 절시구…(뿌리깊은나무 판소리 전집, 한애순 唱, 「심청가」, 1982, 71쪽 참조)

하다"란 토론 제목과 마찬가지로 語不成說이다.

그 다음 "심청이는 효녀인가?"에서 학습문제는 '주고받는 말을 듣고, 의견과 그 이유를 말하여 봅시다.'이고, 바로 삽화가 제시되어 있다. 삽화는 썰렁하고 초라한 오두막집 앞에 아낙네가 서 있고 商人에게 팔려가는 심청이와 울부짖는 심봉사 등 두 개의 삽화가 그려져 있다. "심청이는 효녀인가?"라는 발문자체는 孝를 부정하기 위한 의도가 그대로 노출되어 있는데다가 삽화도 아동들에게 不孝莫甚한 심청을 부각시키도록 주어져 있다. 이는 "심청이는 효녀가 아니다"라는 토론 주제와 다를 바 없는 「심청전」과 주인공을 부정적이고 편향적으로 보는 시각이다. 우리는 이런 제재가 교과서에 버젓이 실려 있는 현실을 直視할 필요가 있다.

또 간과해서는 안 될 문제가 있다. 「망설이는 심청」이라는 제목의 만화 4장면을 제시했다. 즉 ①배를 타고 인당수에 도착한 심청은 아버지한테 '아버님! 소녀 먼저 가옵니다. 부디 눈을 뜨시옵소서.'라고 고별인사를 올린다. ②심청은 갑자기 "으악!"소리를 지른다. ③물 위에 부유물이 어지러이 떠다니는 그림 ④ 심청은 "아버님! 죄송합니다. 물이 더러워서 도저히 못 뛰어내리겠습니다."라고 말하는 장면이다. 학습 문제는 "다음은 윤희가 그린 만화입니다. 윤희가 그린 「망설이는 심청」을 살펴보고, 어떤 의견을 표현하려고 하였는지 말하여 봅시다."이다.

심청을 패러디(parody, parodie)했다. 심청이 아버지의 눈을 뜨게 하려고 인당수에 투신하는 장면은 孝의 極致이다. 심청에게는 효 이상의 어떤 가치도 존재치 않기 때문이다. 소설의 발전단계에서 危機와 絶頂은 대단히 중요한 부분이다. 극적인 장면을 저급한 주제에 적용[환경문제]하여 戱畵化해버렸다. 인당수는 오늘날에도 부유물이 떠 다니는 오염 지역이 아니다. 이 만화는 5학년 아동이 그

린 것으로 되어 있지만, 아동의 발상이라고 해서 주제를 크게 훼손시킨 점이 면책되는 것은 아니다.32)

마지막으로 언급되어야 할 부분이 있다. 맹인 잔치연과 부녀 상봉 및 심봉사가 光明을 찾는 장면을 보이고, "그림을 보며 판소리 「심청가」를 들어 봅시다."란 학습 문제를 제시해놓았다. 이 그림에서 심청은 황후의 모습이 아닌 평범한 여성의 모습이다. 그리고 부녀상봉 후, 주고 받는 대화에서 話者를 심청과 심봉사로 해놓았는데, 이는 심황후와 심봉사로 고쳐야 마땅하다.33)

2) 「토끼의 재판」

「토끼의 재판」의 原典은 『醒睡稗說』이고 원전에는 「반드시 여우가 訟事를 없게 한다[必也使無訟狐]」라는 제목으로 실려 있다. 『성수패설』은 저자와 저작 연대가 未詳이고 19세기 이후에 이루어진 話集으로 본다. 戲畵的인 내용이 대부분이지만, 날카로운 풍자로서 破顔大笑를 자아내게 하거나 인정 세태를 꼬집은 재미난 이야기들이 풍부하게 수록되어 있다.34) 「반드시 여우가 訟事를 없게 한다[必也使無訟狐]」는 내용을 알아보고 현행 교과서에 수록된 「토끼의 재판」의 문제점과 改善方案에 대해서 살펴보기로 한다. 「반드시 여우가 訟事를 없게 한다[必也使無訟狐]」는 「여우의 재판」으로 부르기로 한다.

---

32) 第7차 교육과정기 교과서 5학년 2학기 『말하기 · 듣기 · 쓰기』, 106~107쪽 참조.
33) 第7차 교육과정기 교과서 4학년 2학기 『말하기 · 듣기 · 쓰기』, 88~89쪽 참조.
34) 李佑成 · 林熒澤 譯編, 『李朝漢文短篇集』(下), 一潮閣, 1978, 「출전 해제」 참조.

(1) 原典의 내용

原典[惺睡稗說]에 실린 「여우의 재판」을 번역하여 보이면 다음과 같다.

> 아주 오랜 옛날 초목과 금수가 말이 통할 수 있었던 때에 어떤 사람이 한 곳을 지나갔는데 함정을 밟아 빠진 호랑이가 사람을 보고 불러 "나를 살려 달라."고 했다. 사람이 말했다.
>
> "만약 너를 살려주면 반드시 나와서 나를 잡아먹을 것이니 살려줄 수 없다."
>
> 호랑이가 말했다.
>
> "살려준 덕이 있는데 어찌 잡아먹을 리가 있겠는가? 염려하지 말아라."
>
> 사람이 말했다.
>
> "네가 그렇게 말했으니 마땅히 살려주지."
>
> 곧 함정을 들어 주었더니 호랑이가 나와서 말했다.
>
> "나는 여러 날 함정에 있었기 때문에 배가 매우 고파서 너를 잡아먹지 않을 수 없다."
>
> 사람이 말했다.
>
> "너는 仁義가 없는 말로 한 입에 두 가지 말을 하니 무엇 때문인가?"
>
> 호랑이가 말했다.
>
> "本心이 아니고 일의 형편이 부득이해서 그렇다."
>
> 사람이 말했다.
>
> "그렇다면 어찌 원통하고 억울하지 않겠는가? 訟事를 한 뒤 내가 만약 송사에 지게 되면 마음대로 해라."

호랑이는 '그렇게 하마.'라고 했다.

곧 큰소나무 앞에서 송사를 부탁하니 소나무가 말했다.

"잡아 먹어라. 사람이 만물에게 끼치는 해는 극심하다. 우리들이 사람을 피하여 벽진 곳에 있어서 조금도 사람과는 無關한데도 도끼로 크게 찍고 잘라서 집을 짓고 관을 만드니 매우 痛嘆할 일이다. 잡아 먹어라"

호랑이가 말했다.

"너는 이미 송사에 졌으니 나는 마땅히 너를 잡아먹어야 되겠다."

사람이 말했다.

"송사를 한번 더 부탁하면 어떻겠느냐?"

호랑이가 '그렇게 하마.'라고 했다.

또 큰 바위에게 송사를 부탁하니 바위가 말했다.

"잡아 먹어라. 우리들이 산골짜기에 있어서 사람에게 별다른 해를 끼치지 않는데 사람들은 망치와 못으로 깨고 부수어서 우리를 주춧돌로 삼고 벽돌을 만드니 사람의 不良함이 어찌 여기에까지 왔단 말인가? 생각이 이에 미치면 毛骨이 오싹하고 간담이 다 찢어지는 듯하니 어찌 寒心하지 않겠는가? 잡아 먹어라."

호랑이가 말했다.

"두 번 송사에 졌으니 이제 어찌 다시 말할 실마리가 있겠는가?"

사람이 생각하고 또 생각해도 살 길이 없었다. 마침 여우가 그 앞을 뛰어 지나갔다. 사람이 말했다.

"저 여우에게 한번 송사를 부탁함이 어떠하겠는가?"

호랑이가 '그렇게 하마.'라고 했다.

곧 여우에게 송사를 부탁하니 여우가 말했다.

"송사는 한쪽 말로는 믿기 어려우니 처음의 형편과 처지를 본 연후에 판결해야 한다."

여우의 말에 사람과 호랑이가 다 좋다고 했다.

여우는 사람에게 함정을 들어서 호랑이가 함정에 들어가게 하니 과연 호랑이가 그 함정에 들어갔다. 여우가 말했다.

"앞에 모양과 같이 해라."

호랑이가 그 말대로 하니 여우가 호랑이에게 말했다.

"앞에 모양이 이와 같은가?"

호랑이가 '그렇다.'고 했다.

여우가 말했다.

"그렇다면 호랑이는 거기에 있고 사람은 마음대로 가거라. 내 또한 이쪽으로 가겠노라."

여우는 뛰어 달아났다. 반드시 송사가 없도록 한 것은 여우로구나.[35)]

---

35) 太古之時에 草木禽獸가 能通言語러니 人過一處則 虎蹈於阱하야 見人而呼曰 活我也하라. 人曰 若活汝則 必出囕吾리니 不可活이라하거늘 虎曰 有活德하니 寧有囕食之理乎아 勿慮焉하라한대 人曰 汝言이 旣如此면 當活之矣리라하고 乃擧阱則 虎出而言曰 吾多日在阱에 腹空이 太甚하니 不得不囕食也라하니 人曰 汝無仁義之說하고 一口二言이 何也오 虎曰 非本心이라 事勢不得已也라한대 人曰 然則豈非寃抑乎아 訟後에 吾若落訟則 任意爲之하라 虎曰諾다 卽訟於大松前則 松曰囕食也하라 人之於物에 害極矣라 吾等이 避在僻處하야 少無關於人而 以斧以鉅로 斫之剖之하야 爲家爲棺하니 事甚痛惋이라 囕食也라커늘 虎曰 汝已落訟하니 當囕食矣리라 人曰 一次加訟이 如何오 虎曰諾다 又訟於巨巖則 巖曰 囕食也하라 吾等이 處於山谷에 別無害於人而 以椎以釘으로 破之碎之하야 爲礎爲磚하니 人之不良이 胡至此極고 思之及此에 毛骨이 竦然하고 肝膽이 俱裂하니 寧不寒心이리오 囕食也라커늘 虎曰 再次落訟하니 今有何更言之端耶아한대 人이 思之又思에 無可生之路라 適一狐가 躍過其前에 人曰 彼狐處에 一次可訟이 如何오하니 虎曰諾다 卽訟于狐則 狐曰 夫訟者는 一邊之言으로는 難以準信하야 觀當初形地然後에 可決이라한대 人與虎皆曰善타하고 狐使人으로 擧其阱하야 使虎入其中하니 果入其中이라 狐曰 如前樣爲之하라 依其言則 狐謂虎曰 前樣이 如是乎아 然하다 謂人曰 前樣이 如是乎아 曰然하다

「여우의 재판」은 널리 알려진 「토끼의 재판」과 줄거리는 비슷하지만, 등장인물에 차이를 보인다. 「여우의 재판」에서는 死地에 몰린 나그네가 구원을 청한 대상은 큰소나무와 큰바위 및 여우이다. 현행 교과서에는 소나무와 길[道路] 및 토끼로 되어 있다.

(2) 問題點과 改善方案

현행 국어 교과서에 수록된 「토끼의 재판」 제재를 들면 다음과 같다.

① 2학년 2학기 『쓰기』, 68～69쪽.

학습 주제는 '이야기에 나오는 인물에게 글을 써 봅시다.' 이고, 4가지의 학습 내용과 구덩이[함정]에 빠진 호랑이 관련 그림 4 장면이 제시되어 있다. 나그네, 호랑이, 토끼만 등장한다.

② 3학년 1학기 『말하기 · 듣기』, 98～101쪽.

학습 주제는 '「토끼의 재판」을 실감나게 연극으로 꾸며 봅시다.' 이고 3개의 학습 내용과 궤짝에 갇힌 호랑이 관련 그림 3개와 등장인물[나그네, 포수,호랑이, 길, 토끼]이 삽화로 제시되어 있다.

③ 3학년 1학기 『읽기』 교과서, 148～157쪽.

학습 주제는 '인물의 성격을 생각하며 「토끼의 재판」을 읽어 봅시다.'이고 3개의 학습 문제를 실었다.

이 제재는 劇本인데 ②와 마찬기지로 궤짝에 갇힌 호랑이 관련 그림 5 장면이 극본 내용 속에 제시되어 있다. 이 제재는 1923년에 小波 方定煥(1899～1931)이 지은 극본이다.[36]

然則 虎在彼하고 人自去하라 吾亦從此逝矣라하고 卽踉跳而走하니 必也使無訟은 狐也인저(古今笑叢 所收『醒睡稗說』 제33話)

36) 초등학교 교사용 지도서 3학년 1학기 『국어』 '참고자료 1'(367쪽)에 실린 내

방정환은 1922년 5월 1일 처음으로 '어린이의 날'을 제정하고, 이 날 「어린이날의 약속」이라는 전단 12만 장을 배포했으며, 1923년 3월 우리 나라 최초의 순수 아동잡지 『어린이』를 창간했다. 1919년 3·1운동이 일어나자 「獨立宣言文」을 배포하다가 일본 경찰에 체포되어 옥살이를 한 적이 있다. 그는 童話飜案作家로 유명한데, 작품의 일관된 특징은 풍자와 해학 및 교훈성에 있다.37)

'함정에 빠진 호랑이'가 '궤짝에 갇힌 호랑이'로 바뀐 것은 개연성에서 설득력이 전혀 없다. 이런 작품을 방정환이라는 知名度에 편승하여 여과없이 그대로 교과서에 실었다. 1900년도 초기까지만 해도 호랑이가 한반도 山野에 자주 出沒했다. 이는 이 당시까지도 우리 민족은 虎患의 두려움에서 벗어나지 못하고 있음을 말한다. 그래서 호랑이가 자주 출몰하는 곳에 함정을 파놓기도 한다. 호랑이 退治法의 하나로 볼 수 있다. 따라서 生存戰略 차원에서 보면 陷穽과 '함정에 빠진 호랑이'는 지극히 당연하고 있을 수 있는 일이다. 그러나 '궤짝에 갇힌 호랑이'는 있을 수 없는 일이다.

여타 小波 방정환의 번안 작품과 마찬가지로 극본 「토끼의 재판」은 풍자와 해학 속에 교훈성을 담고 있다. 극본 「토끼의 재판」은 「여우의 재판」에서 읽을 수 있는 背恩을 통해서 報恩의 의미를 일깨우는 작품의 의미를 담아내고 있다.

그러면 방정환은 무엇 때문에 '함정에 빠진 호랑이'를 '궤짝에 갇

용은 다음과 같다.

「토끼의 재판」은 우리 나라 어린이 문화 운동과 어린이 문화 운동의 선구자인 방정환 선생님이 「나그네와 호랑이」로 널리 알려져 있는 옛 이야기를 재구성하여 쓴 극본이다. 『어린이』 제1권 10호(1923년 10월)에 실려 있는 극본을 그대로 싣되, 표준어 규정에 맞추어 표현, 표기를 일부 수정하였다. (下略)

37) 國語國文學編纂委員會 編, 『國語國文學資料辭典』, 한국사전연구사, 1994, 1210~1211쪽 참조.

힌 호랑이'로 둔갑시켰을까? 방정환 극본 「토끼의 재판」은 암울했던 일제시대에 産生된 작품이다. '궤짝에 갇힌 호랑이'는 일제의 寓話的 表現이다. 즉 '궤짝에 갇힌 호랑이'는 바로 背恩忘德하고 悖惡無道한 일제를 나타낸 것으로 볼 수 있다. 방정환은 그 당시 '궤짝에 갇힌 일제'를 통해 代償的滿足(compensation)[38]을 위해 집필한 것으로 본다. 이러한 집필 의도에 의해 나온 「토끼의 재판」은 우리 민족에게 快樂美를 안겨 주었음직하고, '背恩忘德하고 悖惡無道한 일제'는 결국 망하게 되리라는 暗示를 던져서 우리 민족에게 희망적인 메시지로 작용했으리라 본다. 그러므로 방정환 극본 「토끼의 재판」은 日帝라는 時代的 歷史的 特殊性 속에 飜案된 劇本으로 그 시대에는 설득력을 지닌 작품이 될 수 있다. 이러한 작품 産生의 배경을 度外視한 채 현행 초등학교 국어 교과서에 그대로 싣는 현실은 지극히 개탄스런 일이 아닐 수 없다.[39]

이상에서 살펴본 바와 같이, 당면한 과제는 原典에 대한 再認識과 教材觀을 정립하는 일이다. 같은 제재가 학년에 따라 교과서에 다르게 실려 있다는 것도 原典에 대한 教材觀 정립이 제대로 되어

---

38) 이신성, 『우리 고전문학 교재의 이해』, 보고사, 1999, 93쪽 참조.

39) 필자는 2000년 10월 한국교육과정평가원 국어교육 연구실로부터 「토끼의 재판」 관련 자료 요청을 받고 「여우의 재판」 原文을 번역해서 원문과 번역문을 電送한 바 있다. 그러나 2001년 3월에 간행된 현행 3학년 1학기 『읽기』 교과서에는 방정환 극본 「토끼의 재판」이 실렸다.
2000년 11월 21일 한국 교육과정평가원에서 5~6학년 교과서를 심의할 때, 필자는 심의진의 한 사람으로 참석했다. 필자는 여기에 참석한 연구진과 심의진에게 "釜山教育大學校 教育大學院 古典文學 硏究會" 명의로 "고전문학 교재의 문제점"이라는 유인물을 배부하고 특히 「토끼의 재판」의 삽화와 내용은 궤짝에서 함정으로 바꾸어야 한다고 강력히 주장했다. 韓國教育課程評價院 국어교육연구실 관계자는 '함정보다 궤짝이 무대 장치 하기가 쉽다'는 옹색한 답변을 했다가 이내 발언을 취소하고는 지금 윤전기가 돌아가고 있기 때문에(2001년 3월 공급) 어쩔 수 없다는 답변을 했다. 그러나 2002년과 2003년 및 2005년에도 수정되지 않은 교과서가 배부되었다.

있지 못한 데서 오는 문제점으로 지적된다. 즉 2학년 2학기 『쓰기』 교과서에는 '함정에 빠진 호랑이'로 나오고 3학년 교과서에는 전술한 바와 같이 '궤짝에 갇힌 호랑이'로 나온다. 이는 학년 간 계열성을 고려하지 않은 잘못이다.

原典의 고쳐쓰기는 '고쳐쓰기에서 고려해야 할 사항'을 깊이 인식할 필요가 있다.[40)]

5. 맺음말

초등학교 국어과교육 목표와 교육과정과 관련하여 교과서에 실린 「심청전」과 「토끼의 재판」 敎材의 問題點과 改善方案에 대해서 살펴 보았다. 여기서는 제7차 교육과정기에서의 국어과교육 목표와 교육과정 상의 문제점 및 개선방안에 대해서 요약 · 제시하기로 한다. 「심청전」과 「토끼의 재판」의 문제점은 국어과교육 목표와 교육과정 상의 문제점과 밀접한 관련이 있기 때문이다.

초등학교 國語科 敎育目標에 나타난 문제점은, 感性이나 想像力의 교육보다는 認知的 領域의 교육을 지나치게 강조했다는 점이다.

초등학교 국어과 敎育課程에 나타난 문제점은, 古典文學 作品의

40) 이강옥은 고쳐쓰기에서 고려해야 할 사항을 다음과 같이 들었다.
①가능한 한 異本을 참고한다. ②스토리와 주제의 일관성을 유지하기 위해 중심 이본을 설정한다. ③원 이야기를 골격과 분위기를 파괴하지 않는 범위에서 약간의 장면이나 사건을 추가할 수 있다. ④원 이야기의 인물, 사건, 배경 등을 고치는 데는 신중해야 한다. ⑤축약이나 생략은 가능한 한 묘사 부분에서 한다. ⑥옛 문장의 묘미를 살리기 위해 노력한다. ⑦작품 해설에서는 다시 쓰기의 원칙, 중심 이본, 생략한 부분, 추가한 부분 등을 밝혀야 한다(이강옥, 「초등학교 고전소설 교육의 의의와 방향」, 한국고소설학회 제68차 정기학술대회 자료집, 2005.1.27, 고려대학교 인문관, 289쪽 참조).

경우, 時代的·文化的 地平이 중요한데도41) 불구하고, 작품의 시대적, 문화적 상황을 다룰만한 시간이 배당되어 있지 않다는 점이다.

국어 교과서에 나타난 문제점은, 주로 原典을 제대로 반영하지 않았거나 틀리게 반영한 점이 많았다.

국어과 교사용 지도서에 나타난 문제점은, 感情移入과 享受活動이 충분히 이루어지는 수업을 고려하지 않았다는 점이다.

교과서에 실릴 고전문학 제재는 原典에 대한 기본적인 識見의 토대 위에 제재를 選定하여 이를 바르게 改作 또는 變容해야 하며, 이에 대한 敎材觀을 정립해야 한다.

초등학교 교과서는 수많은 교재 중에 가장 精選되고 표준이 되어야 할 교재이다. 초등학교 교과서는 유일하게 국가가 주도하여 편찬하고 공급하는 교재이다. 그러므로 교과서에 싣는 제재는 내용 오류를 最小化하도록 최선을 다해야 한다. 교과서도 교재 중의 하나일 뿐이다. 敎材를 多樣化하기 위해서는 교과서를 절대시해서는 안 된다. 그렇지만 일선 교육 현장에서는 교재를 다양화할 時間的 精神的 資質的인 여건이 不備하다. 1인 교사가 10여 교과목을 지도해야 하고 주당 時數가 過多한 實情에서 교과서 내용을 깊이있게 살펴서 교재 연구를 하고 교재를 다양화하기란 어려운 일이다.

이런 현실을 개선하기 위해 몇 가지 제언한다.

첫째, 제8차 교육과정기 교과서는 교과서 편찬을 위한 제반 예산에 대폭적인 지원을 하여 최상의 교과서가 편찬될 수 있도록 해야 한다.

둘째, 문학이 언어능력 신장을 위한 도구로만 쓰이지 말고, 문학의 獨自性이 확보될 수 있는 교재로 교과서에 실려야 한다.

41) 김흥규, 「古典文學 교육과 歷史的 理解의 원근법」, 『한국 고전문학과 비평의 고찰』, 고려대학교출판부, 2002, 312쪽.

셋째, 古典에 대한 再認識과 古典文學敎育의 重要性을 擴散시켜야 한다.

넷째, 초등학교에도 현재 부분적으로 시행하고 있는 교과 담임제를 全敎科 全學年 교과 담임제로 확대 실시해야 한다.[42)]

잘못된 교과서를 가지고 잘못되게 교육을 받은 학생은, 평생토록 그 잘못을 깨우치거나 교정 기회를 제대로 가지지 못할 것이라는 점을 우리는 깊이 인식할 필요가 있다.

---

42) 중국은 오래 전부터 전교과 전학년 교과 담임제를 도입했다. 이 제도는 교사 1인당 주당 수업 시수를 크게 줄일 수 있는 방안이다.
①필자는 1995년 3월부터 1996년 2월까지 중국 北京師範大學에 연구 교수로 있으면서 북경사대 實驗小學(우리의 사범대학 부설 초등학교)의 時間表를 입수했다. 이에 의하면 교사 1인당 주당 수업 시수는 13~15시간 이내였다. 이는 중국 黑龍江省 延壽縣 延河鎭 東明村에 있는 조선족 자제들이 다니는 초등학교인 東明小學 시간표에서도 마찬가지였다. ②필자는 2003년 9월부터 2004년 8월까지 중국 浙江省 杭州市에 所在한 항주사범학원에 연구교수로 머물면서 항주시 上城區 孝女路 4호에 소재한 天長小學을 방문하여 교사 명단을 입수했다. 이에 의하면 25학급에 교사는 68명이었다. 5학년 袁慧娟(항주사범학원생 때 부산교육대학교에 6개월 간 유학한 적이 있음) 교사는 수학을 전담하는데 1주일(월요일~금요일:주 5일 근무)에 수업시수는 5학년 4개반 중 2개반을 맡는데 10시간이었다.
이 자료에서 보면, 한국 초등학교와 중국 小學과 비교할 때 교사 1인당 주당 배당 시수에서 많은 차이가 있음을 알 수 있다. 그 이유 중의 하나는 전교과 전학년 교과담임제 때문이다.

참고 문헌

제5차~제7차 교육과정기 초등학교 국어 교과서(전학년:실험용 교과서 포함).

제5차~제7차 교육과정기 초등학교 국어 교사용 지도서(전학년:실험용 교과서 포함).

제7차 초등학교 교육과정 해설서(Ⅲ).

『海東言行錄』, 『旬五志』, 『醒睡稗說』

이신성, 『우리 고전문학 교재의 이해』, 보고사, 1999.

이신성, 『韓國古典文學敎材硏究』, 보고사, 2004.

이우성·임형택 역편, 『李朝漢 文短篇集』(상·중·하), 일조각(1973, 1978).

국어국문학편찬위원회 편, 『國語國文學資料辭典』, 1994.

『어문학교육』 23집, 한국어문교육학회, 2001.11.

『어문학교육』 24집, 한국어문교육학회, 2002.5.

『뿌리깊은나무 판소리전집』, <심청가>, 1982.

韓國古小說學會 제68차 정기학술대회자료집, 2005.1.27, 고려대학교 인문관.

김흥규, 「古典文學敎育과 歷史的 理解의 接近法」, 『한국고전문학과 비평의 고찰』, 고려대출판부, 2002.

「"심청은 효녀 아니다" 교과서 오류」, <새교육신문> 기사(1999.10.18).

「초등 국어 교과서 내용 오류」, <부산일보> 기사(1999.10.29).

고등학교 고소설 교육의 지향과 방법

권 순 긍

[세명대학교]

* 위 논문은 『古小說硏究』 12집(2001.12)에 「문제제기를 통한 古小說 敎育의 방향과 시각」으로 축약되어 게재된 것인데, 원래대로 복원하여 게재한다.

권순긍

현재 세명대학교 국어국문학과 교수로 있다. 성균관대학교 문학박사. 고등학교 『문학』 교과서 검정위원 역임. 한국고전문학회 지역이사. 한국고소설학회 부회장.

1. 머리말

古小說을 어떻게 가르쳐야 할 것인가? 이 단순한 질문으로부터 명쾌한 답을 얻어내는 것은 쉽지 않다. 우선 고소설은 독자들이 스스로 찾아 읽는 텍스트가 아니라는 데 문제의 어려움이 있다. 그것을 해독해 내는 것도 쉽지 않을 뿐더러 작품의 주제나 형상화가 혹은 작품에 내재해 있는 사상적 기저가 오늘의 그것과 상당한 차이를 보이기 때문이다. 결국 고소설 교육은 '학교'라는 닫힌 구조 속에서만 이루어지게 된다. 그러다 보니 '입시용' 밖에 없어 진정한 감상에는 도달하지 못하기 일쑤다.

더욱이 여러 출판사에서 찍어내는 아동용 고소설인 이른바 '전래동화'도 고전의 품격을 떨어뜨리는 데 한 몫을 한다. 아동용으로 변개되면서 원 작품이 지니고 있는 사회성이나 역사성, 또는 풍부한 디테일들이 삭제되었기 때문이다.[1] 한 예로 초등학교 3학년 1학기 『말하기 · 듣기』 교재에는 <興夫傳>의 내용이 모두 4장의 그림으로 제시되는데 놀부 박에서는 조선 후기 천민 군상들이 나타나 놀부의 돈을 빼앗아 가는 것이 아니라, 도깨비가 나와 혼을 내주는 장면이 등장한다. <興夫傳>의 아동용 텍스트들은 모두 이런 식이다. 말하자면 일반인이 알고 있는 古小說은 곧 전래동화의 수준이니 여기서 어떻게 고소설의 품격이나 맛을 기대하겠는가? 말하자면 우리에게 고소설은 대중적 넓이와 전문적 깊이를 지닌 진정한 대중용은 없고 난수표 같은 입시용이나 유치한 아동용 밖에 없는 셈이다. 이러다

---

1) 그 원인은 小波 方定煥으로 대표되는 1920년대 아동문학개척자들의 과오에 있다. '동심천사주의'를 지고의 가치로 삼았던 이들은 고소설에서 사회적 맥락을 제거하여 지고지순한 전래동화를 탄생시켰다.
졸고, 「콩쥐팥쥐전과 고소설의 동화화 경향」, 『活字本 古小說의 편폭과 지향』, 보고사, 2000 참조.

보니 제대로 가르칠 수 있는 토대 자체가 마련돼 있지 않은 상태에서 고소설 교육이 시작된다.

흔히 고전문학 교육에서 널리 통용되는 방법론은 메마른 고증학과 지식주의의 압도로부터 벗어나게 하는 것, 그러면서도 고전문학의 역사성이 학습자의 문학이해와 성장에 의미있는 요소로서 체험하도록 하는 것-이 두 가지 사이에 소통과 대화를 하는 '역사적 이해의 원근법'[2]이다. 이는 결국 고전문학 작품이 지금 여기에 어떤 의미가 있는가를 묻는 것일 것이다. 고등학교 국어과 6차 교육과정 해설에도 "고전문학 작품의 지도에서는 훈고주석에 치우치지 않도록 하며, 당대의 삶과 정서를 이해하고, 오늘의 삶을 이해하는 데에도 기여할 수 있도록 한다."고 명시하고 있다.[3] 지극히 당연한 얘기지만 문제는 과연 어떤 방법으로 가르칠 것이냐 하는 것이다.

핵심적인 과제는 문학 곧 소설의 문제를 삶의 문제로 환치시키는 일이다. 소설은 우리들 삶을 총체적으로 문제 삼고 이를 구체적으로 형상화하기에 소설 교육은 단순히 문학만의 문제가 아닌 삶의 영역으로까지 확대돼야 한다. 흔히 학교교육에서 문학교육의 목표를 "인간의 삶을 총체적으로 이해하게 한다."[4]로 규정한 것도 그 때문일 것이다. 하지만 소설이 삶의 문제를 아우른다면 총체적으로 이해만 할 것이 아니라 삶을 고양시키고, 풍요롭게 함으로써 창조적인 데까지 나아가야 할 것이다. 학교에서 가르치고 배우는 문학작품이 삶을 위해서 아무런 소용이 되지 않는다면 도대체 무슨 필

---

2) 김흥규, 「고전문학 교육과 역사적 이해의 원근법」, 『현대비평과 이론』 1992년 봄호, 한신문화사 참조.

3) 교육부, 『고등학교 국어과 교육과정해설』 1995, 378쪽.

4) 고등학교 국어과의 문학교육 목표는 1988년 개정고시(문교부 고시 제 88-7호)된 5차 교육과정부터 1992년 개정고시(교육부 고시 제 1992-19호)된 6차 교육과정에 이르기까지 이렇게 규정되었다.

요가 있는가. 물론 문학을 연구하기 위해서는 다양한 시각에서 살펴볼 필요가 있다. 하지만 그것이 연구가 아닌 '문학교육'의 입장에 선다면 당연히 삶의 문제를 핵심적 위치에 올려놓을 수밖에 없을 것이다. 그래야만 "학습자의 문학 이해와 성장에 의미있는 요소로서 체험"[5]할 수 있게 되는 것이다. 말하자면 그 작품이 어떤 작품이다가 아니라 어떻게 삶의 문제로 환치시키느냐가 중요한 문제로 대두된다.

2. 문학생활화의 방법론 모색

이런 삶을 위한 문학교육의 관점에서 '문학생활화'[6]는 문학교육의 중요한 과제가 아닐 수 없다. 문학 생활화는 삶의 전과정에서 문학이 주요한 메커니즘으로 자리 잡는 것이고, 그러기에 그 자장이 학교에 한정되지 않고 평생교육으로서 문학교육이 가능해지는 것이다.

문학생활화의 통로는 두 가지로 크게 나눌 수 있다. 하나는 당대의 관점에서 그 작품이 어떤 機制로 작용하는가를 따져 보는 일이다. 17세기 閨房小說의 경우 그것이 여성들의 사회적 의사소통의 기제로 작용했으며,[7] 민중들의 일상생활이 핍진하게 묘사된 판소리계 소설에 와서야 일상적 삶을 통해 대안이 모색되게 된다. 물론 그

5) 김홍규, 앞의 글, 43쪽.

6) '문학생활화'의 문제는 2001.3.31 문학교육학회에서 <문학생활화의 반성과 전망>이란 주제로 집중 조명되었다. 발표자료집 참조.

7) 김종철, 「17세기 소설사의 전환과 소설교육론」, 『한국학보』 96집, 일지사, 1999; 「소설의 사회 · 문화적 위상과 소설교육」, 『국어교육』 101, 한국국어교육연구회, 2000.

대안이 구체적이거나 명징한 것은 아니다. 판소리계 소설의 숱한 이본들은 바로 그 삶의 대안을 모색하는 다양한 시도인 것이다.[8]

다른 하나는 오늘의 관점에서 현재의 생활 속에 유용하게 적용할 수 있는 삶의 원리, 사고의 원리를 찾아내는 일이다. 이 통로를 통해서는 일견 현재의 실생활과 거리가 있어 보이는 작품에서도 사고의 구체화에 필요한 원리를 찾을 수 있다. <龜旨歌>를 통해서는 '불러들이기'의 사고 구조를 이해하고 이를 다른 대상의 불러들임에 적용해 볼 수도 있는 것이며,[9] 李穀(1298~1351)의 <借馬說>을 통해서는 새로운 사고의 틀, 곧 단순한 수사적 문화성을 넘어서서 사고의 문화성을 엿볼 수 있는 것이다.[10] 말하자면 고전을 당대의 기제로서가 아닌 오늘의 유용한 텍스트로 활용하자는 것이다.

이를 더 확대한다면 대상이 아닌 '수단으로서의 시각'이 되며, 내용이 아닌 '방법으로서의 시각'이 된다. 즉 문학을 어떻게 정의하든간에 문학은 인간다움에 대하여 생각하는 일이고 문학을 통해서 성장, 경험, 학습이 이루어지도록 하는 데 목표를 두는 시각이며, 문학에 대하여 분석과 해석의 결과가 정답으로 제시되는 것이 아니라 향유하는 사람들 스스로 문학활동을 전개할 수 있는 시각이다.[11]

이런 시각에서 문학의 본질과 삶의 기제를 아울러 생각한다면 문학교육 혹은 고전문학교육의 방법으로 所有, 模倣, 發見, 解決, 批評 등을 떠올릴 수 있다.[12] 필자는 특히 문제의 발견과 해결이란 측면

---

8) 필자도 「고전에서의 일상생활과 문학」(위 발표자료집)에서 그 문제를 거론했으며, 이와는 달리 김종철은 「소설의 이본 파생과 창작교육의 한 방향」, 『古小說硏究』 7집(한국고소설학회, 1999)에서 이본을 창작교육의 의미있는 형태로 파악했다.

9) 김대행, 「구지가를 위한 이용후생적 질문」, 『국어교과학의 지평』(서울대출판부, 1995), 236쪽 참조.

10) 같은 책, 277쪽 참조.

11) 김대행, 「文學生活化의 패러다임」, 위 발표자료집, 7~8쪽 참조.

에서 고소설 교육의 방법을 모색하고자 한다. 다른 어떤 장르보다 소설은 삶의 문제를 구체적으로 다룬다. 이는 고소설이라고 예외가 아니다. 물론 예전의 삶과 오늘의 삶이 같을 수는 없다. 삶의 발현, 그 구체적 양태가 다른 것은 분명하다. 하지만 삶의 본질, 그 기제에 있어서는 동일한 것이다. 즉 구체적 형태로 드러나는 흥부의 가난은 오늘날 그것과 다르지만 그것이 삶의 본질에 던지는 질문은 동일할 수밖에 없다.

흔히 고전문학교육에서 메마른 고증주의에 매몰되는 투항주의적 접근이나 반대로 그 시대의 역사성으로부터 떼어내서 초시간적 객체로 보는 신비평류의 정복주의적 접근이 아닌 소통 교섭의 제 3의 접근이 요구된다고 했을 때[13] 그 방법의 하나로 상정할 수 있는 것이 바로 삶의 기제로 바라보는 것이다. 흥부의 가난이 그의 삶에서 어떻게 작용했는가의 문제는 오늘의 수용자에게도 깊은 연계성을 갖는다. 이를 '문제의 발견'이나 '문제제기'로 보고자 한다. 이렇게 볼 때 흥부의 가난은 시대와 공간을 뛰어넘어 오늘의 문제로 환치될 수 있는 것이다. 말하자면 '문제적 연속성'이라 부를 수 있는 것인데, 곧 "표면상의 일치나 유사성 여부에 관계없이, 혹은 외관상의 뚜렷한 대립과 이질성에도 불구하고, 사태의 심층 속에서 역사적 삶의 문제들이 형성하는, 연속성"[14]인 것이다.

필자는 '텍스트의 확장'이란 방식으로 고소설의 교육 방법을 모색해 본 적이 있다.[15] 이를테면 <春香傳>을 가르치면서 옥에 갇힌

---

12) 같은 글, 11쪽.

13) 김흥규, 앞의 글, 45~46쪽 참조.

14) 김흥규, 『韓國文學의 理解』(민음사, 1986), 201~202쪽.

15) 그 작업의 이론적 모색을 「드넓은 古典의 바다를 살아있는 텍스트로」, 『문학과 논리』 5집(태학사, 1995)으로 발표했으며, 결과를 『우리소설 토론해 봅시다(고전소설편)』(새날출판사, 1997)로 묶어 펴냈다.

춘향의 심정이 되어 '옥중서한' 혹은 '춘향의 유서'를 써보도록 하여 춘향의 고통과 갈등을 이해하도록 했다. 내일이면 죽게 될 절박한 운명 앞에서 어떤 글을 남겼을까? 그것은 절절한 사랑의 편지일 수도 있고 결의에 찬 의지의 유서일 수도 있다. 물론 <春香傳>의 어느 이본에도 편지나 유서를 남긴다는 대목은 없지만 이렇게 하여 춘향에게 부여된 삶의 고민을 오늘의 그것으로 환치시키고자 했다. 말하자면 <春香傳>을 유기적 완전체인 '작품'으로 보는 것이 아니라 유동적인 '텍스트'로 보아[16] 그 빈틈을 채워 오늘의 유용한 텍스트로 전환시켜 본 것이다.

이 방법은 어떻게 본다면 텍스트의 역사성을 무시하고 초시간적 객체로 보는 것이라 여길 수도 있을 것이다. 하지만 그것은 아니다. 텍스트 속으로 들어가 당대의 문제를 오늘의 그것과 소통케하는 것이다. 춘향의 사랑과 흥부의 가난은 분명 그 시대의 문제이며 동시에 오늘의 문제와도 무관하지 않은 것이다. 말하자면 과거와 현재의 소통을 통해 삶의 문제를 공유화하는 것이다.

이런 문제제기와 해결의 방식을 통한 고소설 교육의 방법론에 의거하여 현행 고등학교 교과서에 실려있는 <九雲夢>(국어・상), <春香傳>(국어・상), <興夫傳>(국어・하)을 검토하고자 한다.[17] 고소설 교육에서 과연 무엇을, 어떻게 가르쳐야 할 것인가를 모색해 보고자 하는 것이다.

---

16) 도정일, 「고슴도치와 여우, 그리고 두더지」, 『시인은 숲으로 가지 못한다』(민음사, 1994), 330쪽 참조.

17) 현행 중・고등학교 국어교과서에 수록된 고소설은 <洪吉童傳>(6차: 중3-2, 7차: 중1-1), <沈淸傳>(중1-2), <토끼전>(중2-2), <九雲夢>(고등국어・상), <春香傳>(고등국어・상), <許生傳>(고등국어・상), <興甫歌>(고등국어・하) 등 7편이다. 이 작품의 선별은 이미 문학사에서 확인된 것이기에 교과과정이 바뀌어도 크게 달라지지는 않을 것이다.

3. 고소설 교육의 前提

앞에서 이미 문학이 삶의 기제로 작용해야 함을 강조했다. 특히 고전문학의 경우 그것이 동시대의 삶을 다룬 현대문학과는 이질적이기에 거기서 삶의 문제를 끄집어내어 현실의 유용한 기제로 활용한다는 것은 쉽지 않은 일이다. 이에 문학생활화가 가능하기 위해서는 몇 가지 전제가 필요하다.

첫째, 온전한 텍스트 읽기의 문제다. 고소설은 철저하게 학교교육을 통해서만 이루어지기에 자율적인 독서는 상상하기 어려운 것이 현실이다. 그런데 국어교과서와 문학교과서는 모두가 작품의 일부분만을 싣고 있다. 그러다 보니 온전한 작품을 접하기가 불가능해진다. 국어교과서는 제외된 부분에 대한 줄거리가 있지만 그것만으로는 부족하다. 세부 묘사를 전혀 알 수 없기 때문이다. 고소설 교육에서 가장 중요하면서도 해결하기 힘든 과제가 바로 이것이다. 그렇다고 중등학교 국어교재에 실린 6편의 고소설들을 완전한 작품으로 대체한다면 그 분량이 엄청날 것이다. 가능한 대안은 부교재 혹은 보조교재 형태로 제작하여 읽히는 방법이다. 자율적인 독서가 불가능하기 때문에 이런 방식으로라도 읽혀야 제대로 된 고소설 교육이 가능해진다. 온전한 텍스트에 대한 읽기를 무시하고 작품에 대한 감상과 이해 더 나아가 해석과 비평은 불가능하다.[18)]

둘째, 교과서의 편제가 삶의 인식론적 수준에 맞춰 감상의 단계로 재구성돼야 한다.

---

18) 『고등학교 교육과정 해설』(교육부, 1995), 389쪽에서도 "지도의 초점은 해당 작품 전체를 반드시 학생들이 읽고 경험할 수 있도록 유도하는 방향이 되어야 한다. 이 부분을 소홀히 하는 문학지도는 문학교육의 본질에 어긋나는 것이 된다."고 하였다.

현행 교과서는 문학지식 위주로 편성되어 있다. 고소설의 경우 중등학교 교과서의 수록 단원명은 다음과 같다.(순서는 학년별 교과서 게재 순이다.)

① 洪吉童傳(중1-1) : 소설의 주체(6차) / 문학과 사회(7차)
② 沈淸傳(중1-2) : 소설의 인물(6차)
③ 토끼전(중2-1) : 소설의 배경(6차) / 우리 고전의 맛과 멋(7차)
④ 박씨전(중3-2) : 고전문학의 감상(7차)
⑤ 九雲夢(고·상) : 문학의 즐거움(6차) / 능동적인 의사소통(7차)
⑥ 春香傳(고·하) : 작가·작품·독자(6차) / 전통과 창조(7차)
⑦ 興夫傳(고·하) : 언어와 문학(6차)
⑧ 許生傳(고·하) : 문학과 현실(6차) / 정보의 조직과 활용(7차)

결국 이 작품들은 각각 다른 위상 속에서 문학 지식을 이해시키기 위한 자료로 제공되는 셈이 된다. 문학이 삶의 유용한 기제로 활용되기 위해선 주제별 편제가 고려돼야 한다. 그 주제는 물론 삶의 문제로 돼야 할 것이다. 그 대안을 구상해 보면 다음과 같다.

① 洪吉童傳 — 자아의 발견
② 沈淸傳 — 가족과 이웃
③ 春香傳 — 성장의 아픔과 고통
④ 興夫傳 — 문학과 현실
⑤ 토끼전 — 문학과 사회
⑥ 許生傳 — 더불어 살기 위하여
⑦ 九雲夢 — 현실과 꿈[19)]

대략 ①~③은 중학교 과정에서, ④~⑦은 고등학교 과정에서 가르치면 별무리가 없다. 물론 이 편제가 완전할 수는 없다. 더욱이 문학 외에 다른 영역(말하기 · 듣기 · 읽기 · 쓰기 · 언어)이나 타 장르와의 통합을 고려한다면 훨씬 복잡해 질 것이다. 즉 주제별(단원별) 축과 영역별 축, 그리고 장르별 축 등 3차원의 도표가 될 것이다. (이 문제는 고소설 교육과는 별개의 문제이기에 이 정도만 언급하겠다.) 결국 삶의 유용한 기제로 고소설이 교육되기 위해선 문학지식 위주가 아닌 주제별 편제가 이루어져야 하며 이런 토대 위에서 단계별 삶의 문제제기와 해결이 가능해지는 것이다.

셋째, 영역별 통합 원칙에 입각하여 '말하기 · 듣기 · 읽기 · 쓰기' 등의 학습이 동시에 이루어져야 한다. 현행 6차 개정 교과서의 경우 각 단원의 끝부분에 '말하기 · 듣기'와 '쓰기'가 할애되어 있는데 대개 한 작품에 한정되어 있다. <春香傳>의 경우 <작가 · 작품 · 독자>의 단원에 소속돼 있는데, 그 단원의 '말하기 · 듣기'는 주로 <관동별곡>에 '쓰기'는 이육사의 <광야>에 대해서만 집중되어 있다.[20] 물론 수 많은 작품을 다루어야 하기 때문에 모든 작품에서 통합 교육이 이루어지기는 현실적으로 불가능하지만 그렇다고 이런 방법 자체를 도외시할 수는 없다. 고전소설을 삶의 기제로 활용하기 위해서는 더욱 필요하다. 작품만 읽고 그 작품의 중요한 요소를 점검하는 것으로는 온당한 고전 교육이 이루어질 수 없다. 국어교

19) 이 단원명은 주제별 편차로, 삶의 문제를 확대시켜 생각해 본 것이다. 작품의 핵심적인 문제로 단원을 설정했다. 물론 7편의 고소설만을 대상으로 한 것이어서 다른 장르의 작품까지 염두에 둔다면 삶의 문제를 어떻게 단계별로 유형화 할 것인가에 대해 보다 면밀한 철학적 고찰이 필요할 것이다. '현실'과 '사회'를 구분한 것은 정치적인 것을 구분해 내기 위해서다.

20) 『고등학교 국어(상)』(교육부, 1996), 249~252쪽 참조. 앞으로 이 교재는 괄호 속에 면 수만 표시한다.

육의 각 영역별 학습 요소들이 서로 긴밀히 연결돼야만 그 작품을 삶의 문제로 껴안을 수 있게 되는 것이다.

<春香傳>을 예로 들어보자. 우선 '말하기 · 듣기' 영역으로 작품에 내재한 수 많은 문제들을 토의에 붙여 볼 수 있다. 그 항목들을 추출해 보면 다음과 같다.

○ 춘향이는 기생인가, 기생이 아닌가?
○ 춘향이는 타협을 거부하고 왜 죽으려고 작정했는가?
○ 천기의 딸인 춘향이는 과연 이몽룡의 본 부인이 될 수 있을까?
○ 변학도는 춘향에게 왜 그토록 심한 형벌을 가했는가?
○ 춘향이의 죄는 어디에 해당하는가?

이 항목들은 일견 단순해 보이지만 <春香傳>을 깊이 있게 이해해야만 토의가 가능한 것들이다. 모두 만만찮은 문제의식을 내포하고 있다.

다음 '쓰기'의 경우 '춘향의 옥중서한'이나 '춘향의 유서' 쓰기를 통해 통합교육이 가능해 진다.[21] 내일이면 죽게될 절박한 상황에서 춘향이의 심정으로 편지나 유서를 써 보는 것이다. 일종의 텍스트 확장 혹은 패러디 작업일 것인데 이를 통하여 춘향의 심정을 느껴 보자는 것이다. 그래야만 춘향이가 느끼는 삶의 문제를 공감할 수 있게 된다. 실상 서정주의 <春香遺文-春香의 말參> 역시 현대시의 형태로 쓴 유서인 셈이다.

'읽기'의 경우는 무수하게 많은 텍스트들이 존재한다. <春香傳>의 수 많은 이본은 물론이고, 이주홍 · 최인훈 · 김주영 · 김용옥 · 이

---

21) 이미 이 작업은 필자가 여러번 시도한 바 있다.
졸저, 『우리소설 토론해 봅시다(고전소설편)』 참조.

청준 · 임철우의 소설을 비롯하여 김영랑 · 서정주 · 박재삼 · 전봉건의 시, 임권택 감독의 영화 <춘향뎐>에 이르기까지 수 많은 텍스트들이 읽기의 대상이 된다. 여기서는 <春香傳>의 문제의식들이 어떻게 다르게 드러나고 해결되는가가 주목된다. 이는 춘향이의 삶을 다양한 각도에서 바라보고 해석한 것이다.

영역별 통합 교육이 모든 작품에 적용되는 것은 아니나, 고소설의 경우 중 · 고등학교 전과정에 일곱 작품 밖에 실려 있지 않으며 그것이 삶의 기제로 작용하기 위해서는 당연히 요청되는 것이다. 여기서는 그 가능성을 <春香傳>을 통해 점검해 보았다.

이상의 세 가지 전제, 즉 온전한 텍스트 읽기, 교과서의 주제별 편제, 영역별 통합교육 등이 이루어져야만 삶의 기제로서 고소설 교육이 효과적으로 이루어질 수 있게 된다. 이제 그 구체적 방법들을 고등학교 교과서에 실린 세 작품-<九雲夢>, <春香傳>, <興夫傳>22)을 통해 점검하기로 한다.

4. 문제제기와 해결을 통한 古小說 교육의 방법

이 논의는 새로운 작품론을 전개하고자 하는 것이 아니다. 기존 연구성과의 토대 위에서 과연 무엇을 어떻게 가르쳐야 하는가를 점검해 보고자 하는 것이다. 물론 불가피하게 새롭게 해석해야될 부분도 없지는 않다. 하지만 이를 논의의 주류로 삼지는 않는다. 고소

---

22) 『고등학교 국어(하)』에 실린 작품은 고소설 <興夫傳>이 아니라 朴奉述 창 <興甫歌>이나 고소설 교육의 입장에서 논의하기 위해 <興夫傳>으로 논의의 범주를 넓히겠다. <許生傳>을 제외한 것은 논의를 국문소설에 한정하기 위해서다.

설이 오늘을 사는 우리들에게 어떻게 삶의 기제로 작용될 수 있는지를 중점적으로 따져보고자 한다.

1) 꿈을 통한 욕망의 문제와 그 해결-<九雲夢>

<九雲夢>은 그 제목처럼 '꿈'을 통해 문제를 제기하고 해결해 나가는 작품이다. 흔히 환몽구조라 일컬어지는 독특한 장치, 즉 '양소유의 삶'으로 대변되는 '夢中世界'와 성진의 삶으로 구성된 '覺夢世界'를 통해 만만치 않은 질문을 던지고 있다. 그 중심은 "세속에서의 욕망이 허망하다는 것은 작품의 결말에서나 강조되어 있을 따름이고, 부귀를 획득하고 애정을 성취하는데 더욱 절실한 관심을 보였다."[23]는 언술처럼 몽중세계에 있다. 김석회, 안창수, 신재홍, 박일용, 엄기주, 정출헌 등의 논의[24]들이 양소유의 삶을 중심으로 작품성격을 밝히고 있음은 주목할 일이다. $7/8$의 분량을 차지하는 것도 그렇거니와 양소유의 삶이 성진의 각몽을 위한 과정이나 보조적인 수단으로 인식될 수 없을 만큼 치밀한 현실적 근거를 지니고 있기 때문이다. 즉 작품의 대부분을 차지하는 것이 연화봉의 세계가 아니라 꿈 속에서 이루어지는 세속적 욕망의 실현에 할애되기에 작품 속의 현실세계가 오히려 비현실적이고 꿈의 세계가 현실처럼 드러난다. 꿈의 세계가 바로 인간이 사는 세속적 현실이기에 더욱 그

23) 조동일, 『한국문학통사』 3(지식산업사, 1984), 106쪽.

24) 김석회, 「서포소설의 주제 시론」, 『선청어문』 18집, 서울대 국어교육과, 1989; 안창수, 「구운몽 연구」, 영남대 박사학위논문; 신재홍, 「구운몽의 서술원리와 이념성」, 『고전문학연구』 5집, 한국고전문학회, 1990; 박일용, 「인물형상을 통해 본 구운몽의 사회적 성격과 소설사적 위상」, 『정신문화연구』 44호, 한국정신문화연구원, 1991; 엄기주, 「유가의 소설적 대응양상에 관한 연구」, 성대 박사학위논문, 1992; 정출헌, 「구운몽의 작품세계와 그 이념적 기반」, 『고전소설사의 구도와 시각』, 소명출판사, 1999.

렇다.

그 꿈을 통해 제기되는 문제는 무엇인가? 바로 세속적 욕망의 구체적 실현 양상이다. 그 방식을 보면 한 축은 가문창달 혹은 입신출세의 길이며, 다른 한 축은 8선녀가 화한 여덟 여자와 벌이는 애정성취의 길이다. 양소유는 15세에 길을 떠나 과거에 장원급제하고 벼슬이 올라 승상에 이르며, 오랑캐가 침입했을 때는 대원수가 되어 결국 황제의 매부로 위국공에 봉해질 뿐 아니라 2처 6첩을 거느리는 성대한 가문을 이루게 된다. 그런데 실상 입신출세의 길과 자유로운 애정성취의 길은 서로 양립할 수 없는 현실적 근거를 지니고 있다. 봉건적 제약 속에서 입신출세와 가문창달은 개인의 자유로운 애정성취방식과는 상반되는 것이기 때문이다. 하지만 <九雲夢>에서는 이 두 축의 욕망들을 교묘하게 맞물려 놓았다. 여덟 여자와의 결연방식이 각기 다른 이유가 거기에 있다. 2처가 되는 정경패와 이소화에게 주도적인 위치를 부여하고 나머지 6첩은 보조적인 인물로 처리하여 두 부인을 맞이하는 날 그 몸종인 가춘운과 진채봉을 얻게되며, 기생 출신인 계섬월과 적경홍은 노모의 헌수연에서, 변방의 여자인 백능파와 심요연은 낙유원 잔치에서 각각 등장하게 한다. 각기 다른 위치와 임무를 부여하여 가문의 질서 속에 배치시키는 것이다. 더욱이 각 인물들 누구도 갈등이나 불화를 일으키지 않는다. 각기 엄격한 위계 속에 안주하며 조화로운 한 가문의 질서를 구성하게 된다. 이는 소설의 허구성을 활용한 작자 김만중의 願望이 투영된 결과이고, 엄연한 당대 현실을 무시한 관념의 조작에 기반한 것이며, 이런 애정 행위의 내면에는 한미한 양반자제의 가문 창달에 대한 욕구가 상당한 무게로 자리하고 있다.[25] 결국 양소

25) 정출헌, 앞의 글, 141~149쪽.

유의 삶은 완벽한 조화와 질서를 보여주는 셈이다.[26)]

이 양소유의 삶이 주는 의미는 무엇인가? 주지하다시피 17세기 봉건체제의 동요 속에서 당대 벌열층의 이상이 집약된 것이다. 물론 현실적으로는 불가능한 일이다. 그러니 '꿈'으로나마 실현시킨 것이다. 金萬重은 西人 문벌 가문의 대표격인 광산 김씨 집안의 유복자로 출생하여 곤궁한 삶을 살았다고 하나 벌열의 일원으로서 그 지위가 손상되지는 않았다. 29세되던 1665년 정시 문과에 장원급제하여 예조좌랑을 시작으로 동부승지, 공조판서, 대사헌을 거쳐 50세가 되던 1686년에는 대제학에 이르게 된다. 봉건시대 사대부들에게 가장 명예로운 직이었던 文衡을 맡게 되면서 봉건관료로서 김만중의 삶도 최고 지점에 도달한다. 하지만 이 해를 기점으로 이후의 삶은 고난의 연속이었다. 51세 되던 1687년에는 숙종이 趙師錫을 재상으로 임명하려 하자 후궁 장씨의 어미가 조사석과 친하기 때문에 의정 벼슬을 받는다는 소문을 전한 죄로 선천으로 유배되었으며, 53세 되던 1689년에 장씨 소생을 원자로 정하는 문제에 반대하다 己巳換局에 연루되어 남해로 다시 유배된다. 이 무렵 형인 광성부원군 김만기가 죽고, 숙부인 김익훈이 옥중에서 운명했으며 이들과 조카가 진도와 제주, 거제에 유배되고, 54세 되던 1690년에는 어머니 윤씨마저 별세하는 등 번성했던 가문이 몰락의 나락으로 곤두박질 치기에 이른다. <九雲夢>이 이 무렵 선천유배시에 지어졌다고 본다면 이렇게 풍비박산한 집안의 운명과 완벽한 양소유의 삶은 극과 극으로 어긋나 있는 셈이다. 그러기에 김만중은 자신의 꿈을 거기에 투영한 것이다. 집요하리만치 욕망추구의 요소들을 구체화시키고 배치해 놓았던 것이다.

---

26) 같은 글 참조; 엄기주, 앞의 글, 225쪽에서 "양소유의 삶을 한 마디로 요약한다면 修身・齊家・治國・平天下에 이르는 세속적 삶의 완성"이라고 했다.

그러면 성진의 삶으로 드러나는 각몽세계는 무엇인가? 꿈을 깨는 부분을 보자

스스로 제 몸을 보니 일빅여둛낫 염쥐 손목의 걸녓고 머리를 뭇디니 갓 짝근 마리털이 가츨ᄒᆞ야시니 완연이 쇼화샹의 몸이오 다시 대승샹의 위의 아니니 졍신이 황홀ᄒᆞ야 오란 후의 비로서 제 몸이 연화도댱 셩진 힝재인 줄 알고 ᄉᆡᆼ각ᄒᆞ니 처음의 스싱의게 슈칙ᄒᆞ야 풍도로 가고 인셰예 환도ᄒᆞ야 양가의 아ᄃᆞᆯ되여 쟝원급제 한님혹ᄉᆞᄒᆞ고 츌댱입샹ᄒᆞ야 공명신퇴ᄒᆞ고 냥공쥬와 뉵낭ᄌᆞ로 더브러 즐기던 거시 다 ᄒᆞ로밤 쑴이라 ᄆᆞᄋᆞᆷ의 이 필연 ᄉᆞ뷔 나의 념녀를 그릇ᄒᆞ믈 알고 날노 ᄒᆞ여곰 이 쑴을 ᄭᅮ어 인간 부귀와 남녀 졍욕이 다 허신줄 알게 ᄒᆞ미로다[27]

집요하게 추구했던 세속적 욕망의 극대치가 졸지에 '하룻밤 꿈'으로 전락한다. 인생의 온갖 부귀영화를 누리고 깨달은 것이 기껏해야 一場春夢인 셈이다. 대개 일장춘몽이란 말은 지난하고 신산스러운 인생살이에 비유된다. <南柯一夢>이 그렇고 <調信夢生>이 그렇다. 꿈 속에서 온갖 부귀영화를 맛보지만 또한 역경과 고통이 주어지고 꿈을 깨어남은 그 고통으로부터의 해탈을 의미한다. 꿈 속에서 이미 꿈을 깨기위한 계기가 주어지는 것이다.

27) 서울대本. 자료는 김병국 역주, 『구운몽』(시인사, 1984), 252쪽.
한편 '노존본'의 원문은 다음과 같다.
"而自顧其身 則獨在小庵中蒲團上 火消香爐 日在西峰 自撫其頭 則頭髮新剃 餘根鬆鬆 百八顆念珠已垂項前 眞是小和尙形模 非復大丞相威儀 神精惚惚 胸膈憧憧矣 旣久忽覺 其身是蓮花道場性眞小和尙也"
자료는 정규복 · 진경환 역주, 『구운몽』(고대 민족문화연구소, 1996), 325~326쪽.
앞으로 <九雲夢>은 국문본으로 인용하여 괄호 속에 면 수를 밝히고 주를 통해 한문본의 원문을 밝히도록 한다.

하지만 <九雲夢>의 꿈은 깰만한 필연적 계기가 마련되지 않았다. 오랜 회의와 번민의 과정을 거친 것도 아니고 삶의 무상감을 느낄만한 필연적 계기도 제시되지 않는다.[28] 세속적 욕망추구의 극대치에서 무엇하러 꿈을 깨려고 하겠는가. 양소유가 여덟 여자와 누대에 올라 "우리 빅년 후 놉흔 듸 믄허디고 고븐 모시 임의 몌이고 가무ᄒᆞ던 싸히 임의 변ᄒᆞ야 거츤 뫼와 쇠ᄒᆞᆫ 플이 되엿ᄂᆞ듸 초부와 목동이 오ᄅᆞᄂᆞ리며 탄식ᄒᆞ야 골ᄋᆞ듸 '이거시 양승상의 졔낭ᄌᆞ로 더브러 노던 곳이라. 승샹의 부귀 풍뉴와 졔 낭ᄌᆞ의 옥용화틱 이제 어듸 갓ᄂᆞ뇨, ᄒᆞ리니 어이 인싱이 덧업디 아니리오."[29](248쪽)하는 정도가 각몽의 계기에 해당한다. 그렇다면 꿈을 깨고 도달한 세계가 정답이 아니라 일종의 위장이라는 것이다. 즉 인생의 부귀영화가 일장춘몽이라는 말은 세속적 욕망을 다 충족한 자 만이 표현할 수 있는 위장된 제스처로 보인다. 마치 온갖 영화를 다 누린 솔로몬왕이 모든 것이 헛되다고 했던 것처럼 말이다. 이 때문에 정출헌은 몽중세계와 각몽세계의 부단한 교섭에 주목, 각몽이 세속에서의 자신의 삶을 부정하는 차원이라기 보다 그것만으로 충족치 못한 것을 마저 채우는 행위로 해석하여 <九雲夢>을 세속적 부귀공명의 추구와 유한한 현세적 삶의 초월이라는 두 가지 욕망을 체험토록 하는 완결된 의미망을 견고하게 갖춘 것으로 보았다.[30]

하지만 이렇게 볼 수 있기 위해서는 몽중세계가 '꿈'이 아닌 당대

---

28) 김일렬도 「구운몽 新考」, 『한국고소설연구』(이우출판사, 1983), 375~376쪽에서 幻에서 覺으로 넘어가는 과정에 내면적 필연성이 충분하지 못하다고 지적했다.

29) 노존본 『구운몽』, 322쪽. "我百年之後 高抬已頹 曲池已塡 歌舞之地 變爲衰草荒烟 而樵夫牧童 上下而嘆曰 '此楊丞相與諸娘子所遊之處也 丞相之富貴風流諸娘子玉容花態 而今安往'云 則人生豈不暫然乎"

30) 정출헌, 앞의 글, 176쪽.

조선의 현실에서 실현 가능하고 또 실현된 것이어야 한다. 양소유의 삶은 상층사대부의 조화롭고 이상적인 삶의 극대치를 제시한 것이지 실제로는 현실 불가능한 것이다. 그 속에 김만중의 이상과 이념이 내장되어 있기는 하나 그야말로 '꿈'인 것이다. 혹은 각몽세계가 현실이 아닌 꿈의 연장선상에 있다면 현실의 알레고리로 그것이 가능할 수도 있다. 그렇지만 양소유의 삶/성진의 삶, 몽중세계/각몽세계, 꿈/현실은 비록 상호교섭을 인정하더라도 각자 영역을 견고하게 구축하고 있어 동일한 위상에서 논의하기는 어렵다.

꿈을 깬 성진이 "인간 부귀를 디내니 과연 엇더 ᄒᆞ더뇨"31)(254쪽)라는 육관대사의 말에 "ᄉᆞ뷔 ᄌᆞ비ᄒᆞ샤 ᄒᆞ로밤 ᄭᅮᆷ으로 뎨ᄌᆞ의 ᄆᆞ음 ᄭᆡ돗게"32)(254쪽)했다 하자 육관대사는 다음과 같이 말한다.

> 네 승흥ᄒᆞ야 갓다가 흥진ᄒᆞ야 도라와시니 내 므ᄉᆞᆫ 간녜ᄒᆞ미이시리오. 네 ᄯᅩ 니ᄅᆞ듸 인셰의 뉸회ᄒᆞᆯ 거ᄉᆞᆯ ᄭᅮᆷ을 ᄭᅮ다ᄒᆞ니 이ᄂᆞᆫ 인셰의 ᄭᅮᆷ을 다리다 ᄒᆞ미니 에 오히려 ᄭᅮᆷ을 ᄎᆡ ᄭᆡ디 못ᄒᆞ엿도다. 댱쥐 ᄭᅮᆷ의 나뷔 되여다가 나뷔 댱쥐되니 어니 거ᄌᆺ 것시오 어니 진짓 거신 줄 분변티 못ᄒᆞᄂᆞ니 어제 셩진과 소유 어니ᄂᆞᆫ 진짓 ᄭᅮᆷ이오 업ᄂᆞᆫ [어니ᄂᆞᆫ] ᄭᅮᆷ이 아니뇨(254쪽)33)

육관대사의 이 말은 세속적 욕망을 부정한 성진의 말에 대한 재

---

31) 노존본『구운몽』, 326쪽. "人門滋味果如何也"
32) 같은 책, 327쪽. "而師傳喚起一夜夢 能悟性眞之心"
33) 같은 책, 327~328쪽. "汝乘興而去 興盡而來 我有何于與之事乎 且汝曰 弟子夢人間輪回之事 此汝以夢與人世 分而二之也 汝夢猶未覺 莊周夢爲蝴蝶 蝴蝶又變爲莊周 蝴蝶之夢爲莊周耶 莊周之夢爲蝴蝶耶 終不能卞之 孰知何事之爲夢何事之爲眞 今汝以性眞爲汝身 以夢爲汝身之夢 則汝亦身與夢爲非一物也 性眞少遊 孰是夢也 孰非夢耶"

부정이다. 성진은 애초 연화봉의 세계를 부정하고 세속적 욕망을 따랐다. 그리고 실컷 부귀영화를 누리다가 꿈을 깨고 나서 다시 이를 부정했다. 육관대사의 말처럼 乘興하여 갔다가 興盡하여 돌아온 것이다. 하지만 육관대사는 모두를 문제삼았다. 세속적 욕망을 적극적으로 추구하는 것도 이를 거부하고 道에 귀의하는 것도 모두 긍정한 것이다.

엄기주는 <九雲夢>의 꿈이 여타의 환몽구조 작품에서 보이는 득죄한 댓가의 꿈이 아님을 주목하고 '乘興而去 興盡而來'라는 육관대사의 말처럼 마음이 가고자 하는대로 이루어졌다고 하여 人心/道心의 통합적 관계로 설명했다. 『西浦漫筆』의

> 道心과 人心이 어찌 두 마음이 있으랴? 이를 임금에 비유한다면 道心은 임금이 조정회의를 보거나 강론을 하고 있을 때와 같다면, 人心은 연회를 열거나 한가롭게 놀 때와 같다. 그것은 사실 한 사람의 몸인 것이다. ……대저 사람의 몸 안에는 마치 두 마음이 있는 것 같은 때가 있다.[34]

는 언술을 통하여 성진과 양소유로 표상된 유가로서의 道心的 側面과 人心的 側面 즉 산림처사로서, 현직고관으로서의 양면의 완성을 통한 天人合一의 경지야말로 김만중이 궁극적으로 지향한 바로 보았다.[35] 양소유의 삶인 몽중세계와 성진의 삶인 각몽세계, 그 內話와 外話의 관계나 통합적 이해는 <九雲夢>의 연구에서 보다 깊이

---

34) 홍인표 역주, 『西浦漫筆』(일지사, 1990), 129~130쪽.
"則道心人心 豈有二心 譬之人主 則道心如人主之視朝開講時 人心如燕閒遊衍時 其實一人之身 …… 大抵人之一身之內 有若有二心時"

35) 엄기주, 앞의 글, 236쪽.

있게 논의되어야 할 중요성을 지니는 바, 세속적 부귀공명과 유한한 현세적 삶의 초월이라는 두 가지 욕망을 드러냈다는 정출헌의 논의나 人心/道心을 天人合一의 경지로 끌어올렸다는 엄기주의 주장은 결국 양소유와 성진을 동일한 선상에 놓고 그 통합을 모색하고 있는 셈이다.

하지만 세속적 욕망을 부정해야 했던 성진의 입장은 분명 간과하고 있다. 육관대사의 목소리에 묻혀 미미할 뿐더러 육관대사의 설법에도 구체적인 계기가 없다. "금강경의 큰 법을 닐러 너의 ᄆᆞ음을 씌돗게"[36](254쪽)하겠다지만 그 구체적 내용은 없다. 더욱이 성진이 몽중세계를 동일하게 인식하고 있다는 증거는 어디에도 없고 연화도량의 후계자로 불도에 매진할 뿐이다. 이렇게 본다면 양소유와 성진은 화해로운 조화가 아닌 분명 갈등을 겪고 있는 셈이다. 곧 몽중세계와 각몽세계가 상호 침투하기도 하지만 서로 갈등을 겪으며 문제를 드러내는 것이다.

17세기 봉건적 동요 속에서 보다 강화된 봉건적 덕목, 곧 禮學이 위력을 발휘했던 바, 서인 벌열층의 일원이었던 김만중으로서는 풍비박산한 당시의 처지로 세속적 욕망을 향해 질주하면서도 道의 회복을 염원할 수밖에 없는 묘한 입장이 바로 <九雲夢>의 환몽구조를 택하게 된 것이다. 즉 세상의 욕망을 받아들이면서도 이를 거절해야 하는 그리고 다시 그 모두를 긍정해야 하는 갈등과 충돌이 바로 <九雲夢>의 실상인 셈이다. 몽중세계와 각몽세계는 조화를 이루었다기 보다도 서로 갈등하면서 문제를 드러내고 해결해 나간 것이다.[37] 무너진 세계 속에서 분명한 전망을 세울 수 없는 김만중의

36) 노존본 『구운몽』, 328쪽. "我當說金剛經大法 以悟汝心"

37) 남해 유배시 지었다는 <謝氏南征記> 역시 사씨, 교씨의 갈등양상을 통해 '욕망의 추구'와 '道의 회복'이라는 동일한 문제의식을 지닌 것으로 볼 수 있다.

고민과 갈등이 <九雲夢>을 통해 드러난 것이다.[38]

그러면 <구운몽>은 과연 '꿈'을 통하여 무슨 문제를 제기하고 해결하려 했던가? 양소유의 삶으로 형상화된 몽중세계는 앞서 논의했던 것처럼 세속적 욕망의 최대치다. 완벽하리만치 욕망의 모든 요소들이 조화를 이루고 있다. 그리고 거기엔 김만중의 소망과 이념이 내장되어 있다. 그런데 왜 이를 부정해야 하는가? 그것이 실현 불가능한 것이고 현실을 인정하지 않을 수밖에 없기 때문이다. 그것이 비록 道心의 세계이든, 풍비박산한 가문의 몰락을 지켜보며 아무 손도 쓸 수 없었던 유배지에서의 처지이든 현실은 현실인 것이다. 하지만 '대승상의 위의'와 '소화상의 몸' 사이에는 엄청난 격차가 있다. 불가능한 꿈이 화려하면 화려할수록 현실은 점점 더 비참해지는 것이다. 그래서 다시 재부정이 이루어지고 그 모두를 긍정하기에 이른다. 양소유의 삶과 성진의 삶을 다 인정할 수밖에 없는 것이다. 꿈과 현실을 인정하고 그 갈등과 거리를 통해 인간의 삶을 이해하게 되는 것이다. 꿈과 현실의 갈등이 심할수록 그 거리가 멀수록 현실의 삶은 더 비참해지는 것이지만, 이루어질 수 없는 꿈일지라도 그것이 있음으로해서 '위안' 혹은 '구원'이 가능하게 된다. 소설이야말로 현실을 그려나가지만 한편으로는 현실을 초극하는 몽상의 소산이 아니겠는가?

여기서 흔히 김만중이 어머니를 위로하기 위해 지었다는 창작동기를 재음미해 볼 필요를 느낀다. 『西浦漫筆』에 보면

38) 최원식, 「한국문학의 근대성을 다시 생각한다」, 『생산적 대화를 위하여』(창작과비평사, 1997), 22쪽에서 '계급적 위기'를 언급한 것이나 김현양, 「소설시대를 열어간 중세 지성-서포 김만중」, 『한국고전문학작가론』(소명출판사, 1998), 378쪽에서 "유가적 삶의 방식이 궁극적인 삶의 형식일 수 없다는 회의와 부정을 드러내고 있"다는 언술은 여러모로 시사적이나 보다 자세한 고찰이 요구된다.

> 또 글을 지어 부쳐서 [윤부인의] 소일거리를 삼게 하였는데, 그 글의 요지는 '일체의 부귀영화가 모두 夢幻이라'는 것이었으니, 또한 슬픔을 달래기 위한 것이었다.[39]

고 한다. 여기서 '슬픔을 달래기(慰其悲)' 위한 것이었다는 언술은 바로 '위안' 혹은 '구원'으로서의 의미를 담고 있다. 풍비박산한 가문의 몰락 앞에서 부서진 현실과 이상적 삶의 극대치인 꿈의 세계를 모두 인정해야만 했다. 비록 현실의 비참함이 확인되더라도 꿈의 세계를 인정함으로써 자신을 확인하고 살아나갈 수 있는 것이다. 꿈이 있음으로 현실이 확인되고 또 현실이 비참할수록 꿈은 삶의 위안 혹은 구원으로 의미를 갖게 되는 것이다. 즉 현실의 비참함 속에서 인간이 어떻게 살아갈 수 있는가에 대한 문제제기와 해결의 방법으로 꿈이 등장한 것이다. 현실은 꿈을 통해서 영혼을 찾고, 꿈은 현실을 근거로 육신을 얻게 되는 것이다. <九雲夢>은 우리들 삶에서 '꿈' 혹은 '몽상'이 왜 필요한가에 대한 해답인 것이다.

국어교재 <九雲夢> 부분의 <학습활동>을 보면 "문학 작품은 상상을 통해 인간의 희망을 보여 준다는 점을 이 작품을 통하여 설명해 보자."(67쪽)나 "'성진'이 꿈꾼 바와 같이 물질적 풍요나 부귀영화를 마음속으로 그려 본 적이 있는가?"라고 현실을 초극하는 욕구의 실현으로서 문제제기를 하고 있음을 볼 수 있다. 하지만 정작 그 해결에 있어서는 "'양소유'는 불교에 귀의함으로써 문제를 해결했지만, 이러한 해결 방법이 모든 사람에게 공통되는 것은 아니다."고 한다. 과연 '양소유'는 '성진'으로 돌아와 불교에 귀의함으로써 세속적 욕망의 문제를 해결했는가? 그것이 아님을 이미 앞에서 확인했

---

39) 김병국 외 역, 『서포연보』(서울대출판부, 1992), 227쪽.
"又著書寄途 伸作逍遣之資 其旨 以爲一切 富貴繁華 都是夢幻 而慰其悲也"

다. 이렇게 문제가 해결된다면 현실과 꿈 혹은 '성진'과 '양소유' 모두를 인정해야 한다는 육관대사의 설법을 아무 의미가 없게 된다. 문제는 대부분 학교 교육에서 <九雲夢>의 주제를 천편일률적으로 '인생무상'이라 가르친다는 점이다. 초기 <九雲夢> 연구자들의 입장이 수정없이 수용된 셈이다. 이렇게 된다면 <九雲夢>의 꿈은 아무런 의미없이 깨달음에 이르기 위한 보조장치로만 기능하게 된다. 정작 '꿈'이 왜 필요한가에 대한 문학교육적 고찰과는 정반대로 꿈을 꾸지 말라고 가르치는 것이다. 인간은 꿈을 통해 불가능한 욕망을 실현하고 그것이 삶에서 얼마나 소중한 것인가를 <九雲夢>을 통해 가르칠 수 있어야 한다. 이것이 <九雲夢> 교육의 핵심과제다.

2) '사랑'의 힘-<春香傳>

중등학교 국어교과서에 단 한 편의 고전만 실을 수 있다면 어떤 작품을 실어야 할까? 아마도 대부분 <春香傳>을 선택하는 데 주저하지 않을 것이다. 수 많은 이본을 파생시켰을 뿐만 아니라 작품에 대한 연구업적만도 200편이 넘는다. 판소리 12마당 중 가장 인기가 있었던 작품이었으며, 1923년 처음 영화화된 후 무려 11번이나 영화로 제작되었다. 더구나 근대문학이 개진된 1920년대에도 대중적 인기에서는 <春香傳>이 단연 베스트셀러였다. 당시의 기록을 보면 "지금 조선서 가장 많이 팔리는 책이 무엇이냐 하면 春香傳이나 沈淸傳이라고 한다. 이 春香傳과 沈淸傳의 애독자는 만히 중류 이상 가정부인이다."[40]고 한다. 이런 <春香傳>의 인기 때문에 1920년대 말 KAPF의 논객이었던 金基鎭에 의해 당시 소설을 춘향전식으로

---

40) H · K生, 「가정과 구소설」, 『동아일보』 1929.4.2.

쓰자는 '大衆小說論'이 제기될 정도였다.41)

무엇이 이토록 <春香傳>을 널리 수용할 수 있게 만들었을까? 범박하게 얘기하자면 작품의 질 때문이지만 신분이 다른 젊은 남녀의 사랑을 택하여 그것을 단순히 풍속담에 머무르게 하지 않고 '신분해방'이라는 당대 민중들의 염원을 형상화시킨 데 있다.42)

<春香傳>의 핵심은 '사랑'이다. 천기의 딸인 춘향과 남원부사의 아들인 이몽룡의 사랑이 쉽사리 이루어지지 않을 것은 분명하다. 이 험난한 사랑의 여정이 사람들에게 감동을 주었을 뿐 아니라 그 과정에서 사회적이고 역사적인 의미들이 드러난다고 많은 연구에서 밝혔다.43) <春香傳>의 내용을 이런 입장에서 단순화시키면 이렇다. 춘향이라는 기생 신분의 여자가 양반 자제인 이몽룡을 만나 사랑에 빠져 온갖 고난을 겪어야 했지만 결국 부부(첩이 아닌)가 됐다. 얼핏 보면 기생 신분인 여자가 명문대가의 부녀가 됐다는 점에서 '신분상승'의 의미로 해석될 여지도 있지만 기생 신분을 벗어나 평범한 지어미로서 한 가정을 꾸리고 행복하게 살고 싶다는 욕망은 신분상승보다는 자기 신분에 부과된 봉건적 제약과 구속으로부터의 해방을 의미한다.

왜 춘향이 죽을 각오를 하면서까지 변학도의 수청을 거부했을까? 사건의 진행 과정을 보면 춘향이 매를 맞아 거의 죽을 지경에 이르

41) 八峰, 「大衆小說論」, 『동아일보』 1929.4.14~4.20.
42) 박희병, 「春香傳의 歷史的 性格 分析」, 『전환기의 동아시아문학』, 창작과비평사, 1985 참조.
43) 金台俊의 『朝鮮小說史』, 학예사, 1931 이래 조동일, 「갈등에서 본 춘향전의 주제」, 『계명논총』 6, 계명대학교, 1970; 박희병, 위의 글 ; 정출헌, 「춘향전의 인물형상과 작중역할의 현실주의적 성격」, 『판소리연구』 4집, 판소리학회, 1993. 등이 주목된다. 특히 박희병의 논의는 두 남녀의 사랑이 어떻게 '신분해방'이라는 주제를 드러냈는지를 명쾌하게 밝혀 이 글을 쓰는 데 많은 도움이 됐다. 실상 이 글은 이런 논의의 토대 위에서 이루어졌다.

렀고, 거지꼴로 내려온 이몽룡을 보고 살아날 희망을 포기하고 사후처리까지 부탁한다. 독하게 마음 먹고 여러 유혹도 뿌리친다. 양반의 노리개가 아닌 한 인격체로서 존엄성을 찾겠다는 것이다. 인간의 존엄성을 포기하고 사느니 차라리 당당하게 죽겠다는 것이 춘향의 의지다. 이 수난의 긴 터널을 통과하면서 비로소 천민인 기생도 한 인격체로서 살아가야 한다는 신분해방의 의지가 현실화된 것이다.

흔히 <春香傳>의 연구사에서 작품의 주제를 사랑/저항으로 분리하여 개별 논의들을 이 틀에 맞추는 경우를 본다.[44] 하지만 사랑과 저항 혹은 신분해방은 二元的으로 파악할 수 있는 것이 아니다. 그 험난하고 고난에 찬 사랑의 성취과정에서 저항이라던가 신분해방이 실현되는 것이다. 사랑의 외연으로 그런 역사적이고 사회적인 의미가 획득되는 셈이다. 그 자세한 고찰은 이미 여러 연구를 통해 확인된 바다.

여기서는 <春香傳>을 어떻게 가르쳐야 하는가의 측면에서 삶의 기제로서 '사랑'의 의미를 다루고자 하는 것이다. <春香傳>은 신분이 다른 두 남녀의 사랑을 통하여 신분의 문제를 제기하고 해결해 나갔다. 즉 사랑의 성취를 통하여 신분해방을 이루어 나갔다 하겠는데, 그렇게 나아갈 수 있는 힘의 動因이 과연 무엇인가에 주목하고자 한다. 어떻게 해서 사랑이 한 인간을 그렇게 강하게 만들 수 있느냐는 것이다.

변학도의 수청을 단호히 거부하고 항변하는 춘향이의 모습을 보자.

---

44) 대표적인 경우가 정하영, 「춘향전의 주제」, 『한국문학사의 쟁점』(집문당, 1986); 윤용식, 「춘향전」, 『한국고전소설작품론』(집문당, 1990) 등이다.

> 당초의 이수지 만날 씩의 틱산 셔히 구든 마음 소쳡의 일심정졀 밍분갓턴 용밍인들 쎄여닉지 못할터요 소진 장의 구변인들 쳡의 마음 옴계 가지 못할터요 공명션싱 놉픈 직조 동남풍은 비러씨되 일편단심 소여 마음 굴복지 못하리다[45]

춘향이가 강변하는 것은 봉건적 덕목인 烈인 것 같지만 실제에 있어서는 그와 반대다. 박희병의 분석처럼 ①순전히 자유의지에 의해 초래되고 있고, ②봉건적 신분 관계의 부정을 뜻하며, ③양반적 통치질서를 부정하기 위해 요청되었고, ④맹목적인 것이 아니라 사랑과 신의, 인간으로서의 존엄을 지키기 위한 합목적적인 성격을 지니며, ⑤일방적인 것이 아니라 약속의 이해, 신의의 관철로서 쌍방의 상호관계에 입각해 있다는 것이다.[46] 말하자면 자유의지에 의해 선택한 사랑하는 남성을 위해 수청을 거부하겠다는 것이다. 당시의 봉건적 덕목을 이용한 것이지만 춘향이 강조하는 烈은 한 인격체로서의 권리, 인간의 존엄성을 지키기 위한 외피의 역할을 한다.

하지만 그 이상의 격렬한 감정이 분명 자리하고 있다. 이몽룡에 대한 사랑이다. '죽도록 사랑한다.'는 말이 실감날 정도로 자신의 온 존재를 던져 사랑을 지키고자 하는 것이다. 그 사랑의 힘이 죽음을 각오하고 변학도에게 항거하게 했던 것이다. 물론 인간의 존엄성을 지키기 위한 것이지만 그 힘을 이끌어 내는 것은 바로 이몽룡에 대한 사랑이다. '십장가' 대목에 빈번하게 등장하는 '우리 낭군 못 잇

45) 84장본 <열녀춘향수절가>, 설성경 역주, 『춘향전』(고대 민족문화연구소, 1995), 138쪽.
앞으로 이 자료는 괄호 속에 쪽수만 표시하고 이본인 경우 명칭을 밝힌다.
46) 박희병, 앞의 글, 105~106쪽.

겠소'나 '이도령은 못 잇겠소'라는 구절은 단순히 의례적인 표현이 아님을 명심할 필요가 있다. 매를 맞아 생사를 오가는 그 절박한 순간에도 간절한 사랑의 염원을 노래하는 것이다. 무엇이 춘향이를 이토록 절실하게 만들었던가. 사랑의 진행과정을 따라가 보자.

주목할 부분은 첫날밤 대목이다. 애초 광한루에서 만나 첫 눈에 知人知鑑의 상대로 알고 반했던 터였다. 나비가 꽃을 찾듯 서로에게 탐닉하며 온갖 행위로 밤을 지샌다. 작품에서도 "온갖 작난을 다 ᄒᆞ고 보니 이런 장관이 ᄯᅩ 잇시랴 이팔이팔 두리 맛나 밋친 마음 셰월 가는 줄 모르던가 부더라"(94쪽)고 한다. '미친 마음'이라는 표현이 적절할 정도로 '광란의 사랑'을 연출한다.

여기서 우리는 조선후기 시정문화의 전형적 모습인 '에로티시즘의 팽창'을 목도한다. 이는 시정문화의 꽃이라 할 가악예술, 특히 사설시조에도 빈번히 등장하는 바, '개성해방'이라는 면과 다양한 층위로 결부되어 중세적 베일을 뚫고 나오는 현실의 무기가 될 뿐 아니라 변혁을 바라는 전 집단의 집결점의 한 부분이기도 했다. 따라서 '중세사회를 해체하려는 움직임'과 호흡이 닿아 있음을 보여준다.[47] <春香傳>의 첫날밤 대목 역시 성을 매개로 자유로운 개성의 발현으로서 의미를 갖는다. 외설스럽다기보다 발랄하고 생동감 넘치는 성의 구현으로 읽혀지게 된다. 한편 사설시조의 경우 쾌락적 욕구 그 자체에 매몰되는 무정향적 속성이 크게 자리하고 있다 한다.[48] 하지만 <春香傳>은 삶의 진실성, 곧 영혼의 교감이 이루어지는 진정한 사랑의 행위를 보여준다. '사랑가' 대목 중에 다음과 같은 부분이 있다.

---

47) 고미숙, 「사설시조의 역사적 성격과 그 계급적 기반 분석」, 『어문논집』 30집 (고려대 국어국문학연구회, 1991), 55쪽 참조.

48) 같은 글, 56쪽.

> 너는 죽어 경쥬 인경도 될나 말고, 젼주 인경도 될나 말고, 송도 인경도 될나 말고, 장안 종노 인경 되고, 나는 죽어 인경 마치 되야, 삼십 삼천 이십 팔숙을 응하여 질마ᄌᆡ 봉화 셰자루 써지고, 남산 봉화 두 자루 써지면, 인경 첫마ᄃᆡ 치난 소ᄅᆡ 그저 뎅뎅 칠 씩마닥 마닥 다른 사람 듯기여는 인경 소ᄅᆡ로만 알어도 우리 속으로는 춘향 뎅 도련님 뎅이라 맛나 보자구나.(80쪽)

정말 미치도록 상대방을 사랑한다면 어떻게 할 것인가? 세상의 모든 것들이 사랑의 磁場안으로 흡입되는 그런 경지일 것이다. 여기서 영혼이 어떻게 육신과 결합하는지를 알 수 있게 된다. 즉 <春香傳>의 성은 자유로운 개성의 발현 이상으로 영혼과 육신이 통일되는 그런 아름다운 진경을 보여주는 것이다. 이런 사랑이기에 변학도의 수청 요구에 당당히 맞설 수 있었던 것이 아닐까.

한편 모진 매질을 당하고 투옥된 춘향이의 모습도 생각해 볼 필요가 있다. 실날 같은 희망을 품은 채 내일이면 죽을지도 모를 불안과 고통 속에서 밤을 보내야 하는 춘향에게 이몽룡과의 사랑은 어떤 의미로 다가올까? '장탄가' 한 대목을 보자.

> 사라 이리 기루난이 아조 죽어 잇고지거 차라리 이 몸 죽어 공산의 뒤견이 되야 이화월ᄇᆡᆨ 삼경야의 실피 우러 낭군 귀의 들이고져 청강의 원앙되야 짝을 불너 단이면서 다정코 유정하물 임으 눈의 보이고져 삼춘의 호접되야 힝기무인 두 나ᄅᆡ로 춘광을 자랑ᄒᆞ어 낭군 오스 붓고지서 청천의 명월되아 밤 당하면 도다올나 명명이 발근 빗셜 임으 얼골 빗치고져 이 ᄂᆡ 간장 셕난 피로 임으 화상 기러ᄂᆡ여 방문 압푸 족자 삼아 거러두고 들며 나며 보고지고(152~154쪽)

'님의 부재'에 대한 원망이 죽음으로 귀결되지만, 그 죽음은 님과의 단절이 아닌 님과의 재회를 의미한다. 그래서 님에게 자신이 얼마나 사랑하고 있는가를 확인시켜 주자는 것이다. '죽음을 초극하는 사랑'을 보여준다고 할까. 그런 처절한 심정을 드러낸 것이다. 특히 "이내 간장 썩는 피로 님의 화상 그려내어 방문 앞에 족자 삼아 걸어두고 들며나며 보"겠다는 말은 그 표현의 강도 이상으로 절박한 사랑을 보여주고 있다. 실상 옥에 갇힌 춘향이에게 가장 절실한 문제는 이몽룡을 만나는 것이다. 물론 이몽룡을 자신을 구원해줄 대상으로 여기는 면도 있겠지만 그보다는 사랑을 확인하고자 하는 욕구가 훨씬 강하다. '옥중탄식'의 대부분은 바로 이 님에 대한 원망과 그리움으로 채색되어 있다. 그러기에 거지꼴로 내려온 이몽룡과 재회하고 나서 주저없이 죽음에 대비한다. 심지어 그 과정에서도 사랑을 확인하는 유언을 남긴다.

> 이리 빗틀 져리 빗틀 드러가셔 장피하여 죽거들난 삭군인체 달여드러 둘너업고 우리 두리 쳐음 만나 노던 부용당의 젹막하고 요젹한 듸 뉘여노코 셔방임 손조 염십ᄒᆞ되 ᄂᆡ의 혼ᄇᆡᆨ 위로하여 입은 옷 벽기지 말고 양지 ᄉᆞᆺ틔 무더쌰가 셔방임 귀히 되야 청운의 올의거던 일시도 둘ᄂᆡ말고 육진장표 기렴ᄒᆞ야 조촐한 상예 우의 덩글럿케 실은 후의 북망산쳔 차져갈 졔 압 남산 다 바리고 한양으로 올여다가 션산 발치의 무더주고 비문의 ᄉᆡ기기를 '슈졀원사 춘향지묘'라 야달자만 ᄉᆡ겨주오 망부석이 안니될가(198쪽)

사후처리까지 이몽룡에게 부탁함으로써 집요하리만치 사랑의 인연을 이어가려 한다. 죽음조차 갈라놓지 못하는 사랑에 대한 집착을 보여주는 것이다. 여기에는 신분상의 격차 같은 외적인 요소가 개입할 여지가 없다. '선산 발치'에 묻어달라는 유언이 양반으로의 편입을 의미하는 것으로 읽혀질 수는 없다. 죽어서도 사랑하는 님과 같이 있겠다는 의미다. 죽어서까지 '망부석'이 되겠다는 것은 현세에서 이어갈 수 없는 사랑에 대한 發願이다.

왜 이렇게 사랑만 얘기하는가? <春香傳>은 사랑의 얘기고, 사랑을 통해 문제를 던지고 있기 때문이다. 신분이 다른 두 남녀의 사랑이 신분해방이나 탐관오리에 대한 항거로 확대됨은 주지의 사실이다. 여기서 <春香傳>의 주제는 '사랑'이라고 주장하려는 것이 아니다. '신분해방'을 이루어 나가는 내적 동인으로 '사랑'에 주목하여 사랑이 서로를 어떻게 변화시키고 단련시키는가를 따져보고자 한 것이다. 춘향은 물론이지만 이몽룡 역시 힘든 사랑을 성취해 나가는 과정에서 엄청난 변화를 겪는다. 한량이나 난봉꾼의 모습에서 민중들의 구원자 혹은 연대자로서 바뀌게 됨을 쉽사리 목격한다.[49]

이 글은 <春香傳>의 새로운 면모를 밝히자는 것이 아닐 뿐더러 그럴만한 충분한 자료와 시각도 확보하지 못했다. 다만 기존 연구의 토대 위에서 그 동안 간과하였던 '사랑'의 의미를 짚어보고자 하는 것이다. 문학교육의 측면에서 삶의 기제로 사랑의 의미를 다루고자 했기 때문이다. 흔히 말하듯이 사랑이 지고지순한 형태로 현실과 무관하게 고유한 영역으로 존재한다고는 믿지 않는다. 오히려 당대 현실의 복잡한 메커니즘 속에 자리하고 있다. 그러기에 사랑은 역사적 구체성에 따라, 인물의 성격에 따라 다양한 형태로 나타나고 의미 지워지게 된다. 이런 점에서 <春香傳>은 사랑이 구현할 수 있는 최상의 지점을 보여주는 작품이다. <春香傳>을 통해 가르쳐야 되는 것은 바로 이 '사랑의 힘'이다. 그것이 오늘날 학생들에

49) 이에 대한 자세한 고찰은 박희병, 앞의 글과 정출헌, 앞의 글 등이 있어 참고가 된다.

게 유용한 삶의 기제로 활용될 수 있기 때문이다.

여느 작품과 달리 <春香傳>은 문학교육적 측면에서의 연구도 많이 이루어졌다.[50] 특히 김종철, 류수열의 논의는 다양한 이본의 형성에 주목하여 이본의 파생을 창작 교육의 한 측면으로서 이해할 뿐 아니라 현재 진행형의 형태로 다양한 교육 방법을 제시하고 있어 주목된다. 즉 '장황한 수사 새로 쓰기', '놀이와 창조의 즐거움'으로 <십장가> 다시 쓰기, '서사의 빈틈 채우기' 등이 그것인데,[51] 이 논의들은 판소리의 특질에 근거하여 교육 방법을 확장해 본 것이다. 실상 『국어』 교과서의 경우도 <작자, 작품, 독자>라는 단원에 포함되어 있을 뿐 아니라 '단원의 길잡이'에도 "작가와 독자가 작품의 창작과 이해·감상에 어떤 작용을 하게 되는가를 아는 것이 이 단원의 목표"(212쪽)라고 명시되어 있어 작품에 대응하는 독자(혹은 창자)들의 다양한 반응을 살피도록 하고 있다.

이 시각을 확대하면 결국 개방성을 특징으로 하는 판소리의 숱한 이본들은 삶의 다양한 대안을 모색하는 과정을 보여준다고 할 수 있다. 그리하여 각 이본들을 통해 그 대안을 확인하는 방법이 있겠고, 새로이 써 보는 경우도 있을 수 있다. 필자 역시 옥중에 갇힌 춘향이의 입장이 되어 삶의 기제로서 사랑의 문제를 '옥중서한' 혹은 '유서'로 써 보는 작업을 하기도 했다. 물론 작품에는 없는 것이지만 이런 작업을 통해 멀고도 험난한 사랑의 여정에 동참시켰다. 어떤 학생은 막막한 자신의 운명에 진저리를 치기도 하고, 어떤 학생은 양심수의 옥중서한처럼 투사적 면모를 보이기도 하며, 또 어떤

50) 최근 논의만 보더라도 정병헌, 「춘향전 교육의 몇 가지 전제」, 『고전문학 어떻게 가르칠 것인가』(집문당, 1998); 김종철, 「춘향전 교육의 시각(1)」, 『고전문학과 교육』 1집(청관고전문학회, 1999); 류수열, 「춘향가를 가르치는 몇 가지 풍경」, 『문학과 교육』 14호(문학과교육연구회, 2000) 등이 있다.

51) 류수열, 같은 글 참조.

학생은 살고 싶다는 욕망에 두려워 떨기도 했다. 그 모두의 핵심에는 '사랑'이 있다. 그 하나를 보자.

> 뼈가 으스러지도록, 살이 찢기도록 나를 고통스럽게 하는 고문이 서러운 것이 아닙니다. 태형 맞아 부은 다리 옷 위로 배어나오는 끈끈한 핏방울이 서러운 것이 아닙니다. …(중략)… 그대여, 당신을 본 것이 죄라면, 그토록 아름다운 당신을 만난 것이 죄라면 그동안의 아픔으로 그 벌을 다 하겠습니다. 그대와 내가 사랑한 것이 죄라면 나는 기꺼이 그대를 보내지요. 그리고 평생에 사무치도록 그리워하면서 살겠어요. …(중략)… 저의 모든 부분을 생이 다하는 순간까지 기억해 주신다면 내일 그가 저를 내친다 해도, 소리 한 번 지르지 못하고 이 숨이 잦아진다 해도, 의식이 희미해져 당신의 얼굴이 사라지는 순간까지 당신을 사랑하기 위한 나의 선택을 절대로 후회하지 않겠어요.[52]

여기서 바로 사랑이 한 인간을 어떻게 변모시키는가를 확인할 수 있다. 사랑은 그 외연이 다양한 역사적 계기들과 접목되어 여러 모습으로 나타나기도 하지만 이를 추동해내는 동인으로 내포 또한 소중하다. 더욱이 춘향의 시대와 다른 오늘날에 삶의 유용한 기제로서 <春香傳>을 기르치고자 할 때, 그 사랑이 당대에 어떤 의미가 있는가도 중요하지만 그것이 오늘날 우리들의 삶의 문제로 어떻게 환치되는가도 생각해 보아야 한다. 말하자면 진정한 사랑이 무엇인가를 확인할 수 있다는 것이다. 과연 사랑이라는 것이 단순한 감정의 분출인가 혹은 그 이상의 인간적 결합인가를 따져볼 수 있게 된

52) 서도영, 「춘향이의 옥중서한」, 『우리소설 토론해 봅시다(고전소설편)』, 88~91쪽 참조.

다. 이런 점에서 <春香傳>은 시대를 뛰어넘어 오늘의 우리들에게 가장 의미있는 텍스트로 다가올 수 있는 것이다.

3) '돈'과 '윤리'의 문제-〈興夫傳〉

이 타락한 황금만능의 시대에 <興夫傳>을 가르친다는 것은 쉬운 일이 아니다. 세상의 논리에 흠뻑 젖어 있는 학생들에게 그 정반대의 것을 설득시켜야 되기 때문이다. <興夫傳>을 현실의 기제로 활용하고자 할 때 쉽게 생각할 수 있는 것이 바로 '가난'의 문제다 교과서의 <학습활동>에도 '흥보의 가난'과 '보은박'에 대해 "이 이야기의 의미를 자신이 생각한 대로 설명해 보자."(하권, 108쪽)고 되어 있다. 곧 <興夫傳>은 가난의 문제가 어떻게 제기되고 해결되는가의 이야기로 접근할 수 있다. 흥부의 가난은 놀부가 부모의 유산을 독차지하고 흥부를 빈 손으로 쫓아낸 데서 비롯된다. 일종의 강탈인 셈이다. 즉 마땅히 나누어 받아야 할 재산을 형인 놀부에게 빼앗긴 데서 연유한다. 그런데 가난의 실상이 구체적으로 묘사된 점을 주목할 필요가 있다. 놀부에게 빈 손으로 쫓겨나 건넛 산 밑에 수숫대 반 짐으로 집을 짓고 통곡하는 흥부 아내를 보자.

> ᄋᆡ고 답답 셜운지고 엇던 ᄉᆞᄅᆞᆷ 팔ᄌᆞ 조화 ᄃᆡ광보국슝녹ᄃᆡ부 삼ᄐᆡ뉵경 되여ᄂᆞ셔 고ᄃᆡ광실 조흔 집의 부귀공명 누리면서 호의호식 지ᄂᆡ는고 ᄂᆡ 팔ᄌᆞ 무슨일노 말만ᄒᆞᆫ 오막집의 셩소광어공경ᄒᆞ니 집웅 말ᄂᆡ 별이 뵈고 청텬한운세우시의 우ᄃᆡ량이 방듕이라 문밧긔 셰우오면 방안의 큰 비 오고 폐셕초갈 찬 방의 헌 ᄌᆞ리 벼룩 빈ᄃᆡ 등의 피롤 ᄲᆡ라 먹고 압문의는 살만 남고 뒷벽의는 외만 나ᄆᆞ 동지셧달 한 풍이 살 쏘듯 드러오고 어린 ᄌᆞ식 졋 달ᄂᆞ고 ᄌᆞ란 ᄌᆞ식 밥

돌ᄂᆞ니 참ᄋᆞ 셜워 못 살깃ᄂᆡ[53)]

가난은 '가난하다'고 하는 추상적 개념이 문제가 아니라 그 구체적 실상이 중요하다. 현실에서 직접 겪어야 되는 것이기 때문이다. 흥부는 말만한 오막살이를 짓고 비가 새고 찬 바람이 들어오는 상황에서 배고파 우는 자식들의 참상을 지켜봐야 하는 처지에 놓여 있다. 총체적 상황에서 생존의 문제에 직면해 있는 것이다. 그러기에 살아나가기 위해 짚신 장사, 품팔이 노동을 했으며 심지어는 매품까지 팔아보려고 했지만 그 처지를 벗어날 수는 없었다.

흥부에게 보이는 가난은 농촌계층분화 과정에서 발생한 빈농의 그것이다. 토지로부터 유리된 흥부는 소작의 기회마저도 얻지 못하고 모든 생산수단을 상실하여 품팔이 꾼의 신세로 전락되어졌던 것이다.[54)] 온갖 방법을 다 써가며 살아보려 하지만 강고한 현실이 그를 용납하지 않는다. 그러기에 흥부의 가난이 타고난 것이라거나 게으르고 소극적이기 때문에 당연한 결과라는 주장은 설득력이 약하다. 형에게 모든 것을 다 뺏기고 냉혹한 현실에 내던져져 그 가난의 굴레를 벗어날 수 없게 된 것이다.

이 문제를 어떻게 해결해 나갈 것인가? 현실적인 방법으로는 해결이 불가능하다. 그러기에 낭만적 방식으로 '보은박'이 등장한 것이다. 이 보은박은 민담적 수법임에는 틀림없지만 적어도 두 가지 이유에서 현실감을 느끼게 한다. 하나는 보은박에서 나온 물건들이 당대 현실에서 유용한 것이며, 다른 하나는 민중들이 소망하는 풍

53) 경판 25장본, 자료는 김태준 역주, 『흥부전/변강쇠가』(고대 민족문화연구소, 1995), 18쪽. 앞으로 이 자료는 괄호 속에 인용 쪽수만 표시한다.

54) 임형택, 「흥부전의 歷史的 現實性」, 『韓國文學史의 視角』(창작과 비평사, 1984), 191~198쪽 참조. 작품의 주요 논지는 주로 이 글에 근거한다.

요로운 세상의 모습을 구체적으로 제시했다는 점이다. 흥부의 보은 박은 따뜻한 인간성과 착한 성품에 대한 보상인 것이다. 또 이에 대한 당대 서민층의 지지이기도 하다. 흥부는 따뜻한 인간성을 지키며 가난을 극복하려는 서민상을 대표하고 있다. 이런 이유로 당대인들의 지지를 받는다. 그가 정말 게으로고 무능력한 사람이라면 어째서 지지를 받을 수 있겠는가?

그런데 경판본 <興夫傳>을 보면 흥부는 4통으로 부자가 되는데 비해 놀부는 무려 13통의 박을 타면서 망해간다. 흥부가 부자가 되는 과정보다 놀부가 망해가는 과정에 전체의 반이 넘는 분량을 할애하고 있음을 본다. 왜 놀부가 문제 되는가?

놀부는 흥부와 정반대의 위치에 있는 인물이다. 농사를 지었다지만 대단한 부자로 그려져 있다. 서민부농층 혹은 요호부민의 일원[55]이었을 것으로 추정된다. 박에서 나온 수 많은 사람들에게 3만 냥이 넘는 거액을 빼앗기는 것을 보면 농촌사회에서 제법 풍족하게 살았던 인물임을 알 수 있다. 어떻게 해서 그렇게 부자가 되었을까? 그 축재의 과정이 자세하게 드러나지는 않지만 부모의 유산을 송두리째 차지한데다 '빚 값에 계집 뺏기'라는 대목을 보아 고리대금업을 통한 부의 축적이 가능하지 않았을까 싶다.[56]

놀부라는 인물을 정리해 보면 이렇다. 중요한 사실은 놀부가 극단적으로 탐욕스런 인물이라는 점이다. '세창서관본'을 보면 부모의 제사에 돈을 쓰기 싫어 代錢으로 상을 차리는 장면이 등장한다. 게다가 곤궁한 처지에 도움을 청하러 온 동생 흥부를 몽둥이로 두들겨 패 내쫓을 정도다. 富가 위력을 갖게 된 시대에 이익을 추구하는

---

55) '서민부농층'이라는 입장은 임형택, 같은 글 참조. '요호부민층의 일원'이라는 견해는 김종철, 「興夫傳」, 『고전소설연구』(일지사, 1993), 553쪽 참조.
56) 임형택, 같은 글, 174쪽.

것은 당연한 현상인데 놀부의 행위는 왜 비난을 받을까? 놀부의 이윤추구는 이기적인 탐욕에 근거하고 있기 때문이다. 남의 희생의 대가 위에 놀부의 富는 존재한다. 놀부에게는 부모도 형제도 중요하지 않다. 재물에 대한 이기적인 탐욕만이 존재한다. 그러기에 놀부는 철저히 반도덕적이고 반사회적인 것이다.57)

생산력의 발전으로 인한 富의 증대는 낡은 봉건 체제를 무너뜨리는 역할을 했지만, 동시에 모든 인간관계에서 적나라한 이기심과 냉혹한 배금 풍조를 찌꺼기로 남겨 놓았다. 역사 발전의 측면에서 부의 축적에 따르는 긍정적 모습을 <穢德先生傳>의 엄행수를 통해 확인할 수 있거니와 그 부정적 형태를 놀부에게서 발견할 수 있다. 결국 놀부는 자신이 그토록 추구했던 탐욕스런 이익 추구열 때문에 망한다. 石崇과 같이 큰 부자가 되겠다고 장담했지만 박에서 나온 여러 인물들이 강제로 돈을 빼앗아가는 데는 어쩔 도리가 없었다. 박에서 나온 인간군상들이 놀부가 그토록 추구했던 '현금 계산 방식'을 통해 놀부를 망하게 했다는 점도 흥미롭다. 마지막 박에서는 똥이 나와 모든 것을 덮어 버린다. 그야말로 철저한 패망이다.

어찌보면 <興夫傳>(특히 경판본의 경우)은 흥부가 어떻게 부자가 되는가 보다 놀부가 어떻게 망해가는가에 그 핵심이 있는 것처럼 보인다. 놀부의 패망이 바로 반윤리적인 이윤추구와 탐욕스런 이기주의의 패배이기 때문이다. 그러기에 놀부의 패망에 그토록 많은 부분을 할애하고 치밀하게 사건을 진행시켰던 것이다. 즉 흥부에 대한 동정보다 놀부에 대한 분노가 더 크게 자리하고 있음을 보여준다. 이는 무엇을 말함인가? <興夫傳>의 문세가 단순히 흥부의 가난을 제기하고 해결하고자 함이 아니라는 것이다. 오히려 그보다

57) 같은 글, 176쪽.

는 흥부와 놀부의 대립을 통해 '빈부갈등'을 문제 삼고자 함이다. 즉 흥부라는 인물은 피나는 노력에도 굶주려야 되는 반면에 놀부라는 인물은 악질적인 행위에도 부자로 잘 살고 있는 현실의 모순,[58] 여기에 대한 문제제기인 것이다.

그런데 후대로 갈수록 '놀부 박타는 대목'이 축소되거나 아예 사라지고 있다. 놀부 박까지 완창하는 경우는 박봉술과 그 제자 송순섭 뿐이라고 한다.[59] 말하자면 흥부와 놀부의 대립을 통한 빈부갈등의 문제의식이 사라져가는 셈이다. 그러면 흥부의 가난과 그 해결에만 치우치게 되고 결국 문제는 단순화 된다. 놀부가 없는 흥부는 존재할 수 없으며, 놀부의 패망이 없는 흥부의 보은은 아무 의미가 없다. 서로가 충돌하면서 갈등하는 것이야말로 온당한 현실의 모습이기 때문이다.

이제 문학교육의 측면에서 삶의 기제로 <興夫傳>의 문제를 살펴보자. <興夫傳>은 '빈부갈등'을 통해 당대 사회의 모순을 지적했지만 그 해결의 전망은 불투명한 채로 남겨두고 있다.[60] 냉혹한 현실이 쉽사리 바뀌지 않기 때문이다. '보은박'이나 '복수박'에 의해 문제가 해결됐지만 그렇다고 현실이 바뀐 것은 아니다. 민중들의 열망이 거기에 표출된 것이다. 구체적으로는 경제적 평등에의 지향, 사회 구성원 전체의 균등한 행복에의 지향이 그것이다.[61] 지금의 문제도 마찬가지다. 오늘날 유용한 삶의 기제로 <興夫傳>의 문제

58) 같은 글, 185쪽 참조.

59) 김종철, 앞의 글, 559쪽 참조.

60) 조동일, 「흥부전의 양면성」, 『한국고전소설연구』(새문사, 1983), 552쪽에 "표면적 주제는 문제의 제기인 동시에 해결이며, 오히려 해결 쪽에 더 역점이 주어져 있다. 그러나, 이면적 주제는 문제를 문제로서 제기하는 데 그치고, 그러니 어떻게 해야 한다는 해결은 내포하지 않고 있다."고 했다.

61) 김종철, 앞의 글, 555쪽 참조.

를 단순화 시킨다면 '돈'과 '윤리의식' 혹은 '심성'의 문제가 된다. 즉 이 타락한 황금만능 시대에 과연 어떻게 살아야 할 것인가의 문제를 우리에게 던져주고 있는 것이다. 이런 점에서 그 문제의식은 명쾌히 드러난다. "흥부냐, 놀부냐?" 혹은 "가난하지만 바르게 살 것인가?" 아니면 "악하더라도 부유하게 살 것인가?"로 문제를 단순화 시켜볼 수도 있다.

하지만 현실은 분명 놀부에게 유리하다. 이런 질문을 던지면 많은 학생들이 놀부를 지지한다. 착하지만 '대책없는' 흥부보다는 이기적이고 탐욕스럽지만 '능력있는' 놀부가 이 험난한 자본주의 사회를 살아가기에 훨씬 유리하다고 느끼기 때문이다. "개처럼 벌어 정승처럼 쓰라."는 말이 있다. 탐욕과 악행의 시궁창 위에 황금탑을 쌓으면 모든 것이 정당화 된다는 말이다. 이런 현실의 구조 속에서 <興夫傳>의 문제를 온전하게 제기하고 해결해 나가기는 쉽지 않다. 결국 '돈'과 '윤리의식'의 관계 속에서 문제를 제기하고 해결해 나갈 수 밖에 없다. 곧 '돈이면 무엇이든 다 된다.'가 아니라 거기에는 마땅히 '윤리'의 문제가 포함돼야 한다는 것이다. <興夫傳>에서 그토록 철저하게 놀부를 패망하게 했던 것도 그가 반사회적이고 반윤리적이기 때문이다. 즉 긍정적 형상을 통한 대안 마련보다 부정적 형상에 대한 비판을 통하여 어떻게 살아야 할 것인가를 알려준 셈이다.

『국어(하)』 교과서에는 <평가 중점> 사항으로 "작품에 형상화된 바를 자신의 삶에 비추어 해석할 수 있는가?"(109쪽)라는 항목이 있다. 하지만 동질화 시키기는 쉽지 않다. '보은박'을 타는 흥부의 모습에서 어떻게 오늘을 사는 학생들이 동질감을 느낄 수 있겠는가? 그 간극을 메우기 위해서는 적어도 구체적 계기들이 제시되고 여기에 대한 현재화 작업이 뒤따라야 한다. '돈'과 관련된 '어떻게 살아야 할 것인가'의 문제도 그렇다. 삶에 있어서의 구체적 문제들이 제기되고 이를 어떻게 해결할 것인가로 나아가야 된다. 즉 돈에 관계된 여러 가지 현실적 계기들을 제시하고 이를 통하여 삶의 지향을 확인해야 한다는 것이다. 그럼으로써 자본의 광포함에 맞서는 윤리적 대안들을 마련하게 된다. 하지만 현실이 자본의 지배로부터 자유로울 수 없기에 그 작업은 만만치 않게 보인다.

필자는 학생들에게 흥부/놀부에 대한 현대적 해석을 요구했는데, 다음과 같은 '놀부 옹호론'은 '돈'의 위력을 감지하여 주목된다.

> '흥부옹호론'이냐, '놀부옹호론'이냐를 묻는 말은 곧 관점이 중세 보수주의적이냐, 신자본주의냐와 같다. 중세 보수주의적인 흥부는 자신이 스스로 미래를 개척할 수 없다. 근면하게 일을 했다고는 하나 그건 자신의 끼니나 간신히 이어갈 정도의 일이었다. 그는 더 이상 이런한 허드레 노동으로는 살아갈 수 없는 자본주의 사회를 파악하지 못했다. 노동이 돈을 부르는 것이 아닌, 돈이 돈을 부르는 사회를 말이다.62)

현재의 사회에서 신 자본주의 방식이 아니고서는 살아갈 수 없음을 설파하고 오히려 <興夫傳>의 수용층이 가졌던 놀부의 악마적 이미지를 걷어내자고 했다. 분명 오늘날 사회는 흥부의 방식으로는 도저히 살아갈 수 없는 냉혹함과 속도감이 있다. 또한 흥부의 선한 마음을 감싸는 외피 중에는 분명 주저하고 머뭇거리는 답답한 구석이 있기도 하다. 하지만 그것이 삶의 본질이 아니라는 것이다. 외형이 아닌 따스한 인간성을 지닌 삶의 본질에 주목했을 때 흥부의 가치는 더욱 빛날 수 있다. 자본이 점점 그 위력을 강화하고 있는 것

62) 정선진, 「흥부? < 놀부?」, 『우리소설 토론해 봅시다』, 142~143쪽.

이 오늘의 현실이다. 그러기에 자본의 위력에 맞서는 삶의 윤리적 대안을 마련하는 것은 필요하고도 소중하다. <興夫傳>은 이 타락한 시대에 어떻게 살아야 할 것인가의 대안을 마련하는 근거로 손색이 없어 보인다.

5. 맺음말

이제까지 장황하게 고등학교 국어교과서에 게재된 <九雲夢> · <春香傳> · <興夫傳>을 통해 삶의 기제로 유용하게 활용할 수 있는 고소설 교육의 방법을 모색해 보았다. 즉 작품 속에서 어떤 문제를 제기하고 어떻게 해결해 나갔는가에 주목하여 이를 오늘의 문제와 소통케 한 것이다. 그럼으로써 고소설을 오늘 우리들의 삶을 풍요롭게 하는 현실의 기제로 활용하고자 했다.

<九雲夢>에서는 '꿈'을 주목했다. 현실에서는 이룰 수 없는 것이지만 그 꿈으로 인해 자신의 삶을 확인하고 위안이나 구원을 받을 수 있음을 살펴보았다. 이는 결국 우리에게 왜 꿈이 필요한가를 증거하는 것이다. 현실은 비참하지만 그럴수록 인간이 꿈을 통해 욕망을 실현하고 그것이 삶에서 얼마나 소중한 것인가를 <九雲夢>을 통해 가르칠 수 있어야 한다.

<春香傳>에서는 '사랑'의 문제를 주목했다. 주지하다시피 <春香傳>은 두 젊은 남녀의 사랑을 통해 '신분해방'이라는 주제를 실현해 나간다. 어기서는 그 내적 동인으로 '사랑의 힘'에 주목하여 그것이 인간을 어떻게 변모시키고 단련시키는 지를 살펴보았다. 그럼으로써 오늘날 학생들에게 유용한 삶의 기제로 활용토록 했다. 즉 사랑이 어떤 현실적 계기를 만났을 때 그 외연을 어떻게 확장해 나가는지 염

두에 둔 것이다. 이런 점에서 <春香傳>은 시대를 뛰어넘어 오늘의 학생들에게 가장 의미 있는 텍스트로 다가올 수 있는 작품이다.

<興夫傳>은 '가난'을 문제삼아 '빈부갈등'을 드러낸 작품이다. 작품에서는 흥부가 부자가 되는 것보다 놀부가 어떻게 망해 가는가를 흥미있게 다루고 있다. 오늘날의 문제로 환치한다면 '돈'과 '윤리'의 문제를 통해 이 타락한 자본주의 시대에 어떻게 살 것인가를 제시하고 있는 셈이다. 현실은 분명히 놀부 편이지만 광포한 자본의 위력 앞에서 인간성을 지켜 나가는 것이 얼마나 소중한 것인가를 알려주는 자료로 삼을 수 있다.

실상 이 작업은 작품에 드러난 문제와 그 해결을 통해 오늘날 우리에게 어떻게 삶의 기제로 작용되는지를 따져 봄으로써 고소설 교육의 지향과 방법을 마련해 본 것에 불과하다. 말하자면 '문학생활화'와 결부하여 고소설 교육의 큰 틀을 구상해 본 것이다. 특히 '어떻게 가르칠 것인가'의 문제는 말 그대로 '제기'만 했지 '해결'을 보지는 못했다. 고등학교 국어교육을 대상으로 하고 있는 만큼 현장론적 점검이 필요하기 때문이다. 이 점 분명 필자에게 한계일 수밖에 없다.

고소설 교육의 범주를 고등학교 과정에 한정한 것은 그것이 대학 전공 교육에 비해 일반화될 수 있는 통로가 넓기 때문이다. 곧 일반인이 알고 있는 고소설의 실상이 여기서 규정되게 된다. 하지만 작품에 대한 제대로 된 이해나 감상은 고사하고 '성장에 의미 있는 요소로 체험'한다는 것은 상상할 수도 없는 것이 고서설 교육의 현실이다. 교사들은 '입시'와 '진도' 때문이라 하지만 문학교육의 대안을 구체적로 마련하지 못한 데 그 원인이 있다. 이 글은 그 대안을 마련하기 위한 시론의 성격이 짙다. 문제제기로 끝나지 않기 위해서는 구체적인 작업이 뒤따라야 할 줄 안다.

참고 문헌

교육부, 『고등학교 국어』(6차), 1996.

교육인적자원부, 『고등학교 국어』(7차), 2002.

교육부, 『고등학교 국어과 교육과정 해설』, 1995.

김병국 역주, 『구운몽』, 시인사, 1984.

김병국 외역, 『서포연보』, 서울대출판부, 1992.

김태준 역주, 『흥부전/변강쇠가』, 고려대 민족문화연구소, 1995.

설성경 역주, 『춘향전』, 고려대 민족문화연구소, 1995.

정규복 · 진경환 역주, 『구운몽』, 고려대 민족문화연구소, 1995.

홍인표 역주, 『서포만필』, 일지사, 1990.

권순긍, 『우리소설 토론해 봅시다』(고전소설편), 새날출판사, 1997.

_____, 「고전에서 일상생활과 문학」, 『문학교육학』 7호, 한국문학교육학회, 2001.

김대행, 『국어교과학의 지평』, 서울대출판부, 1995.

_____, 「국문학의 문화론적 시각을 위하여」, 『국문학과 문화』, 월인, 2001.

김일렬, 「구운몽신고」, 『한국고소설연구』, 이우출판사, 1983.

김종철, 「흥부전」, 『고전소설연구』, 일지사, 1993.

_____, 「춘향전 교육의 시각」, 『고전문학과 교육』 1집, 청관고전문학회, 1999.

_____, 「17세기 소설사의 전환과 소설교육론」, 『한국학보』 96집, 일지사, 1999.

_____, 「소설의 사회 · 문화적 위상과 소설교육」, 『국어교육』 101호, 한국국어교육연구회, 2000.

김흥규, 「고전문학 교육과 역사적 이해의 원근법」, 『현대비평과 이론』, 1992 봄호, 한신문화사.

도정일, 「고슴도치와 여우, 그리고 두더지」, 『시인은 숲으로 가지 못한다』, 민음사, 1994.

류수열, 「춘향전을 가르치는 몇가지 풍경」, 『문학과 교육』 14호, 문학과 교육연구회, 2000.

박희병, 「춘향전의 역사적 성격 분석」, 『전환기의 동아시아 문학』, 창작과비평사, 1985.

엄기주, 「유가의 소설적 대응양상에 관한 연구」, 성균관대 박사학위논문, 1992.

임형택, 「흥부전의 역사적 현실성」, 『한국문학사의 시각』, 창작과 비평사, 1984.

장효현, 「구운몽의 주제와 수용사에 관한 연구」, 『김만중 문학연구』, 국학자료원, 1993.

정출헌, 「구운몽의 작품세계와 그 이념적 기반」, 『고전소설사의 구도와 시각』, 소명출판사, 1999.

_____, 「춘향전의 인물형상과 작중역할의 현실주의적 성격」, 『판소리연구』 4집, 판소리학회, 1993.

정하영, 「춘향전의 주제」, 『한국문학사의 쟁점』, 집문당, 1986.

조동일, 「흥부전의 양면성」, 『계명논총』 5집, 계명대, 1969.

_____, 「갈등에서 본 춘향전의 주제」, 『계명논총』 6집, 계명대, 1970.

_____, 『한국문학통사』 3, 지식산업사, 1984.

고등학교 교과서 구성과 고전소설 교육의 문제점

송 성 욱

[가톨릭대학교]

송성욱

현재 가톨릭대학교 국어국문학과 교수로 있다. 서울대학교 문학박사. 저서로는 『한국 대하소설의 미학』, 『조선시대 대하소설의 서사문법과 창작의식』 외 다수, 번역서로는 『구운몽』, 『춘향전』, 『사씨남정기』 등이 있다.

1. 문제제기

지금 고등학교를 다니는 학생들은 80년대 후반에 태어난 존재들이다. 이들은 인지 능력이 생기면서부터 화려한 색상과 입체감이 곁들여진 애니메이션과 게임을 체험한 세대이며, 대개는 어릴 때부터 음악, 미술에서부터 언어 논리 등 많은 부분에 대해 사교육의 감염을 받은 세대이다. 그런가하면 이들은 초등학교 시절부터 첨단 방식의 교육 매체에 익숙해져 있다.

그러한 주변 환경들에 대해 이제 막 체험하기 시작한 필자가 이런 학생들의 교육을, 그것도 이들이 상당히 낯설게 느낄 법한 고전소설 교육을 논한다는 것 자체가 어색하다.

그러나 고전소설이 중, 고등학교 학생들에게 낯설게 여겨지는 만큼이나 이에 대한 교육이 절실한 것 역시 사실이다. 고전소설을 전공하는 연구자의 자의식에서 비롯된 생각이 아니다. 고전소설이 가지고 있는 우리 삶과 문화적 원형성을 생각한다면 반드시 교육되어야 할 것이기 때문이다.

삶과 문화적 원형성을 고전소설이 담고 있다면, 그것이 교육되어야 한다는 말은 강압적 의미를 담고 있기 때문에 부절적한 용어일 수도 있다. 자연스럽게 체득되도록 해야 한다는 말이 더 정확한 의미일 수 있겠다. 그럼에도 불구하고 교육이라는 강압적 용어가 절실하게 느껴지는 것은 지금의 우리 고등학생들이 체득한 서사적 감각이 원래의 원형에서 다소 왜곡되었거나 우리 삶과는 차이가 있는 어색한 원형에서 비롯하고 있기 때문이다.

필자의 주관적 견해인지는 모르겠지만 이들은 우리의 설화, 소설에 기반한 서사 원형을 알기 이전에 '피터팬', '백설공주', '피노키오', '인어공주'와 같은 월트디즈니류의 서사 원형과 더 많은 친분을 쌓았다. '황새결송'과 같은 우리의 우화를 접하기 이전에 '이솝우화'를 먼저 접한 세대이다. 시중에 나도는 유・아동용 동화책의 구성에서 우리 이야기가 차지하는 비중이 터무니없이 적은 것을 보면 이 사실은 금방 알 수 있다.

따라서 우리는 단지 보존 가치만 존재하는 고전소설이 아니라 우리 삶과 문화의 원형으로서의 고전소설을 어떻게 교육시킬 것인가의 문제를 진지하게 생각하지 않을 수 없다. 이 문제를 해결하기 위해서는 고등학교 교육만 논할 것이 아니라 10학년 전 과정의 교육체계를 아울러 논해야 하겠지만 그것은 범위가 너무 넓을 뿐 아니라 필자의 능력밖이다.

이 글에서는 고등학교 교과서를 중심으로 고전소설 교육에 대한 몇 가지 견해를 밝혀보고자 한다.

2. 몇 가지 반성

1) 연구 경향

이 글을 준비하면서 몇 가지 연구 성과들을 검토해 보았다. 일선 현장에서 나온 논문에서 부터 연구자들의 논문에 이르기까지 고전교육 혹은 고전소설 교육과 관련된 논문이나 저서들은 어렵지 않게 찾아 볼 수 있었다.

크게 보면 고전소설 교육 전반에 대한 문제를 논하고 있는 글과 하나의 작품에 대한 교육방법을 논하고 있는 글로 대별할 수 있다.

이 연구들에서 공통적으로 인식하고 문제점으로 지적하고 있는 부분은 다음과 같다.

① 어휘 풀이에 급급한 현장 교육
② 문화론적 혹은 문학 생활적 입장에서 고전 소설을 교육할 필 요성
③ 현대적 삶과의 관련성 속에서의 고전소설 교육
④ 고전소설에 대한 학생 흥미 제고의 필요성

이런 지적에서 가장 눈여겨 볼 부분은 학생들이 고전소설에 대해 흥미가 없다는 것이다. 흥미가 없는 이유는 교과서에서 주어진 텍스트에 대한 해석의 어려움, 고전소설을 배우는 의의를 찾지 못하고 있다는 점에 있다.

어떻게 보면 참으로 당연한 논리적 귀결이라고 할 수 있다. 고전소설의 어휘는 대부분 한자로 되어 있으며, 현재의 어휘와 다른 생소한 어휘도 있으며, 문체의 리듬 또한 생경하니 읽을 수 없거나 읽어도 제대로 느낄 수 없다. 그러니 현대적 삶과의 연결은 오히려 부차적 문제일 것이다. 이 문제를 당장 해결할 방법은 아직 없는 듯하다.

한편으로 고전소설 교육과 관련된 연구 성과들 중에는 교육론과 작품론을 혼동하는 경우도 상당수 있다. 어떤 작품에 대한 교육론이라는 제목을 달고는 있지만 자세히 읽어보면 교육방법이 아니라 그 작품의 어떤 부분을 교육해야 한다는 것이 연구의 목적이다. 이때, 가르쳐야 하는 어떤 부분이란 작품의 주제나 인물의 성격과 연관이 있다. 이것은 교육방법론이 아니라 연구자가 생각하는 해당 작품에 대한 한 입장일 뿐이다. 이러한 연구 경향은 일반적인 교육방법론과 고전소설이라는 구체적 대상 사이에 놓인 거리를 좁히지 못한 결과에서 기인한다.

고전소설 전문가는 교육방법론을 잘 모르고 교육방법론 전문가는 고전소설의 특수성을 잘 몰라서 빚어진 현상이다. 이 부분에 대

해서는 우선적으로 고전소설 전문가가 먼저 반성하고 가장 효율적인 교육방법론을 찾아내야 할 것이다.

물론 고전소설 교육 방법론을 구체적으로 거론한 연구가 전혀 없는 것은 아니다. 그렇지만 이 경우도 교육부 정책과 현 교과서 체제에 대해서는 암묵적 동의를 함으로써 학교 현장과의 거리를 노정하고 있다.

이런 문제에 대한 해결은 하루 아침에 해결되지 않을 것으로 생각한다. 고전소설 전문가들이 학교 교육과 관련해서 꾸준히 고민하지 않았기 때문이다. 필자 역시 마찬가지이다. 개인적으로는 이 글이 이에 대한 지속적인 반성을 하는 계기가 되었으면 하는 바람이다.

2) 교육 목표에 대한 반성

현재 적용되고 있는 7차 교육과정은 5차나 6차 교육 과정에 비해서는 확실히 진일보한 측면을 보이고 있다. 교육자 중심의 일방적 지식 전달 중심에서 학습자 중심의 능동적 교육 활동을 강조하고 있기 때문이다. 문학 교육 역시 주제나 표현 기법, 인물의 성격 등의 정보를 일방적으로 전달하던 과거의 교육 패러다임과는 달리 학습자인 학생 스스로가 문학을 체험하는 것에 중점을 두는 방향으로 목표가 설정되어 있다.

다음은 7차 교육과정에서 밝히고 있는 문학 교육의 목표이다.

> 문학의 수용과 창작 활동을 통하여 문학 능력을 길러, 자아를 실현하고 문학 문화 발전에 능동적으로 참여하는 바람직한 인간을 기른다.
>
> 가. 문학 활동의 기본 원리와 문학에 대한 체계적인 지식을 이해한다.

나. 작품의 수용과 창작 활동을 함으로써 문학적 감수성과 상상력을 기른다.

다. 문학을 통하여 자아를 실현하고 세계를 이해하며, 문학의 가치를 자신의 삶으로 통합하려는 태도를 지닌다.

라. 문학의 가치와 전통을 이해하고 문학 활동에 능동적으로 참여하여 문학 문화 발전에 기여하려는 태도를 지닌다.

7차 교육 과정의 이 목표는 문학의 본질을 국어 문화의 한 분야인 언어 예술로 보고 일차적 목적을 '문학 능력'의 신장으로 설정하고 있다. 이때 말하는 '문학 능력'이란 학습자가 문학 현상에 능동적으로 참여하여 문학 문화를 형성하는 데 필요한 능력, 다시 말해 문학 능력은 문학 지식, 문학적 사고력, 문학 소통 능력, 문학에 대한 가치와 태도, 문학 경험 등의 총체로 규정한다.[1)]

이에 대해서는 이견의 여지가 없다. 문학이란 문학에 대한 개인의 체험을 통해 실제의 삶에서 그 효용을 발휘할 때 비로소 교육적 가치가 있다. 그렇다면 문학은 응당 학습자의 능동적 참여가 전제된 교육이 이루어져야 한다.

그런데 여기에서 발생하는 문제는 이러한 문학 교육의 목표가 고전소설 교육의 목표와 일치할 수 있는가 하는 점이다. 현재적 삶에 대한 일상성을 담지하고 있는 현대문학은 충분히 이러한 목표 설정이 가능하다고 하겠지만 고전문학 특히 고전소설의 경우에 이러한 목표 설정이 가능한지 아니면 그 목표 달성이 가능한지에 대해서는 의문이다.

---

1) 교육인적자원부, 『고등학교교육과정해설, 국어』, 2001, 301쪽 참조.

앞에서도 언급했지만 학생들이 이미 고전소설에서 거리감을 느끼고 있으며, 막상 거리를 좁히려고 하면 대상 자체가 해석되지 않기 때문이다.

다음은 고등학교 교사용 지침서에 수록된 문학 교육의 내용에 관한 부분이다.

① 문학의 기능을 안다.
② 작품의 구성요소와 그 기능을 이해한다.
③ 문학의 갈래에 따른 작품의 미적 가치를 파악한다.
④ 작가, 작품, 독자의 관계를 알고, 이를 작품 수용에 능동적으로 활용한다
⑤ 작품에 드러난 사회·문화적 상황을 파악하고, 이를 작품 수용에 능동적으로 활용한다.
⑥ 자신의 생각이나 느낌을 문학적으로 표현한다.
⑦ 한국 문학의 전통을 창조적으로 계승, 발전시키려는 태도를 지닌다.

이 내용을 자세히 살펴보면 일차적으로 고전 작품과 현대 작품을 통합적 준거 속에서 바라보려는 의도가 담겨 있음을 알 수 있다. 그런데 고전소설은 명백하게 현대의 미학적 준거와는 상당한 거리가 있다. 특히 ③ 항목의 경우, 문학의 갈래적 속성이 다를 뿐만 아니라 소설의 경우는 보다 특수한 갈래적 속성이 존재하고 있다. ④의 경우, 고전소설은 대부분 작가를 알 수 없으며, 독자층 역시 구체화되어 있지 않다. 굳이 말하자면 고전소설은 구술적 사유문화의 속성이 짙게 깔려 있다. 문자적 문화의 전형이라고 할 수 있는 현대소설과는 여러 가지 측면에서 다른 속성을 지니고 있다

는 것이다.

또 ⑤ 항목의 경우 고전소설 해석에서 있어 작품과 관련된 당대의 문화적 코드를 이해하는 것은 필수적이라고 할 수 있다. 그러나 이 부분이 말처럼 쉽게 해결되는 것은 아니다. 고전소설은 현대소설과는 달리 상호텍스트성이 훨씬 강하기 때문에 소설과 호흡한 인접 텍스트나 전고에 대한 이해가 필수적인데 현장 교육에서 이 부분에 대한 교육은 쉽지 않다. 더구나 이 부분은 학생 스스로가 해결할 수 없는 측면이 강하다.

⑦ 항목과 같이 고전소설의 전통과 계승적 측면을 강조한 대목 역시 쉽게 해결할 수 없는 부분이다. 고전소설의 미학적 기준과 당대에 차지했던 문화적 위상이 현대소설과는 상당히 다르다. 조금 극단적으로 말한다면 고전소설은 현대소설보다는 현대의 드라마와 같은 대중문화적 장르와 더 친연성이 있어 보인다.

이 항목은 고전소설의 현대적 의의를 찾는다는 목표와도 연관이 되는 부분이다. 예를 들어 <춘향전> 부분은 교과서에서 직접적으로 <춘향전>과 관련되는 현대의 영화 등 다양한 확장 학습거리를 제공하고 있다. 이를 통해 현대적 의의를 찾아보라는 것이다.

그러나 이 역시 소재론적 차원으로 귀결되는 이상론이다. <춘향전>이 오랫동안 읽혔고, 영화 등의 다양한 소재가 되었지만 더 중요한 것은 이를 통해 우리 문학, 우리 문화의 원형적 요소를 찾아내는 길이다. 고전은 '중요하다', '인기가 있다' 는 식의 일방적 각인만으로 그 의의가 찾아지는 것은 아니다.

3. 교과서의 작품 구성

1) 작품의 편재

7차 교육 과정의 국어 교과서에는 <춘향전>, <구운몽>, <허생전> 등의 작품이 수록되어 있다.[2] 단원 배치 상태를 보면 다음과 같다.

수록 작품 : <구운몽> <춘향전> <허생전>
수록 단원 : <구운몽> → 능동적인 의사 소통 : (6차) 문학의 즐거움
<춘향전> → 전통과 창조 : (6차) 작가, 작품, 독자
<허생전> → 정보의 조직과 활용 : (6차) 문학과 현실

세 작품 모두 6차 교육과정에도 수록된 작품이지만 배치된 단원에는 차이가 있다. 단원이 차이가 나는 것은 국민 공통 기본 교과로서의 '국어'에서 문학영역은 철저하게 독서활동으로 제한할 필요가 있다는 7차 교육 과정을 단원 구성 원칙에 비롯된다.[3]

이중 <구운몽>과 <춘향전>이 수록된 단원의 성격을 자세히 알아보면 다음과 같다.

---

2) <춘향전>은 어사 출도 대목, <구운몽>은 결말 부분이 수록되어 있다.

3) 7차 국어과 교과과정의 단원구성 원칙 : 국민 공통 기본 교과로서의 '국어'에서 문학 영역은 철저하게 독서 활동으로 제한할 필요가 있었다. 문학을 탁월한 역량을 가진 작가가 생산해 낸 예술로 보거나 일상 언어와 구별되는 특별한 언어 양식으로 보는 관점은 심화 선택 과목인 '문학'에서 흡수할 필요가 있고, 대신 '국어' 과목에서는 가치 있는 독서물로 한정하여 바라볼 필요가 있다. 이러한 이유로 문학 작품을 갈래와 시대에 관계 없이 하나의 단원에 비문학 제재와 나란히 통합적으로 제시하였다.

○ '능동적인 의사 소통' 단원의 구성

<구운몽>

· 작가-작품-독자의 관계

· 문학적 의사 소통 행위의 특성

· 다양성 지향의 작품 수용과 독자-작품-독자 관계

○ '전통과 창조' 단원의 구성

<춘향전>

· 전통의 내용적 특성 : 인간성 존중, 평등 사상

· 전통의 형식적 특성 : 해학적 표현, 풍자, 웃음 유발

국어 교과에서 문학 작품을 철저하게 독서활동의 일환 혹은 도구로 하겠다는 단원 구성 원칙을 감안한다면 위의 학습 항목에 별다른 이견이 있을 수 없다. 그러나 해당 작품을 배우는 학생이나 가르치는 교사의 입장에서는 비중 있는 고전 작품을 이러한 과정의 일환으로만 인식하고 넘어가지는 않을 것이다.

수록된 작품이 현대소설이라면 그 속에 잠재된 일상성으로 인해 충분히 단원 구성의 원칙에 부합할 수 있겠지만 고전소설이라면 내용과 문체가 이미 일상성과 거리가 있기 때문에 참으로 난감할 수밖에 없다. <구운몽>을 통해서 문학적 의사소통 행의의 특성을 어떻게 이해하고 학습한다는 것인지 모호하기만 하다.

구운몽	3 시간	· 일반적 의사 소통과 문학적 의사 소통의 공통점과 차이점 알기 · 문학적 의사 소통 행위의 특성 알기 · 작가-작품-독자의 관계 이해하기 · 사회 문화적 상황을 파악하여 작품 수용하기 · 작가가 자신의 생각을 드러내는 방식 이해하기 · 필자의 관점 및 의도 이해하기 · 작가의 상황과 창작 동기 파악하기 · 독후감이 다른 이유 이해하기	프리젠테이션 자료, 학습지, 독후감

위의 표는 교사용 지도서에 나오는 학습계획이다. <구운몽>은 고전소설 중에서 작가가 밝혀진 작품이기 때문에 작가, 작품, 독자의 관계를 이해하고 이를 바탕으로 문학적 의사소통의 특징을 학습할 수 있다는 전제를 둘 수 있다. 그러나 고등학교 학생들의 일반적인 수준을 감안했을 때 이 전제는 달성하기 어렵다. 물론 교사가 충분한 설명을 할 수도 있겠지만 이 단원에 주어진 시간은 3시간이다. 교과서에 수록된 지문에 대한 설명을 하기에도 부족한 시간이다. 그렇다면 <구운몽> 전체를 읽고 이와 관계되는 복잡한 문제를 학생들이 별도의 과제를 통해서 해결해야 한다는 말인데 사실상 불가능에 가깝다. <구운몽>에 내포된 문제들은 학생들이 현대에서 흔히 접할 수 있는 시사적인 문제이거나 사회적인 문제가 아니라 고차원적인 동양 사상의 영역에 속하는 것들이다. 결과적으로 학생들은 <구운몽>이 우리 소설사에서 왜 중요한 작품인지, 고전으로서 왜 훌륭한 작품인지에 대한 인식도 하지 못한 채 <구운몽>이란 작품의 제목 정도만 알고 학습을 마칠 가능성이 다분하다. 그렇다면 고전을 학습하는 원래의 목표가 상실되어 버린다.

<춘향전>의 경우는 전통과 창조 단원에 실려 있기 때문에 단원의 성격에 다소 부합되는 면이 있다. 그런데 <춘향전>을 가지고 학습해야 하는 전통의 내용적 특성과 형식적 특성이 무엇인지 또다시

모호해진다. <춘향전>이 가지고 있는 풍부한 의미와 미적 특질을 지나치게 도식화했거나 피상적으로 파악한 결과라는 것이다.

다음은 문학 교육의 목표가 뚜렷한 검인정 문학 교과서에 수록된 고전소설 목록이다.

작품	제1차	제2차	제3차	제4차	제5차	제6차	제7차	계
구운몽	4	13	5	3		10	3	38
광문자전							1	1
금오신화			2	4	7	15	18	46
박씨전	1					2	7	10
배비장전		1						1
보은기우록		1		1				2
사씨남정기	4	5			1		6	16
서동지전							1	1
성진사전					1	1		2
숙향전							1	1
심청전	6	7	4	2	1	2	3	25
양반전		2	2	3	6	11	9	33
왕랑반혼전	3	8						11
운영전					1	1	1	3
원생몽유록			1					1
유충렬전					2	1	5	8
이춘풍전		1						1
인현왕후전	2	10	4	2				18
임경업전			1					1
임진록	1	4	2	2	2	3	1	15
장끼전	1	1				1	4	7
전우치전						1		1
조웅전						1	1	2
춘향전	7	16	4	3	1	4	7	42
토끼전	6	3	1		1	3		14
허생전				1		2	3	7
호질		1			1	1	2	5
홍길동전	7	12	2	3	4	10	9	47
흥부전	5	11	4	3	6	11		40

위의 표를 보면 교과서 수록에 있어 몇몇 작품이 절대 우위를 보이고 있음을 알 수 있다. <홍길동전>, <춘향전>, <금오신화>, <구운몽>을 위시하여 <양반전>, <심청전> 등의 수록 빈도수에서 압도적인 우위를 차지하고 있다. 또 이들 작품은 1차 교과과정에서부터 7차에 이르기까지 꾸준히 수록되었음을 알 수 있다.

수록 빈도수가 높은 작품들은 한결 같이 문학사적 가치가 높은 작품이다. 그런데 이러한 작품 구성이 우리 고전소설의 가치를 제대로 반영는 결과인지에 대해서는 한번 생각해 볼만한 일이다.

이들 작품은 대개가 주제적 측면에서 비판적 의식이 돋보이는 소설이다. <춘향전>을 위시하여 <심청전>, <흥부전> 등 판소리계 소설과 박지원의 한문단편이 꾸준한 주목을 받고 있다. 특히 박지원의 한문단편은 <양반전>, <호질>, <허생전>, <광문자전> 까지 포함하면 수록 빈도가 상당한 정도에 이른다.

고전소설은 모든 작품이 주제적 측면에서 체제나 현실에 대한 비판적 입장을 견지하고 있지 않다. <유충렬전>이나 <조웅전>처럼 영웅소설을 대표하는 장르의 작품들은 이와 반대적 의식을 유지하고 있다. 이것은 고전소설이 당대에 가졌던 독특한 문화적 기능과 연관되는 일이다. 현재적 관점에서 소설의 기능을 언급하자면 분명히 비판적 의미를 거론해야 할 것이지만 고전소설은 이러한 관점으로 이해할 수 없는 측면을 대단히 많이 가지고 있다고 볼 수 있다.

만약 현대소설을 이해하는 관점에서 고전소설을 이해한다면 우리 서사문학의 전통을 왜소하게 만드는 결과가 나올 가능성이 많이 있다. <홍길동전>, <구운몽>이 창작될 당시에 중국에서는 이미 <삼국지>나 <서유기>과 같은 경쟁력 있는 작품이 나왔고, 유럽에서는 세익스피어의 작품이 출간되었다. 모두 우리 학생들에게 익숙한 작품이다. 그렇다면 이런 학생들이 우리 고전소설을 보면서 과연 어떤 생각을 지니게 될지 의심을 하지 않을 수 없다. 지나친 걱정인지는 몰라도 우리의 서사적 전통에 대한 자부심을 가지도록 교육을 해야 할 것인데, 오히려 그 역효과가 나올 가능성이 있다는 것이다.

이런 문제점을 불식시키기 위해서는 고전소설의 당대적 기능을 정확하게 인식한 다음 그에 걸맞는 작품을 선정하는 노력이 필요하다. 고전소설은 조선시대 독자들에게 대리만족의 기능을 한 측면과 윤리적 교훈서로서의 역할을 한 측면이 있다. 작품의 성격에 따라 그 기능이 다르겠지만 현실에 대한 날카로운 비판적 기능을 한 작품은 오히려 적은 비중을 차지한다.

가정이나 가문의 문제를 다룬 소설, 윤리를 정면으로 다룬 소설들 중에는 세계 어디에 내 놓아도 손색이 없는 작품들이 다수 있으며, 그것은 우리 소설이 지닐 수 있는 독특한 성향이자 장점이다. 이들 작품들이 수록되는 빈도수는 적거나 아예 수록이 되지 않았다. 고전소설의 연구가 그에 미치지 못해서 그렇다고 할 수도 있겠지만 소설의 사회적 비판 기능을 지나치게 강조하는 서구적 미학 기준에 입각해서 고전소설을 선택한 결과가 아닌지 모르겠다.4)

물론 그렇게 된다면 고전소설과 현대소설을 연속적 선상에서 이해할 수 없는 난감한 상황이 올 수 있다. 그러나 연속성만 강조해서 실상을 제대로 파악하지 못하는 것 역시 문제이다. 서사를 기반으로 하고 있는 현대의 장르가 소설만 있는 것은 아니다. 만약 고전소설의 아들이 현대소설이 아니라 다른 것이라면 차라리 연속성의 여부를 소설이 아닌 다른 장르에서 찾는 것이 더 바람직한 일이다.

---

4) 고전소설의 전반적 경향과 비교하여 어떻게 보면 이질적이라고 할 수 있는 박지원의 한문단편이 다수 수록되는 것을 보면 이런 혐의가 더욱 짙어진다.

2) 수록 지문의 문제

교과서 구성에서 소설 지문의 처리는 참으로 난감한 문제이다. 한정된 지면 속에서 소설 전체를 수록할 수 없다는 것이다. 시 텍스트라면 전체 작품을 다 수록할 수 있지만 소설은 그것이 가능하지 않다.

수록된 부분적인 장면만 가지고는 작품에 대한 효과적인 수업이 이루어질 수 없다. 한 장면이 가지고 있는 구체적인 문제를 거론해 보았자 소설 전체의 구조와 연관을 시키지 않으면 그 역시 의미가 없기 때문이다. 따라서 교사는 별도로 소설 전체를 요약하여 설명을 하거나 학생에게 소설 전체를 읽어오는 과제를 부여할 수밖에 없다.

이 점에 있어서는 현대소설이나 고전소설이나 마찬가지이다. 다만 고전소설 교육은 여기에 한 가지 난점이 더 발생한다. 학생들이 소설 문장을 원활하게 소화할 수 없다는 것이다.

① 승상(丞相)이 성은(聖恩)을 감격하여 고두사은(叩頭謝恩)하고 거가(擧家)하여 취미궁(翠媚宮)으로 옮아가니, 이 집이 종남산 가운데 있으되, 누대의 장려(壯麗)함과 경개(景槪)의 기절(奇絶)함이 완연(宛然)히 봉래 선경(仙境)이니, 왕 학사의 시에 가로되,
"신선의 집이 별로 이에서 낫지 못할 것이니, 무슨 일 퉁소를 불고 푸른 하늘로 향하리오?"
하니, 이 한 글귀로 가히 경개를 알리러라.
승상이 정전(正殿)을 비워 조서(詔書)와 어제(御製) 시문(詩文)을 봉안(奉安)하고 그 남은 누각대사(樓閣臺榭)에는 제 낭자가 나눠 들고, 날마다 승상을 모셔 물을 임(臨)하며 매화(梅花)를

찾고 시를 지어 구름 끼인 바위에 쓰며 거문고를 타 솔바람을 화답(和答)하니, 청한(淸閑)한 복(福)이 더욱 사람을 부러워할 배러라.5)

①은 국정 국어교과서에 수록된 <구운몽>의 첫 부분이다. 이 단원의 처음에는 <구운몽>에 대한 전체 줄거리가 약 2페이지에 걸쳐 요약되어 있으며, 이 지문이 어느 곳에 해당하는가에 대한 설명이 나와 있다. 줄거리와 지문 위치에 대한 설명은 적절한 구성으로 보인다. 그런데 위의 지문에 나오는 어휘들을 현재 학생들이 스스로 이해할 능력이 있는지에 대해서 의문이 든다. 전문가들이 보기에는 잘 된 번역이라고 할 수 있겠지만 학생들을 대상으로 한다면 상당히 어려운 지문이라는 생각이 든다. 현재에는 사용되지 않는 숱한 어휘들, '고두사은', '거가', '장려', '기절', '청한' 등의 어휘는 일상적으로 사용되지 않는 말들이다.6)

교육 방법에서 아무리 어휘 해석에 주안점을 두지 말라고는 하지만 일단 학생들에게 기본 텍스트를 이해시키자면 어휘 설명은 필수라고 할 수 있다. <구운몽>에 배정된 적은 수업 시수 동안 지문 이해에서부터 작품 전체에 이르는 설명과 토론이 이루어진다는 것은

5) 국정 국어 교과서
6) 이 문제와 관련해서는 검인정 교과서 <홍길동전> 지문에도 잘 드러난다. "각셜(却說) 길동이 부모를 니별ᄒᆞ고 문을 나ᄆᆡ, 일신이 표박(漂迫)ᄒᆞ여 졍쳐 업시 힝ᄒᆞ더니, ᄒᆞᆫ 곳의 다다르니, 경ᄀᆡ 졀승(景槪絶勝)ᄒᆞᆫ지라. 인가를 ᄎᆞᄌᆞ 졈졈 드러가니, 큰 바회 밋ᄒᆡ 셕문(石門)이 닷쳐거ᄂᆞᆯ 가마니 그 문을 열고 드러가니 평원 광야의 슈ᄇᆡᆨ 호 인ᄀᆡ(人家ㅣ) 즐비ᄒᆞ고, 여러 사ᄅᆞᆷ이 모다 잔ᄎᆡᄒᆞ며 즐기니 이 곳은 도적의 굴혈(掘穴)이라. 문득 길동을 보고 그 위인(爲人)이 녹녹(碌碌)지 아니믈 반겨 문 왈" (금성출판사, 두산동아, 교학사 등의 검인정 교과서 수록. 발췌된 지문은 금성출판사 간행 참고서 『꽃처럼 아름다운 문학』에 근거.)

거의 불가능에 가깝지 않을까 한다.

고전소설 어휘가 어렵다고 해서 지나치게 쉽게 현대화하여 해석하는 것도 문제이다. 고전소설은 비록 산문이라고는 하지만 율문체적 특징을 다분히 지니고 있다. 뿐만 아니라 그 율문적 특징은 한문어휘와의 적절한 조합을 통해서 이루어지고 있다. 한자와 결합된 율문적 특징을 무시한다면 고전소설을 읽는 매력이 상당 부분 떨어진다. 실제로 조선시대의 고전소설은 읽기만 한 장르가 아니라 들어서도 향유된 장르였다. 따라서 지나친 현대역은 고전소설 고유의 문체적 특징을 훼손하고, 문체적 특징을 살리면 다소 어려워진다. 번역에 대한 충분한 고려가 절실하다.

이것은 현재의 고등학교 국어 교육의 여건 상 당장 해결하기 힘든 문제이다. 그렇지만 최소한 관심을 가져야 할 일은 교과서 구성 시 고전소설 수록 지문의 현대화 정도이다. 우선 고등학교 학생들의 일반적인 어휘 수준과 개발되어야 할 정도에 대한 기준이 설정되어야 할 것이다. 이 기준에 입각해서 수록 지문의 번역 정도를 결정해야 할 것인데, 현재 이 기준이 마련되어 있지 않다. 이것은 중등학교, 초등학교로 내려갈수록 더 중요하고 시급한 문제일 터이다.

이에 대해서는 고전소설 연구자 역시 상당한 관심을 가져야 할 부분이다. 기특한 학생들이 작품 전체를 읽기 위해서 서점에 나와 보아도 무엇을 읽어야 할지 망설이기 마련이다. 교사에게 질문을 해도 속시원한 해답을 듣지 못한다. 고전소설을 가장 고전소설답게 그러면서도 쉽게 이해할 수 있도록 하는 번역의 문제에 대한 연구가 진행되어야 한다.

> ② 근읍(近邑) 수령이 모여든다. 운봉 영장(營將), 구례, 곡성, 순창, 옥과, 진안, 장수 원님이 차례로 모여든다. 좌편에 행수 군관(行

首軍官), 우편에 청령 사령(聽令使令), 한가운데 본관(本官)은 주인이 되어 하인 불러 분부하되,

"관청색(官廳色) 불러 다담(茶啖)을 올리라. 육고자(肉庫子) 불러 큰 소를 잡고, 예방(禮房) 불러 고인(鼓人)을 대령하고, 승발(承發) 불러 차일(遮日)을 대령하라. 사령 불러 잡인(雜人)을 금하라."

이렇듯 요란할 제, 기치(旗幟) 군물(軍物)이며 육각 풍류(六角風流) 반공에 더 있고, 녹의 홍상(綠衣紅裳) 기생들은 백수 나삼(白手羅衫) 높이 들어 춤을 추고, 지야자 두덩실 하는 소리 어사또 마음이 심란하구나.7)

②는 국정 국어교과서에 수록된 <춘향전>의 일부이다. 앞의 <구운몽> 지문에서 지적했던 어휘 수준의 문제가 여전히 드러나고 있다. 그러나 <춘향전>을 보면 어휘 수준에 대한 문제가 결코 쉽게 해결할 수 없다는 것이 더욱 분명해진다. <춘향전>은 판소리와 연관이 있는 소설이니 문체의 율격성이 단연 돋보이는 작품이다. 따라서 어휘나 문장을 함부로 손대면 이 율격이 훼손될 우려가 있다. 율격이 훼손된 <춘향전>을 읽는 것은 상상도 할 수 없는 일이다.

이 문제를 어떻게 해결할 수 있을까? 위의 지문에 나오는 어휘를 보면 특정 사물이나 관직과 관련된 것들이 상당수이다. 아마 학생들이 위 지문을 이해할 수 없다면 이 사물에 대한 이해가 결여되어 있기 때문일 가능성이 많다. 그렇지만 '다담', '관청색', '육고자', '승발', '차일', '육각풍류' 등의 어휘는 다른 말로도 대치하기 어려운 부분이다.

---

7) 국정 국어 교과서.

이런 어휘들은 소설 텍스트의 이해와는 별도로 조선시대의 문화를 폭넓게 이해하는 데 대단히 많은 도움을 주는 것들이다. 국사 시간을 통해서도 배울 수 없는 전통에 대한 상식의 폭을 넓히는 좋은 계기가 된다는 말이다.

이 부분은 조선시대 소설을 독서하면서 얻게 되는 큰 수확 중의 하나이다. 소설을 미학적 텍스트로서만 볼 것이 아니라 문화사적 텍스트로도 활용하자는 것이다. 이를 위해서는 교과서가 자체가 아예 그런 식으로 재구성될 필요가 있다. 지문을 수록하고 지문에 나오는 어휘 중에서 사물과 관련이 있는 부분은 별도로 삽화나 사진을 통해서 병행 수록하는 방법이 있을 수 있다는 것이다. 그렇게 된다면 지문 이해가 쉬워질뿐더러 소설을 읽는 재미 또한 배가될 것이다.

고전소설의 현대화 작업은 번역 자체에만 골몰해서는 풀리지 않는 문제들이 다수 있다. 특히 온갖 매체에 익숙한 학생들에게 효과적인 텍스트가 되기 위해서는 효과적인 정보 전달 방법까지 고안을 해야 될 것이다. 고전 읽기가 강요가 아니라 유혹으로 다가올 수 있도록 하는 방법에 대한 연구가 절실하다.

4. 교육 내용의 문제

다음은 고전소설에 대해 학생들이 공부하게 되는 일반적인 개념을 요약한 것이다. 각종 참고서나 학생들이 주로 찾는 국어교육 사이트를 보면 구체적인 작품과 관계된 부분이건 소설 전체와 관계된 부분이건 대개 이와 같은 개념들을 가지고 소설의 특징을 설명하고 있다.

① 주제 ; 유교의 영향으로 착한 사람은 복을 받고, 악한 사람은 벌을 받는다는 권선징악(勸善懲惡)의 도덕적 의식으로 이루어져 있다.

② 구성

ⓐ 평면적 구성-고대 소설의 사건은 대부분이 시간의 흐름에 따라 전개됨.

ⓑ 전기적(傳記的) 구성-주인공이 태어나서 죽을 때까지의 사건이 시간의 순서에 따라 진행됨.

ⓒ 행복한 결말-'운영전(雲英傳)'을 제외한 대부분의 작품이 행복하게 결말지어짐.

③ 인물

ⓐ 평면적 인물-인물의 성격이 처음부터 끝까지 변하지 않음.

ⓑ 주인공-주인공의 일대기라 할 정도로 비중이 크며, 그 외의 인물은 주인공을 두드러지게 보이기 위한 존재에 불과함.

④ 사건

ⓐ 우연성(전기성)-필연적 상황이나 원인 없이 우연하게 발생함.

ⓑ 비현실성-불가능한 황당무계한 사건이 갑자기 발생하는 경우가 허다함.

고전소설 전공자의 자의식인지는 몰라도 위와 같은 방식의 설명은 고전소설에 대한 잘못된 편견을 불러올 위험이 상당 부분이 잔존하고 있다. 위의 설명을 보면 고전소설은 과거의 낡은 소설이라는 결론에 도달하게 된다. 다시 말해 고전소설은 비현실적(전기적), 우연적 요소, 평면적 구성으로 이루어졌으며, 천편일률적 주제를 가지고 있는 미개한 소설이라는 결론에 도달하게 된다.

물론 현대의 미학적 관점에서 본다면 분명히 고전소설은 구성이나 문체적 측면에서 어설픈 구석이 많은 것은 사실이다. 이 점을 그대로 인정한다고 하더라도 고전소설이 가질 수 있는 고유한 미적 특질이 무엇인지에 대해서도 고려가 되어야 한다. 단지 과거에 존재한 전통이라는 사실만으로는 고전소설을 교육할 의미가 없다.

이 부분에 대해서는 보다 복잡한 논의가 필요하기 때문에 차치하더라도 우연성, 비현실성(전기성), 평면적 구성 등 최소한 재해석이 필요한 부분만이라도 따져볼 필요는 있다.

사실 고전소설은 온갖 비현실과 우연이 난무하는 작품이다. 문제는 이런 요소들에 대해 긍정적이고 적극적인 해석을 하는 자세를 견지할 필요가 있다는 것이다. 고전소설 학계에서 이런 요소들에 대한 진지한 연구 결과가 다수 나와 있다. 비현실과 우연성 역시 고유한 미학적 가치와 조선시대 당대인들에 대한 효용적 가치를 충분히 인정할 수 있다.

그런가 하면 고전소설이 시간의 역전적 배치가 일어나지 않고 인물의 성격 변화가 없는 평면적 구성이라는 설명은 편견에서 기인하는 해설이다. 고전소설에서도 시간 구성과 인물 성격에 있어 얼마든지 입체적 구성으로 해석할 수 있는 작품이 상당수 있다.

뿐만 아니라 위에서는 열거하지 않았지만 고전소설은 평민의 입장을 반영해서 탄생한 작품이며, 중국소설의 영향을 받았다고 하는 부분 역시 편견에서 기인하다. 고전소설은 평민의 입장만 반영하지 않았으며 상층 사대부의 입장을 반영한 작품도 다수 있다. 중국소설의 영향을 받은 것은 사실이지만 어디까지나 간접적 영향에 해당한다. 그에 못지 않은 우리 소설의 고유한 전통과 미적 특질이 있다. 그러나 이런 부분에 대해서는 제대로 교육이 이루어지지 않고 있다고전소설을 통해 발견하고 지향해야 할 가치가 무엇인가에 대한 다방면의 논의가 필요하다. 빈약한 고전이 아니라 풍부하고 경쟁력 있는 고전으로서의 가치 발굴이 이루어져야 한다는 말이다. 경쟁력 없는 전통이라면 굳이 계승할 적극적인 의미가 없다고 본다. 그런데 고전소설에 대한 현행 교육은 고전소설의 문화적 경쟁력을 발굴하지 못한 채 행해지고 있다. 고전소설이 성행했던 시기 이웃나라 중국에는 삼국지, 수호지, 서유기가 있었다. 그렇다면 같은 시기에 이들 작품과 맞설 수 있는 우리 소설 혹은 그 소설적 특성이 무엇인가에 대한 설명이 절실하다.

5. 제안

앞에서 언급한 내용을 토대로 고전소설 교육이 제대로 이루어지기 위해서 선행되어야 하는 몇 가지 과제를 정리하는 것으로 결론을 대신한다.

첫째, 고전을 고전으로 인식할 수 있는 별도의 분석 개념이 마련되어야 한다. 고전소설이 현대소설과 다른 미적 특질을 지니고 있고, 같은 시기 다른 나라의 소설과도 다른 특징을 지니고 있다면 이를 설명할 수 있는 틀을 별도로 마련되어야 한다. 다시 말해 한국 고전소설이 지닐 수 있는 독자적 특성과 그 특성이 지니고 있는 우리 문화적 함의에 대한 설명이 이루어져야 한다.

둘째, 작품 중심의 교육과 아울러 고전소설 전반의 문화사적, 미적 특성 중심의 교육이 필요하다. 작품론이 없는 문학 교육은 불가능할지도 모르겠지만 작품 중심의 교육에서 발생하는 문제를 해결하기 위해서는 고전소설과 관련한 전반적인 지식에 대한 별도의 교육이 이루어져야 한다. 고전소설의 내용은 학생들의 일상적 삶과도 일정정도 거리가 있으며, 평소에 잘 접하지 않기 때문에 사전 지식에 대한 강의가 수반되어야 한다.

셋째, 학생들의 고전소설 독서를 위한 정본텍스트가 마련되어야 한다. 체계적인 고전소설 학습이 이루어질 수 있도록 필수적으로 읽어야 하는 소설 목록과 그것에 대한 엄정한 현대적 텍스트의 구축 없이는 고전소설 교육이 제대로 이루어질 수 없다. 문체, 어휘, 주석 등을 종합적으로 고려하면서도 독서가 강요가 아니라 유혹으로 다가올 수 있는 정본텍스트의 구축은 무엇보다도 선행되어야 할 작업이다.

넷째, 위에서 언급한 작업들은 특정 연구자의 몫이 아니라 고전소설 학계 차원의 몫으로 인식되어야 한다. 교육 목표와 교과서 구성뿐만 아니라 개념적인 부분에 있어서 해당 학회 차원의 토론과 의견이 적극적으로 개진되어 반영되어야 한다.

다섯째, 해당 학회는 고전소설 교육과 관련된 연수시스템을 구축하여 일선 교사들을 중심으로 지속적인 재교육을 실시할 필요가 있다. 연구자가 아무리 문제를 제기해도 고등학교 교육은 역시 국어교사의 몫이다. 따라서 해당 교사와 학회의 연결 고리를 마련하여 학회는 학교 현장의 목소리를 듣고, 교사는 보다 체계적인 재교육을 받음으로써 고전소설 교육의 질을 높일 수 있을 것이다.

참고 문헌

교육인적자원부, 『고등학교 국어(상)』 교과서.
교육인적자원부, 『고등학교 국어(하)』 교과서.
『고등학교 국어(상)』 교사용지도서, 교학사.
『고등학교 국어(하)』 교사용지도서, 교학사.
교육인적자원부, 『고등학교 교육과정 해설, 국어』, 2001.

김대행, 「고전표현론을 위하여」, 『선청어문』 제20집, 서울사대 국어교육과, 1992.
김대행, 「국어과 교육 과정 분석과 수준별 교육 과정 개발」, 교육 과정 연구 14-2. 교육 과정 연구회, 1996.
김승호, 「고전소설 학습과 다각적 해독방식」, 『동악어문논집』 35집, 1999.
신재홍, 「고전산문 교육의 현황과 과제」, 한국국어교육연구회, 1997. 가을학술대회.
염은열, 『고전문학과 표현교육론』, 역락, 2000.
이상익 외, 『古典文學 어떻게 가르칠 것인가』, 집문당, 1995.
서인석, 「고전산문 연구와 국어교육」, 『국어교육』 107집, 2002.
최시한, 「고등학교의 문학교육」, 『현대비평과 이론』 제9호, 한신문화사, 1995.
최혜실, 「문학교육에 있어서 배경지식의 문제」, 『국어교육』 79 · 80, 1992.
「한국 교육 과정 · 교과서 연구회, 한국 교육 과정 변천에 관한 연구」('98 교육부 위탁 연구 과제 답신 보고), 1998.12.
한국고소설학회, 「한국 고전소설 교육의 과제와 방향」, 第68차 정기학술대회 자료집, 2005.

'문학'교과서에 나타난 고전소설 교육의 현황과 문제

-<박씨전>을 중심으로-

심 치 열

[성신여자대학교]

심치열

현재 성신여자대학교 국어국문학과 교수로 있다. 성신여자대학교 문학박사. 저서로는 『옥루몽의 작품세계』, 『신화의 세계』, 논문으로는 「<구운몽>의 현대적 계승과 변용 연구-한승원의 <꿈>을 중심으로」, 「구활자본 애정소설 <약산동대>의 서사적 측면에서 본 변모 양상-<춘향전>의 전승적 맥락을 중심으로」, 「삼국유사 소재 설화의 서사적 계승 연구-경문왕 설화를 중심으로」가 있다.

1. 들어가며

지금까지 국어 교육은 7차에 걸친 교육 정책을 거듭하면서 변모되어 왔다. 하지만 고등학교 교육뿐만이 아니라 중등, 초등 교육도 마찬가지로 과정상 영역 경계가 분명하여 '국어'라는 동일한 과목을 학습 목표로 하면서도 유기적 연계성은 미흡한 편이였다. 즉 초등학교 국어와 중등 및 고등학교 국어, 더 나아가 대학 국어는 전공자 및 교수자간의 학문적 소통 없이 철저하게 독립, 아니 단절되어 왔다. 초등학교와 중학교, 중학교와 고등학교, 고등학교와 대학에서의 교육은 반드시 학문적 연계성이 우선되어야만 학습자들이 학문적 성취 및 지적(知的)인 성숙을 키워갈 수 있기 때문에 각 과정별 학습내용은 매우 중요하다.

7차 교육과정의 개편은 초등학교 1학년부터 시작하여 고등학교 1학년 과정까지 10학년이라는 연차적 개념을 적용시키고 있다. 하지만 국어교육을 연차적으로 통일시키고, 연계시켜나가겠다는 취지와는 달리 여전히 문제가 해결된 것은 아니다. 특히 고등학교를 졸업하고 대학에서의 국어 교육도 예외는 아니다. 물론 대학의 경우는 국어교육 정책과는 다르게 운영되지만, 국어교육의 연계성에서 벗어날 수 없다. 사실 대학에 진학했을 때 학생들이 만나는 '국어'의 모습은 실로 다양하다. 우선 대학마다 크게는 필수와 선택의 문제, 국어 중 어느 영역을 중점적으로 가르치느냐에 따라 교수법과 학습법이 다르기 때문이다.

본 논문에서는 이러한 점에 주목하여 문학을 제대로 가르치기 위한 목적에서, 현재 시행 중인 고등학교의 7차 교육과정을 검토하고자 한다. 이는 대학에서 고전 교육도 예외는 아니다. 왜냐하면 계속 변모되어온 국어 정책에 의해 교육받은 학생들이 진학하기 때문에 그들이 받은 교육 내용을 간과할 수 없기 때문이다. 대학 교육다운 교육의 질적 향상을 위해서도 고등학교 교육의 실태를 정확하게 파악하여 고전에 대한 흥미 감소의 답습에서 탈피하고자 한다. 즉 고전소설 교육의 현장을 직접 들여다보고 문제점을 파악하여, 고등학교 교육뿐만이 아니라 대학교육에서도 실제적인 지침으로 활용하고자 한다.

그 하나의 일환으로 우선 고전소설을 대상으로 고등학교 문학 교과서에 수록된 작품에 관심을 갖고자 한다. 문학 영역내의 고전소설은 인문학적 사고와 전통 문화적 인식을 바탕으로 한 서사물이다. 고전소설과 관련된 강좌로, 학부뿐만이 아니라 교육대학원 강의를 하며 느꼈던 점은 고등학교 교과서 및 교육의 현황을 구체적으로 파악하여 고등학교 교육의 연장선상에서 대학에서도 교육해야 한다는 것이다. 또한 고전소설 전공자로서 고등학교 교과서에 대한 분석도 매우 필요하다고 본다. 왜냐하면 고등학교 교육에서 고전에 대한 흥미로운 학습이 뒷받침되어야 대학에서 전공으로 선택할 수 있는 기틀을 마련해 주기 때문이다. 즉 중학교와 고등학교 교육이 연계되듯이, 국문학과[1]의 경우는 특히 고등학교와 대학 교육의 연계 또한 절실하다.

지금까지 국어과 교육과정은 아래와 같이 변모를 거쳐 발전을 거듭해 왔다.[2]

1) 대부분의 대학이 학부제로 운영되고 있으나, 우리 대학은 지금까지 계속 학과제로 운영되었기 때문에 고전교육의 문제를 더 깊이 인식하게 된 계기가 되었다.

2) 홍신선 외, 『문학(상)』 교사용 지도서, (주)천재교육, 2003, 14쪽.

시기	고시 년도	하위영역	교과서	특징	비고
교수 요목기	1946	읽기, 말하기, 짓기, 쓰기 문법, 국문학사	중등국어(상중하)52년부터 고등국어 상중하로 발행	교육과정의 구성이념이나 방향없음	듣기영역 없음, 쓰기영역 강조
제1차	1955	말하기, 듣기, 읽기, 쓰기	고등국어(1, 2, 3), 문법, 작문, 고전, 국문학사	경험, 생활중심	중학교, 고등학교 문법 교과서 따로 발간
제2차	1963	말하기, 듣기, 읽기, 쓰기	고등국어, 문법, 작문, 고전, 국문학사, 한문	경험, 생활중심	국어Ⅰ, 국어Ⅱ 구분
제3차	1973	말하기, 듣기, 읽기, 쓰기 (글짓기, 글씨쓰기)	고등국어, 문법, 작문, 고전(국어사, 국문학사포함)	경험, 생활중심(전체 교육과정은 학문중심)	국어Ⅰ, 국어Ⅱ 구분. 한문 분리
제4차	1981	표현 · 이해, 언어, 문학	고등국어(1, 2, 3), 작문, 현대문, 고전, 문법	학문중심	국어Ⅰ, 국어Ⅱ구분, 국정문법(이하동일)
제5차	1987	말하기, 듣기, 읽기, 쓰기, 언어, 문학	고등국어(상, 하), 문학, 작문, 문법	영역, 기능강조	국어Ⅰ, 국어Ⅱ 구분
제6차	1992	말하기, 듣기, 읽기, 쓰기, 언어, 문학	국어, 화법, 독서, 작문, 문접, 문학	영역, 기능, 초인지 강조	화법, 독서 신설. 필수와 선택 구분
제7차	1997	말하기, 듣기, 읽기, 쓰기, 언어, 문학	국어, 국어생활, 화법, 독서, 작문, 문법, 문학	영역, 기능, 수준별 교육, 창의성 강조	필수와 선택 구분. '국어생활' 신설

제7차 교육 과정에 따르면 문학 과목은 8단위로, 50분 수업을 기준으로 1학기 17주를 기준으로 할 때 총 136시간이 된다. 물론 선택과목이긴 하지만 현재 문학 교과서는 총 18종 상하권 모두 32권이 시중에 나와 있다.

7차 국어과 교육과정 개정의 기본 방향은 '21세기 세계화, 정보화 시대를 주도할 자율적이고 창의적인 한국인 육성'을 이념으로 하면서 국어과 교육 과정의 내적 문제를 개선하기 위해 다음과 같이 기본 방향을 설정하였다.

① 학습자의 창의적 국어 사용 능력 배양을 중시하는 교육 과정
② 학습자의 의미 있는 학습 경험을 중시하는 교육 과정
③ 교육 내용의 사회적, 개인적, 학문적 적합성을 추구하는 교육 과정
④ 국어 교육의 질 향상에 기여하는 교육 과정

위에서 제시한 네 가지 교육과정의 기본 방향은 교육의 목표, 내용, 운영, 제도차원을 아우르는 것으로 21세기에 합당한 국가 및 사회적 요구를 반영한 것으로 해석할 수 있다.

이와 같은 점을 고려하여 현재 고등학교 까지 국어 교육 과정은 '국민 기본 공통 교육 과정' 10학년[3]과 '선택 중심 교육 과정' 2학년으로 구성되어 있다. 즉 초등학교 1학년부터 고등학교 1학년까지 기본 교육 과정을 마치고, 고등학교 2~3학년은 심화 선택 과정이 적용되는 것이다. 이처럼 초등학교 1학년부터 고등학교 1학년까지 연계되면서 단계별로 심화되는 수준별 교육과정이 적용되고, 고등학교 2학년과 3학년은 심화 선택하게 된다. 그 결과 고등학교에서는 '국어' 만이 필수 과목이고, '국어생활'은 일반 선택 과목, '화법', '독서', '작문', '문법', '문학'이 심화 선택 과목이 된다. 심화 선택 과목은 말 그대로 학생들이 선택할 수도 안할 수도 있는 과목들이다. 그렇지만 '문학'은 단위수가 8에 해당되는 중요한 과목으로, 학

3) 1학년에서 10학년까지의 교육 과정에서 어떤 고전소설을 어떤 학년에 어떤 목적으로 가르칠 것인가가 고전소설교육의 중요한 과제이다. 이미 시행되고 있지만 그것이 타당한지, 어떤 내용들이 지원될 수 있는지 고전소설 학계에서 따질 필요가 있다. 다음으로 검인정 교과서로 구현되고 있는 <문학>과목에서 고전소설은 적절한 위상을 차지하고 있는지, 관련 지식과 정보는 정확하고 타당한지 검토될 필요가 있다(김종철, 「한국고전소설 교육의 과제와 방향」, 고소설학회 68차 정기학술대회 자료집, 2005, 7쪽).

생들이 선택했을 때 깊이 있는 학습이 요구된다. 이를 도표화 하면 다음과 같다.

과목	제6차		제7차	
	성격	단위수	성격	단위수
국어	공통필수과목	10	국민기본공통과목	8
국어생활	×	×	일반선택과목	4
화법	과정별필수과목	4	심화선택과목	4
독서		4		8
작문		6		8
문법		4		4
문학		8		8

하지만 고등학교에서 필수 과목과 선택 과목은 선후 관계만을 갖고 있는 것은 아니다. 공통 필수 과목인 '국어'는 10학년 과목으로 고등학교에서 제일 먼저 배워야 할 것이지만, 일반 선택 과목인 '국어 생활'이나 심화 선택과목인 화법, 독서, 작문, 문법, 문학은 각각 11학년, 12학년에서만 배워야 할 필연성이 있는 것은 아니다. 국어와 국어생활 과목을 동시에 학습할 수도 있으며, 국어생활과 화법, 독서, 작문, 문법, 문학 과목을 동시에 배울 수도 있다. 내용 체계적으로 볼 때 말하기 · 듣기 · 읽기 · 쓰기 · 국어지식 · 문학 영역을 모두 다루고 있는 '국어' 과목을 심화시킨 것이 화법 독서 작문 문법 문학과 같은 심화선택과목이기 때문이다.4)

이와 같이 전개되는 큰 틀 속에 '문학'과목의 목표를 다음과 같이 설정하고 있다.5)

4) 최웅 외, 『고등학교 문학(상)』, 교사용지도서, 청문각, 2004, 25쪽.
5) 교육부, 7차 고등학교 국어과 교육과정 해설, 2001, 261쪽.

문학의 수용과 창작 활동을 통하여 문학 능력을 길러 자아를 실현하고 문학 문화 발전에 능동적으로 참여하는 바람직한 인간을 기른다.

가. 문학활동의 기본 원리와 문학에 대한 체계적인 지식을 이해한다.

나. 작품의 수용과 창작 활동을 함으로써 문학적 감수성과 상상력을 기른다.

다. 문학을 통하여 자아를 실현하고 세계를 이해하며. 문학적 가치를 자신의 삶으로 통합하려는 태도를 지닌다.

라. 문학의 가치와 전통을 이해하고 문학활동에 능동적으로 참여하여 문학 문화 발전에 기여하려는 태도를 지닌다.

위에서 제시한 목표는 문학에 관한 지식, 문학의 수행 능력, 문학에 관한 태도와 관련된 것으로 공통기본 '국어'과목의 목표와 유기적인 상관성을 지닌다고 볼 수 있다. 이러한 '문학'교과서의 공통적인 짜임새와 내용은 다음과 같다.

영 역	내 용
(1) 문학의 본질	(가) 문학의 특성 (나) 문학의 기능 (다) 문학의 갈래 (라) 문학의 가치
(2) 문학의 수용과 창작	(가) 문학의 수용과 창작 원리 (나) 문학의 수용 (다) 문학의 창조적 재구성 (라) 문학의 창작
(3) 문학과 문화	(가) 문학 문화의 특성 (나) 한국 문학의 특질과 흐름 (다) 세계 문학의 양상과 흐름 (라) 문학의 인접 영역
(4) 문학의 가치화와 태도	(가) 문학의 가치 인식 (나) 문학 활동에의 능동적 참여 (다) 문학에 대한 태도

대단원을 크게 네 가지로 분류하고, 하위분류로 위와 같은 내용을 소단원으로 구획하고 있다. 곧 지식 목표를 다룰 수 있는 문학의 본질, 수행 능력 목표를 다룰 수 있는 문학의 수용과 창작, 태도 목표를 다룰 수 있는 문학의 가치화와 태도를 기본 영역으로 설정한 것이다. 아울러 문학과 교육을 바라보는 포괄적 관점 변화를 강조하여 문학과 문화 영역을 별도로 설정하였다.[6] 이러한 짜임으로 된 문학 교과서는 지은이와 출판사가 다르더라도 공통적인 영역과 내용을 담고 있다. 교과서를 만들 때 이러한 공통적인 지침 안에서 진행되지만, 편찬자들의 전공 및 관심도에 따라 구체적인 소단원 및 작품 선정은 각기 다르게 적용된다. 이와 같은 문학 교과서의 교육과정을 전제로 다음 장에서는 고전소설로 한정하여 좀 더 구체적으로 살펴보기로 한다.

2. 단원 및 영역내의 고전소설 수록 현황

고등학교 7차 '문학'교과서[7]는 현대문학과 고전문학에 해당하는

---

6) 교육부, 7차 고등학교 국어과 교육과정 해설, 262~263쪽.

7) 뒤에 나올 도표 상의 해당 교과서 번호는 편의상 부여했으며, 그 번호에 해당하는 문학 교과서는 다음과 같다.(고전소설 작품 내용이 실제로 수록된 교과서를 대상으로 삼았다. 즉 고전소설 작품명만 제시되거나, 작품이 간단하게 설명된 것은 수록빈도에 넣지 않았다) 1. 김윤식, 김종철, 맹용재, 진중섭, 허익, 도서출판 디딤돌 2. 한계전, 신범순, 박윤우, 김송환, 노진한, (주)블랙박스 3. 조남현, 정싱배, 고세형, 장수익, 배성와, 중앙교육진흥연구소 4. 홍신선, 박종성, 김강태, (주)천재교육 5. 김병국, 윤여탁, 김만수, 조용기, 최영환, (주)게이스. 6. 구인환, 구자송, 정충권, 임경순, 하희정, 황동원, (주)교학사. 7. 우한용, 박인기, 정병헌, 최병우, 이대욱, 경종록 (주)두산. 8. 박경신, 김성수, 이용수, 안학서 (주)금성출판사. 9. 박호영, 한승주 형설출판사. 10. 김대행, 김중신, 김동환 (주)교학사. 11. 김상태, 송현호, 김혜니, 김유중, 황도경, 조혜란 도서

모든 장르를 총망라하여 교과서에서 작품을 수록하고 있다. 7차 교육과정에서 고전문학 작품은 당대의 삶과 정서를 이해하고 오늘의 관점에서 재해석할 수 있기 때문에, 훈고 주석에 치우지지 않도록 지도해야 한다고 명시하고 있다. 7차 교육 과정에서는 고전문학 작품을 지도하는 이유를 다음 세 가지로 들고 있다.[8)]

> 첫째, 고전 문학은 우리 민족의 언어적, 문화적 유산으로서 그 자체가 알아야 할 대상이기 때문이다.
> 둘째, 고전 문학과 현대 문학 사이에 내용과 형식, 표현 면에서 상동성이 있어 오늘날의 문학 활동에 직접, 간접으로 관련이 있기 때문이다.
> 셋째, 시간의 거리를 두고 대상을 접합으로써 일종의 원근법적 감각[9)]을 익힐 수 있기 때문이다.

즉 고전 문학은 작품 자체가 낯설기 때문에 작품을 이해하기 위한 수단으로 훈고 및 주석에만 관심을 기울였던 과거의 학습 방법에서 탈피하여 문학사적 연장선상에서 '문화'라는 거대 코드 안에서 작품을 학습해야 한다는 자성의 태도를 갖게 되었다. 이러한 측면에서 본다면 고전을 고전 자체로만 학습하는 것이 아니라 현대에

출판 태성. 12. 한철우, 김명순, 김충식, 남상기, 박영민, 박진용, 염성엽, 오택환 (주)문원각. 13, 김창원, 권오현, 신재홍, 장동찬 민중서림. 14. 강황구, 권형중, 김대용, 박정곤, 이준 상문연구사. 15. 오세영, 최래옥, 유학영, 남궁환, 남기혁, 류순테, 송규각, 정일형 대한교과서(주). 16. 최웅, 유태수, 김용구, 이대범 청문각. 17. 권영민 (주)지학사. 18. 박갑수, 김진영, 이숭원, 이종덕, 박기호, 지학사.

8) 교육부, 7차 고등학교 교육과정 해설, 280쪽.

9) 원근법적 감각이란 대상과의 시간적 거리를 조정하면서 다양한 관점, 방법으로 대상을 해석하는 능력을 말한다.

도 생명력을 부여하는 수용적 측면까지 배려하는 학습의 시각도 매우 절실하다고 본다.

이러한 점을 고려하여 교과서에 수록된 고전 소설 작품과 함께 현대적 수용까지를 염두하면서 각 단원별 수록된 작품을 살펴보았다.

		고전소설 작품		고전을 수용한 현대작품	
교과서	권수	단원	작품	단원	작품
1	상	문학의 특성 서사문학의 수용과 창작	심청가 이생규장전		
	하	조선시대의 문학	사씨남정기	한국문학의 성격과 특질	춘풍의 처(오태석)
2	상	문학의 구조와 수용원리	박씨전		
	하	문학의 소통과 관습 조선전기의 문학 조선후기의 문학	박타령 이생규장전 양반전, 춘향전		
3	상	소설의 수용과 창작	유충렬전		
	하	중세후기의 문화와 문학 근대여명기의 문화와 문학	이생규장전 호질, 토끼전		
4	상	소설의 인물과 성격 소설의 시점과 구성 소설의 배경과 문체 소설의 주제와 갈등	사씨남정기 춘향전 박씨전 이생규장전		
	하	근대 이행기 문학	한중록, 서동지전, 박타령		
5	상	서사의 세계/인물과 배경 서사의 세계/서술의 시각	양반전 홍보가		
	하	한글창제와 국문문학의 발달 민중의식의 성장과	이생규장전 유충렬전		

		산문문학의 융성			
6	상	문학은 무엇을 지향하는가 문학을 어떻게 창조적으로 재구성할 것인가	퇴별가(신재효본) 허생전(박지원)	문학을 어떻게 창조적으로 재구성할 것인가	허생전(채만식)
	하	한국문학의 갈래와 특질 이해하기 중세문학 근세문학	양반전 이생규장전 흥보가(박봉술)		
7	상	서사와 갈등의 세계	운영전, 홍길동전		
	하	공동체 형성과 말의 문학 개인의 각성과 총체적 진술	흥보가 사씨남정기, 유충렬전, 장끼전		
8	상	소설의 특성과 갈래 소설의 내용과 주제	제석본풀이 광문자전(박지원)		
	하	국문문학의 형성과 발전	이생규장전, 홍길동전, 박타령(신재효), 한중록		
9	상	사랑과 그리움 삶의 애환과 죽음 역사와 현실 속의 삶 웃음과 비판정신	숙향전 심청전 임진록 양반전(박지원)		
	하	조선전기의 문학 조선후기의 문학	이생규장전 홍길동전, 수궁가(박봉술)		
10	상	이야기와 허구 인물과 구성 소설의 수용과 창작	이생규장전 홍길동전 박씨전		
	하			주체적인 문학 활동	허생전(오영진)
11	상	없음			
	하	조선후기의 문학	홍계월전		
12	상	없음			
	하	조선시대의 문학 문학과 삶	양반전/홍보가(박녹주)		

			한중록(혜경궁 홍씨)		
13	상	문학활동의 가치와 태도	임진록		
	하	문학문화의 다양성 한국문학의 특질과 시대구분 조선전기의 문학 조선후기의 문학 문학 문화의 확장	홍길동전 토별가 만복사저포기 구운몽, 호질, 심청가,계축일기 춘향가		
14	상	없음			
	하	개인의 삶과 문학 역사속의 삶과 문학	예덕선생전(박지원) 장끼전, 박씨전	역사속의 삶과 문학	천둥소리(김탁환 원작,손영목 극본)
15	상	문학의 창조적 재구성 소설창작의 실제	홍보가 김현감호, 춘향전	문학의 창조적 재구성	허생전(오영진)
	하	문학문화의 특성 문학과 인접 예술의 교류 조선전기의 문학 조선후기의 문학	춘향전 심청가(판소리) 이생규장전 양반전		
16	상	소설의 특성과 주제	박씨전		
	하	조선시대의 문학	이생규장전 열녀춘향수절가		
17	상	문학작품의 주제	양반전(박지원)		
	하	조선시대의 문학 문학소통과정의 규칙과 관습	심청전 홍보가(작가미상)		
18	상	인물과 배경	사씨남정기		
	하	문화로서의 문학 조선시대의 문학	춘향전 이생규장전, 홍보가(박녹주), 양반전		

위의 표에서 작품의 수록 빈도를 보았을 때, 다시 다음과 같이 정리할 수 있다.

교과서에 수록된 고전소설 작품		수록 빈도	수록된 교과서	비고
1	이생규장전	12종	디딤돌, (주)블랙박스, 중앙교육진흥연구소, (주)천재교육, (주)케이스, (주)교학사(구인환 외), (주)금성출판사, 형설출판사, (주)교학사(김대행 외), (주)대한교과서, 청문각, 지학사(박갑수 외)	
2	흥부전	10종	(주)블랙박스, (주)천재교육, (주)케이스, (주)교학사(구인환 외), (주)두산, (주)금성출판사, (주)문원각, (주)대한교과서, (주)지학사(권영민), 지학사(박갑수 외)	
3	양반전	8종	(주)블랙박스, (주)케이스, (주)교학사(구인환 외), 형설출판사, (주)문원각, (주)대한교과서, (주)지학사(권영민), 지학사(박갑수 외)	
4	춘향전	6종 (7차례)	(주)블랙박스, (주)천재교육, 민중서림, (주)대한교과서(2단원), 청문각, 지학사(박갑수 외)	
5	홍길동전	5종	(주)두산, (주)금성출판사, 형설출판사, (주)교학사(김대행 외), 민중서림	
6	박씨전	5종	(주)블랙박스, (주)천재교육, (주)교학사(김대행 회), 상문연구사, 청문각	
7	심청전	5종	디딤돌, 형설출판사, 민중서림, (주)대한교과서, (주)지학사(권영민)	
8	사씨남정기	4종	디딤돌, (주)천재교육, (주)두산, 지학사(박갑수 외)	
9	토끼전	4종	중앙교육진흥연구소, (주)교학사(구인환 외), 형설출판사, 민중서림	
10	유충렬전	3종	중앙교육진흥연구소, (주)케이스, (주)두산	
11	한중록	3종	(주)천재교육, (주)금성출판사, (주)문원각	
12	임진록	2종	형설출판사, 민중서림	
13	호질	2종	중앙교육진흥연구소, 민중서림	
14	장끼전	2종	(주)두산, 상문연구사	
15	허생	1종	(주)교학사(구인환 외)	
16	광문자전	1종	(주)금성출판사	
17	예덕선생전	1종	상문연구사	
18	만복사저포기	1종	민중서림	
19	구운몽	1종	민중서림	
20	운영전	1종	(주)두산	
21	숙향전	1종	형설출판사	
22	홍계월전	1종	도서출판 태성	
23	서동지전	1종	(주)천재교육	
24	계축일기	1종	민중서림	
25	제석본풀이	1종	(주)금성출판사	무가이지만 서사(소설)로 봄

표에서 나타났듯이 <이생규장전> 12종, <흥부전> 10종, <양반전> 8종, <춘향전> 6종, <홍길동전> 5종으로, 이미 익숙하게 알려진 작품이 압도적으로 많이 실려 있다. 우리에게 익숙한 작품일수록 현대와의 수용과 변용은 더 활발하게 일어나고 있는데, 이는 그 창작원리 또한 다양한 층위가 내재되어 있음을 뜻한다. 또한 동일한 작품이더라도 선정된 이본, 인용된 대목 등이 어떻게 다른지도 꼼꼼하게 살펴볼 필요가 있다. 반면 대다수의 많은 작품들이 각각 1종 혹은 2종에서 수록되고 있음도 매우 이색적이다. 특히 고전소설의 대표적 작품인 <구운몽>이 1종에서만 수록되어 있는 것은 이미 '국어' 교과서에서 다루고 있기 때문이라 여겨진다. 또한 고등학교 교과서에 <홍계월전>, <방한림전> 작품[10]이 소개된 것도 매우 흥미롭다.

이 중 특히 관심을 끄는 작품 <박씨전>[11]은 총 5종 교과서에서 다루고 있다. 이 작품은 여성 영웅형 역사 군담 소설로, 당대 많은 인기를 끈 작품[12]이다. 여성인 박씨가 도술을 이용하여 병자호란을

10) 군담 소설은 전쟁에서 영웅적인 활약을 한 주인공의 행동을 소설화한 것이다. 이 중 여성 영웅 소설은 여성이 영웅적 행위를 하는 주인공으로 등장하여 국가의 전란을 극복하는 내용의 소설을 일컫는다. '박씨전'처럼 여성 영웅이 전면에 등장하지 않고 원조자로서의 역할을 담당하기도 하고, '정수경전', '홍계월전'처럼 남성으로 변장한 후 장수가 되어 전쟁을 승리로 이끄는 경우도 있다. 여성 영웅이 국가의 전란을 극복한 후 여성으로 되돌아와 일생을 살아가는 경우가 대부분이지만, '방한림전'처럼 평생을 남성으로 살아가는 특이한 소설도 존재한다(홍신선 외, 『문학(상)』, (주)천재교육, 190쪽).

11) <박씨전>은 중학교 국어 교과서(3학년2학기)에도 수록되어 있다. 여기서는 전반부 앞부분이 수록되어 있다.

12) 한 작품이 70여종이 넘는 필사본 이본을 갖고 있다는 사실은 고전소설 작품의 이본 수효가 <춘향전>과 <구운몽>에 이어 가장 많은 수에 달하는 것으로써, <박씨전>의 인기 정도를 짐작하게 한다. 또한 이 작품이 상당기간 대중적 호응을 누려왔음을 입증해 주는 것이다(장효현, 「<박씨전>의 문체의 특성과 작품 형성 배경」, 『한글』 226, 1994).

일부분 승리로 이끈 것은 당대 봉건적 질서이념으로 볼 때 고무적인 일이다. 더욱이 박씨는 주인공임에도 불구하고 추한 외모를 지니고 있다. 단순한 추모가 아닌 흉악하기 까지 한 외모이다. 이러한 박씨의 행적을 추적해 보면 다른 여성 영웅 소설과는 차별화된 개성을 갖고 있으며, 이러한 개성은 환상적 기법과도 깊은 서사적 관련성을 갖는다.

본 논문에서는 이러한 점에 주목하여 '문학' 교과서에서 과연 <박씨전>의 소설적 개성과 특성이 온전하게 학습할 수 있는 기틀이 마련되어 있는지 검토하기로 한다.

3. 〈박씨전〉의 단원 구성과 교육의 문제

<박씨전>은 약 70여종[13]의 한글 필사본이 전하고 있으며, 방각본(목판본)이나 한문본이 없는 국문소설이다. 이본에 대한 기존 연구를 종합해 보면 <박씨전>은 연구자의 분류 기준에 따라 각각 다르게 분석하고 있다. 표기방식에 따라 필사본과 구활자본 계열의 구분,[14] 작품 내용에 따라 전반부인 '추녀박씨 탈갑행운담'과 후반

---

13) 曺喜雄, 『古典小說 異本目錄』, 集文堂, 1999, 162~171쪽. 이정미, 「박씨전의 서지적 고찰」, 고려대 석사학위논문, 1993 참조(두 곳에는 <박씨전>의 전체적인 이본에 대한 서지사항이 구체적으로 잘 조사되어 있다. <박씨전>은 제목도 다양하여 <박부인전>, <박씨부인전>, <명월부인전> 등으로도 표기되어 있다).

14) 신동일(朝鮮 戰爭小說 <朴氏傳> 硏究, 陸士, 『論文集 6』, 1968)은 일사본 <박씨전>(1908), 가람본 <박부인전>(1913), 가람본 <박씨전>(1932), 국립도서관본 <박씨전>(연대 미상), 대창서원판 <박씨부인전>(1917), 조선도서주식회사판 <박씨전>(1917), 손낙범(孫洛範) 교주(校註) <박씨부인전> 등 7종은 필사본을 중심으로 한 것으로 비교적 <박씨전>의 원본에 가까운 이본들인 반면, 한성서관판 <박씨전>(1915), 한성서관 본점판 <박씨전>(1917), 박문서

부인 '병자호란 영웅치국담'을 기준으로 하되 시대배경에 따른 구분[15] 등이 있으나, 작품의 큰 골격에는 큰 차이는 없다. 하지만 이본을 특징지을 수 있는 부분적 차이는 존재한다.

이본 중 특히 구활자본인 한성서관본(1915년)에서 작품을 발간할 때, 개작을 한 사실이 주목된다. 개작 내용은 이시백의 탄생설화인 기자치성을 삽입시키고 후반부에 가서 원병장으로 간 임경업이 호국 부마를 거절하는 이야기, 왕세자 귀환담, 임장군의 타살 등 <임장군전>의 스토리를 그대로 추가시키는 반면에, 필사본에 있는 박씨의 조복짓기, 피화당 나무심기, 미녀로 변신한 후 원유회에서 비단옷과 재주 자랑하는 대목 등은 삭제되었다.[16] 그렇기 때문에 이러한 구활자본을 텍스트로 선정할 경우 선본(善本)에서 벗어나는 한계가 있다. 현전 최고본이자 선본으로 인정되는 필사본은 고려대 소장본인 <박씨젼>으로, 작품 말미에 '을미 정월 염이일 등서'라는 필사 연도가 적혀 있어서, 그 하한선을 늦춰도 1895년[17]이 되는데, 이는 필사 연도를 보더라도 적어도 1895년 이전에는 작품이 창작된 것으로 볼 수 있다. 이 작품의 창작연대는 연구자에 따라 이르면 17세기, 늦으면 19세기까지도 잡고 있다.

관판 <박씨부인전>(1917), 중앙인서관판 <박씨전>(1937) 등은 印本(구활자본)으로 후대인의 가필에 의한 것으로 추정하였다.

15) 사재동(<朴氏傳>의 形成過程, 『藏菴 池憲英 先生 古稀紀念論叢』, 1980)은 제1유형:선조, 인조대의 전, 후반부가 조화, 제2유형:세종, 세조대의 전반부와 선조, 인조대의 후반부가 합일, 제3유형:세종, 세조대의 전반부만 독립되어 있는데, 원형은 제3유형이라고 하였다. 즉 이와 같은 구분을 통해 "박씨전은 본래 허구적 서사형태로서 전기소설 내지 신괴소설의 성격을 지닌 것으로 판명"하였다.

16) 김기현, 조선 중기의 歷史小說, 『省吾 蘇在英 先生 還曆紀念論叢 古小說史의 諸問題』, 1993, 612~613쪽 참조.

17) 김기현 역주, 《박씨전/임장군전/배시황전》 한국고전문학전집 15, 1995, 138쪽.

<박씨전>은 18종의 문학 교과서 중 앞 서 도표를 통해 알 수 있듯이 총 5종의 문학교과서[18]에 수록되어 있다. 본 논문에서는 <박씨전>을 대상으로 교과서마다 동일하게 진행되는 학습목표, 전체 줄거리, 학습활동 등을 중심으로 구체적으로 살피되, 소설의 이해를 위해 작품 해석이 적절하게 적용되는지, 학습의 방법에 초점을 맞추기로 한다. 우선 <박씨전>이 교과서에서 각각 어느 대단원과 소단원에서 수록되었으며, 서사적 가치가 학습자에게 제대로 전달되는지에 대해 검토하기로 한다.

번호	출판사	대단원	소단원	수록된 이본
1	(주)교학사	소설 문학과 이야기하기	소설의 수용과 창작	고대소장 필사본
2	(주)천재교육	소설의 수용과 창작	소설의 배경과 문체	구활자본
3	(주)블랙박스	문학의 구조와 수용원리	문학의 미적구조와 문학성	덕흥서림 구활자본
4	상문연구사	문학과 삶	역사 속의 삶과 문학	필사본
5	청문각	소설의 수용과 창작	소설의 특성과 주제	?

위의 표에서 보듯이 교과서마다 대단원과 소단원을 각기 다르게 적용, 제시하였다. 또한 수록 작품에 대한 이본도 각기 다름에도 불구하고, 교과서마다 일제히 작품 후반부 중 전쟁담을 수록, 제시하고 있다. 고전소설은 텍스트가 다양하기 때문에 작품을 인용할 때 주의해야 한다. 이 작품은 이본 간의 격차가 매우 심한 편은 아니지만 원 텍스트 선정을 잘못하면 작품 해석에 오류가 생길 수 있다.

---

18) 편의상 교과서의 순서를 다음과 같이 정하고, 논문 진행 과정에서도 해당 교과서에 동일한 번호를 부여하면서 작품에 대한 구체적인 검토를 하기로 한다. 1. 김대행 외, 문학(상), (주)교학사 2. 홍신선 외, 문학(상), (주)천재교육 3. 한계전 외, 문학(상), (주)블랙박스 4. 강황구 외, 문학(하), 상문연구사 5. 최웅 외, 문학(상), 청문각

물론 이본 선정의 객관성과 정확성이 전제되어 있다면 학습자의 눈높이에 맞게 재창작된 새로운 텍스트[19]를 사용하는 것도 학습 효과를 높이기 위한 방법일 것이다. 이 때에도 이본의 정보가 명확해야 단원별 학습에 따른 변별성을 갖게 된다. 이러한 점에 주목하면서 좀 더 세밀하게 교과서의 내용을 들여다보기로 한다.

1) '학습 목표'와 수록 작품의 적합성 문제

문학 과목의 지도는 문학 교육의 목적과 목표를 달성하는데 가장 효과적인 방법으로 이루어져야 한다. 학습자의 문학 능력 신장을 위해서는 문학적 사고와 문화적 의사 소통의 본질을 고려하여야 하고 문학 문화 발전을 위해서는 문학 현상과 문학 문화의 본질을 반영하여야 한다.[20]

이러한 점을 감안하여 각 단원마다 정해진 학습목표는 반드시 교수 · 학습할 내용을 교과 과정에서 제시하고 있다. 학습목표는 단원에 따라 다를 수 있지만, 동일 작품을 대상으로 하기에 각 교과서에서 어떠한 시각으로 작품을 처리하는지 살펴볼 필요가 있다.

1. ① 소설을 즐겨 읽는 태도를 갖춘다.
   ② 소설이 주는 교훈과 감동을 자신의 삶에 반영하는 태도를 기른다.

---

19) <박씨전>은 최근에 새로운 제목인 <낭군 같은 남자들은 조금도 부럽지 않습니다>(장재화, 도서출판 나라말, 2004)라는 책으로 새롭게 출간되었다. 이 책은 전국 국어교사 모임에서 기획하고 출간한 것으로, 《활자본고전소설전집》(동국대학교 한국학연구소)에 실린 구활자본인 덕흥서림본을 저본으로 삼되, 원전을 해치지 않은 범위 내에서 '고대본'과 '명월부인전' 등 다른 판본에서 조금씩 내용을 빌려와 새롭게 꾸몄다.

20) 교육부, 7차 고등학교 국어과 교육과정 해설, 275쪽.

③ 자신의 이야기를 소설로 엮어 본다.[21)]

2. ① 소설에서 배경의 중요성과 역할을 알고, 작품의 수용과 창작에 적용할 수 있다.
   ② 작가의 개성을 드러내는 방식으로서의 문체의 의의를 알 수 있다.
   ③ 구체적인 작품에서 배경과 문체의 특성을 찾을 수 있다.[22)]

3. ① 문학의 미적 구조의 개념을 이해한다.
   ② 작품의 내용, 형식, 표현이 미적 구조에 미치는 영향을 이해한다.
   ③ 문화적 배경이 문학의 미적 구조를 결정하는 데 어떤 역할을 하는지 이해한다.
   ④ 문학의 개성과 보편성의 관계를 이해한다.
   ⑤ 문학 작품의 주제를 형성하는 맥락을 이해한다.[23)]

4. ① 문학작품은 역사를 담고 있음을 안다
   ② 역사적 현실이 어떻게 문학 작품으로 형상화되어 있는지 설명할 수 있다.
   ③ 작품을 통해 드러난 작가의 역사의식, 현실 인식을 알고 비판한다.[24)]

5. ① 소설 속의 세계와 현실 세계의 관계를 이해한다.

---

21) 김대행 외, 『문학(상)』, (주)교학사, 236쪽.
22) 홍신선 외, 『문학(상)』, (주)천재교육, 182쪽.
23) 한계전 외, 『문학(상)』, (주)블랙박스, 184쪽.
24) 강황구 외, 『문학(하)』, 상문연구사, 173쪽.

② 고전 소설에서의 개연성의 한계에 대해 안다.[25)]

위의 학습목표 중 교과서 1은 '소설문학과 이야기하기'라는 대단원 안에 '소설의 수용과 창작'이라는 소단원에 소개되었다. 여기에는 현대소설 황석영의 <삼포 가는 길>과 <박씨전>이 함께 수록되어 있다. 이 단원에서 창작하기란 텍스트간의 수용 및 변용에서 비롯되는 다시쓰기가 아니라, 학습자가 소설을 창작하는 것을 말한다. 그러나 오히려 수용과 변용의 측면에서 본다면 고전작품인 원 텍스트를 토대로 현대 작가에 의해 어떻게 재창작되는지를 검토[26)]하는 것도 흥미로운 학습 방법이라고 본다. 왜냐하면 학습자가 안고 있는 고전에 대해 부담을 어느 정도 해소시킬 수 있으며, 이러한 과정을 통해 고전문학의 가치와 위상에 대한 인식을 새롭게 할 수 있는 계기가 되기 때문이다.

교과서 2는 '소설의 수용과 창작'이라는 대단원 안에 '소설의 배경과 문체'에 해당하는 소단원에 소개되었다. 여기서는 <박씨전>을 비롯하여 손창섭의 <비 오는 날>과 아프리카 소설인 나딘 고디머(Nadine Godimer)의 <로데시아 발 기차>가 함께 수록되어 있다. 배경은 소설 속에 존재하는 자연이나 사회 현실 등 공간적인 요소는 물론 시간적, 사상적인 요소를 포괄한다. 여기에서 제시한 작품의 배경은 확연하게 드러나지만 소설의 문체에서 고전소설은 단순히 문어체라는 형식으로만 학습된다. 하지만 <박씨전>은 이른 시기에 형성된 국문 소설이면서도 사대부 여성들의 구미에 맞는 문체

25) 최웅 외, 『문학(상)』, 청문각, 129쪽.

26) 심치열, 「<구운몽>의 현대적 계승과 변용 연구」, 『고소설연구』 16, 고소설학회, 2003.12.
심치열, 「『삼국유사』 소재 설화의 서사적 계승 연구」, 『국어국문학』 139, 국어국문학회, 2005.5.

를 사용하고 있으며, 동시에 작품이 내포한 환성성은 설화적 성격을 띠고 있는 독특한 소설임을 강조해야 한다.

교과서 3은 '문학의 구조와 수용 원리'라는 대단원 안에 '문학의 미적 구조와 문학성'에 해당하는 소단원에 소개되었다. 문학작품은 작자와 독자, 작품의 내용과 형식, 소통 과정이라는 각각의 요소가 모여 미적 구조를 이룬다고 보았으며, 이러한 문학 작품의 미적 효과는 내용과 형식, 표현의 긴밀한 관계 속에서 나타날 수 있다고 하였다. 이 단원에서는 김수영의 시 <눈>과 함께 박씨전이 수록되어 있다. 하지만 여기에서는 김수영의 <눈>의 분석과는 달리 <박씨전>은 작품 인용된 지문에서 미적 구조를 찾으려는 노력이 없으며, 전쟁담만이 있을 뿐이다.

교과서 4는 '문학과 삶'이라는 대단원 안에 '역사 속의 삶과 문학' 에 실려 있다. 여기에는 <박씨전> 외에도 윤동주의 <십자가>, 백석의 <남신의주유동박시봉방>, 엘뤼아르(Paul Eluard)의 <전시에 쓴 일곱 편의 사랑의 시>, 김수영의 <눈>, 드라마 대본인 손영목의 <천둥소리>가 실려 있는데, 모두 현실 극복의 의지를 담은 작품으로 구성되어 있다고 밝히고 있다. 여기에서 <박씨전>과 함께 논의해 볼 작품은 <천둥소리>이다. 교과서에서는 총 50회 방영분 중 제 1회 방영분을 소개하고 있다. 이 작품은 김탁환의 소설인 <허균, 최후의 19일>을 각색한 드라마 대본으로, 허균의 종말을 집중적으로 다루고 있다. 두 작품 모두 현실 극복의 의지와 염원을 담고 있다는 측면에서 공통점을 찾을 수 있다.

교과서 5는 '소설의 특성과 주제'라는 대단원 안에 '소설의 특성과 주제'에 실려 있다. 여기에서는 박경리의 <토지>와 <박씨전>이 함께 수록되어 있다. 여기서는 '박씨전은 조선 시대의 병자 호란을 소재로 하여 외침을 당한 치욕을 보복하고 민족적 자긍심을 고취하려는 취지로 쓰인 군담소설이며, 토지는 구한말에서 1945년 광복까지 최 참판 댁을 중심으로 다양한 삶의 모습을 그린 대하소설이다. 이 두 작품을 감상하면서 소설의 특성을 파악하고, 허구 세계와 현실 세계의 관계를 이해해 보자'[27] 라고 서술하고 있다. 그러나 두 작품을 단순비교하기에는 많은 한계가 있다. 여기에서 특히 고전소설을 지칭하면서 '개연성의 한계'를 아는 것이 학습목표로 설정되어 있다는 사실에 놀라지 않을 수 없다. 개연성이란 고전소설을 부정적인 시각을 갖고 언급할 때 주로 사용되는 개념이다. 즉 대충 사건의 진행과정 및 결말을 추정할 수 있으므로, 문학이 갖는 긴장감이 떨어지는 상태를 말한다. 고전소설의 경우 대다수 작품들이 개연성을 모두 갖고 있는 것도 아니며, 오히려 이러한 속성에서 벗어나는 뛰어난 작품이 훨씬 더 많다. 이러한 시각으로 본다면 현대소설 역시 개연성의 문제에서 완전히 탈피할 수 없다. 즉 고전작품 혹은 현대작품의 문제가 아니라, 작품의 개별적 성향이라는 점을 주지해야 한다.

지금까지 살펴본 바와 같이 같은 단원 내에 많은 작품들이 수록되어 있다. 그러나 고전 소설의 경우 선정된 작품이 해당 학습 목표를 효과적으로 드러낼 수 있는가, 만약 선정된 작품의 타당성이 인정되더라도 작품 수록 부분은 학습 목표에 맞도록 타당한 지문인가, 더 나아가 학습 목표가 같은 단원 내에서 고전 소설 뿐만이 아니라 장르와 시대를 달리하는 타 작품들과도 공통적인 유기성의 문제에 대해서도 깊이 고민해야 한다.[28] 이러한 모든 점을 아우를 수 있는 단원 내 작품 선정이 필요하며, 이와 같은 선정 기준을 통해 학습

27) 최웅 외, 『문학(상)』, 청문각, 128쪽.

28) 이 부분은 단원별 고전과 현대를 전공하는 연구자들이 모여 깊이있는 토론을 거쳐 작품을 선정한 후 교과서를 만들어야 한다.

목표를 더욱 더 부각시킬 수 있어야 한다.

2) '전체 줄거리'와 수록된 이본의 일치성 문제

교과서가 발행될 때 마다 고전소설은 현대소설에 비해 작품을 수록하는 지면 할애가 퍽 야박하다. 물론 현대소설이 고전소설에 비해 분량 면에서 많긴 하지만, 단순히 분량만을 측정한 결과는 아니라고 본다. 고전소설의 부정적 선입견 등이 작용하여 교사나 학습자 모두 고전소설은 현대소설에 비해 어렵고 흥미가 감소되는 영역으로 치부되었기 때문이다.

이처럼 수록되는 분량이 상대적으로 적고, 이본이 많은 고전 소설은 그만큼 전체 줄거리도 매우 중요한 학습 중의 하나이다. 전체 줄거리란 어느 작품을 막론하고 작품 양과 상관없이 한두 줄에서부터 몇 장까지 쓸 수 있다. 이 때 장르적 핵심 요소인 등장인물과 사건 등이 필수적으로 들어가야 하며, 고전 소설의 경우 원 텍스트인 선본(善本)을 중심으로 줄거리가 구성되어야 한다. 하지만 교과서에서 제시한 줄거리는 각기 객관성을 확보하지 못한 채 서술되고 있으며, 이본과의 비교에서도 오류를 발견하게 된다. 그렇기 때문에 고전소설 작품을 선정한 후 전체 혹은 일부의 줄거리를 소개할 때, 작품을 꼼꼼하게 정독한 후 객관적인 정보에 의해 정리하는 일이 무엇보다 중요하다. 특히 판본을 제시했을 때 해당 판본의 특징이 드러나도록 해야 한다.

그런데 대부분의 교과서에서는 그러한 특징보다는 일반적이면서도 상식적인 측면에서 줄거리가 제시되어 있다. 물론 일반화된 줄거리도 학습자들에게 혼동을 주지 않기 위해서 신경 써야 할 부분이다. 하지만 '문학' 교과서는 심화 영역으로, 판본까지 제시되어 있고 해당 단원에 맞도록 짜여진 학습 과정이라면 해당 이본과의 긴밀성 또한 중요하다고 본다. 우선 이해를 돕기 위해 교과서에 실린 해당 줄거리를 자세하게 소개하기로 한다.

1. 조선 인조 대 금강산 박 처사는 둘째 딸의 배필이 병조 판서 이득춘의 아들 이시백 임을 알고 청혼한다. 그러나 이시백은 부인의 용모가 추한 것에 실망하여, 부인을 멀리 하였다. 그래서 박씨는 시아버지에게 청하여 뒤뜰에 피화당을 짓고, 시비 계화와 지내며, 신이한 도술로 남편을 장원 급제시킨다. 박씨는 3년 만에 액운이 끝나 추한 허물을 벗고 아름다운 자태를 드러내게 되고, 남편과 화목하게 된다. 그 뒤 중국의 용골대 형제가 3만의 병사를 끌고 조선을 침략하게 되었을 때 박씨가 뛰어난 능력을 발휘하여 오랑캐를 막아 내고 충렬 부인으로 봉해진다.[29] (고대소장 필사본)

2. (앞부분 줄거리) 조선 인조 때 박 처사는 딸을 둘 두었는데, 둘째 딸의 배필로 삼기 위해 병조 판서 이득춘의 아들 이시백에게 청혼한다. 남편은 박씨가 얼굴이 박색임을 알고 대면조차 하지 않았는데. 박씨는 시아버지에게 청하여 후원에 피화당을 짓고 시비(몸종) 계화와 지내며 기이한 도술로 남편을 장원 급제시킨다. 박씨는 3년 뒤 액운을 벗고 아름다운 자태를 드러내어 화목하게 잘 살게 된다. 그 뒤 중국의 용골대 형제가 3만의 병사를 이끌고 조선을 침략하게 되었을 때, 박씨는 남자보다 뛰어난 기상으로 오랑캐의 침입을 막아 낸다. 본문에

29) 김대행 외, 『문학(상)』, (주)교학사, 250쪽.

수록된 부분은 청나라의 침략에 맞서 싸우는 박씨의 활약상이 다.[30] (구활자본)

3. 조선 인조 때 서울 안국방에서 태어난 이시백은 어려서부터 매우 총명하고 문무를 겸하여 그 이름이 온 나라에 떨쳤다. 아버지 이 상공이 주객으로 지내던 박 처사의 청혼을 받아들여 시백은 박처사의 딸과 가연을 맺게 된다. 그러나 시백은 신부의 용모가 천하의 박색임을 알고 실망하여 박씨를 대면조차 하지 않는다. 박씨는 이공에게 청하여 후원에 피화당을 짓고 여기에서 지낸다. 박씨는 자신의 여러 가지 신이한 일을 드러내 보이지만, 시백은 거들떠보지도 않는다. 박씨가 시기가 되어 허물을 벗고 절대가인이 되자. 시백은 크게 기뻐하여 박씨의 뜻을 그대로 따른다. 이 때 중국의 가달이 용골대 형제에게 삼만의 병사를 거느리고 조선을 침략하게 한다. 그러나 박씨는 뛰어난 능력을 발휘하여 오랑캐의 목적을 꺾는다. 박씨와 이시백은 국난을 극복하고 행복한 여생을 보낸다. 교과서 수록 부분은 박씨가 영웅적 행동과 도술로 북방의 오랑캐들을 농락하는 장면이다.[31] (덕흥서림 구활자본)

4. (앞부분 줄거리) 조선 인조 때, 이득춘이 늦게 낳은 아들 시백은 어려서부터 매우 총명하고 재주가 비범하였다. 자라서 금강산 도사 박 처사의 딸과 혼인을 하였는데, 신부 박씨의 용모가 천하의 박색임을 알고는 실망하여 대면조차 하지 않는다. 박씨는 홀로 후원에 피화당을 짓고 지내면서 어진 덕과 신묘

---

30) 홍신선 외, 『문학(상)』, (주)천재교육, 184쪽.
31) 한계전 외, 『문학(상)』, (주)블랙박스, 195쪽.

한 도술로 가정을 풍족하게 하고 남편을 장원급제하게 한다. 그러던 어느 날, 박처사가 와서 액운이 다하였다고 하며 딸의 허물을 벗겨 주자. 박씨는 절세 미인으로 변신하여 온 가족의 사랑을 받게 된다. 한편 시백은 병조판서가 되어 남경에 사신으로 갔다가 임경업과 함께 가달의 난을 평정하고 귀국한다. 호왕이 조선을 침공하기에 앞서 이시백과 임경업을 죽이려고 첩자를 보내지만, 박씨가 이를 쫓아 버린다. 박씨는 시백을 통하여 호왕의 침입에 대비하도록 조정에 청했으나. 김자점의 반대로 뜻을 이루지 못한다. 마침내 호적이 침범하자 임금은 남한산성으로 피신했다가 결국 항복하고 많은 사람들이 화를 당한다. 그런 중에 적장 용골대의 아우 율대가 피화당에 침입했다가 박씨에게 죽자, 용골대가 아우의 복수를 하러 온다.[32] (필사본)

5. 인조 대왕 때 서울의 노재상 이득춘이 늘그막에 아들을 낳아 시백이라 하였다. 시백의 나이 16세에 금강산 박 처사의 딸과 결혼하였는데, 박씨는 그 모습이 흉칙하여 시아버지만이 극진히 위해 줄 뿐 남편은 물론 온 집안의 조롱과 천대의 대상이 되었다. 박씨는 할 수 없이 후원에 피화당을 짓고 시비 계화와 고독하게 지냈다. 그러나 원래 슬기롭고 도술이 탁월한 박씨는 하룻밤에 시아버지의 조복을 짓고, 비루먹은 말을 천리마로 키워 가세를 일으키고, 시백을 장원 급제시키는 등 놀라운 재주를 보인다. 그러나 그럼에도 남편의 구박과 천대는 여전하였나. 그러던 어느 날 결혼한 지 3년 만에 박씨가 허물을 벗

32) 강황구 외, 『문학(하)』, 상문연구사, 252쪽.

> 어 하룻밤 사이에 절세 미인이 되고 남편의 사랑을 독차지하게 되며 일가는 화락하게 된다. 이때 호나라 호왕이 여자 자객 기홍대를 우리나라에 잠입시켜 우의정 이시백과 의주 부윤 임경업 등을 죽이려는 것을 박씨가 미리 알고 퇴치한다. 병자호란이 일어나자 남편을 졸라 국왕에게 방비책을 진언케 했으나 그것이 좌절되자 서울에 침입한 호국 장졸을 무수히 죽여 대공을 세운다. 3차에 결친 도술전에서도 승리하고 전쟁이 끝나자 국왕은 박씨에게 절충 부인을 봉하고 많은 상을 내린다. 교과서에 수록된 부분은 박씨가 영웅적 행동과 도술로 오랑캐를 제압하여 항복받는 장면이다.[33)]

위에서 제시된 바와 같이 이본에 대한 정확한 서지를 제시한 것은 '고대소장 필사본'과 '덕흥서림 구활자본'이다. 이 외의 교과서에는 막연하게 필사본 혹은 구활자본이라고 명시되어 있고, 심지어는 이본에 대한 정보가 전혀 없는 교과서도 있다. 필사본과는 달리 구활자본(덕흥서림본)[34)]은 장회체 소설로 12회로 구성되어 있으며, 소

---

33) 최웅 외, 『문학(상)』, 청문각, 129쪽.

34) 덕흥서림본(1925년 발행)은 동국대한국학연구소에서 편찬한 『활자본고전소설전집』 제2권(아세아문화사)에 실려 있다. 이 책에는 총 9편의 작품 중 <박씨부인전>은 7번째 수록되어 있다. 그런데 작품의 줄거리를 해설하는 과정에서 "인조조 서울 안국동에 사는 이득춘이라는 선비가 있었다. 이조판서, 홍문관 부제학에 이르러 몀망이 조야에 떨쳤으나 부인 양시와 결혼한지 40년이 되어도 자녀를 두지 못하였다. 그들은 근실하던 끝에 이공이 자녀를 보기 위하여 금강산 명월암에 들어가서 7일기도를 드리고 돌아왔다. 그달부터 태기가 있어 십삭만에 해산하는데, 하늘에서 선녀가 내려와서 어린애를 받아 씻시고 천연(天緣)을 예고하고는 올라갔다. 이렇게 하여 탄생한 이시백은 성장함에 따리 위인(爲人)이 과인(過人)하였다."(xxi 쪽)라고 설명하고 있지만 정작 작품이 영인된 본문 부분에는 이러한 대목이 나오지 않는다. 이는 이미 출판하는 과정 자체에서 오류를 범한 것으로, 테스트 선정 과정에서 매우 심각한 문제를 내포하고 있음을 알 수 있다.

제목[35]도 모두 달고 있다. 곧 필사본에서 구활자본으로 넘어오는 과정에서 작품의 체제가 바뀌었다.

여기서는 이본에 대한 정확한 정보를 준 두 판본을 중심으로 학습 과정을 구체적으로 살펴보기로 한다. 실제로 모든 교과서에서는 작품의 전반부보다는 후반부에 치중하여 병자호란이 빚어낸 군담에 고정되어 있다. 작품 수록 부분도 모두 박씨가 피화당에서 호적을 물리치는 장면으로 일관되어 있다.

위의 내용 중 교과서1에 수록된 부분을 고대 소장본 필사본이라고 하면서 줄거리를 제시했는데, 박씨가 둘째딸이라는 것[36]과 충렬부인[37]이라는 줄거리 내용은 실제 해당 필사본과 다르다. 즉 실제

---

35) 제1회 이공이 선인을 만나 바둑과 퉁소로 서로 화답하며 시백이 금강산에 들어가 박씨와 成親하다. / 제2회 渾室이 신부의 貌 醜陋함을 웃으며 이공이 식견이 있어 시백을 크게 꾸짖다. / 제3회 박씨부인이 하루 밤에 조복을 짓고 삼백금으로 삼만금짜리 용마를 사다. / 제4회 大夢을 얻은 후 백옥 연적을 드리며 이시백이 과거 보아 장원급제하다. / 제5회 박부인이 一朝에 허물을 벗으며 이시백이 박대한 죄를 사례하고 금실이 흡족하다. / 제6회 여러 夫人叢中에서 박씨 재주를 나타내고 이시백이 평안감사로 있어 선치하다. / 제7회 호왕이 조선의 신인과 임경업을 두려워하여 일등 여자객을 뽑아 보내다. / 제8회 충렬부인이 혀로 기홍대를 놀래고 임경업에게 이 사유를 通寄하다. / 제9회 호병이 물밀 듯 성중에 들어오고 용골대 피화당을 엄습하다가 크게 놀람을 받다. / 제10회 神人의 도술로 적장을 죽이고 용울대 피화당을 크게 엄습하다. / 제11회 용울대 大君과 모든 부인을 노략하여 본국으로 가다. / 제12회 임장군이 路中에서 憤을 풀고 승상 부부 팔십 享壽하고 승천하다.

36) 상공더러 "내 이곳에 옴은 다름 아니오라, <u>여식(女息) 하나 두었으되</u> 나이가 이팔이요 재덕(才德)이 남에게 내리지 아니하되, 혼인은 천정(天定)이 아니면 이루지 못할 뿐 아니라, 두루 구하여 귀댁 공자만한 자가 없사오니, 허락하실까 하나이다"(김기현 역주, 고대필사본, 145쪽)-이 내용은 박처사가 이득춘에게 정혼하는 대목이다.

37) "슬프다, 박부인의 말대로 하였으면 오늘날 어찌 이 지경을 당하였으며, 만일 박부인이 남자 되었다면 어찌 호적을 두려워하리오.이제 박씨는 적수단신(赤手單身)으로 집안에 있어 호적을 승전하며 호장을 끓리고 조선 정기(精氣)를 생생케 하니, 이는 고금에 없는 바라" 하시고 무수히 탄복하시면 <u>절충부인(折</u>

수록된 작품은 필사본이지만, 줄거리 및 학습활동에서 제시한 것은 해당 판본의 개성을 드러내기에는 일치하지 않기 때문에 자료의 객관성에 많은 한계가 있다.

교과서 2와 3은 구활자본을 텍스트로 선정했다. 이 중 판본을 정확하게 제시한 것은 덕흥서림본이다. 이 텍스트는 필사본 계열을 그대로 반영한 것으로, 장회체 소설 체제로 바뀌었을 뿐 필사본 내용과 크게 다르지 않다. 다만 작품의 첫 장면은 초두에서 좀 더 구체적으로 묘사하고 있다.

> 명나라 숭정 연간에 조선국에 한 재상이 있으니, 성은 이요. 이름은 득춘이라. 이득춘은 어려서부터 학업을 힘써 문장을 성공하매 이름이 일국에 진동하고 또한 지인지감이 있는지라. 이러므로 소년등과하며 차차 승천하여 외직으로 경상감사. 물망으로 함경감사. 내직으로 좌의정을 지냈다. 상공이 집으로 돌아와 그 아들 시백에게 문필을 힘써 권하니, 사서감경과 시서백가를 무불통달하며 또한 계교와 술법이 장안에 제일이라.(고대본 필사본)
>
> 차설 이조 인조대왕 시절에 한양성내 북촌 안국방에 일위 재상이 있으되, 성은 이요, 명은 귀니[38] 어려서부터 학업을 힘써 십 세 전에 총명이 과인하여 문무재덕이 일국에 으뜸이라. 벼슬이 일국 재상에 거하여 나라를 충성으로 섬기고 백성을 인의로 다스려 위엄과 명망이 사해에 진동하더라. 상공이 인후재덕으로 귀자를 두었으되, 이름은 시백이라. 어려서부터 총명 영리하여 문일지십하고

衝夫人)을 봉하시고 만금을 상사하시며, 조서를 내려 '박씨 자손을 벼슬 주고 천추만대에 유전하라' 하사…(김기현 역주, 『고대필사본』, 215~217쪽)

38) 이처럼 작품 초반에는 이시백의 아버지가 이득춘이 아닌 '이귀'로 나온다. 하지만 박씨의 아버지 박처사와 인사소개하는 장면에서는 "나의 성은 이요, 세상 사람들이 부르기를 득춘이라 하나이다"라고 한다.

> 년광 삼오에 두목지 풍채와 문장은 이두를 압두하고 필법은 왕희지를 본받고 지혜는 제갈무후를 효칙하며 겸하여 초패왕의 용을 가졌으니, 공이 금옥같이 사랑하고 뉘 아니 칭찬하리요.(덕흥서림본 구활자본)

이처럼 두 판 본의 서두에서 보듯이 내용이 크게 달라지진 않았으나, 덕흥서림본에서는 작품 초반에 이시백의 아버지가 이득춘이 아닌 '이귀'로 나온다. 하지만 박씨의 아버지 박처사와 인사소개하는 장면에서는 "나의 성은 이요, 세상 사람들이 부르기를 득춘이라 하나이다"라고 바로 시정한다. 이는 구활자본으로 출간하는 과정에서 발생한 오류라고 볼 수 있다.

교과서 4는 단지 필사본이라고만 밝히고 있어서 학습하는데 많은 제한을 갖게 한다. 그러면서도 '늦게 낳은 아들'이라는 만득자 설정이 필사본에는 없는 대목이기 때문에 전체 줄거리에서조차 오류를 발견하게 된다. 만득자가 갖는 기자치성 화소는 구활자본에 보이는 대목이기 때문이다.

교과서 5는 텍스트를 밝히지 않았지만 줄거리상 필사본인 듯하다. 하지만 늘그막에 아들을 낳았다는 기자치성부분과 조복 짓기 및 양마득금(養馬得金) 사건은 단일 판본에서 함께 나올 수 없는 부분이다. 즉 앞에서도 언급했듯이 기자치성 부분은 구활자본에서 새롭게 들어간 후대본 양식이기 때문이다.

<박씨전>은 전반부와 후반부의 생성 연원부터 상당히 다르다. 특히 박씨가 시집와서 밥 먹는 양이 한 끼당 한 말씩 하루에 총 서 말을 밥을 먹는[39]것으로 설정되어 있다. 이는 여성 주인공을 내세

39) 이날부터 나라에서 사급(賜給)하신 쌀 서 말을 삼시에 한 말씩 내어주니, 박씨 조금도 사양치 아니하고 다 먹되 오히려 부족한 듯 하니, 그 소량과 식량

운 어느 소설에서 볼 수 없는 대목으로 <박씨전>만의 개성이자, 이 작품의 생성 연원[40]을 풀 수 있는 흥미로운 단서로도 활용된다. 이 작품의 전반부에서 박씨가 신이한 능력을 드러내는 조복 짓기, 양마득금(養馬得金) 등의 삽화는 삼국유사 소재 '선도산성모 설화', 삼국사기 소재 '온달전' 등과 유사설화이고, 여자의 아버지가 딸의 결혼 상대자와 내기를 벌이는 모티프는 주몽신화, 제석본풀이 등에 그 연원이 있다.[41] 반면 후반부는 여장군이 등장하는 서사 양식 중에서 설화의 양상과 동궤에 속하고 있었으므로 여장군 등장 설화의 하나였던 어떤 설화가 본전의 후반부로 형성되었을 것이라 짐작된다.[42] 특히 <박씨전>의 말미 기록 가운데서 보면 '이ᄎᆡᆨ의 미진ᄒᆞᆫ 말은 임경업젼의 가셔 보라' 또는 '세ᄌᆞᄃᆡ군과 죠션 인물을 본국으로 다려온 사적은 임경업젼의 잇기로 이만 긋치노라'라고 기록하고 있어, 적어도 양 작품이 동일 작가의 손에서 이루어졌거나 작품의 전후관계를 보여주는 사실만은 인정할 수가 있다.[43] 이상과 같이 작품의 생성연원 및 개성 등은 실제 작품을 토대로 심도 있게 학습

이 하해 같더라. 그 후로는 집안사람이 감히 박대치 못하고, 승상은 더욱 경대(敬待)하더라(필사본))

매일 백미 삼 두(三斗)씩 줄 것이니 자금위시(自今爲始)하여는 한 끼에 한 말씩 지어 먹이며 경의 가인들이 박대할 것이니 각별 조심하라. …이 때 박씨에게 매일 삼 두씩 밥을 지어 드리니 박씨 능히 다 먹으니 구경하는 사람들이 다 놀라며 이르기를 여장군이라 하더라(덕흥서림구활자본)

40) 김나영, 「신화적 관점에서 본 <박씨전> 소고」, 『고소설연구』 16, 고소설학회, 2003.12.

41) 김대숙, 「박씨전 연구」, 『碧史李佑成선생 정년퇴임기념 국어국문학논총』, 1990, 444쪽.

42) 여세주, 「박씨전의 구조와 후반부 연원고찰」, 『영남어문학』 13, 1986, 381쪽.

43) 소재영, 『임병양란과 문학의식』, 한국연구원, 1980, 303쪽(말미기록의 판본 중 전자는 一簑本 <박씨전>이고, 후자는 가람본 <박부인전>(서울대 소장본)이다) 이 외에 <명월부인전>에도 ' 이 책에 말을 다 마치지 못함은 일후에 임경업전에 기록하여 보게 함이러라'라고 되어 있다.

할 수 있도록 교육 환경이 조성되어야 한다.

심혈을 기울여 개편한 7차 교육과정에서 조차 많은 오류가 발견되는 것을 볼 때, 교육부의 지침과 교과서를 만드는 학자 그리고 현장에서 학습시키는 교사의 삼위일체적인 사명감이 얼마나 중요한가를 깨닫게 한다. 이런 관점에서 고전소설을 교과서에 수록할 때 가장 주의할 점이 판본 선정의 문제이며, 선정된 이본에 따른 정확한 정보를 제공해야 학습자들의 혼란을 막을 수 있다. 앞에서도 언급했듯이 교과서에는 전쟁담을 포함한 박씨의 행적을 담은 후반부의 내용에 치우쳐 있다. 그러나 <박씨전>은 박씨의 초반 행적도 매우 흥미롭게 전개된다. 도술적인 요소 및 신화적 변이형 등이 삽입되어 있기 때문에, 설화적 잔영을 그대로 간직하고 있다. 물론 병자호란이라는 치욕적인 역사적 배경도 중요하지만, 박씨가 여성이라는 점을 부각하여 당대 여성성과 함께 고전 산문의 영역내의 교섭[44]까지 살펴본다면 학습자들에게 많은 흥미를 줄 것으로 기대한다.

3) '학습 활동'과 수록 작품의 긴밀성 문제

고등학교 문학 교과서에서 학습활동은 반드시 필요한 영역으로, 학습자가 작품의 이해도 및 응용력 더 나아가 창의력까지를 기대할 수 있는 중요한 영역이다. 더욱이 7차 교육과정에서 강조한 부분이 '창의성'과 '문화'와의 접맥이다. 이러한 창의성은 문학교육 목표와도 부합된다. 뿐만 아니라 '수행평가'[45]를 적절하게 할 수 있는 모

44) 여기서는 설화 영역의 연관성을 말한다. <박씨전>은 비교적 이른 시기의 소설 작품이기 때문에 설화의 잔영이 작품 곳곳에 남아 있고. 이러한 잔영은 소설적 환상을 더욱 배가시키는 역할을 하고 있다.

둠활동도 적극적으로 참여할 수 있는 좋은 기회이기도 하다.

이러한 학습활동은 대부분 소단원 학습 내용을 정리하고, 창의적으로 응용할 수 있도록 세 가지 활동을 단계적으로 설정하였다. 단원의 성격에 따라 수행 평가도 고려하여 신축성 있게 활용할 수 있는 영역이다. 교과서마다 쓰는 용어가 다르긴 하지만 일반적으로 확인 활동, 개별 활동, 모둠 활동으로 구분된다. 확인 활동은 학습내용을 확인하는 지식수준의 단계이고, 개별 활동은 문학작품을 능동적으로 수용하는 단계며. 모둠 활동은 문학작품을 비판적으로 재생산하고 창작의 기초를 다지는 단계라고 볼 수 있다.

교과서 1의 학습활동에서는 '원리알기', '수용하기', '창작하기' 세 단계로 점차 지식의 깊이가 확대되는 활동으로 구성되어 있다. 원리알기는 원리 학습에서 학습한 내용을 제시된 제재에 적용하여 이해할 수 있는지를 묻고자 하였는데, 제재 수에 따라 문항이 설정되었다. 수용하기는 제재별 활동이 이루어지는데 2~4항목의 활동을 학습목표와 연계된 제재 학습을 하게 된다. 창작하기는 체재 수보다 1개 정도 많은 활동이 제시되어 있는데, 이는 제재별로 한 활동, 제재를 묶는 활동 하나로 구성되었기 때문이다.[46] 특히 이 교재에서는 이 단원에서 함께 수록된 현대작품과 함께 학습활동을 하도록 꾸며져 있다.

먼저 원리알기에서는 <박씨전>과 함께 <삼포가는 길>을 대상으로 다음과 같은 학습을 한다.

---

45) 대부분 고등학교에서는 고1에는 수행평가를 하고, 고 2부터는 거의하지 않는 것으로 알고 있다. 고 2, 3학생들은 수행평가 대신 중간과 기말시험에서 주관식 문제로 대치하고 있는 경우가 있다.

46) 김대행 외, 『문학(상)』, 교사용 지도서, (주)교학사, 35~36쪽.

1. 앞에서 배운 두 작품을 예로 들어 다음 사항을 설명해 보자.
   (1) 소설에서 얻은 바를 삶에 적용한다.
   (2) 소설 읽기는 그 소설을 자신의 것으로 만들기까지의 과정이다.
   (3) 소설의 이야깃거리는 자신의 경험을 기반으로 두어야 한다.
   (4) 창작 활동을 통해 창조의 기쁨을 맛볼 수 있다.

위와 같은 학습 활동에서 <박씨전>에 해당하는 예시답으로, (1) '여자이기 때문에 할 수 없다'라는 고정관념을 버리고 하고 싶은 일에 도전하겠다. (2) 능력보다 외모로 가치를 판단하는 세태를 비판했다는 점에서 예전에 창작된 것이지만 현재의 소설로도 손색이 없다. (3) 그 당시 전쟁에 패했었고 여성으로서 그렇게 활약할 수 없었던 사회적 분위기로 보아 온전히 상상력과 속시원한 표현 욕구에 의해 쓰여진 작품이다. (4) 마음 속에 있던 답답함, 열망 등을 마음껏 상상의 나래를 펴 속 시원히 풀어 내어 창작해 볼 수 있다.[47]

<박씨전>과 직접적인 관계가 되는 항목인 '수용하기'에서 다음과 같이 제시된다.

<박씨전>의 '박씨부인'[48]과 <삼포가는 길>의 '백화'를 비교하며 모둠별로 다음 사항에 대해 조사해 보자

(1) 두 주인공을 통해 추리할 수 있는 당시의 시대 상황

---

47) 김대행 외, 『문학(상)』, 교사용 지도서, (주)교학사, 279쪽.

48) 이 책(필자주:명월부인전)은 고 손낙범 교수가 1956년에 풍국학원에서 교주본을 낸 바 있는데, 무슨 이유에선지 박시본의 표제처럼 '박씨부인전'이라 개제(改題)해 놓아 후학들에게 많은 혼란을 주었다. 앞으로 필사본 <박씨전>을 다룰 때는 '박씨부인전'이란 날조된 명칭은 절대로 쓰지 말아야 하겠다(김기현 역주, <박씨전/임장군전/배시황전>, 『한국고전문학전집』 15, 고려대 민족문화연구소, 1995, 9쪽).

(2) 두 주인공이 자신이 처한 상황에 대해 대응하는 방식

(3) 여성의 지위에 대한 시대적 변천[49)]

위의 내용에 대하여 교사용 지도서에서 예시한 답으로 '(1)병자호란의 참상과 패배를 겪은 후 그에 대한 보상으로 민중들을 정신적으로나마 위로하던 시기 (2) 박씨는 상상할 수 없는 엄청난 힘과 도술을 쓸 줄 아는 여인으로, 그 재주를 살펴 적장을 농락하고 민족적 자긍심을 높이는 역할을 하는 적극적 대응 방식을 취한 인물이다. (3) 이 작품은 남존여비 사상이 팽배하던 시대에 드물게 여성을 주인공으로 설정하여 오늘날 높이 평가받는다. 하지만 이는 상상력의 소산일 뿐이고 그 당시 자신의 지위를 자신 스스로 바꾸지는 못했다.'[50)] 라고 밝히고 있다.

위의 지도서의 내용을 종합해 볼 때 지극히 상식적인 수준에서 평이한 답을 예시하고 있다. 특히 박씨의 도술적 능력은 결과도 중요하지만 도술 수법의 과정과 함께 작품 내에서 내재적 기능 또한 매우 중요하다. 즉 추물과 변신의 의미도 매우 흥미로운 요소이다. 또한 여성의 지위 역시 막연하게 남존여비 사상의 팽배로만 해석할 것이 아니라 작품의 구체적 창작 연대에 대한 학습적인 고민과 함께 유교이념의 봉건질서 체제가 조선시대 전체를 놓고 볼 때 어떠한 변화 속에 진행되었는지도 꼼꼼하게 살필 필요가 있다. 즉 한 예

---

49) 김대행 외, 『문학(상)』, (주)교학사 254쪽.

50) 김대행 외, 『문학(상)』, 교사용 지도서, (주)교학사, 280쪽.(이 지도서의 단원 마무리(283쪽)에서 '인물과 구성'에 대하여 설명하면서 인물의 성격이 고정되어있는 평면적 인물은 고전소설 주인공이며, 성장소설과 같이 성격이 상황 전개에 따라 변하는 입체적 인물은 주로 현대 소설 인물이 이에 속한다고 하였다. 이처럼 초기의 학문적 견지를 지금도 여과 없이 그대로 학습시키는데 큰 문제가 있다고 본다. 고전소설에도 입체적 인물은 얼마든지 있기 때문이다. 즉 공식화 될 수 없다는 것이다.)

를 들면 같은 조선시대라 하더라도 여성에 대한 지위가 15세기와 18세기가 다르기 때문이다. 작품에 대한 편협된 시각은 다음 교과서에서 제시한 학습활동도 크게 다르지 않다.

교과서 2 에서는 학습활동이 '내용학습', '적용학습'으로 구분되어 있다. 지면 관계상 내용학습만 살펴보기로 한다.

> 1. 이 작품에서 고전 소설의 문체적 특징을 잘 드러낸다고 생각하는 부분을 찾아 발표해 보자.
> 2. 이 소설에는 병자호란이라는 역사적 사건을 배경으로 이시백, 김자점, 최명길, 임경업과 같은 실존 인물과 박씨와 같은 허구적 인물이 등장한다. 실제 역사와 허구가 결합됨으로써 이 소설의 장점이 될 수 있는 것에는 무엇이 있는지 말해 보자.
> 3. 이 작품에 드러나는 시대적, 사회적 배경에 대해서 알아보자. 또, 이를 바탕으로 당시 우리 민족의 소망이 어떤 식으로 표출되었는지 생각해 보자.[51]

이 교과서의 학습활동에서 특히 주목할 것은 문체적 특징에 대한 학습이다. 그러나 교사용 지도서에서는 문체적 특징을 현대소설과 고전소설의 단순한 차이에서 출발하고 있다.[52] 지도서에서 '문어체의 사용, 같은 단어나 어구의 반복'을 고전소설의 문체적 특징이라고 보았는데, 그렇다면 굳이 <박씨전>이 아니더라도 고전소설이면

---

51) 홍신선, (주)천재교육, 191쪽.

52) 이 활동은 구체적인 작품 감상을 통해 작품의 문체적 특징을 찾아보기 위하여 마련되었다. 고전소설이 갖는 문체의 특징을 파악하고 현대 소설의 문체의 특징과 비교해 보도록 한다. 교사는 먼저 고전 소설의 문체적 특징에 대해 배경 지식을 제공해 주어 고전 문체에 생소하기 마련인 학생들의 학습에 실질적인 도움을 주도록 한다(홍신선 외, 교사용 지도서, 천재교육, 235쪽).

모두 적용된다. 특히 이러한 단순논리는 기존에 답습되어 왔던 고전소설에 대한 부정적 시각에서 여전히 벗어나지 못하고 있다. 많은 고전 작품 중 <박씨전>을 문체적 특징이 드러나는 단원에 수록했다면, 타 작품에서 볼 수 없는 <박씨전>만의 개성적 문체와 연결하면서 설명되어야 한다. 한 예를 들면 <박씨전>은 원본이 국문임에도 불구하고 작품 전체에 걸쳐 '한문 역어체'의 문체를 보여준다. 즉 한문을 번역한 듯한 문어체의 문체라는 뜻이다. 이는 판소리계 소설과도 상당히 차별화된다. 이러한 점에 주목하여 이 작품의 향유층을 사대부 가문의 여성독자에게 주로 읽혀진 것으로 여겨진다. 비교적 완화된 한문 역어체의 문체라는 점과 한문본 이본이 전혀 없다는 사실이 이를 방증 한다.[53] 또한 방각본도 없는 상태에서 필사본으로만 구성되었음에도 많은 이본이 있다는 중요한 사실도 잊어서는 안 된다.

교과서 3은 작품 9회와 11회 내용을 제시한 후, 학습활동[54]을 다음과 같이 진행시키고 있다.

> * 학습활동(1)
>
> 1. 이 소설은 병자호란이라는 역사적 사건을 배경으로 하고 있다. 이와 관련해서 다음 활동을 해 보자.
>   (1) 이 작품이 본래의 역사적 사실과 일치하는 부분은 어떤 것이며, 다른 부분은 어떤 것인지 역사적 자료를 조사하여 정리해 보자.
>   (2) 이 작품의 허구적 내용과 역사적 사건을 바라보는 작자의 입장과는 어떤 관련이 있는지 말해 보자.

---

53) 장효현, 앞의 논문, 90~91쪽.
54) 한계전, (주)블랙박스, 191쪽. 194쪽.

2. 작자가 소설의 주인공을 여성으로 설정한 까닭은 무엇인지 생각해 보자.

* 학습활동(2)

1. 이 소설은 주인공인 박씨 부인의 용맹스런 활약상을 그리고 있다. 작품 전체를 읽어보고, 사건의 전개 과정을 정리해 보자.
2. 하나의 가상적 영웅을 설정하여 위와 같은 소설을 쓴다고 가정하고 다음 사항에 대하여 모둠별로 토론해 보자.

활동과정 · 주인공의 성별, 성격, 환경, 외모, 능력 등
· 소설의 시 · 공간적 배경
· 소설의 축이 되는 사건

위와 같은 학습활동을 수행하기 위해서는 작품 전체가 제공되는 것이 우선되어야 한다. 이 교과서에서는 덕흥서림 구활자본을 주 텍스트로 하고 있다. 교사가 이 판본 전체를 학습자가 알기 쉽도록 미리 자료를 제공해 주어야 하는데, 현장에 있는 교사 역시 고전소설을 전공하지 않았다면 이 역시 쉽지 않다. 더욱이 이 판본은 현재 학습자의 눈높이에 맞게 현대적으로 다시쓰기를 한 작품을 구하기가 쉽지 않다. 그렇기 때문에 학습활동이 제대로 실천되기 위해서는 교과서를 만든 출판사와 고전 연구자의 역할이 매우 중요한 것이다. 즉 판본에 대한 보충 자료를 기본적으로 제시해야 실행 가능한 활동들이다.

교과서 4 는 확인활동, 개별활동, 모둠활동 등을 통해 다음과 같은 학습을 한다.

(1) <박씨전>과 <산성일기>에 형상화된 병자호란은 어떻게 다른지 말해 보자.(확인활동)

(2) 이 작품에서 승리의 주인공을 여자로 설정한 까닭은 무엇인지 말해보자(확인활동)

(3) 박씨의 승리는 당대의 독자들에게 굴욕감을 극복하고, 승리의 쾌감을 느끼게 했을 것이다. 이를 참고로 역사적 현실에 대한 문학의 의의를 정리해 적어 보자.(개별활동)

(4) 다음 차례에 따라 짧은 이야기를 한 편 만들어 보자 (모둠활동)

· 자신이 고통스럽거나 수치스럽게 여기고 있는 일은 무엇인지 그 상황을 간략히 적는다.

· 그 상황에서 어떻게 행동하면 가장 속이 후련하겠는지 상상한다.

· 상상한 상황과 행동을 친구에게 들려주는 이야기 형식으로 쓴다.[55]

위의 학습활동은 '역사 속의 삶과 문학'이라는 소단원에 적합하게 잘 짜여져 있다. 또한 <박씨전>과 함께 학습할 수 있는 작품으로 <산성일기>를 제시하였다. <산성일기>는 병자호란의 축약적 기록이다. 그 형식으로 보아 남한산성이 포위되어 청군에 항복되기까지 약 50여 일 간의 사실이 일기의 형태를 빌어 집중적으로 기록된 것이며. 이러한 일기체 내용이 작품 첫머리에 노라치(청태조)가 용호장군이 된 사실에서 비롯하여 그 아들 홍타시(청태종)가 출생한 이야기 등을 덧붙이고 있다.[56] 이러한 기본 내용을 토대로 심화된 학습활동을 하기 위해서는 위에서 언급한대로 두 작품 모두 내용을 충실하게 파악할 수 있는 텍스트가 학습 환경에 구비되어 있을 때, 두 작품간의 내용 및 장르상의 차이를 이해할 수 있을

55) 강황구 외, 『문학(하)』,. 상문연구사, 257~258쪽.
56) 소재영, 앞의 책, 331쪽.

것이다.

교과서 5는 '내용 다지기', '목표 다지기', '내 것 다지기'라는 과정을 통해 학습 활동을 유도하고 있다. 내용 다지기는 작품의 내용을 이해하고 문학의 원리와 지식을 학습하도록 하는 활동이고, 목표 다지기는 각 작품의 학습목표를 구체화하여 익힐 수 있도록 구성된 활동이다. 내 것 만들기는 다른 작품으로 시야를 넓혀 문학의 윤리와 지식을 적용해 보도록 하는 활동이다.[57] 여기에서도 타 교과서와 마찬가지로 박씨의 활약상과 역사적 인식 내에서 학습하도록 골격이 짜여져 있다.

이상과 같이 <박씨전> 수록 교과서를 중심으로 학습활동을 구체적으로 살펴보았다. 단원이 각각 다르게 설정되어 있더라도 이 작품은 대부분 병자호란이라는 역사적 상황에 초점이 맞춰져 있었으며, 작품 인용도 단원의 성격과 상관없이 대부분 후반부에 집중되어 있다. 그런데 이러한 학습활동을 하기 위해서는 텍스트의 문제를 해결하지 않고는 불가능하다. 즉 박씨전 작품을 실제로 정독하는 일이 가장 시급하다. 이는 고전 소설 영역 전반에 해당되는 사안이기도 하다. 작품을 읽지 않고 학습을 지도한다면 이는 문학이 아닌 지식 전달에 불과하기 때문이다. 이러한 문제점은 고등학교 현장에서 가르치는 교사의 책임뿐만이 아니라 고전소설을 연구하는 모든 이들의 공동 책임이며 앞으로 개선해야 할 첫째 목표이다.

57) 최웅 외, 『문학(상)』 교사용 지도서, 청문각, 38쪽. (지면상 활동 내용은 생략한다.)

4. 나오며

고전소설은 '고전'보다 '소설'에 더 큰 비중을 둬야 한다. 그러나 고전소설은 '소설'보다 '고전'에 더 큰 무게를 두고 부담스러워하는 것이 현실이다. 또한 고전소설은 지식을 전달하기 위한 수단이 아니라 작품을 감상하는 문학이다. 하지만 현재 고전소설은 감동의 체험이 아니라 지식적인 것을 단순히 학습하는 것으로 전락하였다.

이러한 인식은 제1차 교육과정부터 제 7차 교육과정에 이르기 까지 고전의 방향성에서 볼 때 크게 달라지지 않았다. 물론 7차에서는 문학의 차원을 넘어 문화적 차원까지 바라보며, 전통과 문화의 정체성, 문학의 통시적 시각 등으로 변모를 꾀하고 있으나, 교육 현장에서는 여전히 실효를 거두지 못하고 있는 실정이다. 이러한 책임은 대학에서 전공 및 연구하고 있는 학자들의 몫도 포함된다. 특히 현재의 고등학교 학습자에게는 학습내용 및 학습과정이 달라져야 한다. 그러기 위해서는 현장에 있는 교사뿐 만이 아니라 대학에서 교육하는 전공자들이 고전 문학 교육에 대한 사명감을 갖고 체계적인 수정 및 보완이 필요하다.

그러기 위해서 첫째, 백번 강조해도 지나치지 않는 것이 바로 '고전 소설 읽기'이다. 고전 소설은 언제부턴가 작품을 실제로 읽지 않고도 학습이 가능한 영역이 되어버렸다. 사실 현장에 있는 교사들조차 작품 전체를 꼼꼼하게 정독하고 수업에 임하는 경우가 드물다. 이러한 결과를 초래한 것은 텍스트의 부재이다. 대학에서 자주 접하는 텍스트가 아닌, 고등학교 눈높이에 맞는 텍스트의 개발이 절실하다. 여기서 개발이라 함은 원 텍스트 중 선본을 정한 후, 그 선본을 대상으로 학생들이 쉽게 이해하고 흥미를 가질 수 있도록 깊이 연구한 결과물을 말한다. 요즘 이러한 인식을 자각하면서 여러 작품들이 재생산되고 있는 것은 늦은 감이 있지만, 그래도 퍽 고무적인 일이라고 본다.

둘째, 교과서와 교사지도서의 관계이다. 본 논문을 준비하는 과정에서 교사 지도서를 살펴보니, 고전소설 전공자가 집필자인 경우와 그렇지 않은 경우는 작품 해석 및 분석에 있어서 상당한 차이가 있음을 알 수 있었다. 고전문학이라고 하더라도 산문과 시가 전공 영역은 고전과 현대의 영역만큼 지식의 소통측면에서 많은 차이가 있다. 그렇기 때문에 고전문학을 대표하는 장르인 고전소설 전공자가 교육적 사명감을 갖고 교과서 작업에 동참하는 것이 오류를 최소화할 수 있다. 그래야만 작품 수록 이본의 문제, 작품 인용 대목의 문제, 주제와 관련된 문제, 역사적 사실과 관련된 문제, 여성성과 관련된 문제. 작품 자체의 해석의 문제, 해당 단원과 인용부분의 적합성의 문제 등이 어느 정도 해결될 것으로 본다.

셋째, 교사지도서와 현장에서 실제 교육의 연관성이다. 교사지도서가 전문성, 세밀성, 구체성 등을 구비하고 있더라도 현장에서 교사들에 의해 채택, 학습되지 않으면 무용지물이 되고 만다. 이는 고전문학 분야이기 때문에 더욱 더 그렇다. 왜냐하면 현장에 있는 교사도 학생들과 마찬가지로 고전보다는 현대에 더 익숙해 있기 때문이다. 고전에 대한 흥미성의 부각은 학생과 교사 모두 적용되는 시급한 문제라고 본다. 이러한 원초적인 걸림돌을 해결하기 위해서는 학습자의 눈높이에 맞는 학습 개발안이 적용되어야 한다.

참고 문헌

<박씨부인전>, 덕흥서림본.

<박씨전>, 한성서관본.

김기현 역주, 《박씨전/임장군전/배시황전》 한국고전문학전집 15, 1995.

장재화, <낭군 같은 남자들은 조금도 부럽지 않습니다>, 도서출판 나라말, 2004.

교육부, 7차 고등학교 국어과 교육과정 해설, 2001.

교육부, 7차 고등학교 교육과정 해설, 2001.

강황구 외, 문학(하), 교사지도서, 상문연구사.

강황구 외, 문학(하), 상문연구사.

김대행 외, 문학(상), (주)교학사.

김대행 외, 문학(상), 교사지도서, (주)교학사.

최웅 외, 문학(상), 교사지도서, 청문각.

최웅 외, 문학(상), 청문각.

한계전 외, 문학(상), (주)블랙박스.

한계전 외, 문학(상), 교사지도서, (주)블랙박스.

홍신선 외, 문학(상), (주)천재교육.

홍신선 외, 문학(상), 교사지도서, (주)천재교육.

곽정식, 「박씨전에 나타난 여성의식의 성격과 한계」, 『국어국문학』 126, 국어국문학회, 2000.

김기현, 「조선 중기의 歷史小說」, 『省吾 蘇在英 先生 還曆紀念論叢 古小說史의 諸問題』, 1993.

김나영, 「신화적 관점에서 본 <박씨전> 소고」, 『고소설연구』 16, 고소설학회, 2003.12.

김대숙, 「박씨전 연구」, 『碧史李佑成선생 정년퇴임기념 국어국문학논총』, 1990.

김미란, 『한국소설의 변신 논리』, 태학사, 1998.

사재동, 「<朴氏傳>의 形成過程」, 『藏菴 池憲英 先生 古稀紀念論叢』, 1980.

소재영, 『임병양란과 문학의식』한국연구원, 1980.

신동일, 「朝鮮 戰爭小說 <朴氏傳> 硏究」, 陸士, 『論文集 6』, 1968.

심민호, 「<박씨전>에 나타난 환상성과 그 의의」, 『우리말글』 30, 우리말글학회, 2001.

심치열, 「『삼국유사』 소재 설화의 서사적 계승 연구」, 『국어국문학』 139, 국어국문학회, 2005.5.

______, 「<구운몽>의 현대적 계승과 변용 연구」, 『고소설연구』 16집, 고소설학회, 2003.12.

여세주, 「<朴氏傳>構造와 後半部의 淵源 考察」, 『韓國言語文學』 13.

______, 「<박씨전>의 구조와 후반부 연원고찰」, 『영남어문학』 13, 1986.

윤경수, 「고소설과 국조신화의 변신모티프 연구」, 『比較文化研究』 9, 부산외국어대학교 비교문화연구소, 1988.

이원수, 「<박씨전>에 나타난 여성관」, 『어문학』 제71집, 한국어문학회, 2000.

이정미, 「<박씨전>의 서지적 고찰」, 고려대 석사학위논문, 1993.

이지영, 「織物神의 傳承에 관한 試論的 研究-옷 · 베짜기 신화소를 중심으로-」, 『口碑文學研究』 제14집, 한국구비문학회, 2002.6.

임재해, 「설화에 나타난 여성주의다운 상상력 읽기와 민주의 여성인식」, 『口碑文學研究』 제12집, 2001.

장효현, 「<박씨전>의 문체의 특성과 작품 형성 배경」, 『한글』 226, 한글학회, 1994.

曺喜雄, 『古典小說 異本目錄』, 集文堂, 1999.

최원오, 「서사무가에 나타난 여성의 형상」, 『口碑文學研究』 제9집, 1999.

판소리에 대한 국어교육적 접근

-<흥보가>를 중심으로-

류 수 열

[전주대학교]

* 이 글은 『판소리연구』 제9집(판소리학회, 1998)에 실린 내용을 수정・보완한 것이다.

류수열

현재 전주대학교 국어교육과 교수로 있다. 서울대학교 교육학 박사. 문학 교육 및 고전문학 강의.

1. 논의의 전제

교육적 가치라는 말의 의미를 넓게 본다면, 이 세상의 모든 삼라만상은 교육적 가치를 갖는다. 반면 교사(反面敎師)라는 말도 있듯이, 교육은 반드시 바람직하고 올바른 것을 통해서만 이루어지지는 않기 때문이다. 그러나 교육에는 의도성과 가치 지향성이 개입된다는 공리를 감안한다면, 이 세상 모든 것이 교육의 대상 혹은 제재가 되는 것은 아니다. 제도로서의 교육은 특정한 사회와 시대가 요구하는 바에 비추어 가장 바람직하다고 인정된 가치를 지향하게 되며, 따라서 교육 내용을 선택하고 배제하는 과정에는 의도성이 개입되지 않을 수 없다. 그 의도성은 교육 내용의 선택과 배제는 물론, 교육 제도, 교육 과정, 교육 방법 등 교육의 총체적인 국면에서 작용하게 된다. 따라서 현재 우리가 교육 현장에서 교수-학습되는 모든 지식과 경험, 활동, 제재 등등은 그 교육적 가치를 공적으로 인정받은 것으로 치부해도 무방할 것이다.

이런 점에서 판소리를 교육하는 일은 필요한가, 그리고 가능한가 하는 질문은 우문이기 쉽다. 왜냐하면 판소리가 하나의 실재로서 엄연히 존재할 뿐만 아니라, 판소리 교육도 하나의 현상으로서 실천되고 있기 때문이다. 그럼에도 불구하고 이러한 질문을 던지는 이유는 판소리 자체의 가치와 그것의 교육적 가치가 동일하지는 않을 것이기 때문이다. 더욱이 교육 일반의 차원이 아니라 개별 교과의 차원에서 판소리가 교육되어야 하는 당위성에 대해 말하자면 문제는 한층 복잡해진다. 그것은 일단 교육의 제재가 개별 교과의 교육 목표에 부합해야 하기 때문이다. 판소리가 아무리 우수한 민족문화적 의의나 가치를 가진다고 할지라도, 그것이 '국어교과'의 차원에서 다루어지기 위해서는 최소한 국어교육의 본질과 목표에 부합하는 자질을 갖추고 있음이 입증되어야 하는 것이다.

그러나 우리는 판소리의 국어교육적 가치와 필요성에 대한 충분하고 타당한 교육론적 근거를 확보하지 못하고 있는 것으로 보인다. 물론 '민족 문화의 계승과 창조'라는 명분이 교육 일반의 층위에서나 국어교육의 층위에서 작용하지 않는 바는 아니나, 그것은 '전통'이라는 말과 함께 당위로서 그 지배력을 행사해 왔다. 그러나 어떤 당위를 앞세우는 교육은 자칫 내용 없는 국수주의로 흐를 위험마저 있다. 이제는 그러한 당위가 실질적인 근거들로 뒷받침되어야 할 필요가 있는 것이다. 판소리를 국어교육적 구도를 통해 살펴야 할 필요성은 일차적으로 이러한 사정에서 비롯된다. 이는 판소리를 국어교육의 본질에 비추어 조망하겠다는 뜻이다.

그런데 이에 대해서 몇 가지 질문에 봉착할 수 있다. 그것은 대체로 국어교육이 언어교육임을 전제로, 종합 예술로서의 판소리를 일종의 언어 자료로 취급하게 될 경우에 대한 우려와 의문으로 종합될 수 있을 듯하다. 그러나 이러한 우려는 판소리 교과가 별도로 신설되지 않는 한 해소되기 어려울 것으로 보인다. 본고는 판소리를 총체적으로 교육하는 일의 가치를 부인하지는 않는다. 그러나 그러한 거시적인 차원의 문제는 정책적인 차원에서 논의되어야 할 성질의 것이고, 동시에 구전심수(口傳心授)라는 판소리 전수의 고유한 교육 방법과 관련되기 때문에 이 논의의 취지와는 방향을 달리하는 문제로 보인다.

판소리는 과연 매우 입체적이고 다면적인 성격을 갖는 종합 예술이다. '구비서사물' 혹은 '구비연행 가창물'이라는 일반적인 규정에 의해 보더라도, 판소리는 문학이라는 기본적 성격 외에도 음악과 연극의 성격을 동시에 구유하고 있다. 이러한 사정은 판소리가 문학 교육의 제재로 온당하게 대접받는 데 장애로 작용할 수도 있다.

판소리는 사설의 엮음, 창과 아니리의 교체에 따른 정서적 긴장과 이완, 창자의 연기, 고수와 청중의 호응이 종합적으로 어우러지는, 말 그대로 종합 예술이기 때문이다. 이에 임시방편으로 우리는 판소리 사설만을 텍스트로 하는 판소리 교육을 상정해 볼 수 있다. 음악적 국면과 연극적 국면을 인위적으로 감추어 둔 채, 문학적 국면만을 교육의 제재로 한정해 본다는 것이다. 이렇게 될 경우 판소리가 다채로운 종합 예술로서보다는 문자화된 언어 자료 혹은 독서 자료로 협소해질 수밖에 없을 것이라는 우려는 일단 정당하다고 본다. 그러나 판소리가 판소리계 소설(특히 완판계)로 전환해 간 사정이 말해 주듯이, 판소리는 이미 독서물로서도 그 가치를 충분히 인정받은 바 있다. 이러한 점을 들어 판소리를 '듣고 즐기는' 텍스트가 아닌 '읽고 즐기는' 텍스트로 상정한다고 하더라도 판소리의 핵심적인 자질을 놓치게 된다는 우려는 어느 정도 해소될 수 있을 것으로 보인다.

본고는 우리가 일반적으로 추구하고 있는 국어교육의 목표에 판소리 혹은 판소리 사설이 어떠한 자질로 기여할 수 있겠는가 하는 질문에 관심의 초점을 둔다. 이것은 판소리를 '왜' 가르치는가 하는 문제임과 동시에, 판소리의 '무엇'을 가르칠 것인가 하는 문제로 구체화된다.[1)] 그러나 이러한 문제 설정이 학습자들이 판소리의 적극적인 향유자 혹은 귀명창으로 성장하는 것을 굳이 배제하고 있다는 오해는 없기 바란다. 이것은 판소리 교육의 결과로서 도달될 수 있는 한 지점이라 판단되며, 이를 위해서도 앞서 지적한 문제가 우선적으로 해결되는 것이 자연스러운 순서라 생각한다.

---

1) 여기에서 교육의 주요 변인 중의 하나인 '어떻게'의 문제를 언급하지 않는 이유는, 그것이 '왜'와 '무엇'이 결정된 후에 도출될 수 있는 문제로 보기 때문이다.

따라서 판소리를 '위한' 국어교육이 아닌 판소리를 '통한' 국어교육의 견지에서, 판소리의 어떤 자질이 국어교육의 본질과 부합하는가, 그리고 국어교육의 목표를 달성하는 데 어떻게 기여할 것인가에 관심을 집중할 것이다.

2. 교육 목표의 견지에서 본 판소리 문학

이러한 점을 전제로 하더라도 다음과 같은 질문이 가능하다. 문학이 언어 예술이라면 문학교육은 언어 교육인가, 아니면 예술 교육인가? 물론 둘 다라는 대답이 정확하고 안정된 답이 될 것이다. 그러나 여기에서 그 정확성과 안정성은 서로 다른 문학교육의 지향 사이에서 일어나는 충돌을 봉합하기 위한 타협의 결과라는 혐의가 강하다.

우리의 국어교육 논쟁사는, 문학의 예술성에 대한 과도한 강조 혹은 오해가 오히려 국어 교과에서 문학의 자리를 협소하고 옹색하게 만들었던 과거를 포함하고 있다. 그런 사정은 국어 교육에서 문학은 오직 언어 자료로서의 가치만 인정될 뿐, 문학 그 자체를 가르치는 일은 예술 교과의 소관이라는 논리에 의해 뒷받침되었다. 물론 그러한 논리의 저변에는, 문학이 언어의 특별한 용법이고, 따라서 일상인의 '언어 기능 신장'을 목표로 하는 국어 교육의 성격에는 잘 부합하지 않는다는 선입견이 깔려 있다.

이러한 생각을 선입견으로 규정하는 것은, 문학은 일상인의 생활 감정과 세계 인식이 언어라는 매체를 통해 표현된 것이라는 판단에 근거한다. 다시 말해, 문학이 특출한 천재에 의해 발명되는 고차원적인 예술품이 아니라는 것이다. 그리고 설혹 문학의 예술성을 강조하여 국어교육에서 문학의 위상을 제한한다고 하더라도, 그것은 예술의 본질에 대한 그릇된 편견의 소산에 불과하다. 예술의 본질상 예술가들은 평범한 속인이어서는 안 되고 사회생활과 상호 활동으로부터 격리되어, 그리고 때로는 사회적 가치와 실천에 대립하면서까지 홀로 작업하는 존재라는 생각은 19세기 낭만주의의 예술가 개념에서 비롯된 것일 뿐이다.[2] 그리고 그것은 우리 구비 문학의 전통이 뚜렷이 보여준다. 구비 문학의 작가들과 향유자들이란 그야말로 아주 평범한 일상인이었던 것이다. 이런 점에서 문학과 문학 아닌 것을 구별하는 일은 애초부터 불가능한 일이 될 수 있다. 문학의 자질 혹은 속성으로 거론되는 형상성을 기준으로 하더라도 그것은 마찬가지이다. 모든 언어에는 형상성이 내포될 수밖에 없다. 차이가 있다면 그것은 정도의 차이이지 본질의 차이는 아닌 것이다.

문학의 예술성에 대한 과도한 강조는 문학교육의 가치를 숭상하는 관점에서도 자주 발견된다. 역설적이게도 이러한 관점은 문학에 대한 이해를 국어교육의 목표로서 언어기능의 신장을 주장하는 논자들과 공유한다. 그것을 우리는 예술 신비주의 혹은 문학 신비주의적 관점으로 통칭할 수 있을 터인데, 이러한 관점에서라면 판소리 문학[3]이 단순한 언어 자료로 '전락'한다는 위기 의식을 느낄 수도 있다. 일상적으로 수행되는 언어와 문학이 비록 정도의 차원에서일망정 어떤 차이가 있다는 것은 엄연한 사실이다. 그러나 그 차이에 대한 인식이 문학의 언어를 일상의 언어로부터 구별하여 신비화시키는 차별화의 근거로 작용해서는 국어교육에서 문학이 설 자

2) Janet Wolff, 이성훈 · 이현석 역, 『예술의 사회적 생산』, 한마당, 1986, 23쪽.

3) 앞으로는 판소리의 총체적 성격을 강조할 때는 '판소리', 그 중 문학으로서의 판소리를 지칭할 때는 '판소리 문학'으로 구분한다. 그리고 특히 표면적으로 외화된 언어 자료는 '판소리 사설'이라고 하겠다. 그러나 이는 논의의 편의를 위한 임의적인 구분일 뿐, 엄밀한 경계에 의해 변별되는 것은 아니다.

리를 정당하게 규명하기 어렵다. 이러한 관점은 모든 언어의 쓰임에서 가장 세련되고 정제된 수준이 바로 문학이라는 점에서 문학이야말로 가장 모범적인 언어 자료로서의 가치를 가진다는 의미로 수정되어야 할 것이다.

교육의 목표가 그 대상의 본질을 근거로 규정되는 것이라면, 그리고 문학의 본질이 결국 언어의 본질에서 비롯되는 것이라면, 문학교육은 자연스럽게 국어교육의 한 부분이 된다. 하나의 부분이라고 했지만 그것은 전체 중의 일부나 영역이라는 의미가 아니다. 문학은 실상 국어교육에서 가장 중핵적인 '자료'이자 '내용'이다.[4] 따라서 국어교육의 목표는 자연스럽게 문학교육의 목표를 아우를 수 있어야 할 것이다.

문학을 '국어교과'에서 다루는 일은, 그 관점의 다양함에도 불구하고 매우 전통적이고 일반적인 현상이다. 공교육이 제도화된 이래 수차에 걸친 교육과정의 개편 과정에서도, 문학은 그 비중의 가감은 있을지언정 국어과 교육과정과 교과서에서 빠진 적은 없었으며, 대부분의 다른 나라에서도 이러한 사정은 별반 차이가 없다. 이러한 현상은 문학이 지닌 언어교육적 효용이나 가치가 공유되어 있지 않은 상태에서라면 불가능했을 것이다. 물론 문학의 언어교육적 효용과 가치가 단일하게 통일되어 있지는 않을 것이다. 그러나 그것은 합의하기 어려움을 증명해 주는 것이라기보다는 오히려 문학의 효용과 가치가 풍부함으로 반증해 주는 것으로 이해할 수 있다. 이것은 교육과정상 인문학적 전통이 비교적 승한 영국에서 논의되고 있는 바를 참조하면 쉽게 짐작할 수 있다.

---

4) 김대행, 「문학교육론의 시각」, 『문학교육학』 제2호, 한국문학교육학회, 169쪽.

① 문화 모델

문화 모델을 지향하는 관점은 문학을 한 문화 안에서 생각할 수 있고 느낄 수 있는 최고의 것을 농축한 것, 곧 지혜의 축적으로 본다. 문학은 인류의 가장 의미 있는 사고와 감성들을 표현한 것이고, 문학을 가르침으로써 학생들은 특정한 역사적 시기를 초월하는 일련의 표현, 보편적인 가치와 타당성을 접할 수 있다. 문화 모형으로 문학을 가르치는 것은, 학생들로 하여금 다른 시공간의 문화와 이념을 이해하고 감상하게 하며, 그러한 문화적 유산에 내포된 사상과 감정, 예술적 형식들의 전통을 알게 하는 데 초점을 둔다. 세계의 도처에서 인간성(humanity)을 연구하고 가르칠 때 문학을 중심적인 위치에 두는 것은 특별한 '인간적(human)' 의미 때문이다.

② 언어 모델

언어 모델을 지향하는 교사들은 '종종 생각은 하지만 표현이 잘 되지 않는' 어떤 것을 해명하는 것, 다시 말해 학생들이 보다 섬세하고 가치 있는 창의적인 언어 사용의 실례에 접할 수 있도록 해주는 데에서 문학의 효용적 가치를 찾는다. 그러나 언어 중심적 문학교육의 주된 추진력은 학생들로 하여금 스스로 특정한 방식으로 하나의 텍스트에 들어가는 길을 발견하도록 하는 것이다. 이 모형의 지지자들은 언어가 문학의 매체이며, 문학이 언어로 구성된다는 점을 강조하며, 학생들이 언어 안에서 그리고 언어를 통해서(in and through language) 읽을수록 문학적 텍스트를 더욱 문학답게 접할 수 있다고 믿는다.

③ 개인의 성장 모델

이러한 관점의 주요한 목표 중의 하나는, 학생들이 문학적 텍스

> 트 읽기에 성공적으로 참여하도록 돕는 것이다. 문학 교육의 성공 여부는, 학생들이 수업을 넘어서(beyond) 어느 정도까지 그러한 참여를 문학에 대한 즐거움과 사랑으로 전이시킬 수 있는지의 여부에 있다. 문학에 대한 즐거움과 사랑은 삶 전체를 통해 문학에 참여할 수 있을 때 다시 새로워질 수 있다. 이 경우에 교사는, 읽기에 있어서의 지속적인 즐거움과 깊은 만족감을 나눠 주어야 한다. 그러한 개인의 성장은 복합적인 문화적 산물을 감상하고 평가하는 방법을 배움으로써 비롯되는 것이기에 가치 있는 것이다. 그것은 우리 사회와 문화를 이해함으로써 촉진되고 우리 스스로 그 사회와 문화 안에서 움직일 때 촉진되기 때문에 그 자체로 충족적이다. 학생들이 문학을 더욱 효과적으로 읽을 수 있도록 돕는 것은, 학생들로 하여금 그들을 둘러싼 사람들과 제도와의 관계 속에서뿐만 아니라 개별적인 인간으로서 성장하도록 돕는 것이기도 하다.[5]

이상의 세 가지 모델을 뒷받침하고 있는 문학관은 다음과 같이 정리될 수 있다. 문화 모델은 지혜의 축적 혹은 문화의 기록으로서 문학을 보고, 언어 모델은 문학을 창의적 언어 활동으로 보며, 개인의 성장 모델은 삶의 반영과 표현으로서 문학을 본다. 이들은 물론 서로 상호 배타적이지 않으며, 몇 가지 경향성으로 간주되는 것이 바람직하다. 따라서 실천적인 국면에서는 서로 넘나들 수 있는 상호 보완적인 경향이라 하겠다.[6] 중요한 것은 이러한 경향들이 어디

5) Ronald Carter & Michael N. Long, *Teaching Literature*, Longman, 1991, pp.2～3.

6) 한편, 현재까지 국내에서도 여러 연구자들에 의해 국어교육의 목표가 제시되지 않은 것은 아니다. '민족 문화 창조'에서 '의사 전달 능력과 인간 형성 및 문화 창달', '능력과 태도 발달', '지식 추구와 사고력 추구', '언어 기능의 신장'에 이르기까지 폭넓은 스펙트럼을 보여준다. 문제는 이러한 목표 설정이 그릇된 데 있다기보다는 어느 하나의 국면으로 무리하게 단일화시키고자 하

까지나 문학을 예술 작품으로 특권화시키는 방향과는 반대쪽을 지향하고 있다는 점이다. 그런 맥락에서 이상의 모델들은 언어 능력과 문학 능력의 신장을 동일한 범주 혹은 맥락 내에서 고려한 결과임을 알 수 있다. 문학의 본질이 언어의 본질에 뿌리를 두고 있다는 점을 염두에 두면, 이러한 결과는 지극히 자연스러워 보인다.

문학 능력과 언어 능력의 상관성을 이상과 같이 고려한다면, 판소리 문학은 문학 중에서도 매우 특별한 가치와 의미를 갖는다. 일차적으로 우리는 판소리가 우리의 전통 문화 중에서도 현재까지 자체적인 생명력을 가지고 있는 몇 안 되는 문화 유산 중의 하나라는 점에 주목해 볼 수 있다. 그러한 생명력의 비밀에 대한 답은 여러 가지가 있을 수 있겠지만, 판소리가 민족적 성정의 보편성을 담고 있는 예술이라는 점은 간과될 수 없다.[7] 판소리가 신흥 예술로 탄생된 시대와는 비교할 수 없을 만큼 삶의 질서와 가치가 급변한 오

는 데 있다. 국어교육의 목표는 어느 하나의 관점에서 접근하기보다는 오히려 언어의 다양하고 입체적인 국면을 폭넓게 인정하고 이를 아우를 수 있는 포괄성을 갖추는 편이 더 합리적이라 생각된다.

또한 영국의 교육과정을 논의하는 과정에서 도출된 다음의 다섯 가지 관점도 위의 세 가지 모델과 맥락을 같이 하고 있는 바, 그 구체적인 내용은 다음과 같다. ① 개인적 성장관(personal growth), ② 범교과적 도구관(cross-curricula), ③ 성인적 실용관(adults needs), ④ 문화 유산관(cultural heritage), ⑤ 문화 분석관(cultural analysis)

Brian Cox, *Cox on cox: An English Curriculum for the 1990's*, Hodders & Stoughton, 1991, pp.21~22.

이러한 관점에 대한 논의는 이미 김대행 교수에 의해 폭넓게 다루어진 바 있다. 김대행, 「국어교육의 목표와 내용」, 『선청어문』 25집, 서울대 국어교육과, 1997 및 「매체언어 교육론 서설」, 『국어교육』 97호, 한국국어교육연구회 참조.

7) 이 경우 시조나 가사도 함께 고려해 볼 수 있으나, 이 둘은 이미 문학 양식으로서의 자생력을 상실한 것으로 보이기 때문에 판소리와 동일한 자격을 부여하기는 어렵다. 그러나 이러한 지적이 시조나 가사가 문학사적인 함의나 문학교육적 가능성이 없음을 뜻하지는 않는다.

늘날까지 판소리가 면면히 계승된다는 점은 판소리가 우리의 민족적 성정에 잘 어울리는 다양한 미적 자질들을 구비하고 있음을 반증해 주는 것으로 해석할 수 있다. 민족적 성정이 단일한 하나의 항목으로 단순화되기는 어렵지만, 그것은 예술적 취향이나 삶의 태도는 물론 인간관으로도 확장될 수 있다. 이러한 관점은 지혜의 축적이나 문화의 기록으로서의 문학관과 연결된다.

판소리 문학에서 고유하게 발견되는 인물 형상화 방식 또한 개인의 성장 도모라는 목표를 염두에 두면 매우 풍부한 함의를 갖는다. 판소리에 등장하는 인물은 단일한 규정으로 설명되기 어렵다. 춘향의 경우 요조숙녀이면서 요부이고, 순종적이면서도 한편으로는 저항적이다. 심봉사 또한 사대부적 체통을 지키는가 하면 어느 순간 망신당할 일을 자처하는 인물이다. 이는 인간의 성격이 지닌 다면성 혹은 입체성의 반영이다.[8] '햄릿형'과 '돈키호테형'과 같은 식의 유형으로 분류하여 그 결과에 전적으로 귀결시키는 것이 거의 불가능한 것이다. 일관되게 우유부단하거나 일관되게 저돌적인 인간이란 현실적으로 존재하기 어렵다. 판소리 문학의 인물 형상은 이러한 인간의 본질을 다면적이고 입체적으로 그려낸 것이라 할 수 있다.

문학교육에서 인간형의 자장은 넓고 그 활용도는 높다. 인간형의 창조가 문학 본연의 사명에 가깝듯이, 문학 향유에서도 그것은 본연적인 것이다. 특정한 성향을 강하게 가진 인간형은 학습자에게 그대로 동일시의 대상이 될 수 있고, 심리적 異化의 기준이 될 수도 있다. 학습자는 그들과의 대화를 통해서 의사소통 능력을 신장시킬 수 있을 뿐만 아니라, 더 넓고 풍부한 사유를 경험함으로써 개인적

---

8) 정병헌, 『판소리문학론』, 새문사, 1993, 42~43쪽.

성장을 도모할 수도 있다. 판소리 문학에 형상화된 인간형을 접하는 것은 이러한 관점에서도 문학교육의 필수적인 통로가 될 수 있다 하겠다.

인물과 관련하여 한층 더 우리의 관심을 끄는 것은, 善人이든 惡人이든 그것이 일방적이고 일관된 긍정이나 부정의 대상으로 다루어지지 않는다는 점이다. 가령 <심청가>의 '뺑덕어미'나 <흥보가>의 '놀부'의 경우에도 그들은 분노의 대상이 아니라 즐거움의 장치로 기능하고 있는 바, 거기에 판소리 고유의 문법이 개재되어 있을 수 있으며, 이 점이 선명히 규명된다면 문화적 유산의 관점에 입각한 국어교육이 설계될 수 있을 것이다. 거기에는 인간관의 문제가 깊숙이 개재되어 있는 것으로 보이기 때문이다.[9)]

판소리 문학이 우리의 관심을 모으는 매력 중의 하나는 말의 성찬이라 할 수 있는 사설의 다채로운 전개이다. 이미 신재효가 그의 <광대가>에서 밝힌 대로,[10)] 사설의 중요성은 판소리 예술의 핵심적인 요소 중의 하나이다. 판소리가 구비 가창물로서 필연적으로 가질 수밖에 없는 공식구나 상투적 표현은 창조적인 언어 활동이라는 문학의 가치와 위반되는 것처럼 보인다. 더욱이 판소리의 개별 창본들이 각각의 사설을 가진다기보다는 서로 넘나들고 있으며, 여타 장르로부터 유입된 수많은 가요들이 群을 이룰 정도로 텍스트 각각의 고유성이나 개별성은 찾아보기 어렵다. 이러한 현상은 물론 판소리가 대중적인 공연 예술이라는 사실과 무관하지 않다. 그러나

9) 이 점에 대한 상세한 논의는 3장으로 미룬다.

10) "그러ᄒᆞ나 광ᄃᆡ행셰 어렵고 ᄯᅩ어렵다 광ᄃᆡ라 ᄒᆞᄂᆞᆫ거시 졔일은 인물치레 둘ᄌᆡ는 사셜치레 그직ᄎᆞ 득음이요 그직ᄎᆞ 너름ᄉᆡ라 … 져금미옥 죠흔말노 분명ᄒᆞ고 완연ᄒᆞ게 ᄉᆡᆨᄉᆡᆨ이 금ᄉᆞᆼ쳠화 칠보단ᄌᆞᆼ 미부인이 병풍뒤의 나셔난 듯 삼오야 발근달이 그름박긔 나오난 듯 …." 강한영 校註(1984), 『신재효 판소리 사설집(全)』, 교문사, 669면.

판소리 사설이 일종의 기성품으로 구성되어 이것이 연행 조건들에 따라 요구되는 바 말의 유창성[11]을 가능하게 요소라는 점에 주목한다면, 판소리 사설은 훌륭한 언어 표현론의 모범적인 제재가 될 수 있다.[12] 이와 관련하여, 문학을 읽게 하는 주된 동인이 즐거움과 감동이라는 점에서도 판소리 사설의 교육적 가치는 결코 경시될 수 없다 하겠다.

이상에서 약술한 가장 일반적인 판소리의 자질들은 판소리 문학이 가지는 국어교육적 가능성의 몇 가지 사례에 지나지 않는다. 물론 그 가능성이 문화 모델, 언어 모델, 개인적 성장 모델 중 어느 하나로 집중될 필요는 없다. 상기한 대로 그 모델들은 상호보완적인 것이며, 따라서 그 구분 자체가 임의적일 수밖에 없기 때문이다. 설혹 각각의 모델들이 추구하는 인간형이 서로 다르다고 하더라도, 그 결과로 형성되는 인간은 각각의 인간형이 종합된 전체성을 가지게 될 것이며, 또 그렇게 되는 것이 교육의 본질과도 부합한다.

이제 <흥보가>를 중심으로 판소리 문학이 국어교육적 효용과 가치를 가지게 될지를 구체적으로 탐색해 볼 순서이다. 이 탐색은 문학교육과 국어교육의 상관성은 물론이고, 문학 일반의 속성과 판소리 고유의 특성이 서로 교차되면서 진행될 것이다.

3. 〈흥보가〉의 인물형과 국어교육

6차 교육과정에 따른 고등학교 『국어(하)』의 '3. 언어와 문학'이

11) 김병국, 「구비서사시로서 본 판소리 사설의 구성방식」, 『한국학보』, 1982. 여름, 일지사, 127쪽.

12) 류수열, 「판소리 노정기 사설의 추상 표현」, 『문학과교육』 5호, 한국교육미디어, 1998 참조.

라는 단원에 박봉술의 창본으로 보이는 '흥보 박타령'으로 알려진 대목이 실려 있었다. 이 단원의 설정 취지는 "문학의 언어는 문학의 특성과 효능을 나타낼 수 있는 근거가 됨과 동시에 일상의 언어 활동을 효과적으로 할 수 있는 능력을 기르는 수단이 된다."는 점을 전제로, "문학의 언어를 이해함으로써 문학을 올바로 깊이 있게 감상하는 능력을 기름은 물론, 언어 활동의 능력을 기르는" 데 두고 있다. 특히 <흥보가>에서는 문학 언어와 일상 언어의 관계가 강조되고 있다.

7차 교육과정에 따라 편찬된 '국어' 교과서에는 수록되지 않은 대신, 소설 <흥부전>을 포함하여 10여 종의 검인정 '문학' 교과서에 수록되어 있다. 각 교과서마다 이 작품이 포함된 단원도 다르고 제시된 학습 활동도 제각각이지만, 이와 같은 위상은 <흥보가>의 교육적 가치를 방증하고 있다. 그리고 앞으로도 교과서 수록 작품 목록에서 배제될 가능성은 거의 없어 보인다.

판소리 <흥보가>와 소설 <흥부전>의 이야기를 이끌어가는 놀부와 흥부의 인간형에 관한 논의는 대부분 선과 악의 대립적 구도 내에서 진행된다. 이 작품의 주제를 이른바 "권선징악"으로 보아, 그 서사적 전개의 중심을 흥보가 보은을 받는 과정에 두든, 놀보가 개과천선하는 과정에 두든 선악의 대립이 나타난다는 점은 부인할 수 없다. 심성 고운 흥보가 악행의 화신으로 그려지고 있는 놀부에 의해 고난을 겪는 전체 플롯을 염두에 두면 이러한 구도는 타당한 것으로 보인다.

그러나 갈등과 그 해결의 과정과 함께 우리가 주목해야 할 것은 인물에 대한 서술자의 태도이다. 인물형은 인물의 언행을 통해서 제시되기도 하지만, 인물에 대한 서술자의 거리와 태도를 통해 나타나기도 하기 때문이다. 더욱이 판소리가 소설과는 변별되는 고유한 특징이 있을 것이라는 점을 고려하면, 이러한 논의 방향은 더욱 절실해진다. 판소리가 창자와 청자 간의 직접적인 교감을 토대로 현장성을 활성화하고 극대화하는 공연 예술이라는 사실은 소설과 판소리의 존재 양상이 달랐으리라는 추정을 가능케 하기 때문이다.

이런 점에서 판소리의 판을 짜는 기본적인 원리가 웃음 지향의 흥미 증진이라는 설명[13]을 전제로 받아들인다면, <흥보가>에서 선악의 구별이 그리 용이하지만은 않음을 알 수 있다. 웃음은 열등한 존재를 상대하면서 얻게 되는 우월감에서 나올 수 있다. 흥보나 놀보가 둘 다 열등한 존재로 묘사되고 있는 것은 일차적으로 웃음을 창출하기 위한 전략에서 비롯된 것으로 볼 수 있다.

구걸해 오는 아내에게 고추장을 얻어 오지 않았다고 해서 담뱃대로 때려도 보고, 양반 체면을 내세워 아전과의 대화에서 '하쇼'도 '하소'도 아닌 웃음으로 때워 넘기는 흥보의 행위는 웃음을 형성하는 골계적인 성격에 충실하게 부합한다. 악인으로 묘사되고 있는 놀보와 마찬가지로 흥보 또한 시시하고 비속하며 성질이 삐딱빼딱한 삼류 인생들로서, 영웅 · 위인 · 현자나 才子佳人이 될 만한 소질은 처음부터 타고나지 못했다.[14] 그러한 흥보는 현실의 상황을 벗어나려고 할수록 점점 더 열악한 처지로 전락해 가는 극적 아이러니를 보여준다는 점에서 연민과 동정의 대상으로 그려지고 있다. 궁핍이라는 결함을 안고 있는 흥보는 열등한 존재에 대한 우월감을 얻게 하는 데 있어서는 놀보보다 한층 더 효과적이다. 그것은 眼盲이라는 신체적 결함을 가진 심봉사가 희화화되고 있는 <심청가>를

13) 김대행, 「판짜기의 흥미 지향과 어조」, 『시가시학 연구』, 이화여대출판부, 1991 참조.

14) 임형택, 「흥부전의 역사적 현실성」, 『한국문학사의 시각』, 창작과비평사, 1984, 207쪽.

통해서도 확인할 수 있다. 그럼에도 불구하고 그는 양반의 체면을 지키려고 하고, 작은 생물에도 애정을 기울이며, 부귀영화를 얻어도 자신을 핍박하던 형과 함께 그 기쁨을 나누고자 하는 선인임에는 틀림없다.

놀보는 일차적으로 흥보의 인물상을 더욱 효과적으로 부각시키는 역할을 맡고 있다. 작품의 주된 갈등이 두 사람의 갈등이 아니라 생존과 현실의 대결이고, 놀보는 현실적 제반 사항의 일부이지 결코 전부는 아니[15]기 때문에, 놀보는 어디까지나 주변 인물에 머무르고 있다. 소설 <심청전>과는 달리, 판소리 <심청가>에서 전체 플롯이나 주제와는 무관한 뺑덕어미가 등장하여 심봉사를 더욱 희화화시키는 것처럼, 놀보는 흥보를 희화화시키는 역할을 맡고 있는 것이다. 그렇기는 해도 놀보의 역할 비중은 무시될 수 없다. 흥보를 영락한 처지에 빠뜨리는 결정적인 계기를 제공하는 외에도, 흥보의 고난상을 더욱 부각시키는 역할도 맡고 있는 것이다.

그런데 우리가 주목하는 것은 심술과 욕심의 화신으로 그려지는 놀보의 악행은 독자로 하여금 분노를 불러일으키게 하는 대신 오히려 즐거워하게 한다는 점이다.

> 놀보 심사 볼작시면, 술 잘 먹고 쌈 잘하기, 대장군방 벌목시켜 오귀방에 이사 권코, 삼살방에다 집 짓기고, 남의 노적에 불 지르고, 불 붙는 듸 부채질, 새 초분으도 불지르고, 상인 잡고 춤추기와, 소대상으 주정 내여 남의 젯상 깨뜨리고, 질 가는 과객 양반 재울 듯이 붙들었다 해 다 지며는 내어 쫓고, 의원 보며는 침 도적질, 지관 보며는 쇠 감추고, 새갓 보면 땀때 떼고, 좋은 망건 편자 끊고,

15) 서대석, 「흥부전의 민담적 고찰」, 『국어국문학』 67, 1975, 42쪽.

> 새 메투리는 앞총 타고, 만석 당혀 윤듸 끊고, 다 큰 큰애기 겁탈, 수절 과부 무함 잡고, 음녀 보며는 칭찬허고, 열녀 보면 해담허기, 돈 세난듸 말 묻기와, 글 씨는듸 옆 쑤시고, 사집병으 비상 넣고, 제주병에다 가래춤 뱉고, 옹구 진 놈 가래 뜨고, 사그짐은 작대기 차고, 우는 애기는 발구락 빨리고, 똥 누는 놈 주저앉히기, 새암 가상이 허방을 놓고, 호박에다가 말뚝 박고, 곱사동이는 되집아 놓고, 앉은뱅이는 태껸하고, 이런 육시를 헐 놈이 심술이 이래 노니, 삼강을 아느냐, 오륜을 아느냐? 이런 난장을 맞을 놈이![16]

이러한 사설치레는 일차적으로 놀보의 심술을 적나라하게 묘사함으로써 악인으로서의 면모를 극단적으로 보여주는 데 성공하고 있다. 그러나 그 극단성은 오히려 현실적인 리얼리티와는 거리를 두게 만들고 있다. 각각의 항목은 개별적으로는 놀보의 심술궂은 인물을 드러내는 데 적절한 소재들이지만, 그 전체적인 집합은 놀보가 현실적으로 존재할 수 있는 인물이 아니라는 점을 은연중에 드러내고 있는 것이다. 이러한 효과는 <庸婦歌>의 인물 형상을 묘사하는 부분이나, <심청가>에서 뺑덕어미의 행실을 드러내는 사설치레와 근본적으로는 동일한 원리에 입각해 있다. 극단적으로 말해서, 이 사설치레는 기의보다는 기표 자체에서 가치를 가지는 말의 집합에 불과한 것이다. 따라서 너그럽게 보면 이것은 철없는 장난꾸러기의 짓궂은 행동들이며, 놀부는 결국 '나이든 장난꾸러기'로 부각되고 있는 것이다. 이러한 사설의 효과는 결국 놀부가 고정적으로 악인적 면모를 가진 것이 아님을 말해준다. 우리가 만일 놀보에 대해 긍정적인 시선을 보낼 수 있다면, 그것은 놀보가 조선 후기

16) 박봉술 창본 <흥보가>(『판소리 다섯 마당』, 한국 브리태니커 회사, 1982)

사회가 요구하는 새로운 인물형을 보여주었기 때문이 아니다. 그것은 놀보의 언행을 묘사하는 서술자의 골계적 태도에 말미암는 것이다.

계열에 따른 차이가 있긴 하지만, 후반부의 '놀보 박사설'은 매우 중요한 의미를 갖는다. 이 대목은 악인의 인과응보를 보여줌으로써 주제를 강화하고, 그 과정에서 생성되는 고난상은 웃음의 창출에 매우 효과적인 사건의 연속체를 이루어 낸다. 놀보는 대여섯 통의 박을 타면서 겪는 고난을 통해 결국 개과천선하게 되는데, 이는 판소리 문화의 배경으로 작용하고 있는 인간관에 의미 있는 암시를 준다. 마지막 박에서 나온 장비가 개과천선의 기회를 주면서 죽음으로 협박하자 놀보는 자신의 과오를 뉘우친다. 악인을 징치하는 데 그치지 않고 개과로 이끄는 데로 나아가는 것이다. 악한 놀보가 착한 흥보와 더불어 살 수 있는 인성을 갖추게 되었다는 것은, 결국 놀보 속에 흥보가 내재되어 있었다는 점을 암시한다. 이런 점에서 <흥보가>가 일차적으로는 흥보를 긍정적 인물로 내세우고 놀보를 부정하기 위한 작품이면서도, 두 인물이 모두 부차적인 차원에서는 양가치적(兩價値的) 속성을 지녔음을 이야기하고 있다는 지적[17]은 매우 타당한 것이라 하겠다. 사실 이러한 결말은 위에서 인용한 놀보 심술 대목에서도 어느 정도는 추리할 수 있다.

결국 <흥보가>가 놀부의 개과천선으로 마무리되는 것은 선과 악을 동시에 소유한 인간의 본질을 반영한 결과이다. 선악만이 아니라, 진과 위, 성과 속 등의 대립적인 속성들을 함께 갖추고 있는 인간이야말로 이중적이고 양가적인 존재라는 것, 이것이 지금까지 길게 진행된 논의의 한 귀결이다. 그것은 가장 근원적으로는 놀보와

17) 설성경, 「동리의 박타령 사설 연구」, 『한국학논집』 6, 계명대 한국학연구소, 1979 및 설중환, 『판소리 사설 연구』, 국학자료원, 1994 참조.

흥보가 한 부모에서 생겨난 형제라는 점에서 암시되어 있다.

문학이 인문학의 본령에 서 있다는 것은 인간의 본질에 대한 탐구가 문학의 주된 임무라는 말이 된다. 그러나 문학은 인간의 본질을 관념화된 교훈으로 정리하지 않고, 구체적인 형상으로 보여준다. 문학에서 보여주는 인물은 구체적인 형상이므로, 상징성을 갖게 된다. 그 상징성으로 인해 문학은 독자에게 개방된다. 독자는 그 상징의 의미를 자신의 삶과 생활 속에서 경험함으로써 정신적 성장을 이루게 된다. 인간이 본질적으로 모순적인 존재임을 깨달아 가는 것은, 자아와 세계를 대하는 안목의 확장이라는 점에서 개인적 성장 모델의 한 사례로 제시될 수 있을 것이다.

한편 이상의 논의를 더욱 확장하게 되면 문화적 유산으로서의 문학관과도 만나게 된다. 이러한 관점의 본질이 단순히 과거의 것을 하나의 사실로서 받아들이는 데 그치는 것이 아니라, 문화적 전통 위에서 새로운 창조로 나아가는 데 있다면, <흥보가>의 이러한 귀결이 어떠한 인간관에 바탕을 두고 있는지에 대한 이해는 매우 긴요한 교육 요소가 될 수 있다. 이것은 판소리가 왜 웃음을 지향하는가 하는 질문, 뒤집어 말하면 고귀하거나 숭고한 인물이 세계와의 대결에서 패배하여 몰락해 가는 비극의 전통이 우리에게는 왜 부족한가 하는 질문과도 밀접히 연관된다. 텍스트 하나를 읽으면서 즐거워하고 감동을 받는 차원을 넘어 거기에 내재된 인간관을 이해한다면, 그것은 문화적 전통을 바탕으로 새로운 문화를 만들어 가는 창조력으로 이어질 것이기 때문이다. 물론 그 과정은 또 다른 교육적 배려를 요구하는 문제일 수도 있다.

4. 맺음말

이상에서 문학이야말로 국어 교육의 핵심적인 자료이자 내용임을 기본적인 전제로 삼아, 판소리 <흥보가>를 중심으로 판소리 혹은 판소리 사설이 지닌 국어교육적인 가치를 밝히고자 하였다. 그러나 이 글은 포괄적인 성격의 서설을 넘어서지 못한다. 우선은 판소리의 전체적인 면모를 두루 살피지 못했다는 점에서 그러하며, 교육의 변인 중 '어떻게'의 문제를 도외시했다는 점도 이 글의 한계라 하겠다.

다만 여기에서 몇 가지 가능성은 제시할 수 있다. 먼저 판소리 사설치레의 엮음은 그 다채로운 유창성으로 인해 언어표현론의 중요한 제재가 될 수 있다는 점이다. 이는 판소리 창자가 사설을 엮어가는 원리에 관한 문제로서, 구비 문학으로서의 판소리가 지닌 구술성 혹은 구연성에 천착함으로써 더 알찬 성과를 거둘 수 있을 것으로 보인다.

이와 관련하여 구어와 문어 사이의 변별적 운용 체계에 대한 단서를 제공할 수 있다는 점도 주목을 요한다. 기술(記述) 수단이 없었던 시대에는 문법상의 오류가 존재하지 않았으며, 오히려 기술 수단이 생긴 이해 '나쁜 문법'이 생겨났다고 본 맥루한의 통찰[18)]에 의하더라도, 말하기와 글쓰기는 변별적인 운용 질서를 지니고 있음을 추정해 볼 수 있다.

또한 웃음을 자아내되 각 단락에서 보이는 일탈 현상이 언어의 연극성에 대한 논의를 가능케 할 수 있다. 이는 물론 판소리가 흥미를 지향하는 예술이라는 점과 무관하지 않다. 다만 말이 일정한 규

---

18) Marshall McLuhan, *The Gutenberg Galaxy*, Univ. of Toronto Press, 1962, pp.231~239.

칙을 가지는 일종의 게임[19]이라는 점에서, 일탈 현상이 언어 규칙을 위반한 결과라고 한다면 그 효과가 무엇일까 하는 의문이 나올 수 있다. 이는 비장하고 심각한 상황을 웃음으로 마무리하는 우리 언어 문화의 한 특질이기도 하므로, 문화 모델에서 언급하고 있는 '삶의 지혜'라는 측면에서도 접근해 볼 수 있다.

교육이 필히 학습자 변인을 고려해야 한다면, 판소리가 학습자의 지적·정서적 수준에 따른 주제 수용의 편차를 비교적 선명하게 보여줄 수 있다는 점도 국어교육적으로 매우 유의미하다. 창본 및 소설본이 다기하게 파생되어 나가 다양한 이본군을 형성하고 있다는 점에 주목하는 것이다. 아울러 이는 표면적 주제와 이면적 주제의 관계 문제를 학습자 변인의 차원에서 새롭게 조명해 볼 수도 있다. 아마도 지적·정서적 발달이 낮은 단계에서는 표면적 주제가 먼저 부각되고 이후 발달이 진행될수록 이면적 주제에 기울어지는 경향을 보일 것으로 짐작된다. 이는 교육의 설계에서 요구되는 위계화의 문제를 해결할 수 있는 근거가 될 수 있다는 점에서도 긴요한 문제라 하겠다.

이에 더하여 판소리의 이본 파생 현상은 학습자의 능동적인 글쓰기 욕구를 존중하는 창작 교육 설계에 활용할 수도 있다. 결말 구조가 다양하게 분화되는 현상을 포함하여 서사적 경과가 새로 만들어지거나 수정되는 현상, 동일한 대목에서 인물들의 세부적인 심리나 언행이 서로 다른 현상 등등이 당대의 향유자들이 주체적으로 개입한 결과이듯이, 이는 오늘날의 학습자들을 문학의 향유자로서 문학을 새로 쓰는 일에 동참하도록 유인할 때 활용할 수 있는 모델이 되는 것이다.

---

19) Peter Farb, 이기동 외 역, 『말, 그 모습과 쓰임』, 한국문화사, 1997.

이상의 문제 의식은 물론 판소리가 지닌 본질적인 자질을 근거로 해서, 국어교육에 시사하는 바가 무엇인지를 고민하는 결과로 도출된 것이다. 이 글은 결국 해결한 문제보다는 제기의 수준에서 끝난 문제가 더 많은 형국이 되어 버렸다. 여기에서 제기한 문제들은 '어떻게' 가르칠 것인가의 문제와 더불어 더욱 구체화되어야 할 것이다.

참고 문헌

1. 자료

박봉술 창본 <흥보가>(『판소리 다섯 마당』, 한국브리태니커회사, 1982)

2. 논저

김대행, 「판짜기의 흥미 지향과 어조」, 『시가시학 연구』, 이화여대출판부, 1991.

김대행, 「문학교육론의 시각」, 『문학교육학』 제2호, 한국문학교육학회, 1998.

김병국, 「구비서사시로서 본 판소리 사설의 구성방식」, 『한국학보』, 1982 여름, 일지사.

김종철, 「소설의 이본 파생과 창작 교육의 한 방향」, 『고소설연구』 제7집, 한국고소설학회, 1999.

류수열, 「판소리와 매체언어의 국어교과학」, 역락, 2001.

서대석, 「흥부전의 민담적 고찰」, 『국어국문학』 67, 1975.

설성경, 「동리의 박타령 사설 연구」, 『한국학논집』 6, 계명대 한국학연구소, 1979

설중환, 『판소리 사설 연구』, 국학자료원, 1994.

임형택, 「흥부전의 역사적 현실성」, 『한국문학사의 시각』, 창작과비평사, 1984.

정병헌, 『판소리문학론』, 새문사, 1993.

Carter Ronald & Long Michael N., *Teaching Literature*, Longman, 1991.

Cox Brian, *Cox on cox: An English Curriculum for the 1990's*, Hodders & Stoughton, 1991.

Farb Peter, 이기동 외 역, 『말, 그 모습과 쓰임』, 한국문화사, 1997.

McLuhan Marshall, *The Gutenberg Galaxy*, Univ. of Toronto Press, 1962.

Wolff Janet, 이성훈・이현석 역, 『예술의 사회적 생산』, 한마당, 1986.

모둠 토의수업을 통한 〈춘향전〉 지도 연구

우 창 호

[대구외국어고등학교]

우창호

현재 대구외국어고등학교에 교사로 있다. 경북대학교 문학박사. 경북대학교와 울산대학교 강사. 논문으로는 「조선후기 세태소설 연구」 외 다수가 있다.

1. 문제제기

현재 고등학생들에게 고전소설을 현대소설 만큼 흥미롭게 가르치기란 쉽지 않다. 고전소설은 대체로 단순한 선악구조로 되어 있고, 등장인물의 성격이 평면적이라 흥미요소가 많이 떨어지는 게 사실이다. 거기에다 작품의 어구풀이로 이어지면 학생들은 고전소설을 딱딱하고 어려운 것이라 생각하고 작품을 가까이 하지 않으려 한다.

이러한 상황에서 고전소설을 통하여 학생들에게 '자아를 실현하고, 문학의 가치를 자신의 삶으로 통합하려는 태도를 지니'[1]게 하기란 결코 쉬운 문제가 아니다. 왜냐하면 학생들이 스스로 고전소설을 찾아 읽고 현재 자신들의 삶과 연결시켜 보려는 기회가 적기 때문이다. 여기에 고전소설교육의 어려움이 있는데 이를 구체적으로 몇 가지 제시하면 다음과 같다.

첫째, 수업하는 가운데 학생들에게 흥미유발을 시키기가 어렵다. 대부분 학생들이 한글을 깨치고 초등학교 저학년 때까지 읽은 '한국전래동화'가 고전문학 독서의 전부이다. 이는 흥미롭고 쉽게 우리의 고전을 접하는 데는 도움을 주었지만 그것이 마치 고전문학의 전부인 것처럼 생각하여 청소년이 되어서는 더 이상 고전 작품에 흥미를 가지지 못하는 원인으로 작용하는 것이 사실이다. 『나의 문화유산 답사기』가 거대하고 화려한 중국 문화유산에 대한 열등감을 극복하고 우리의 문화를 새롭게 재해석하여 우리 문화유산에 대한 안목과 관심을 높였듯이 고전소설 역시 그러한 새롭게 읽기가 보편

1) 『고등학교 교육과정 해설』, 교육부, 2000, 303쪽.

화되어 이를 찾는 책이 서점에 쏟아져야 한다. 고전소설이 국문학자의 전유물이 아닌 사회·문화적으로 통합되어 그야말로 '溫故而知新'이 문화계, 학계에서 많이 시도될 때 우리 학생들도 흥미를 갖고 고전소설에 접근할 것이다.

그리고 학생들이 고전소설과의 거리감을 없애고, 이를 잘 읽을 수 있도록 하는 방안이 마련되어야 한다. 곧 학생들의 흥미와 관심을 고려한 효과적인 지도방법이 개발되어야 할 것이다. 그런데 학생들에게 고전소설 중 <운영전>, <숙향전>, <숙영낭자전>, <광문자전>, <열녀함양박씨전> 등의 작품 줄거리를 소개해 주면 아주 재미있게 들으며, 더 나아가 이러한 작품에 대한 관심을 가지고 적극적으로 질문하며 스스로 다른 작품을 찾아 읽기도 한다. 이러한 사실은 학생과 고전소설의 거리를 좁힐 수 있을 가능성을 어느 정도 보여주는 부분이기도 하다. 고전소설의 인물이나 사건에 흥미요소가 분명하고, 우리의 삶 속에서 재해석될 때 학생들은 작품의 가치를 부여하고 이를 찾아서 읽게 될 것이다. 그러나 현재 대부분의 학생들은 수능 대비용으로 고전소설의 요약본을 구해 읽거나 교과서, 문제집을 통해서 배우는 게 전부이다.

둘째, 학교 교육과정의 문학 수업시수가 부족해 다양한 감상 위주로 수업하기가 어렵다. 다음은 대구시내 인문계 고등학교의 국어교과 주당 수업시수(2005학년도 기준)를 비교한 것이다. 학교마다 총 수업시수와 선택 과목에서 약간의 차이를 보여주고 있으나, 대부분의 학교에서 이러한 범위에서 크게 벗어나지 않는다.

구분	1학년	2학년		3학년		계
		인문계	자연계	인문계	자연계	
K고	국어(4)	1학기:문학(6) 2학기:작문(6)	문학(5)	독서/화법(4) 국어생활(3)	독서/화법(3) 국어생활(2)	17(14)
D고	국어(4)	국어생활(2) 문학/작문(4)		독서(5) 문법(2)	독서(4) 문법(2)	17(16)
대구외고	국어(4)	문학(4)		작문(4)		12

* 합계의 ( )안 숫자는 자연계 수업 단위수를 나타낸다.

주당 시수가 국어(상, 하)는 4시간, 문학(상, 하)은 3∼4시간이다. 이 중 문학은 주당 3시간으로 온전한 작품 감상을 하기에는 수업시수가 부족한 편이다.[2] 고전소설에 대한 원전 해독의 수준까지 나아가지는 않더라도 내용 이해의 수준까지 나아가게 하려면 더 많은 수업시수를 확보해야 하는데 우리 교육현장은 그렇지 못한 실정이다. 그리고 『국어(하)』에 실려 있는 <춘향전>의 경우 수업할 분량에 비해 시간이 부족하여(2시간, 2∼3/8차시) 교과서 본문 내용을 이해한 뒤, 다른 문제를 해결하기가 어렵다.[3] 결국 지도교사가 수업시간을 조정하여 가르칠 수밖에 없다.

7차 교육과정에서 학생들이 배워야 할 과목수가 줄었다고 하지만 현실적으로 달라진 게 없고 오히려 학생들의 부담만 늘었다. 예를 들어 『국어(하)』의 <관동별곡>은 1학년 수준에서 이해하기가 어려

2) 주당 3시간으로 실제 '문학' 교과서를 가르치다 보니 수업시간이 턱없이 부족하여 작품마다 가르칠 내용을 줄이거나 특기 · 적성교육 시간에 수업내용을 더 보충하여 진도를 나갈 수밖에 없는 실정이다. 그 결과 대구외고의 경우 올해는 이러한 사정을 교육과정 편성에 반영하여 4시간으로 조정되었다.

3) 교사용 지도서에 의하면 <춘향전>이 2시간이지만, <허생전>과 <구운몽>은 각각 3시간으로 짜여져 있다. (서울대학교 국어교육연구소, 『고등학교 국어(상) · 국어(하) 교사용지도서』, 교육인적자원부, 2002. 이하 교사용지도서의 인용은 『지도서(상)』, 『지도서(하)』로 구분하여 제시한다.)

운 내용이라 오히려 2학년이 되어 가르치면 더 효과적인데 과목수를 줄인다는 명목으로 국어(상, 하)를 1학년에 다 가르쳐야 하니 문제가 심각해진다.[4] 결국 이러한 작품을 온전히 이해하지 못한 상태에서 3학년이 되면 입시 때문에 이를 다시 처음부터 가르쳐야 하는 악순환이 거듭되고 있다. 결국 국어(상, 하)를 1학년에, 문학(상, 하)은 2학년 또는 3학년에 다 배우는 것은 많은 무리가 따르고 있다.

뿐만 아니라 작문, 독서, 화법, 문법 등 선택 과목이 1, 2학년 교과에 편성되어 있으면 수업이 이루어질 가능성이 어느 정도 있으나, 3학년 교과에 편성되어 있는 경우는 아예 수업이 이루어지지 않는다. 곧 교과서를 바탕으로 한 수업이 아니라 수능을 대비한 언어영역 수업으로 변용되어 버린다. 그리고 수능과 관계없는 다른 과목은 지필고사를 볼 정도만 진도를 나가고 그 뒤에는 거의 자습을 하게 되는 경우가 많다. 교육개혁의 목소리가 아무리 높아도 교육 현장은 눈앞의 입시에 매달릴 수밖에 없는 게 우리의 암울한 현실인 것이다.

2. 무엇을 가르칠 것인가?

학생들의 고전소설에 대한 관심과 흥미를 높이기 위해 '무엇을 어떻게 가르칠 것인가?'에 대해 많이 고민할 필요가 있다.[5] 똑 같은

---

4) <기미 독립 선언서>도 1학년 학생들이 배우기에는 그 내용이 어렵다.(서울대학교 국어교육연구소, 『고등학교 국어(하)』, 교육인적자원부, 2002, 302~303쪽, 308~309쪽. 이하 국어교과서의 인용은 『국어(상)』, 『국어(하)』로 구분하여 제시한다.)

5) 고전소설 교육에 대한 문제점과 방안을 제시한 것으로는 다음 논저를 참고할 만하다.

작품을 가르치더라도 수업할 내용과 수업하는 방법에 따라 학생들의 반응은 크게 달라지기 때문이다. 학생들은 일반적으로 강의식보다 발표식을 더 선호하며, 수업매체도 교과서에서 머물기보다 영상물을 동원하는 게 학습동기 유발이 잘 된다. 필요에 따라 교사가 수업자료를 제작해야 하지만, 학생들에게 과제를 제시하는 것도 도움이 된다. 왜냐하면 학생들은 영상물에 익숙한지라 과제에 맞는 그들만의 독창적인 자료 제작을 쉽게 하기 때문이다.

본고에서는 <춘향전>을 대상으로 '무엇을 어떻게 가르칠 것인가?'를 적용해 보기로 한다. 먼저 <춘향전>은 교육과정이 여러 차례 바뀌어도 고등학교 교과서에서 한번도 빠지지 않고 계속 수록된 작품이다.[6] 다만 <허생전>은 5차 교육과정 때부터 교과서에 줄곧 실리고 있지만, <토끼전>, <홍길동전>, <구운몽>, <흥보가> 등은 교과서에 실렸다가 빠졌든지, 빠졌다가 다시 실린 작품들이다. 그런데 <춘향전>은 다른 고전소설 작품과 달리 교과서에 지속적으로 실려 우리에게 사랑을 받는 까닭은 무엇일까? 먼저 <춘향전>은 다른 고전소설에서 찾기 어려운, 의미적 요소가 담겨 있다고 볼 수 있다. 곧 여자의 정절을 뛰어나게 그렸다는 점, 신분을 초월한 남녀간의 사랑을 다루었다는 점, 등장인물의 성격을 잘 형상화했다는

김홍규, 「고전문학 교육과 역사적 이해의 원근법」, 『현대비평과 이론』 제2권 1호(통권3호), 한신문화사, 1992. 봄.

김종철, 「고전문학교육의 방향과 교과서」, 『민족문학사연구』 제12호, 1998.

심경호, 「한국 고전문학교육의 현황과 과제」, 한국문학교육학회 제20회 학술발표대회 주제 발표문, 2000.

이상익 편, 『고전문학 어떻게 가르칠 것인가』, 집문당, 1994.

장석규, 「고소설 교육 현실의 진단과 처방-초중고등 학교를 중심으로」, 『고소설연구』 제7집, 한국고소설학회, 1999.

6) 박현표, 「중 · 고등학교 고전소설 교육의 실태와 문제」, 한국고소설학회 제68차 정기학술대회 발표 요지문, 2005.1.27, 40쪽. 5차 교육과정 때는 <춘향가>로 실렸다.

점, 그 당시 민중의 소망을 사실적으로 잘 그렸다는 점 등이 그것이다. <춘향전>은 그 당대의 사회 모습을 반영하고 있지만, 그 주제적 의미는 오늘날에도 재해석될 수 있기에 새로운 눈으로 다시 작품에 접근할 수 있는 것이다. 그 다음으로는 <춘향전>의 근원적 바탕과 관련되는 것,[7] <춘향전>의 개별 작품이 도달한 높이에 상응하는 높이를 다른 이본이 도달하고 있다는 것[8]으로 볼 수 있다. 이러한 점에 유의하여 <춘향전>을 지도할 때, '무엇을 어떻게 가르칠 것인가?'에 대해서 알아보기로 한다.

먼저 '무엇을 가르칠 것인가?'의 '무엇'은 학생들에게 꼭 가르쳐야 할 학습요소이다. 곧 그 단원을 통해서 학생들이 반드시 알아야 할 내용인 셈이다. 이는 교과서의 '대단원 학습목표'와 '학습활동'에서 끌어오든지, 아니면 교사용지도서의 '단원 교수-학습 계획'을 참고하면 학생들에게 가르칠 거리를 쉽게 정리할 수 있다. <춘향전>의 '단원 교수-학습 계획'에 의하면 학생들에게 가르쳐야 할 학습요소를 '이해'와 '활동'으로 구분하였는데, 이를 제시하면 다음과 같다.[9]

'이해'

① 작품의 일반적 특성

② 작품에 나타난 전통적 사유의 특성

③ 작품에 나타난 전통적 표현의 특성

---

7) 정병헌, 「<춘향전> 교육의 몇 가지 전제」, 이상익 외, 『고전문학 어떻게 가르칠 것인가』, 집문당, 1994, 678~679쪽.
이 논문에서는 <춘향전>의 근원적 바탕을 <춘향전>이 무엇을 말하고 있는가, 그리고 그것은 어떠한 방식으로 말하여지는가의 두 문제와 관련지어 논의하고 있다.

8) 김종철, 「<춘향전> 교육의 시각(1)」, 청관고전문학회, 『고전문학과 교육』제1집, 태학사, 1999, 146쪽.

9) 『지도서(하)』, 324쪽.

④ 전통의 창조적 계승 방법

'활동'

① 작품에 나타난 표현 기법을 활용한 말하기와 글쓰기

② 작품에 나타난 전통적 사유를 찾고 설명하기

③ 전통의 창조적 계승 사례 조사하기

'이해'①은 모든 고전소설 작품에 두루 적용될 수 있는 배경지식으로서 곧 작품의 주제, 배경, 등장인물의 성격, 국문학사적 의의 등이 여기에 해당한다. 그리고 '이해'②는 '활동'②, '이해'③은 '활동'①, '이해'④는 '활동'③과 서로 관련을 맺고 있다. 이러한 것은 거의 '대단원 학습목표'에 바탕을 두고 있으며, 이것은 다시 '학습활동'의 문제로 이어지고 있다. 곧 대단원 학습목표, 단원 학습-교수 계획, 학습활동이 삼위일체가 되어 하나의 유기적인 구조를 이루고 있는 셈이다. 그런데 '단원 교수-학습 계획'의 내용이 구체적이지 않기 때문에 학생들에게 바로 제시하기에는 부적절하다. 교사는 이를 더 세분화하여 구체적인 물음으로 만들어서 학생들에게 제시하는 게 훨씬 효과적이다. 추상의 사닥다리에서 내려오면 내려올수록 더 구체적이고, 학생들은 더 쉽게 문제를 해결할 수 있다.

현재 국어 교과서의 대단원 구성은 '단원의 길잡이-준비 학습-소단원 학습-단원의 마무리-보충 · 심화 학습'의 순서로 되어 있다. 이 중 소단원 학습은 활동 중심의 원칙에 의거하여 학습목표에 필요한 제재와 '학습활동' 중심으로 구성되어 있다. '알아두기' 항목을 제재 중간에 두어 학습활동의 수행에 요구되는 개념적 · 방법적 지식을 습득하도록 하였고, '학습활동' 역시 제재 중간에 배치하여 제재의 구체적 국면에서 다양한 학습활동을 수행함으로써 단원 학습

목표에 달성할 수 있도록 하였다.[10] 그래서 교사는 국어교과서의 체제와 성격을 학생들에게 잘 이해시킨 뒤 가르치면 학습목표에 더 쉽게 도달할 수 있을 것이다. 다음은 <춘향전>에 실린 '알아두기'와 관련된 '학습활동'을 제시하면 다음과 같다.[11]

<알아두기1> 인간다움 추구의 전통

<학습활동>

1. (혼자하기) '등 밀쳐 내니 어찌 아닌 명관(名官)인가'라는 구절을 중심으로 다음 활동을 해 보자.
   (1) 이 구절에 함축된 속뜻이 무엇인지 생각해 보고, 이렇게 표현함으로써 얻을 수 있는 효과는 무엇인지 말해 보자.
   (2) 교실 주변에서 볼 수 있는 상황을 이런 식으로 표현해 보자.

2. (혼자하기) 이몽룡이 지었다는 시를 중심으로 다음 활동을 해 보자.
   (1) 이 시가 강조하고 있는 바는 무엇인지 말해 보자.
   (2) 이 시에 담겨 있는 인간 존중의 전통을 설명해 보자.

3. (혼자하기) 지금까지 읽은 내용 중 마음에 드는 표현을 골라 그 표현법을 모방하여 현재 자신이 처한 상황에 맞게 표현해 보자.

---

10) 『국어(하)』, 4쪽.
11) '대단원 학습목표'는 <춘향전>(교과서 소단원)의 '알아두기'에서 간략하지만 명확하게 제시되어 있다(『국어(하)』, 302~303쪽, 308~309쪽).

<알아두기2> 전통의 창조적 계승을 위한 방법

<학습활동>

1. (혼자하기) 다음 표현 중 하나를 모방하여 주변의 상황이나 행위를 표현해 보자.
   - 인궤 잃고 과줄 들고, 병부 잃고 송편 들고, 탕건 잃고 용수 쓰고, 갓 잃고 소반 쓰고, 칼집 쥐고 오줌 누기
   - 문 들어온다, 바람 닫아라. 물 마른다, 목 들여라.
   - 층암절벽 높은 바위 바람 분들 무너지며, 청송녹죽 푸른 남기 눈이 온들 변하리까?
2. (함께하기) '춘향전'을 변형하여 만든 작품들에는 어떤 것이 있는지 조사하여 서로 비교해 보자.

'알아두기'는 제재를 읽어가는 방향이나 방법을 제시하고자 단원의 학습목표와 관련된 개념이나 명제 등을 지면의 하단에 상세하게 풀이하였고, '학습활동'은 제재의 중간중간에 제시하여 모두 읽은 뒤에는 물론이고 읽어가는 도중에도 학습활동을 수행함으로써 적극적인 읽기를 도모하도록 하였다.[12] '알아두기'가 학습목표의 포괄적인 내용이라면, '학습활동'은 이를 세부적으로 나눈 내용이라고 볼 수 있다. 그리고 교과서와 달리 교사용지도서의 '알아두기'에는 '교수 · 학습 방안'과 '참고자료'로 구성되어 있다. 이 중 '참고자료'는 '교수 · 학습 이론'의 해당 이론 체계에 따른 관련 자료를 찾아 제시함으로써 필요한 경우에 관련 서적을 참조할 수 있도록 하였다.[13] 이는 국어 교과서에 없는 부분이라 더 깊이 있는 학습이 필요

12) 『지도서(하)』, 34쪽.
13) 『지도서(하)』, 45쪽.

할 때 자료로 적극 활용할 수 있어 큰 도움이 된다. 그러나 자세히 보면 '알아두기'와 '학습활동'이 독립적이지 않고, '알아두기'가 제시된 곳은 거의 대부분 '학습활동'의 문제가 제시되어 있어 이 둘의 밀접한 관련성을 짐작케 한다. 곧 '학습활동'은 '알아두기'에서 제시한 내용을 바탕으로 한 문제인 것이다. 위에 제시한 '학습활동' 문제는 또 교사용지도서의 '단원 교수-학습 계획'의 주요 내용 및 활동과 밀접한 관련을 맺고 있는데, 이를 '이해'와 '활동'으로 연결시켜 정리하면 다음과 같다.

<알아두기1-학습활동>

1. (1) '이해'③, (2) '활동'①
2. (1) '이해'①, (2) '활동'②
3. '활동'①

<알아두기2-학습활동>

1. '활동'①
2. '활동'③

곧 '알아두기'에 바탕을 둔 '학습활동'은 '이해' 2문제, '활동' 5문제로 제시되어 있다. 이는 '전통과 창조'(<춘향전>의 대단원 제목)라는 대단원 학습목표[14]와도 일치하고 있으며, 이와 관련된 학습활동 문제는 '혼자하기' 또는 '함께하기'[15] 등 둘로 구분하여 제시되

14) <춘향전>의 '단원의 길잡이'에는 '대단원 학습목표'를 다음과 같이 제시하고 있다(『국어(하)』, 295쪽).

1. 우리 문화의 전통을 창조적으로 계승, 발전시키는 능력과 태도를 기른다.
2. 전통의 창조적 계승을 위해 창의적으로 표현하는 태도를 기른다.
3. 전통을 창조적으로 계승함으로써 국어를 발전시키려는 태도를 기른다.

고 있다. 그러나 교사는 교사용지도서에 제시한 '단원 학습-교수 계획'에 머물지 말고 학생들에게 가르칠 거리를 더 연구하는 자세가 필요하다. 앞에서도 지적했듯이 '단원 학습-교수 계획'은 포괄적인 내용이므로 학생들이 쉽게 접근할 수 있는 구체적인 물음으로 재구성해야 한다. 이때 학생의 관심과 흥미 부분을 고려한 문제라면 학습효과가 더 극대화될 것이다. 전자 게시판 · 전자메일 · 검색 사이트 · 사전이나 백과사전 · 이미 구축된 홈페이지 등을 활용한 ICT 수업, 학생들에게 가르칠 다양한 수업방법[16]으로 접근할 때 작품에 대한 흥미도와 이해도가 한층 높아질 것이다. 그리고 텍스트를 확장하여 그 작품의 성격을 이해하는 것,[17] 문제의 발견과 해결이란 측면을 고려하여 실제의 삶과 연계하는 것,[18] 소설 이본을 통하여 쓰기를 지도하는 것[19] 등은 닫힌 고전소설 수업을 좀더 자유롭고 흥미롭게 이끌어 줄 수 있을 것이다.

3. 어떻게 가르칠 것인가?

하나의 고전소설을 가지고 수업할 수 있는 방법은 다양하다. 어

15) '함께하기'는 둘이서 할 수도 있으며, 모둠 또는 학급 전체가 동시에 할 수도 있다(『지도서(하)』, 35쪽).

16) 모둠 토의수업, 역할극, 쓰기를 통한 상상력 기르기(갈래 바꾸어 쓰기, 작품 고쳐 쓰기) 등이 여기에 속한다.

17) 권순긍 편, 「우리 소설 토론해 봅시다(고전소설 편)」, 새날출판사, 1997.
김희숙, 「<홍길동전>의 교육방법 연구」, 경북대 교육대학원 석사학위논문, 2003.

18) 권순긍, 「문제제기를 통한 고소설 교육의 방향과 시각」, 『고소설연구』 제12집, 한국고소설학회, 2001.

19) 김종철, 「소설의 이본 파생과 창작교육의 한 방향」, 『고소설연구』 제7집, 한국고소설학회, 1999.

느 수업방법이 최상이라는 단정을 내리기는 것은 어렵다. 그러나 학생들이 작품을 만지고, 뜯어내고, 다시 만들 수 있으려면 다양한 수업방법으로 접근해 보는 게 좋다. 이는 학생들의 흥미를 높일 수 있고 그들이 살아있는 고전으로 만날 수 있기 때문이다. 곧 고전소설을 가르치는 바람직한 방법은 작품이 하나의 의미체로 생성되고 존립하는 데 작용한 제요인을 해석의 유효 요소로 인정하면서 나의 시각, 체험, 시대적・문화적 의식이 그것과 소통되도록 중재하는 데서 찾아져야 할 것이다.[20]

본고에서는 그 일례로 모둠 토의수업으로 『국어(하)』에 실려 있는 <춘향전>을 지도해 보기로 한다.[21] <춘향전>에서는 모둠 토의수업을 할 수 있는 과제가 학습활동으로 제시되어 있다. 곧 앞에서도 언급한 바와 같이 단원별 학습활동에는 '혼자하기'와 '함께하기'로 구분되어 있는데, 이 중 '함께하기'는 모둠 토의수업을 하기에 매우 적절한 문제이다.

1) 모둠 토의수업[22] 과제 제시

---

20) 김흥규, 앞의 논문, 51쪽.

21) 필자는 모둠별로 소설 수업을 하여 이를 학생들에게 적용하여 긍정적인 효과가 있다는 것을 확인한 바 있다(우창호, 「모둠 토의수업을 통한 소설 감상능력 신장 방안」, 24회 대구시현장교육연구보고서, 2004).

22) 모둠 토의수업 진행 순서는 다음과 같다(김성장, 『모둠토의수업 방법 10가지』, 내일을 여는 책, 1999, 237쪽).

① 모둠 짜고 모둠 이름 정하기　　② 활동 방법 정하기
③ 개별 연구　　④ 모둠 토의와 활동
⑤ 발표 준비　　⑥ 발표
⑦ 질문・비판・의견 제시를 위한 모둠 토의와 발언
⑧ 발표한 모둠 답변과 토의　　⑨ 자유 토의
⑩ 상호 평가와 마무리

모둠토의 과제는 연간계획을 학교 홈페이지(또는 개인 홈페이지)에 게시하여 모둠끼리 충분히 준비할 시간을 주는 게 좋다. 발표할 내용을 홈페이지에 게시하면 다른 조에서 그 내용을 미리 검토할 수 있어 발표와 질의응답이 더 활발해질 수 있다. 그리고 학급에 연간 발표계획을 게시해 두면 학생들이 과제준비를 할 때마다 확인할 수 있어 과제수행이 훨씬 순조롭게 이루어질 수 있다. 소단원마다 모둠발표 문항수는 3개가 적당하다. 모둠발표는 1시간 단위로 매듭이 져야 학습의 효과가 크다. 그렇지 않고 모둠발표가 그 다음 시간으로 이어지면 수업의 흐름이 끊어질 뿐만 아니라, 학생들이 수업에 대한 지속적인 흥미를 갖기도 어렵다. <춘향전>의 학습활동에는 모둠 토의수업을 하기에 적절한 '함께하기' 문제가 하나 제시되어 있다.

> * 학습활동 : **(함께하기)** <춘향전>을 변형하여 만든 작품들에는 어떤 것이 있는지 조사하여 서로 비교해 보자.

이 문제를 통하여 발표할 모둠 토의과제를 좀더 자세히 제시해 주는 것이 좋다. 그렇게 해야만 학생들이 토의과제를 보다 쉽게 접근할 수 있기 때문이다. 다음은 <춘향전>의 변형 문제에서 모둠토의를 할 때 다루어야 할 토의과제이다. 이때 주의할 점은 학생들의 수준을 고려하여 그들이 다룰 수 있는 토의과제를 제시해 주는 게 좋다.

현재 『국어(하)』에서 <춘향전>의 계승된 모습을 보여주는 삽화(사진)로는 영화, 창극, 마당놀이 등 세 가지이다. 곧 영화는 임권택 감독의 <춘향뎐>(3개 장면 소개)과 그 동안 영화화된 <춘향전> 포스터(8편)를, 창극은 <춘향전>을, 마당놀이는 <암행어사 졸도야>

를 각각 제시하고 있다. 이를 통해 학생들은 자연스럽게 고전소설 <춘향전>이 여러 갈래로 변형된다는 것을 확인하게 된다. 이러한 변형은 과거에도 있었고, 현재도 변형되고 있으며,[23] 앞으로도 변형될 것이다.

<춘향전>의 전통을 계승한 것[24]으로는 현대시, 신소설, 현대소설, 드라마, 창극, 영화, 연극 등 여러 갈래에서 찾아볼 수 있다. 이 중 현대시가 가장 다양한 폭으로 계승되었는데, 이를 제시하면 다음과 같다.

① **현대시**[25] : 강우식의 <탈춤고2>, 김기진의 <대수풀 우거진 곳>, 김영랑의 <춘향>, <두견>, 김춘수의 <집1>, 노천명의 <춘향>, 박재삼의 「춘향이 마음」, 박희진의 <한국어를 기리는 노래>, 서정주의 <추천사>, <다시 밝은 날에>, <춘향유문>, 송수권의 <춘향이 생각>, 이태극의 <소리8>, 전봉건의 「춘향연가」, 정완영의 <황국>, 최석하의 <죽(竹)>, 최하림의 <춘향비가> 등

② **신소설** : 이해조의 <옥중화>(1912)

③ **현대소설** : 이광수의 <일설 춘향전>(1925~1926), 이주홍의 <탈선 춘향전>(1951), 임철우의 <옥중가>(1991), 김주영의 <외설 춘향전>(1994), 최인훈의 <춘향뎐>(1996) 등

④ **드라마** : <쾌걸 춘향>(2004)

---

23) 드라마 <쾌걸 춘향>이 방영된 것도 이러한 예에 속한다고 볼 수 있다.

24) <춘향전>에 대한 전통문제에 대한 논의는 다음 논문에서 집중적으로 다루었다.
이상숙, 「<춘향전>을 중심을 한 전통논의의 양상」, 『국어국문학』 제120호, 국어국문학회, 1997.

25) 이상숙, 앞의 논문(375~6쪽)에서 제시한 것을 참고로 하여 정리한 것이다.

⑤ **창극**[26]

창극정립위원회본(1), <창극 춘향가>(20마당), 박진 연출, 국립창극단 15회, 1970.

창극정립위원회본(2), <창극 춘향전>(1부 6장, 2부 8장), 이진순 연출, 국립창극단 16회, 1971.

이원경(1), <춘향전>(4막 21장), 이원경 연출, 국립창극단 24회, 1976.

이원경(2), <대춘향전>(5막 10장), 이원경 연출, 국립창극단 32회, 1980.

허규, <춘향가>(14장), 허규 연출, 국립창극단 58회, 1987.

⑥ **영화**[27] : 연쇄극 <춘향전>(1922), 만고열녀 <춘향전>(1923), 류봉렬의 <춘향전>(?), 발성영화 <춘향전>(1935), 일본 감독의 <춘향전>(?), 해방 후 최초 <춘향전>(1955), 김향의 <대춘향전>(1957), 이병일의 <춘향전>(1958), 이경춘의 <탈선 춘향전>(1960), 홍성기의 <춘향전>(1961), 신상옥의 <성춘향>(1961), 이동훈의 <한양에서 온 성춘향>(1963), 이성구의 <춘향전>(1971), 이형표의 <방자와 향단이>(1972), 박태원의 <성춘향전>(1976), 한상훈의 <성춘향>(1987), ANDY KIM의 만화 <성춘향뎐>(1999), 임권택의 <춘향뎐>(2000), 김용옥의 <새춘향뎐>(시나리오)[28](1987) 등

---

26) 백현미, 「창극 <춘향전>의 공연사와 양식상의 특징」, 『고전희곡연구』 제6집, 한국고전희곡학회, 2003에서 참고함.

27) 김수남, 「'춘향영화'의 제작사와 양식적 특징에 대한 고찰」, 『고전희곡연구』 제6집, 한국고전희곡학회, 2003에서 참고함.

28) 김용옥은 <새춘향뎐>이란 시나리오를 발표했지만, 이것이 영화화되지는 않았다.
김용옥, 『새춘향뎐』, 통나무, 1987.

⑦ **연극**[29] : 유치진의 <춘향전>(1936), 김용락의 <방자놀이>(1884), 장윤환의 <여시아문>(1996), 이근삼의 <춘향아, 춘향아>(1996), 장소현의 <춘향이 없는 춘향전>(1996), 오태석의 <기생비생 춘향전>(2002) 등

위의 갈래 중, 학생들이 모둠 토의수업에 쉽고 흥미롭게 활용할 수 있는 것은 현대시, 현대소설, 드라마이다. <춘향전>을 현대시로 바꾼 시인들은 그 변용 양식과 형상화된 춘향의 모습이 각각 다르게 나타나며,[30] 그리고 <춘향전>을 현대소설(<일설 춘향전>, <춘향뎐>, <외설 춘향전>, <옥중가> 등)과 공연예술(뮤지컬 <성춘향>, 텔레비전 마당놀이 <방자전>, 창작마당극 <방자전>, 민족가극 <춘향전>)로 바뀌면서 전승의 시대적 의미를 찾은 것[31]도 있다. 드라마로는 KBS 2TV에서 미니 시리즈로 방영한 <쾌걸 춘향>을 들 수 있다. 이 드라마는 시청자들로부터 의외의 관심을 모았다. <춘향전>을 패러디했지만 등장인물의 성격을 많이 바꾸어 현대적으로 각색한 작품이라 특히 10대들로부터 폭발적인 인기를 누렸다. 이러한 점을 고려해 볼 때 <춘향전>의 학습활동 '함께하기'는 현대시, 현대소설, 드라마 등으로 제한하여 실시하면 크게 무리 없이 수업할 수 있을 것이다. 다음은 실제 <춘향전>을 모둠토의를 할 때 제시한 토의과제이다.[32]

---

29) 이미원, 「현대극의 <춘향전> 수용」, 『고전희곡연구』 제6집, 한국고전희곡학회, 2003에서 참고함.

30) 김흥규, 「춘향-천의 얼굴」, 김병국 외 편, 『춘향전 어떻게 읽을 것인가』, 서광학술자료사, 1994, 256쪽. 이 논문에서는 박재삼의 「춘향이 마음」, 서정주의 「춘향의 말」, 전봉건의 「춘향 연가」를 중심으로 다루었다.

31) 전영선, 「고전소설의 현대적 수용」, 한양대학교 박사학위논문, 2000.

32) 우리 학교(대구외고)에서 올해 문학 수업에 이를 적용한 바 있다.(2005.3.28. 2학년 6반, 2교시 문학)

(토의과제) <춘향전>을 변형하여 만든 아래 작품에 대하여 다음 사항을 정리하여 발표해 보자.

① <춘향전>이 어떻게 변형되었는가?[33]

② 작가가 <춘향전>을 변형한 의도는 무엇인가?

-서정주의 '춘향유문', '추천사'
-김영랑의 '춘향'
-최인훈의 '춘향뎐
-드라마 '쾌걸 춘향'

위와 같은 과제는 대부분의 학생들이 쉽게 해결하였다. 그 중 학생들이 관심 있게 보았던 '쾌걸 춘향'의 발표에서 그들의 생각이 가장 잘 드러났고, 인물의 변형된 모습을 정확하게 찾아내었다. <춘향전>을 변형하여 만든 작품들을 비교하는 것 외에도 <춘향전>을 배우면서 모둠 토의수업을 할 수 있는 과제를 제시하면 다음과 같다.

① 소설 <춘향전>과 판소리 <춘향가> 비교하기
② <춘향전>을 여러 관점으로 감상하기
③ 창작하기(모방 창작하기 포함) → 공동 창작(시, 소설, 수필 등)
④ 희곡으로 각색하여 연극으로 공연하기
⑤ <춘향전>의 작품 고쳐 쓰기(배경, 시점, 화자, 주인공, 구성, 문체, 결말, 문제 해결방법 등을 바꾸어 쓰기)

위와 같은 모둠 토의과제를 제시할 때 주의해야 할 점이 두 가지

33) 전통의 창조적 계승을 위한 방법으로 지속, 변형, 새로운 창조, 적극적인 부정하는 것으로 나누어 볼 수 있다(『국어(하)』, 308쪽).

있다. 첫째 토의과제는 모둠원이 역할 분담을 하여 함께 할 수 있는 것이어야 하고, 둘째 토의과제는 발표한 뒤 학생들이 서로 토의할 만한 것이라야 한다. 과제①은 대단원 '준비학습'에서 이미 이와 비슷한 과제를 해결한 바 있다. 곧 대중가요인 <흥부가 기가 막혀>의 가사에 해당하는 내용을 <흥부가>, <흥부전>에서 찾아 자료들 간의 공통점과 차이점을 찾는 게 바로 그것이다.[34] 과제②는 <허생전>(『국어(하)』)을 배울 때 이미 '문학을 감상하는 관점' 중 반영론적 관점과 표현론적 관점을 학습했기 때문에 이를 포함한 효용론적 관점, 존재론적 관점 등으로 확대하여 이를 자연스럽게 적용할 수 있을 것이다.[35]

그리고 과제③과 ④는 학생들의 상상력을 마음껏 발휘할 수 있는 문제이다. 학생들이 쓴 글은 문학 학습 자료실에 바로 올려 여러 학생들이 함께 볼 수 있도록 하고, 관심 있는 학생은 댓글을 쓸 수 있도록 지도하는 것이 효과적이다. 이는 하나의 문제를 두고 생각의 차이를 견주어 볼 수 있고, 또한 자신의 생각과 느낌을 적어봄으로써 비판력을 기를 수 있는 이점이 있다. 특히 연극으로 공연해 보는 것은 학생들의 관심과 능력을 한꺼번에 볼 수 있어 지도교사와 학생들이 함께 즐겁게 수업할 수 있는 방법이다. 과제⑤는 고쳐 쓰기의 방향을 다르게 설정한 뒤, 이를 각각 다른 과제를 모둠별로 부여하면 고쳐 쓴 작품을 비교하면서 많은 것을 배울 수 있다.[36] 이때 작품의 올바른 이해와 고쳐 쓰기를 더 잘 하기 위해서는 토론은 과정을 거치는 것이 바람직하다.

---

34) 『국어(하)』, 296~7쪽.

35) <허생전>에서 '문학 작품 속에 반영된 사회 · 문화적 상황 읽기', '사회 · 문화적 상황의 구체적 의미와 보편적 의미', '작가의 상황과 관점'을 다루었다.

36) 김근수 · 서태진, 『즐거운 국어수업』, 티처빌 원격교육연수원, 2005, 247쪽.

2) 모둠 토의수업 발표와 평가

모둠 토의 발표자는 발표를 잘 하는 사람이 계속 맡아서 하는 게 아니라 모둠원이 돌아가면서 골고루 발표하도록 해야 한다. 그리고 모둠 토의발표의 평가는 학생들에게 직접 하도록 하면 발표가 더 진지하고 듣는 학생들도 훨씬 관심을 갖게 된다. 물론 마지막에는 교사가 정리하여 총평을 해주어야만 한다. 그때 학생들의 발표 중 잘된 것은 칭찬하고, 부족한 것은 다음 발표에서 보완할 수 있도록 하는 게 좋다. 그리고 평가사항을 학생들에게 미리 제시하여 이를 숙지한 뒤 다른 모둠의 발표를 경청하도록 한다. 학생들이 직접 발표에 대한 평가를 해봄으로써 비판적인 안목을 기를 수 있기 때문에 이를 활성화하는 게 바람직하다. 모둠별 상호평가표를 예로 제시하면 다음과 같다.

모둠별 상호평가표

평가문항	1	2	3	4	5
1. 주제와 잘 부합하는 발표를 하는가?					
2. 발표의 내용 전달이 잘 되었는가?					
3. 질의응답에 성실한 자세로 임하였는가?					
4. 모둠 조원이 협력하여 토의를 하였는가?					
5. 문제의식이나 비판의식이 잘 드러나는가?					

이렇게 모둠별로 상호평가를 하면 학생들의 발표에 대한 관심을 갖게 할 수 있는 장점이 있다. 뿐만 아니라 다른 학생이 발표할 때 문제점을 발견하면, 이를 자신이 발표할 때 직접 고칠 수도 있어 크게 도움이 된다.

3) 모둠 토의수업의 효과와 문제점

고전소설을 흥미롭게 가르치기 위한 수업방법으로 '모둠 토의수업이 최선이다.'는 것은 아니다. 이는 여러 가지 수업방법 중 하나일 따름이다. 이는 교사의 강의식 수업에서 벗어나 가능하면 많은 학생들을 수업 속으로 동참시킨다는 의미가 더 크다고 할 수 있다. 그리고 모둠 토의수업은 처음 출발할 때 학생들이 잘 적응하도록 지도해야 원만한 수업을 이끌어갈 수 있다. 모둠 짜기, 과제 전달과 발표, 발표준비와 순서, 발표자료 게시판에 올리기, 풍부한 질의응답, 도움을 주는 상호평가 등이 모둠원끼리 하나로 이어질 때 기대하는 수업으로 연결시킬 수 있다. 모둠 토의수업을 하면 다음과 같은 효과를 얻을 수 있다.

첫째, 모둠 토의수업은 강의식 수업보다 학생들이 주도적으로 수업을 이끌어나가기 때문에 자신들의 시각으로 작품을 재해석할 수 있어 고전소설에 대한 흥미를 더 높일 수 있다. 이는 고전소설뿐만 아니라 다른 고전문학에 확대 적용해도 학습의 흥미유발에 도움을 줄 것으로 보인다. 예를 들어 <구지가>를 가르칠 때 이와 관련된 작품과 함께 '쓰기' 중심으로 다루어서 수업했는데 학생들의 반응은 기대 이상이었다. 이때 모둠별로 과제를 제시한 것은 다음과 같다.

1. 자기들을 다스릴 왕(王)을 기다리는 가락국 국민들의 심정을 산문으로 써 보자.
2. '구지가'처럼 소원을 이루기 위해 부른 노래를 조사해 보자.(고전시가, 대중가요, 팝송 등)

3. '구지가'와 말하기 방식이 같은 '해가(海歌)'를 현대적 관점에서 비판해 보자.

둘째, 고전소설 단원을 분석하여 학습요소를 추출한 뒤, 이를 모둠별로 과제를 정하여 발표하면 학생들이 고전소설을 좀더 다양하게 감상할 수 있다. 고전소설의 다양한 감상을 위해서는 학생들이 발표 준비를 잘 하는 것도 중요하지만, 그 이상으로 지도교사가 토의과제를 적절하게 내는 것 또한 중요하다. 토의과제는 학생들 수준을 고려해야 하고, 학생들이 꼭 알아야 할 학습요소와 관련시켜야 하며, 그들이 관심을 갖고 해결할 과제로 나아가야 할 것이다. 곧 학생들이 고전소설에 쉽게 접근하면서 제대로 감상할 수 있는 과제를 낼 수 있어야 한다.

셋째, 작품 속의 주인공을 자신의 문제로 연결해 보며, 소설에 반영된 삶을 오늘의 시각으로 비판해 봄으로써 학생 자신의 삶을 더 확장시킬 수 있다. 이러한 수업이 이루어질 때, 비로소 고전소설 속의 이야기는 그냥 옛날이야기로서 화석화되어 우리 앞에 그냥 있는 것이 아니라, 오늘날 이를 배우는 학생들에게 의미 있는 이야기로 다가올 것이다. 물론 모둠 토의과제를 제시할 때 한편의 작품을 다룰 때마다 이런 유형의 문제를 제시할 필요가 있다.

그러나 모둠 토의수업에서 위와 같은 효과가 있는 반면에 다음과 같은 몇 가지 문제점이 드러나기도 한다. 지도교사는 이를 극복할 수 있는 방안을 적극적으로 세워야만 모둠 토의수업의 효과를 극대화시킬 수 있다.

첫째, 모둠토의에 초점을 맞추다 보면 교과 진도를 맞추기가 어려운 경우가 있다. 그렇지 않아도 문학 수업시수가 부족한 터에 학생들의 발표에 치중하다 보면 진도가 늦어지기 십상이다. 수업 중

발표가 끝나고 다음 모둠으로 넘어갈 때 시간이 오래 허비되지 않도록 발표 순서를 반드시 정하고, 발표할 내용은 교실 컴퓨터 바탕화면에 띄워둔 뒤 발표 차례가 되면 바로 발표할 수 있도록 지도하는 게 좋다.

둘째, 모둠원들의 활동을 확인하지 않으면, 모둠토의에 참여하지 않는 학생이 있으므로 이에 대한 관심과 확인이 필요하다. 곧 무임승차하는 학생이 없도록 지도할 필요가 있다. 이를 방지하기 위해서는 '토론방'을 개설하여 같은 모둠끼리 의견을 주고받은 내용을 확인할 수 있도록 하는 것도 한 방법이 될 수 있다. 그리고 모둠별로 준비한 자료는 발표하기 전에 '문학 학습 자료실'(웹 게시판)에 올려서 다른 모둠원과 공유하도록 해야 한다. 간혹 발표할 자료의 준비가 늦으면 발표한 뒤에라도 그 자료를 올리도록 한다. 그리고 학생들은 웹 게시판에 올라온 모둠발표 자료를 읽고 자신의 생각을 댓글로 달아주도록 유도하는 게 좋다. 이는 학생들이 다 함께 동참하여 수업분위기가 더 활발해질 수 있다.

셋째, 모둠 토의발표는 가능하면 1시간 단위로 끝나는 게 바람직하다. 모둠발표를 하다 보면 수업 시간 내에 마무리하지 못하는 경우가 종종 있다. 발표시간이 길어지든지 아니면 질의응답이 많을 때 이러한 현상이 일어난다. 그래서 모둠 토의발표 문항수를 적절하게 조절해야 하는데 3문제가 비교적 적당하다. 모둠발표를 다하지 못하고 다음 시간으로 미루어지면 발표준비를 한 모둠에서 의욕을 잃게 될 것이고 더 나아가 발표수업에 대한 흥미가 줄어들 것이다.

넷째, 모둠 토의과제를 만들 때 좀 더 신중을 기할 필요가 있다. 모둠 토의과제는 토의할 만한 것이라야 하고, 학생들의 수준을 고려한 것이라야 한다. 그렇지 않으면 발표만 하고 토의 없이 끝날 수 있고, 토의과제가 너무 어려우면 과제에 대한 부담을 가질 수 있기 때문이다.

4. 남은 문제들

고전소설을 한낱 옛날의 이야기로만 간주하지 않고, 오늘의 삶과 관련시켜 배울 수 있도록 해야 할 것이다. 그리고 더 나아가 문학의 가치와 전통을 이해하고 문학 활동에 능동적으로 참여하여 문학 문화 발전에 기여하는 태도를 지니도록 가르쳐야 한다.[37] 이러한 방향으로 나아가기 위해 우리 현장에서는 학생들의 수준에 맞추어서 다양한 방법으로 지도하고, 그들에게 경험의 폭을 넓혀주어야 할 것이다. 고전소설이 우리와 먼 거리에 존재하는 것이 아니라 그 전통은 우리 생활 속에 여기저기 또 다른 모습으로 남아있다는 것을 확인시켜 주고, 스스로 새롭게 계승해 나가는 자세를 길러주어야 할 것이다. 학생들에게 <춘향전>을 가르치면서 수업이 끝나더라도 영화 <춘향뎐> 감상하기, 판소리 <춘향가> 감상하기, 교과서에 실리지 않은 <춘향전> 읽기, 창극과 마당놀이에 관심 갖기, 축제 때 연극 공연하기 등의 확장된 활동으로 이어진다면 고전소설의 교육은 앞으로 더욱 희망적일 것이다.

37) 『고등학교 교육과정 해설』, 교육부, 2000, 303쪽.

참고 문헌

『고등학교 교육과정 해설』, 교육부, 2000.

권순긍 편, 「우리 소설 토론해 봅시다(고전소설 편)」, 새날출판사, 1997.

권순긍, 「문제제기를 통한 고소설 교육의 방향과 시각」, 『고소설연구』 제12집, 한국고소설학회, 2001.

김수남, 「'춘향영화'의 제작사와 양식적 특징에 대한 고찰」, 『고전희곡연구』 제6집, 한국고전희곡학회, 2003.

김용옥, 『새춘향뎐』, 통나무, 1987.

김종철, 「소설의 이본 파생과 창작교육의 한 방향」, 『고소설연구』 제7집, 한국고소설학회, 1999.

김종철, 「고전문학교육의 방향과 교과서」, 『민족문학사연구』 제12호, 1998.

김종철, 「<춘향전> 교육의 시각(1)」, 청관고전문학회, 『고전문학과 교육』 제1집, 태학사, 1999.

김흥규, 「고전문학 교육과 역사적 이해의 원근법」, 『현대비평과 이론』 제2권 1호(통권3호), 한신문화사, 1992.봄.

김흥규, 「춘향-천의 얼굴」, 김병국 외 편, 『춘향전 어떻게 읽을 것인가』, 서광학술자료사, 1994.

김희숙, 「<홍길동전>의 교육방법 연구」, 경북대 교육대학원 석사학위논문, 2003.

김성장, 『모둠토의수업 방법 10가지』, 내일을 여는 책, 1999.

박현표, 「중 · 고등학교 고전소설 교육의 실태와 문제」, 한국고소설학회 제68차 정기학술대회 발표 요지문, 2005.1.27.

백현미, 「창극 <춘향전>의 공연사와 양식상의 특징」, 『고전희곡연구』 제6집, 한국고전희곡학회, 2003.

서울대학교 국어교육연구소, 『고등학교 국어(상, 하)』, 교육인적자원부, 2002.

서울대학교 국어교육연구소, 『고등학교 국어(상, 하) 교사용지도서』, 교육인적자원부, 2002.

심경호, 「한국 고전문학교육의 현황과 과제」, 한국문학교육학회 제20회 학술발표대회 주제 발표문, 2000.

우창호, 「모둠 토의수업을 통한 소설 감상능력 신장 방안」, 24회 대구시현장교육연구보고서, 2004.
이미원, 「현대극의 <춘향전> 수용」, 『고전희곡연구』 제6집, 한국고전희곡학회, 2003.
이상익 편, 『고전문학 어떻게 가르칠 것인가』, 집문당, 1994.
이상숙, 「<춘향전>을 중심을 한 전통논의의 양상」, 『국어국문학』 제120호, 국어국문학회, 1997.
장석규, 「고소설 교육 현실의 진단과 처방-초중고등 학교를 중심으로」, 『고소설연구』 제7집, 한국고소설학회, 1999.
전영선, 「고전소설의 현대적 수용」, 한양대 박사학위논문, 2000.
정병헌, 「<춘향전> 교육의 몇 가지 전제」, 이상익 외, 『고전문학 어떻게 가르칠 것인가』, 집문당, 1994.

대학 고전소설 교육의 현실, 방향, 과제

정 병 설
[서울대학교]

정병설

현재 서울대학교 국어국문학과 교수로 있다. 저서로는 『완월회맹연 연구』가 있고, 논문으로는 「조선후기 장편소설사의 전개」, 「조선후기 여성소설과 남성소설의 비교 연구」, 「17세기 동아시아 소설과 애정」, 「고소설과 텔레비전 드라마의 비교」, 「18, 19세기 일본인들의 조선소설 공부와 조선관」 등이 있다.

1. 현실

나는 1986년 학부 3학년 때 처음 <고전소설론> 강의를 들었다. 이후 1995년부터 한국방송통신대, 대전대, 덕성여대, 국민대 등에 출강하며 <고전소설론>을 강의하였고, 1999년 이후 명지대와 서울대에서 전임교수로 <고전소설론>을 강의하였다. 배우기 시작한 때로부터 현재까지 불과 20년이 못되는 기간이지만, 그 사이 고전소설교육의 환경은 급변하였다. 이 시기는 고전소설이 대학교과과정에 정식으로 채택된 이래 가장 큰 변화를 겪은 시기인 듯하다.

고전소설교육의 현실을 한마디로 말하라면 '위축'이다. 인문학의 위기 속에 인문교육이 위기에 빠졌고, 탈민족주의 이념과 세계화의 바람 속에 '국학정신'은 고개를 들지 못하고 있다. 실용으로부터 외면당한 데다가 정신과 이념까지 잃어버리면서 국문학은 사양 학문이 되었다. 그나마 한문학은 풍부한 유산, 풍속사적 취미, 지연 혈연의 전근대적 연대에 의존하여 다소 자기 비중을 높인 듯하지만, 한글고전문학은 상대적으로 더욱 위축되었다.

국문학 위축의 상황 속에서 고전소설은 더 열악한 위치에 있다. 우리가 애써 '고전'이라고 부르지만 실제로 그렇게 대접받는 작품은 거의 없다. 극소수 연구자들 외에는 거의 읽히지도 않는다. 21세기에 어느 나라라고 고전이 많이 읽히겠냐마는 '고전'으로 명맥을 이어갈 수 있는 최소한의 독자조차 없는 실정이라 문제가 심각하다 할 수 있다. 상황이 이렇게까지 된 데는 한국고전소설에 '고전'적 요소가 없거나, '고전'소설을 '고전'으로 설명해내지 못하였기 때문이라고 할 것이다. 한국고전소설 가운데 고양된 정신 또는 정신의 깊이를 보여준 작품이 있는가? 치열한 정신과 극한의 삶의 세계를 보여준 작품이 있는가? 이도저도 아니라면 언어표현에서 돋보이는 세련성과 예술성을 보여준 작품이 있는가? 대학생들에게 읽히고 싶은, 읽혀야 할 작품이 있는가? 한국고전소설의 고전성 문제는 심각하게 제기되어야 할 물음이다.[1]

사정이 이렇다보니 심지어 국어국문학과 학생들조차 <고전소설론>을 듣지 않고 졸업하기도 한다. 내가 대학 다닐 때는 전공이수 학점이 많아서 대부분 <국문학개론> <국문학사>는 물론 <고전소설강독>까지 듣고 또 <고전소설론>을 들었는데, 지금은 <고전소설강독>은 과목 자체가 폐지되었거나 개설되지 않는 학교가 많고, 대부분의 대학에 남아 있는 <고전소설론> 역시 전공과정생의 일부만 이수하는 수준으로 비중이 낮아졌다. <고전소설론>이 천덕꾸러기 비인기과목이 되어버린 것이다.

이런 위축 상황 이면에는 시대의 변화가 큰 요인으로 자리 잡고 있음을 명심할 필요가 있다. 신분문제, 혈통문제, 적서문제 등등 조선 사람들이 민감하게 반응했던 여러 문제들은 지금 젊은 세대에게 공감을 불러일으키지 못하고 있다. 젊은 세대에게 고전소설은 완전히 별세계다. 어떤 면에서는 외국소설보다 낯선, 완전한 '번역'이 필요한, 낯선 문화다. 심지어 1960~70년대 번역된 고전소설조차 다시 번역되어야 할 정도로 고전 세계와의 간극이 커졌다. 게다가 디지털, 인터넷 등 새로운 매체의 등장, 과학기술의 진보, 빈번한 국제교류 등 급속한 사회 변화는 학생들이 역사, 사회, 인생에 대해 진

1) 서대석, 「소설작품 평가의 문제-고소설을 중심으로」, 『국문학연구』 12, 국문학회, 2004에서 <홍길동전> <구운몽> <춘향전> <옥루몽> 등을 통해 고전소설의 가치평가 문제를 다루었다. 또 최근 서울대에서는 서울대 학생을 위한 권장도서 100종을 선정하면서 이 가운데 <구운몽> <춘향전> <한중록> <청구야담> <연암산문>을 포함시킨 바 있고, 이 작품들의 고전적 가치에 대한 짧은 해제를 묶어 책을 간행한 바 있다(『권장도서 해제집』, 서울대학교출판부, 2005). 이런 시도들이 더욱 많이 이루어져야 할 것으로 본다.

중하게 생각할 여유를 갖지 못하게 하고 있다. 변화의 시대를 살고 있는 학생들이 지속의 시대를 살았던 사람들이 향유했던 고전소설에 흥미를 느끼고 가치를 발견하기란 쉬운 일이 아니다. 고전소설 교육은 시대상황, 교육여건, 교육자와 수강자의 의식 등등에서 매우 어려운 상황에 처해 있는 것이다.

2. 방향

고전소설교육을 순식간에 살릴 수 있는 최상의 방안은 실용성의 확보다. 고전소설교육이 실질적으로 실용성을 가질 수 있는 분야는 교육이 거의 유일하다. 고전소설을 배운 학생이 초중등학교의 국어교사가 될 수 있다면, 고전소설 과목은 인기 과목이 될 것이다. 하지만 불행히도 현실은 정반대로 향하고 있다. 국어국문학과 국어교육의 관련 문제는 국어국문학과의 교육목표와 직결된 큰 문제여서 이 자리에서 모두 감당할 수는 없다. 상황을 간략히 개관하면 다음과 같다.

인문대학 또는 문과대학 국어국문학과 출신의 국어교사 임용 비율은 갈수록 줄고 있다. 단적인 예로 전국 대학 국어국문학과에 설치된 교직과정만 해도 전에는 정원의 30%를 선발하여 이수할 수 있도록 했던 것을 5~6년 전부터는 10%로 줄였다. 그리고 이제 그 10%마저도 없애려고 하고 있다.[2] 구체적으로 2004년 3월 헌법재판소가 교원임용시험에 사범대에 부여한 가산점을 위헌이라고 결정하자 같은 해 10월 교육부는 이에 대응하여 <교원양성체제개편 종

2) 교육부 발표 연도별 중등교원 양성 및 임용현황.

합방안>을 내놓았는데, 이 방안은 궁극적으로 교직과정, 교육대학원과 같은 사범대학 이외의 교사양성체계를 폐지하는 방향을 담고 있다. 교원임용시험에서 사범대학에 가산점을 부여해 온 교육인적자원부의 공식적 입장은 사범대 출신 교사들이 다른 단과대학 출신들보다 근본적으로 교사로서의 자질이 우수하다는 것인데, 이것이 헌법재판소에 의해 정면으로 부정되자, 사범대학의 기득권을 보호하기 위하여 이 방안을 만든 것이다. 이는 이 방안의 '추진 배경'에서 말하고 있는 바이다.

헌법재판소의 판결문에 따르면 교직과정이나 교육대학원을 이수한 다른 단과대학 출신자들보다 사범대 출신들이 근본적으로 우수한 자질을 갖추었다고 볼 수 있는 근거는 없다. 오히려 교직과정은 정원의 10% 이내에서 추려서 선발되었다는 점, 교육대학원은 학부에다 대학원까지 마쳤다는 점에서 소명감과 자질을 쉽게 폄하할 수 없다고 하였다. 이런 최고 사법기관의 설득력 있는 논리에도 불구하고 교육인적자원부가 무리한 방안을 내놓고 있는 것이다.

나는 국어국문학이 그 출발부터 국어교육과 깊이 연관되어 있고, 현재도 국어교육 부분에서 나름대로 중요한 역할을 수행해야 한다고 생각한다. 쉽게 말해 사범대학 국어교육학과와 인문대학 국어국

구 분	양 성				임 용					임용률 (%)
	사범계 학과	교직 과정	교육 대학원	계	국·공립교원			사립 교원	계	
					사범계	교직 과정	교육 대학원			
2002	14,972	10,289	3,649	28,910	4,393	2,600	84	1,770	8,847	30.0
2003	13,918	9,579	3,342	26,839	4,177	2,426	114	1,610	8,327	31.0
2004	15,395	8,581	3,040	27,016	3,077	2,300	90	1,914	7,381	27.0
계	44,285	28,449	10,031	82,765	11,647	7,326	288	5,294	24,555	29.7

* 특수 · 보건 등 제외, 양성인원은 자격취득자 기준임.
* 2004년 교육인적자원부 작성 <교원양성체제개편 종합방안> 중에서.

문학과가 상호 경쟁, 상호 보완 하면서 국어교육에 기여해야 한다고 보는 것이다.

국어교육에 관한 최근의 경향을 보면 국어교육을 국어국문학과 완전히 구별 지으려는 움직임이 있다. 물론 국어국문학을 연구하는 것과 그것을 가르치는 것은 다른 차원의 문제이다. 하지만 국어교육이 국어를 가르치는 것일진대 국어국문학을 잘 모르고 어떻게 제대로 된 국어교육을 할 수 있을 것인가? 한번에 두 마리 토끼를 잡을 수는 없다. 국어와 교육이 엄연히 구별되는 것이라면, 교육을 잘하는 사람이 국어를 잘 하기는 어렵고, 그 역도 마찬가지다. 국어와 교육이 적절히 균형을 이루는, 진정 바람직한 국어교육이 방향을 잡기를 바란다.

다시 원래 문제로 돌아가 보자. 대학에서 고전소설을 배운 학생이 중등학교에서 다시 그것을 가르칠 할 경우와 그렇지 않은 경우는 그 교육 방식이 상당히 달라야 할 것이다. 전자는 고전소설 전반에 대한 이해가 필요하지만, 후자는 개괄적 지식보다 핵심 이해가 더욱 중요하다. 지금 행해지고 있는 고전소설교육은 국어국문학과 학생들 상당수가 교사로 진출하던 시절에 만들어진 것이다. 이제 진출 가능성이 아주 낮아졌다면 교과내용도 수정이 필요하다. 현재 국어국문학과 학생들의 출로는 교사보다 출판, 언론, 디지털콘텐츠 등 문화 분야의 비중이 높다. 그러니 고전소설교육도 고전소설의 배경 지식에 대한 비중은 줄이고, 작품의 인문학적 의미를 가르치는 데 더욱 주력해야 할 것이다. 물론 국어교육 분야에서도 지식, 정보의 비중이 전보다 훨씬 줄었다. 나반 인문학으로서의 고전소설 교육은 더더욱 그 인문학적 의미에 깊이 천착해야 한다는 뜻이다.

인문교육의 핵심은 이해력, 판단력, 표현력의 제고에 있다고 생각된다. 듣고 읽은 것을 정리하고 가치 판단을 내리며 또 겪고 깨달은 바를 말하고 쓰는 훈련을 하는 것이다. 교육을 통해 창의력까지 높일 수 있다면 금상첨화라 하겠지만, 창의력이 교육으로 높일 수 있는 것인지는 의심스럽다. 한동안 교육 현장에서 창의력 교육이 화두가 되었지만 그것이 가능한 목표인지 회의적이다. 불가능한 것을 목표로 삼는 것은 잘못이다. 가르칠 수 없는 것을 가르치겠다고 든다면 그것은 억지요 거짓이다.

고전소설교육을 통해 이해력과 판단력, 표현력을 높이는 것은 충분히 가능한 일이다. 이해력은 단순히 한문이나 중세어・근세어를 해독하는 능력만을 가리키지 않는다. 소설 안에 숨쉬는 인간의 형상과 그들이 처한 상황을 현실적인 문맥에서 논리적・합리적・정서적으로 이해하는 것을 포함한다. 판단력은 작품을 통해 인생관 가치관 세계관을 정립하는 것뿐만 아니라 나아가 미적 판단까지 내릴 수 있게 하는 것이다. 마지막으로 자신의 소감을 어떻게 논리적이고 효율적으로 그리고 멋지게 전달할 수 있을지 배우게 할 수 있다. 고전소설은 이런 점에서 인문교육의 적당한 영역이 될 수 있다. 현대와 아주 다른 세계, 그 속을 살다간 이해하기 쉽지 않은 사람들, 그리고 낯선 표현. 이것들을 통해, 이해, 판단, 표현의 부분에서 많은 것을 배우고 느끼게 할 수 있다. 과거에는 있었으나 지금은 없는 것이 무엇인지 묻고, 과거에는 없었는데 지금은 있는 것이 무엇인지 묻는 과정을 통해, 무엇이 달라졌는지 왜 달라졌는지 진지하게 묻고 또한 의미 있는 해답을 얻을 수 있을 것이다. 소설은 인간이 자기 세계를 꾸미는 방식이며, 자기 세계에 의미를 부여하는 방식이다. 전근대 사람들이 소설을 통해 자기 세계를 어떻게 꾸몄는지, 그리고 거기에 어떻게 의미와 가치를 부여했는지, 많은 것을 가르치고 배울 수 있을 것이다.

고전소설교육은 인문교육이면서 동시에 고전교육이다. 고전교육은 전통교육이면서 역사교육인데, 그 역사 전통이란 인류 모두의 것이면서 동시에 자국의 역사 전통이므로 말하자면 자국의 역사 문화 교육이기도 하다. 이렇게 보면 고전소설교육은 민족교육인 셈이다. 사실 오랫동안 고전소설교육에는 민족교육이라는 측면이 강조되어 왔다. 국문학의 발생이 그랬던 것처럼 고전소설교육 역시 출발부터 민족교육의 일환이라는 점에 상당한 비중이 있었다. 최근 일부에서 민족을 타기해야 할 개념으로 여기기도 하지만, 그것은 경솔한 생각이다. 민족주의의 허구와 폐해는 분명히 인식하고 있어야 하겠지만, 민족주의가 나올 수밖에 없는 현실이 무시되어서는 안된다. 한국의 민족주의는 제국주의 국가의 그것이 아니라 피식민 국가의 그것이다. 한국은 과거에도 중국과 일본이라는 강대국 사이에서 민족의 자존을 위협받았고 그 조건은 지금도 다르지 않다. 한국은 존립을 위해 민족을 강조하지 않을 수 없었던 것이다. 게다가 한국은 전근대 수백년 동안 유교의 화이론에 따라 공식적으로 스스로의 자기 중심성마저 부정했던 특이한 역사를 지니고 있지 않던가. 열강의 틈바구니에서 자신을 지켜온 자주적 역사 전통을 더욱 크게 부각시켜 다룰 수밖에 없는 이유가 바로 여기 있다. 애석하게도 한국에서 민족은 낭만적으로 선택할 수 있는 문제가 아니다. 한국이 스스로 한국이 아니라고 부정하려 해도, 그렇다고 중국일 수도 일본일 수도 없기에, 결국 스스로를 지킬 수밖에 없게 되어 버린다. 이 점은 서유럽 국가들의 근대 민족 경험과도 다르고, 동아시아의 중심을 자처하고 있는 중국과도 다르며, 전근대 문명의 주변부에 있으면서도 자립적 문화를 일구어온 일본과도 다르고, 신대륙에서 다민족 체제를 만들어낸 미국과는 두말할 필요 없이 완전히 다르다. 한국이 한민족이라는 '상상'(베네딕 앤더슨 식으로 말하면)의 혈연 공동체를 부정하더라도, 한반도 지역공동체의 동질성과 정체성마저 부정할 수는 없다. 오히려 한국은 지금 자기정체성 확보를 위해 더욱 맹렬히 투쟁을 벌여나가야 하는 상황이다. 이런 사정을 감안할 때 탈민족주의 이념과 세계화 경향에도 불구하고 오히려 더욱 강한 민족교육이 필요하며, 고전소설교육은 민족교육의 일환으로도 여전히 유효하다.

고전소설은 중요한 민족문화유산이다. 특히 한글고전소설은 한글이 홀대 받던 시기를 견뎌낸 한글문화유산의 대표다. 민족교육의 관점에서는 한문소설도 중시되어야 하겠지만 한글소설은 더욱 높은 가치를 인정받아야 한다. 두말할 것 없이 한국인을 한국인답게 하는 가장 중요한 요소는 한국어와 한글이다. 그러니 한글고전소설에서 가치를 발견하고 그것을 교육하는 것이 가장 중요한 민족교육이 된다는 사실을 명심해야 한다. 최근 국문학계의 연구동향을 보면 한글소설보다는 한문소설의 연구 비중이 점점 커지는 듯하다. 또한 초기 고전소설연구처럼 다시 중국소설의 영향 문제에 많은 관심을 기울이는 듯하다. 연구의 진척으로 한글고전소설은 거의 한번 정도는 거론되었다. 따라서 비교적 연구가 덜 된 한문소설로 연구 방향이 바뀌는 사정은 이해가 된다. 하지만 학문적 비중을 어디에 둘지 계속 생각하며 연구할 필요가 있다. 이제는 연구를 심화하고 그것을 조직화하여 교육에도 적극 활용해야 할 단계이다. 연구의 큰 흐름이 편의에 따라 엉뚱한 방향으로 흐르는 것은 마땅히 경계할 일이다. 중국소설의 수용 문제도 실상을 왜곡하자는 것이 아니다. 그 의미를 제대로 평가해야 하자는 것이다. 한국고전소설이 실제로 중국소설로부터 많은 영향을 받았다 하더라도, 그 속에서 한국소설의 가치를 발견하고 한국소설의 독자적 성격을 강조한 선학들의 노력을 간과해서는 안 될 것이다.

요컨대 고전소설교육은 인문교육과 민족교육이라는 측면에서 더 더욱 강조가 될 필요가 있다. 고전소설교육의 상황이 갈수록 열악해지고 있지만, 그럴수록 교과내용을 더욱 충실하게 만들어야 할 것이다.

3. 과제

고전소설교육은 <고전소설론> 강의 시간은 물론 <고전소설강독> <고전문학사> <국문학개론> 등의 관련 강좌에서 이루어질 수도 있다. 다만 논의의 편의상 여기서는 그 중심에 있는 <고전소설론> 강의에 한정하여 개선 과제를 논하기로 한다.

현재 이루어지는 <고전소설론> 강의가 인문교육에 충실하냐고 묻는다면, 개별 강의의 속사정을 잘 알 수는 없지만, 대체로 그렇다고 대답하기 어려울 듯하다. 이는 현재 출간된 강의 교재를 보면 짐작할 수 있는 일이다. 강의 교재들은 대개 앞부분에 소설의 개념, 범주, 장르 등에 대해 설명하고, 이어 소설 유통을 중심으로 소설사를 간략히 정리하며, 마지막에 저명한 작품을 중심으로 작가론이나 작품론을 덧붙이고 있다. 교재를 보면 강의도 대략 이런 순서로 진행될 것임을 짐작할 수 있는데, 소설사에 중점을 둔 강의라 할 수 있을 것이다. 물론 교수의 능력에 따라 이런 교재로도 얼마든지 학생을 자극하고 계발할 수 있다. 지금까지 많은 선배들이 그렇게 해왔다고 생각한다. 하지만 앞서 말한 것처럼 고전소설교육의 여건이 너무 많이 바뀌었기에 앞으로도 이런 방식을 지속하는 것은 불가능하다. 소설사 중심의 교재에다 약간 살을 붙인 강으로는 학생들의 이해력, 판단력, 표현력을 키우기 어렵다. 새로운 인문교육적 과제를 감당할 수 없는 것이다.

새로운 인문교육적 과제에 부응하자면 먼저 프로그램 또는 교재부터 개발할 필요가 있다. 새로운 교재는 다양한 수준과 차원에서 만들어져야 하겠지만, 종전보다는 소설사적 지식 또는 정보에 대한 부분은 줄이면서 소설이 가진 의미를 깊이 천착할 수 있도록 해야 할 것이다. 소설의 개념, 범주, 장르는 <국문학개론>으로 넘기고, 소설사는 <고전문학사>로 넘겨버리는 식으로 말이다. <고전소설론>을 듣는 학생들은 대개 <고전문학사> 정도는 들었을 테니까 그런 선수 과목과 철저하게 영역을 나눌 필요가 있다. 심지어 고전소설 작가론도 대부분 작가의 삶과 작품을 밀착시켜 논의하기 어려우므로 <고전문학작가론>이든 <작가론>이든 그 쪽으로 밀어버려야 한다. 요컨대 새로운 교재는 총론, 소설사, 작가론을 최소화하여야 하는 것이다.

이렇게 하면 남는 것은 작품론이다. 내 경우에 작품론으로 한 학기를 끌어간다는 것은 대단히 부담스러운 일이다. 전, 전기, 영웅소설, 판소리계소설, 가정소설, 대장편소설 등 많은 작품군과 작품들이 있어서, 하나하나 설명만 해도 한 학기를 충분히 넘길 수 있지만, 학생들에게 짜임새 있고 만족스러운 강의를 제공할 자신이 없다. 학생들과 함께 읽고 생각해 볼 수 있는 적당한 텍스트가 있으면 좋을 텐데 아직 그런 것들을 충분히 발견하지 못했고, 물론 스스로 만들지도 못했다. 한 학기 15주 내외의 강의에 시험 등을 빼면 통상 실질적으로 12주 정도 강의가 이루어지는데, 이 가운데 기본 배경 설명에 2~4주 정도를 할애하면 8주 내외는 작품을 가지고 강의할 수 있다. 이 기간 동안 학생들에게 작품을 읽히고, 작품에 대해 자신의 생각을 정리하게 하며, 또 그것에 대해 평가하고 표현하게 해야 하는 것이다. 새 교재는 작품을 통해 학생들의 심도 깊은 인문학적 사유를 이끌어낼 수 있으면 좋겠다. 또한 고전소설의 독특한 서사 방식과 좋은 표현까지 보여준다면 더욱 좋겠다.

좋은 강의에 좋은 교재는 필수적이라 할 수 있지만, 문학 강의는 그에 못지않게 좋은 작품 텍스트가 필요하다. 고전소설의 경우 꼼꼼히 교감된 선본이 있어야 하고, 그것에 충분한 주석을 단 주석본이 필요하며, 여기에 문학적 역사적 해설을 부여한 해설본이 필요하다. 그리고 이 모든 것 위에다 잘 윤문된 현대어 번역본이 있어야 한다. 천 종에 육박하는 수많은 고전소설이 모두 이런 선본, 주석본, 해설본, 현대어역본을 다 가질 수 없지만, 고전소설의 대표격에 해당하는 작품들은 이런 텍스트가 있어야 한다.

좋은 교재와 좋은 텍스트(특히 정선된 소설 선집)는 좋은 문학 강의의 기본이다. 그리고 이것들을 만들기 위한 배경은 좋은 연구다. 그런데 최근 우리 학계의 연구 동향을 보면 걱정이 적지 않다. 연구가 자료 중심, 실증 중심으로만 기울기 때문이다. 물론 자료 연구, 실증 연구는 연구의 기본으로 거듭 강조해도 부족하지 않다. 하지만 연구 비중이 거기로 기울면 학문 연구가 지엽말단으로만 흐르게 된다. 인문학자로서 근본적인 물음을 던지기보다 작은 문제에 매몰되어 큰 문제를 외면하는 것이다. 어떤 작품이 어떤 측면에서 가치가 있는지, 그것이 어떤 의미를 가지는지, 어쩌면 이런 문제들은 세월이 지나면 금방 잊혀질 문제인지도 모른다. 죽을 것을 알면서도 계속 삶의 의미를 찾는 것처럼, 작품의 의미를 찾고 그것에 대해 논하는 것도 결코 게을리 할 수 없는 일이다. 그것이 바로 인문학 연구자, 인문학 교육자의 책무이자 숙명이기 때문이다.

좋은 연구가 좋은 교육의 바탕이 되기도 하지만, 교육적 측면을 감안하는 것은 좋은 연구를 위해서도 매우 유익하다. 특히 인문학은 교육적 계몽을 기본 속성으로 삼고 있으므로 더욱 그러하다. 따라서 늘 자신의 연구가 교육에 어떻게 쓰일 수 있는지 돌아보며 연구하는 자세가 필요하다. 문제를 찾고 문제를 해결하는 연구에 초점을 맞추지 않는다면 연구도 공소해지고 강의도 또한 그렇게 될 것이다. 강의 시간 학생들에게 소개할 수 있는 논문이나 저서가 더욱 많이 나왔으면 하는 바람 간절하다. 학계의 학문적 방향을 잡는데 큰 역할을 하는 학회에서도 마땅히 이 점에 유의할 일이다.

대학 고전소설 교육의 현황과 전망

김 기 형
[고려대학교]

김기형

현재 고려대학교 국어국문학과 교수로 있다. 저서로는 『한국 구비문학의 이해』(공저)가 있다.

1. 머리말

대학에서 고전소설을 가르치는 이유와 목적은 무엇인가? "문학교육은 문학능력의 향상을 통하여 인간다움을 성취하는 교육활동"[1]이라고 했을 때, 문학교육의 하위에 속하는 고전소설 교육의 목표 또한 이와 다르지 않아서, "고전소설에 대한 이해 능력을 향상시켜 인간적 가치를 실현하는 데 기여하는 것"이라고 말할 수 있다. 그렇지만 '인간다움' 혹은 '인간적 가치'등 다소 추상적인 개념으로 정의한 이러한 언술을 받아들인다 해도, 과연 고전소설이 인간의 삶에 대한 통찰력을 길러주고 인간적 가치를 실현하는 데 얼마나 유용한가 하는 문제에 대한 반성적 성찰이 필요하다고 생각한다. '고전'소설은 선인들이 향유했던 전통 유산이기 때문에 의미 있는 것이 아니라 시대를 넘어서서 통용되는 이월가치를 지니고 있기 때문에 의미 있는 것이다. 물론 모든 고전소설이 이월가치를 지니고 있다고 하기는 어려울 것이다. 또한 이월가치라는 것은 시대에 따라 혹은 독자에 따라 끊임없이 재해석된 결과라는 점에서 '생성적 가치'의 성격을 지니고 있다. 그렇기 때문에 고전소설이기 때문에 당위적으로 배워야 한다는 식의 논리는 설득력이 없다.

이른바 순수학문에 대한 학생들의 관심은 점차 줄어들고 실용적이거나 현재적 관심사와 맞닿아 있는 분야에 관심이 많아지고 있는 것이 오늘날 대학의 현실이다. 물론 상대적인 것이기는 하지만, 국문학과 내에서 고전문학보다 현대문학을 선호하는 분위기가 강한 것도 이러한 현실이 반영된 결과이다. 그나마 고전문학 가운데 고전소설에 대한 학생들의 선호도는 한문학이나 고전시가 등에 비해

1) 김대행 외, 『문학교육원론』, 서울대출판부, 2000, 5쪽.

높은 편에 속한다. 그 이유는 기본적으로 등장 인물간의 갈등이나 다양한 사건 전개 등의 서사성이 주는 흥미요소 때문이라고 생각한다.

그렇다 하더라도 수업 시간에 다루거나 과제를 부과하지 않는 한 학생들이 자발적으로 고전소설을 찾아 읽는 일은 매우 드물다. 표현 언어나 문체, 장르 관습 등 제반 분야에 있어서 동시대의 산물인 현대소설과 구별되는 상이한 특질을 지니고 있어서, 그러한 차이에 대한 이해 뿐만 아니라 작품이 산출된 시대의 역사적 상황과 사회 문화적 배경에 대한 지식·독해능력 등을 갖추는 것이 선행되었을 때 비로소 고전소설에 대한 온당한 접근이 가능하기 때문일 것이다.

학부제의 시행과 더불어 전공 이수학점이 줄어들고, 학생들은 점수와 관련이 없으면 공부하지 않는 중고생 때의 습성이 대학에까지 이어져 학점과의 관련성이나 현실세계에서의 쓸모가 없으면 공부를 소홀히 하는 풍조가 심화되고 있는 상황에서, "고전소설을 어떻게 가르칠 것인가?" 하는 문제는 고전소설 교육을 담당하는 입장에서 깊이 고민하지 않을 수 없다. "오늘날 고전소설이 무슨 의미가 있으며, 왜 가르치는가?" 하는 보다 근본적인 물음과 마주할 때 고민은 더욱 증폭된다. 고전소설에 내재된 이월가치를 구명하고 오늘날에도 고전소설이 여전히 의미있는 텍스트일 수 있다는 사실을 학생들에게 효과적으로 인식시키는 일이 필요한데, 감상과 분석이 분리되어 있는 것이 오늘날 고전소설 교육의 현실이 아닌가 한다. 필자는 고전소설을 가르치는 것이 어떤 의미가 있으며 왜 가르치는가와 같은 근본적인 문제를 해명할 만한 입론을 가지고 있지 못하다. 그렇기 때문에 현재 대학에서 고전소설 교육이 어떻게 이루어지고 있으며 앞으로 바람직한 고전소설 교육 방향은 무엇인가를 살펴보는 데 초점을 맞추어 논의를 진행하고자 한다.

2. 대학 고전소설 교육의 현황

교과목 개설 현황, 교재, 학생들의 고전소설 인식 문제 등을 중심으로 하여 대학에서 이루어지고 있는 고전소설 교육 현황을 파악해 보기로 한다.

1) 고전소설 관련 교과목 개설 현황

현실적으로는 교수 구성과 세부 전공을 고려하지 않을 수 없기 때문에 특정분야 과목이 더 개설되거나 혹은 축소되는 경향이 있는 것이 사실이나, 교과과정은 학과의 정체성을 가장 잘 반영하고 있다는 점에서 중요한 의미를 지니고 있다.

전국 4년제 90개 대학 국어국문학과(학과 명칭 변경한 경우 포함)에 개설된 고전소설 관련 교과목을 조사하였다. 그 결과는 다음과 같다.

교과목명	개설 학교 수
고전소설론[2]	55
고전소설강독[3]	24
고전소설의 이해[4]	13
한국고전소설연구	2
한국고전소설	2
한국고전소설사	2
한국고전소설 찾아가기	1
고소설 작가론	1
고소설 산책	1
한국고전소설작품론	1
한국고소설의 탐구	1
고전소설 바로알기	1

1과목만을 개설한 대학은 51개교이며, 2과목 개설 대학은 25개교, 3과목 개설대학은 1개교이다. 6개교에서는 고전소설 관련 과목을 개설하지 않았다. 전통적인 교과명인 '고전소설론'이나 '고전소설강독'이 여전히 압도적인 비율을 차지하고 있음을 알 수 있다. 그렇지만 학생들에게 딱딱한 느낌을 주지 않으면서 친근하게 다가갈 수 있는 교과목명으로 바꾼 사례들도 적지 않은바, '고전소설의 이해', '한국고전소설 찾아가기', '고전소설 바로알기' 등의 과목명으로 되어 있는 사례가 바로 그것이다. 이는 학생들이 어려운 것을 회피하고 현실과의 연관성이 높거나 수월하게 접근할 수 있는 것을 선호하기 때문에, 대학이 학생들의 호응을 얻는 방향으로 개편하는 과정에서 나온 현상인 것이다.

개설된 과목의 성격은 論과 講讀으로 대별된다. 한과목만을 개설한 경우에는 論에 해당하는 과목이 대부분이다. '한국문학의 이해', '고전문학사', '고전작가론' 등의 과목에서 부분적으로 고전소설을 강의한다 하더라도, 1과목만을 개설한 대학의 비율이 가장 높다는 것은 고전소설에 대해 심도 있는 강의를 할 수 있는 기회가 별로 없다는 것을 의미한다. 그런데 학부제의 전면적 시행과 더불어 전공이수학점이 축소되고 이중 전공 혹은 복수전공이 권장되는 상황을 감안한다면 이는 어쩌면 당연한 결과라 하겠다. 현재 전공 이수학점은 대학에 따라 다소의 차이는 있으나 대체적으로 36학점 안팎만

2) 한국고전소설론, 고소설론, 고대소설론, 고전소설론입문, 이야기문학과 한국옛소설론 등의 이름으로 개설된 과목을 포함한 것이다.

3) 한국고전소설강독, 고전소설텍스트읽기, 고전소설읽기, 조선후기소설강독, 이야기문학과 한국옛소설읽기, 고전소설 어떻게 읽을까 등의 이름으로 개설된 과목을 포함한 것이다.

4) 한국고전소설의 이해, 고소설의 이해, 옛소설의 이해, 고전소설의 이해와 감상 등의 이름으로 개설된 과목을 포함한 것이다.

이수하면 전공학점을 모두 취득할 수 있게 되어 있다. 전공 이수학점이 학부제 시행 이전에 비해 거의 절반 정도 줄어든 상황에서 특정 세부전공에 해당하는 과목을 충분히 개설할 수는 없는 형편인 것이다.

2) 교재 현황

교재는 교과목 학습의 바탕이 된다는 점에서 매우 중요한 의미를 지닌다. 교재는 처음부터 교재용으로 편찬한 경우와 연구서로 집필된 책을 교재로 사용하는 경우로 나누어 볼 수 있는데, 각기 일장일단이 있다.[5)]

---

5) 현재 교재로 활용되고 있는 몇몇 저서를 제시하면 다음과 같다.

<論과 史>
권순긍, 우리소설 토론해 봅시다(고전소설편), 새날(2001)
곽정식, 한국고전소설연구, 형설출판사(1997)
국어국문학회 편, 고소설연구, 태학사(1997)
김광순, 한국고소설사와 론, 새문사(1995)
김일렬, 고전소설신론, 새문사(1998)
김준영, 이월영, 고소설론, 월인(2000)
성현경, 한국옛소설론, 새문사(1998)
윤광봉 외, 고전소설의 이해, 문학과 비평사(1991)
이상택, 한국고전소설연구, 새문사(1993)
이상택, 한국고전소설의 이론 1, 2, 새문사(2003)
이상택, 윤용식, 고전소설론, 방송통신대출판부(1999)
이원수, 고전소설 작품세계의 실상, 경남대출판부(1996)
이헌홍, 고전소설강론, 세종출판사(1999)
장효현, 한국고전소설사연구, 고려대출판부(2002)
정상진, 한국고전소설연구, 삼지원(2000)
정출헌, 고전소설사의 구도와 시각, 소명(1999)
차용주, 고소설논고, 계명대출판부(1985)
최운식, 한국고소설연구(개정판), 보고사(2004)

교재마다 독자적인 특징이 있지만, 대체적으로 소설의 개념 및 기원, 역사적 전개, 유형, 문체, 유통방식 등 고전소설의 제반 문제와 개별작품론으로 구성되어 있다. 김일렬의 '고전소설신론', 이헌홍의 '고전소설강론', 최운식의 '고전소설연구' 등 강의교재를 염두에 두고 집필한 교재는 모두 이러한 체제를 취하고 있다. 그런데 개별 연구자에 의해 집필된 교재는 저자의 관심 영역에 따라 강조점이 달라지기 마련이다. 작품론에 해당하는 부분에 있어서 각 교재마다 커다란 편차를 보이는 이유도 각 저자가 관심을 가지고 연구한 작품을 중심으로 교재에 수록하기 때문이다. 연구자의 독창성과 창의력은 존중되어야 하지만, 그것이 지나치면 자칫 자의적이거나 편향된 시각으로 교재를 집필할 가능성이 있다. 개인이 집필한 교재는 일관성과 독창성이 돋보이는 점이 강점이지만, 주관적이고 편향적일 수 있는 점을 경계할 필요가 있다. 필자가 강의시간에 교재로 사용한 적이 있는 성현경의 한국옛소설론을 사례로 삼아 좀더 구체적으로 살펴 보기로 한다.

한국옛소설론은 크게 총론과 각론으로 구성되어 있다. 총론은 고전소설에 관한 제반 문제를 항목화하여 일목요연하게 다루고 있는데, 개념론 · 범주론 · 갈래론 · 비평론 · 작자론 · 독자론 및 유통론

편집부 편, 한국고전소설연구, 일지사(1993)
한국고소설연구회 편, 한국고소설론, 아세아문화사(1998)
한국고전소설편찬위원회 편, 한국고전소설론, 새문사(2002)

<講讀>
곽정식 편, 고전소설강독, 신지서원(1997)
곽정식 편, 쉽게읽는 고소설, 신지서원(2001)
김재용 외, 한국고전소설강독, 집문당(1989)
인권환 외, 한국고소설선, 태학사(1995)
정하영 편, 한국고대소설선독, 집문당(1987)
한국어문학회 편, 고전소설선, 형설출판사(1996)

이 그것이다. 각론에는 개별 작품을 분석한 글이 수록되어 있는데, 분석 대상은 <홍길동전>, <운영전>, <숙향전>, <구운몽>, <호질>, <심청전>, <춘향전>, <흥부전> 등 8작품이다. 총론에서는 '고전소설사의 전개'를 다루지 않은 아쉬움이 있지만, 실증적이고 객관적인 사실을 토대로 해당 항목에 대해 서술하면서 비교적 균형 잡힌 시각을 유지하려고 노력한 흔적이 뚜렷하게 감지된다. 그런데 각론에서는 총론에서와는 다르게 저자의 주장이 지나치게 강조되는 경향이 나타난다. 가령, 소설 <심청전>과 판소리 <심청가>의 선후 문제는 학계에서 여전히 논쟁적인 주제로 남아있는 것으로 알고 있다. 이에 대해 저자는 소설 선행설을 주장하면서, 판소리 선행설을 비판하고 있다. 그런데 교재로 사용할 목적으로 편찬한 경우에는 자신의 학적 입장조차도 객관화하여 다른 주장과 견주면서 병렬적으로 제시하는 태도가 바람직하지 않을까 생각한다. 각론으로 작품론을 수록할 경우 어떤 작품을 분석 대상으로 삼아야 하는가에 대해서도 살펴볼 필요가 있다. 위 저자는 해당 작품이 중요한 의미를 지닌 고전소설인데 이를 다룬 기존 논의가 그릇되었기에 이를 바로잡을 필요가 있다고 판단했기 때문에 다루었다는 입장만 밝혔을 뿐, 왜 그 밖의 주요작품은 다루지 않았는가에 대해서 분명하게 설명하고 있지 않다.[6] 물론 저자가 밝힌 것처럼, 작품을 많이 다룬다고 해서 좋은 것은 아니다. 고전소설을 보는 안목과 연구방법을 계발시킬 수 있으면 그것으로 충분하다고 할 수 있다. 또한 제한된 작품을 다룰 수밖에 없다면 취사선택은 불가피한 것이다. 그런데 실제로는 연구자 개인의 관심이나 취향에 따라 취사선택이 이루어

6) <최고운전>과 <유충렬전>도 매우 중요한 작품인데, 이는 기왕에 저자가 한국소설의 구조와 실상, 영남대출판부(1981)에서 다루었기 때문에 제외했다고 하였다(성현경, 앞의 책, 5쪽).

질 수밖에 없기 때문에 객관성을 어떻게 담보할 것인가 하는 문제가 과제로 남게 된다.

고전소설 연구자들이 공동으로 교재를 집필하는 것이 이러한 문제를 해결할 수 있는 하나의 방안이 될 수 있을 것이다. 물론 공동 집필의 형식으로 편찬된 사례가 없는 것은 아니다. 고소설학회가 1998년에 편찬한 『한국고소설론』(아세아문화사 출간)이 그 대표적인 예이다. 이 책은 3부로 구성되어 있는데, 1부에서는 고전소설의 개념, 발달사, 작자와 독자 등 고소설 전반에 관한 문제를 다루고 있다. 2부에서는 배경론, 주제론, 소재론, 인물론, 구성론, 유형론 등을 다루고 있으며, 3부는 고소설과 중국소설, 고소설의 유통구조, 고소설 연구사로 구성되어 있다. 모두 14명의 집필자가 참여한 이 교재는 고소설 연구자들이 공동으로 집필한 대표적인 교재라는 점에서 그 의의가 크다. 그렇지만 이 책은 공동 집필의 장점을 충분히 살리지는 못한 것으로 보인다. 체제의 일관성이나 균형감각을 유지하지 못하고 있기 때문이다. 가령, 1부에 포함되어 있는 '고소설과 판소리'가 소설의 개념이나 발달사를 다룬 글과 같은 범주에 놓일 수 있는 것인지 의문이며, 3부에 묶어 놓은 글들 역시 상호간에 유기적인 연관성을 발견하기 어렵다. 게다가 작품론이 빠진 것도 무척 아쉽다. 공동교재가 가지는 커다란 장점은 균형감각과 상호보완성이라 생각한다. 이런 장점을 극대화하기 위해서는 사전에 집필 원칙, 방향, 목표 등에 대해 충분히 논의하고, 집필 과정에서도 집필자들 간에 의견을 교환하면서 상호 점검할 필요가 있다. 여러 집필자들의 글을 단순히 묶는 형태는 말할 것도 없거니와, 집필자들 간에 충분한 논의과정을 거치지 않은 채 편찬된 교재는 진정한 의미에서의 공동교재라고 하기 어렵다.

강독용으로 편찬한 교재는 일정한 작품을 취사선택해야 하기 때문에, 편찬자의 기준에 따라 선택된 작품도 다르기 마련이다. 시대별로 의미 있다고 판단되는 작품을 수록하는 경우가 있는가 하면, 유통방식에 따라 이본간 편차가 어떻게 다르게 나타는지 확인하는 데 주안점을 둔 교재도 있다. 어느 경우든 한정된 작품만을 수록해야 하기 때문에, 어떤 작품을 '의미 있다'고 판단하는가에 따라 수록 작품에 차이가 있기 마련이다. 그렇기 때문에 연구자의 관심이나 취향에 따라 임의로 선정할 수 있는 여지를 줄이고 학부 수준에서 반드시 접할 필요가 있다고 판단되는 작품을 중심으로 강독교재를 편찬하는 것이 필요한 과제라 하겠다.

원전 텍스트를 그대로 수록한 강독교재는 학생들에게 고소설의 실상을 접하게 한다는 점에서 강점이 있다. 그렇지만 독해 능력을 갖추고 있지 못하거나 어려운 것을 피하려는 학생들의 습성을 고려하면 이해하기 쉽게 주석을 달거나 읽기 쉽게 활자화한 교재가 더 효과적일 수 있다. 특히 한문텍스트로 된 작품은 번역본이 나오지 않으면 학생들에게 읽히기가 쉽지 않다. 좋은 번역본, 보기 쉽게 활자화된 텍스트가 필요한 이유이다.7)

7) 그동안 간행된 대표적인 고전소설 역주서는 다음과 같다.
김광순, 천군소설(한국고전문학전집 26), 고려대 민족문화연구소(1996)
김기현, 명월부인전, 박씨전, 임장군전, 배시황전(한국고전문학전집 15), 고려대 민족문화연구소(1995),
김기형, 적벽가, 배비장전, 옹고집전, 왈자타령(게우사), 강릉매화타령(한국고전문학전집 39), 고려대 민족문화연구원(2005),
김병국, 구운몽, 시인사(1984)
김일렬, 홍길동전, 전우치전, 서화담전(한국고전문학전집 25), 고려대 민족문화연구소(1995)
김진영, 안영훈, 김유신전(한국고전문학전집 22), 고려대 민족문화연구소(1995)
김태준, 흥부전, 변강쇠가(한국고전문학전집 14), 고려대 민족문화연구소(1995),
리가원, 허경진, 연암 박지원 소설집, 한양출판(1994)
박용식, 금방울전, 김원전, 남윤전, 당태종전, 이화전, 최랑전(한국고전문학전집

3) 고전소설에 대한 학생들의 관심 및 인식

교수가 교육자의 위치에 있다면 학생은 피교육자의 위치에 놓여 있다. 대학에서의 교수는 물론 단순한 교육자이기만 한 것이 아니라 연구자이기도 하다는 점에서 초중등 교사와 구별된다. 또한 학

---

16), 고려대 민족문화연구소(1995)
설성경, 춘향전(한국고전문학전집12), 고려대 민족문화연구소(1995)
성현경, 옛그림과 함께읽는 이고본 춘향전, 열림원(2001)
소재영, 장홍재, 운영전, 시인사(1984)
소재영, 임진록(한국고전문학전집 4), 고려대 민족문화연구소(1993)
신해진, 조선후기 세태소설선, 월인(1999)
신해진, 조선후기 가정소설선, 월인(2000)
신해진, 조선조 전계소설, 월인(2003)
심경호, 금오신화, 홍익출판사(2000)
유영대, 신해진, 조선후기 우화소설선, 태학사(1998)
이래종, 교감 교주 사씨남정기, 태학사(1999)
이래종, 창선감의록(한국고전문학전집 32), 고려대 민족문화연구소(2003)
이복규, 설공찬전, 시인사(1997)
이복규, 초기 국문 국문본 소설, 박이정(1998)
이상구, 17세기 애정전기소설, 월인(1999)
이상택, 이종묵, 화산중봉기, 민시영전, 정두경전(한국고전문학전집7), 고려대 민족문화연구소(1993)
이헌홍, 조웅전, 적성의전(한국고전문학전집 23), 고려대 민족문화연구소(1996)
인권환, 토끼전(한국고전문학전집 6), 고려대 민족문화연구소(1993)
장효현, 육미당기(한국고전문학전집 17), 고려대 민족문화연구소(1995)
정규복, 진경환, 구운몽(한국고전문학전집 27), 고려대 민족문화연구소(1995)
정병헌, 이유경, 한국의 여성영웅소설, 태학사(2000)
정하영, 심청전(한국고전문학전집 13), 고려대 민족문화연구소(1995)
정학성, 17세기 한문소설집, 삼경문화사(2000)
최삼룡, 이월영, 이상구, 윤충렬전, 최고운전(한국고전문학전집 24), 고려대 민족문화연구소(1996)
황패강, 정진형, 홍길동전, 시인사(1984)
황패강, 숙향전, 숙영낭자전, 옥단춘전(한국고전문학전집 5), 고려대 민족문화연구소(1993)

생은 피교육자라고 해서 단순히 수동적으로 교수의 의도대로 움직이는 것이 아니다. 특히 수요자 중심 교육을 강조하고 있는 요즘과 같은 상황에서 학생들의 학습 선택권에 대한 강조가 갈수록 심화되고 있는 실정이다. 학부제의 전면적인 시행과 더불어 필수 지정 과목이 축소되거나 폐지된 것도 그러한 맥락에서 이루어진 것이다. 피교육자인 학생들의 입장을 전면적으로 존중하는 것이 과연 교육적인 것인가에 대해 근본적인 회의가 들지 않는 것은 아니다. 왜냐하면 교육이란 때에 따라서는 하기 싫은 것도 하게 해야 하며, 배우기 싫은 것도 배우게 해야 할 때가 있는 법이기 때문이다. 그렇다 하더라도, 교수자의 일방적인 지시, 전달을 통한 교육방식은 결코 바람직한 것이 아니며, 가능하면 피교육자의 의사를 존중하는 방식을 취하는 것이 보다 효과적임은 부인할 수 없는 사실이다. 따라서 효과적인 고전소설 교육에 대한 방안을 모색하기 위해서는 학생들의 고전소설 인식이 어떠한지 점검하는 것이 필요하다고 생각한다. 현재 학생들이 고전소설을 어느 정도 알고 있으며 어떻게 인식하고 있는지 확인하기 위해 고려대 학생과 성신여대 학생 158명을 대상으로 설문조사를 실시하였다.[8)]

먼저 학생들이 고전소설 교육에서 가장 중점을 두어야 할 사항을 무엇이라고 생각하는지 질문하였다. 그 결과, '작품 해석'(66)>'원전 강독'(50)>'현대적 재창조'(28)>'시대 배경'(13) 순으로 중요하다는 답변이 제시되었다. 학생들이 강의시간에 배우는 대부분의 고전소설 작품은 대학에 들어오기 전에 이미 어느 정도 숙지하고 있었던

8) 이 설문 조사는 대학생(주로 국문학 전공자)들의 고전소설에 대한 관심과 인식 정도를 점검해 보기 위해, 2004년 11월 고전문학 관련 과목 수업시간에 고려대생 62명, 성신여대생 96명을 대상으로 하여 실시한 것이다. 설문조사에 도움을 주신 성신여대 심치열 선생님께 감사드린다.

것인데, 다각적인 관점으로 해석할 수 있는 것을 통해 고전소설의 새로운 매력을 느끼게 되었다는 것이다. 작품 해석 다음으로 원전 강독에 중점을 두어야 한다고 답했는데, 이는 작품 독해능력에 대한 필요성을 인식한 결과로 보인다. "막연하게 알고 있었는데 막상 읽어보니 고전소설에 이런 면이 있는 줄 몰랐다"는 식의 이야기를 하는 학생들이 많은데, 그러한 경험이 원전 읽기의 필요성을 절감하는 요인으로 작용했을 것으로 생각된다.

학생들이 읽고 기억하고 있는 고전소설 작품이 무엇인지 확인해 보고자 하였다. 먼저 대학에 들어오기 전에 접한 고전소설 작품에 대해 질문하였는데, 그 결과는 다음과 같다.

작품명	학생수	작품명	학생수	작품명	학생수	작품명	학생수
구운몽	82	박씨전	16	전우치전	4	임경업전	1
홍길동전	67	양반전	15	유충렬전	4	적벽가	1
춘향전	55	흥부전	14	배비장전	3	이춘풍전	1
금오신화	37	토끼전	12	장끼전	3	운영전	1
사씨남정기	24	호질	10	옹고집전	2	금방울전	1
심청전	24	장화홍련전	5	옥루몽	2		
허생전	20	숙향전	5	숙영낭자전	2		

대학에 들어오기 전에 학생들은 어린 시절 아동용으로 편찬된 작품을 통해 가장 먼저 고전소설을 접하며, 그 다음 중고교 시절에는 교과서에 실린 작품을 비롯하여 수능 대비과정에서 읽게 되는 경우가 대부분이다. 그렇기 때문에 많은 학생들이 윤색, 편집된 내용이나 작품의 특정 대목만을 기억하고 있다고 답했다. 학생들이 접해본 작품은 모두 26종인데, 그 가운데 <구운몽>, <홍길동전>, <춘향전>, <금오신화>가 가장 큰 비중을 차지하고 있다.

그렇다면 대학에 들어 온 이후 읽은 고전소설 작품은 무엇인지 질문하였는데, 그 결과는 다음과 같다.

작품명	학생수	작품명	학생수	작품명	학생수	작품명	학생수
금오신화	59	임경업전	6	숙영낭자전	3	전우치전	1
구운몽	35	허생전	6	최척전	2	옹고집전	1
춘향전	31	심생전	6	토끼전	2	장끼전	1
홍길동전	23	숙향전	5	배비장전	2	적벽가	1
사씨남정기	14	장화홍련전	4	심청전	1	변강쇠가	1
박씨전	12	호질	4	흥부전	1	최치원전	1
유충렬전	12	양반전	4	주생전	1	옥련몽	1
옥루몽	8	적성의전	3	원생몽유록	1	창선감의록	1

대학에 들어오기 전에 읽었다고 답한 목록에 들어있지 않은 작품은 <심생전>, <적성의전>, <최척전>, <주생전>, <원생몽유록>, <변강쇠가>, <최치원전>, <옥련몽>, <창선감의록> 등 9작품이다. 읽은 작품이 없다고 답한 학생도 12명이나 되었으며, 대부분 수업시간 강독이나 과제를 통해 새로운 작품을 접하게 되었다고 답했다. 새로 읽은 작품 가운데 전기소설 계통의 작품이 많은 비중을 차지하고 있는 점이 흥미로운데, 학계의 논쟁거리가 되었던 전기소설에 대한 연구자의 관심이 교육에까지 이어진 결과가 아닌가 한다.

현재 가장 기억에 남는 고전소설 작품은 무엇인가라는 질문에 대한 답변 결과는 다음과 같다.

작품명	학생수	작품명	학생수	작품명	학생수	작품명	학생수
구운몽	70	운영전	9	흥부전	3	유충렬전	2
금오신화	47	호질	8	숙향전	3	민옹전	2
홍길동전	42	양반전	6	배비장전	3	전우치전	2
춘향전	36	토끼전	5	심청전	2	설공찬전	2
사씨남정기	23	장화홍련전	5	옹고집전	2	원생몽유록	1

허생전	14	옥루몽	4	임경업전	2	콩쥐팥쥐	1
박씨전	11	심생전	4	금방울전	2	창선감의록	1

학생들이 기억에 남는 작품으로 꼽은 이유는 다음과 같은 것들이다.

- ○ 신기한 내용과 유쾌한 복수가 재미있다.
- ○ 옛날 특유의 풍자성, 해학성에 재미를 느꼈다.
- ○ 잘 알고 있다고 생각했는데 내포된 뜻이 많이 있었다
- ○ 차별당하는 여성이 아닌 능력을 발휘하는 모습에서 통쾌함을 느꼈다
- ○ 각 이본 사이의 유사, 차이점을 살피면서 작품을 읽는 것이 흥미로웠다
- ○ 작품을 읽고 교수님 해석을 들으니 훨씬 깊이 작품을 이해할 수 있었다
- ○ 나도 한번쯤은 주인공(예컨대 홍길동)과 같은 파란만장한 삶을 살고 싶다

작품이 재미가 있어야 감동이 있고, 감동이 있어야 기억에 남는 법이다. 학생들이 고전소설에서 재미를 느끼는 경우는 크게 두 가지로 나누어 볼 수 있다. 작품 감상을 통해 얻게 되는 흥미와 분석을 통해 얻게 되는 흥미가 그것이다. 작중 인물과의 동일시, 작중 현실과 현실세계의 대비, 작품에 내재된 미학적 특질 등에서 흥미를 느껴 고전소설을 기억하게 된 것이 전자의 경우라면, 전공 교수의 작품 분석을 통해 고전소설의 새로운 묘미를 알게 된 경우는 후자에 속한다. 물론 '감상적 재미'와 '분석적 재미'가 엄격하게 나뉘

어지는 것은 아니다. 기본적으로 분석 이전에 감상이 전제되는 법이며, 충실한 감상에서 출발하여 한발 나아가 작품을 요모조모 뜯어보고 겉에 보이는 면 뿐만 아니라 보이지 않는 내적 구조나 의미를 파악하고자 했을 때 분석적 재미에 이르게 되는 것이기 때문이다.

그런데 학생들 가운데 스스로 고전소설 작품을 찾아 읽는 적극적인 독자는 별로 없다. 그보다는 주로 어린이 독서용으로 출간된 고전소설을 읽은 기억에 더하여 수업시간에 다시금 작품을 정독하게 되는 경우가 대부분인데, 이때 기왕에 가지고 있었던 통념과 달리 새롭게 읽힐 수 있다는 사실을 확인하면서 고전소설에 재미를 느끼고 기억하게 되는 경우가 참으로 많다. 교과서적인 분석, 틀에 박힌 해석에서 벗어나 담당 교수가 새로운 각도에서 고전소설 작품을 분석함으로써 학생들에게 고전소설의 새로운 면모를 일깨워 주는 것이 바로 '분석적 재미'에 해당할 터인데, 이러한 '분석적 재미'를 통해 많은 학생들이 고전소설의 묘미와 존재 가치를 터득하게 되는 것이다. 우리가 시를 감상할 때 시의 문법을 알아야 하는 것처럼, 고전소설을 읽을 때에는 고전소설을 읽는 '독법'이 있다고 말할 수 있다. 당대 역사에 대한 일정한 이해, 옛 사람들의 상상력의 특질에 대한 이해, '관용적 표현'과 같은 언어 문체의 특징에 대한 이해, 현대소설과 구별되는 고전소설적인 창작수법에 대한 이해 등이 수반되었을 때, 고전소설을 보다 잘 감상하고 분석할 수 있다. 그런데 이런 지식은 일정한 훈련을 통해 습득할 수밖에 없으며, 그러한 훈련을 담당할 수 있는 사람이 바로 고전소설 전공 연구자요 담당 교수이다. 연구자이자 전공 담당 교수의 역할이 매우 지대한 이유가 여기에 있다.

3. 대학 고전소설 교육의 전망과 과제

대학에 따라 약간의 편차가 있다 하더라도 학부제의 실시와 더불어 전공 이수학점은 36학점 안팎으로 줄어들었으며, 실용적인 학문이 중시되는 풍조가 만연해 있는 것이 오늘날 대학의 현실이다. 게다가 대학지원자가 입학 정원에 못미치는 상황이 되면서, 학생을 충원하는 일조차 버거워하는 대학이 생겨나고 있다. 불과 10여년 전만 해도 상상도 하지 못했던 일들이 현실로 나타나고 있는 것이다. 국어국문학과는 학부 구성학과의 성격에 따라 지원자수에 차이가 있긴 하지만 대체적으로 평균 수준을 상회하고 있어서 아직은 지원자수를 고민하며 전전긍긍할 정도는 아닌 것으로 보인다. 그러나 실용성을 강조하면서 학과의 경쟁력을 높이려는 노력이 몇몇 대학에서 나타나고 있는바, 문학영상학과(건양대), 한국어문학과(계명대, 단국대 천안캠퍼스, 부산외대, 세명대), 미디어국문학과(관동대) 등으로 학과 명칭을 변경하는 사례가 생겨난 것은 앞으로 국어국문학과의 위상이 지금보다 더욱 악화될지도 모른다는 위기의식이 작용한 결과라 하겠다. 일본의 경우, 우리나라의 '국어국문학과'에 해당하는 학과는 없고 대신 '일본어문화학과'가 있다고 하는데, 앞으로 우리나라에서도 '국어국문학과'의 운명이 어떤 방향으로 나아갈지 예측하기가 쉽지 않은 상황이다.

전공 이수학점이 낮아지고 학생들에게 이중전공을 권장하는 현실을 고려할 때, 학부에서 심도 있는 전공교육을 한다는 것은 원천적으로 어렵다. 깊이 있는 전공 공부는 대학원에 진학해서야 가능하게 된 것이다. 그렇기 때문에 학부에서 전공교육의 수준을 어디에 맞출 것인가 하는 문제에 대해 먼저 판단할 필요가 있다. 국어국문학 교과과정 중에 고전소설 관련 교과목이 한 두 과목밖에 개설되지 않은 것도 실은 자연스러운 일이다.

이와 같이 대학의 위상에 근본적인 변화가 오기 시작하고, 실용성이 중시되는 상황에서 고전소설에 대한 학생들의 자발적인 관심을 촉발시키기가 결코 쉬운 일은 아닌 것이 사실이다. 요즘 흔히 운위되는 '인문학의 위기'도 따지고 보면 현실에서의 쓸모와 실용성만을 중시하는 시대분위기와 무관하지 않다. 그런데 인간이 물질적 가치만을 중시하고 인문학적 소양을 홀대할 때 과연 행복한 삶을 영위할 수 있겠는가에 대해 문제를 제기하지 않을 수 없다. 그렇지만 누가 인문학의 존재 가치를 드러내고 정당성을 주장하겠는가? 결국은 인문학의 위기 상황을 극복하는 소임 또한 인문학 연구자에게 달려있는 것이다. 이와 마찬가지로, 고전소설의 존재 의의를 입증하고 고전소설이 학생들에게 교육적으로 의미 있는 텍스트라는 사실을 환기시키는 소임 또한 고전소설 연구자에게 달려있다고 할 수 있다.

지금까지 대학에서의 고전소설 교육은 거의 전적으로 강의 담당 교수의 재량에 맡겨진 채 이루어져 왔다고 해도 과언이 아니다. 대학원생과 달리 학부생은 해당과목 전반에 걸쳐 학습하는 자세로 임하기 때문에 특정 유형 작품 혹은 특정 사안에 집중하여 강의하기보다는, 고전소설 전반을 이해할 수 있도록 강의하는 '균형감각'이 요구된다. 이제 앞으로 바람직한 고전소설 교육을 위해 해결해 나가야 할 몇 가지 과제를 제시해 보고자 한다.

① 교재 개발의 문제

교재는 편찬자에 따라 크게 두 부류로 나누어 볼 수 있을듯하다. 개별 연구자가 집필한 경우와 공동집필한 경우가 그것이다. 개별 연구자가 편찬한 교재는 집필자의 시각에 따라 일관성 있게 기술할 수 있다는 강점이 있다. 대학 교수는 교육자이자 연구자이기 때문에, 자신의 관점에서 새롭게 해석한 연구 시각을 학생들에게 공유하고자 하는 열망이 강하다고 할 수 있다. 그런데 그러한 열망이 지나쳐 자칫 집필자의 주관이 지나치게 개입하게 되면 집필방향이나 분석 대상 작품의 선정 등에 있어서 편향된 시각이 노출될 염려도 없지 않다. 대학 교육은 틀에 박힌 사고를 지양하고 창의성을 존중하는 방향에서 이루어져야 하기 때문에, 고소설 교육에 있어서도 각 연구자가 지니고 있는 강점을 발휘할 수 있기 위해서는 개별연구자가 편찬한 교재를 이용하는 편이 더 효율적일지 모른다.

그러나 개별 연구자별로 교재를 편찬하여 사용하는 방식이 갖는 이와 같은 장점이 있긴 하지만, 균형감각을 가지고 강의할 수 있기 위해서는 고전소설 연구자들이 기획력을 발휘해서 공동 집필하여 교재를 편찬하는 작업도 필요하다고 생각한다.

대학에서 국어국문학을 전공한다고 해서 모두 국어국문학자를 꿈꾸는 것은 아니다. 학부를 졸업하고 취업전선에 뛰어드는 학생들이 오히려 훨씬 많을 수 있다. 게다가 학부제 시행 이후 전공 이수학점이 줄어든 상황에서 학부 교육은 전공교육의 성격보다 교양교육의 성격이 훨씬 커지고 있는 실정이다. 이런 상황에서 '균형잡힌 시각'으로 고소설 전반에 대한 이해를 도모할 수 있는 교재를 개발하는 일이 필요하다고 생각한다. 그런데 단순히 여러 집필자의 글을 모아 편찬한 것은 공동교재라고 하기 어렵다. 진정한 의미의 공동 교재가 되기 위해서는 집필자들 간에 집필 원칙이나 방향에 대해 공감대가 형성되어 있어야 하며, 그러한 공감대를 바탕으로 하여 균형감각과 일관성, 체제적합성 등을 갖춘 공동 교재를 개발하는 것이 필요하다.

② 대상 작품의 확대

현재 알려진 고전소설 작품 수가 대략 1,000여종인데, 학생들이 접한 작품 수는 30여편을 상회하는 정도이다. 그나마도 학생들을 대상으로 한 설문조사에서 대학에 들어오기 전에 읽은 작품, 대학에 들어와서 읽은 작품, 기억에 남는 작품으로 한결같이 꼽은 것은 <구운몽>, <홍길동전>, <춘향전>, <금오신화>에 집중되어 있다. 학생들이 접한 고전소설 작품의 수가 지나치게 제한되어 있다는 사실을 알 수 있는데, 한정된 시간 속에서 효과적인 강의를 하기 위해서는 어쩔 수 없이 일종의 '선택과 집중'을 택하지 않을 수 없었기 때문에 생겨난 불가피한 측면이 있다. 그렇다 하더라도 작품의 선택 폭을 넓혀 주면서 고전소설의 매력을 새롭게 인식하게 하는 일은 매우 중요하다고 생각한다.

필자는 덕성여대에서 고전소설론을 강의하면서 학생들과 <방한림전>을 읽고 토론한 적이 있다. 이 때 학생들은 작품 속에 등장하는 여성주인공의 활약상, 동성애적인 면모, 영혜빙의 주체적인 행동양식 등에 상당한 매력을 느꼈는데, 이러한 매력은 자신들이 접했던 기존의 고전소설에서는 볼 수 없었던 것이어서 더욱 신선했다고 토로했다. 몇몇 학생들은 영혜빙에 반했다고 하면서 고전소설에 그와 같은 인물 유형이 등장한다는 사실이 놀랍다고 했다.

물론 고전소설이라고 해서 모두 일정한 수준의 작품성을 담보하고 있는 것도 아니고 우리 시대에 여전히 의미있는 텍스트로 통용된다고 말할 수는 없다. 그렇지만 적어도 현 시점에서 대학 교육을 통해 학습되고 있는 고소설 작품의 수가 지나치게 한정되어 있다는 점은 분명한 사실이어서, 보다 다양한 작품을 접함으로써 고소설의 또다른 매력을 맛볼 수 있게 하는 일이 필요하다는 점을 강조하고자 한다.

③ 원전에 충실하면서도 읽기 쉬운 번역 및 역주

학생들이 폭넓게 고전소설을 접할 수 있게 하기 위해서는 잘된 번역본이나 역주본이 많이 나와야 한다. 이내종이 번역한 <사씨남정기>[9)]와 성현경이 역주한 <이고본 춘향전>[10)] 등은 바람직한 번역 혹은 역주의 대표적인 사례로 꼽을만하다. <사씨남정기>가 주는 흥미가 기본적으로 작품 자체에서 비롯된 것임은 분명하지만, 번역자의 유려한 문체가 기여하는 몫 또한 적지 않다고 본다. 학생들이 <이고본 춘향전>에서 고전소설의 새로운 묘미를 경험하게 되는 데 있어서도 여러 가지 그림을 곁들이고 주석을 달아 내용을 쉽게 이해할 수 있도록 역주한 것이 많은 도움을 준다. 아무리 훌륭한 작품이라도 학생들이 의미해독을 제대로 하지 못한다면 소용없는 일이다. 그런데 국어국문학 전공 학생들조차 한문 독음 능력 뿐만 아니라 원전 독해 능력이 매우 부족한 것이 오늘날의 현실이다. 장차 연구자의 길을 가고자 하는 학생들에게는 한문 학습의 필요성과 원전 해독능력을 기르는 훈련을 하도록 유도해야겠지만, 그렇지 않은 대다수의 학생들에게는 보다 이해하기 쉬운 번역서나 역주서를 통해서 고소설의 맛을 느끼도록 하는 것이 효과적일 것이다.

대학에서 국어국문학을 전공하는 학생들이 반드시 읽어야 하는 필독 고전소설 작품 목록을 작성하는 것도 유익하다고 생각하는데, 고소설 관련 학회 차원에서 이러한 작업을 시도한다면 보다 효과적일 것이다.

④ 새로운 해석 시각의 필요성

고전소설 관련 교과목의 확대가 어렵고 학생들이 상대적으로 고

---

9) 김만중 지음, 이래종 옮김, 『사씨남정기』, 태학사, 1999.

10) 성현경, 『옛그림과 함께 읽는 춘향전』, 열림원, 2001.

전문학보다는 현대문학에 많은 관심을 보이고 있는 현실에서, 보다 효과적인 고전소설교육 방법론에 대한 모색과 시대적 편차에 따른 이질감을 넘어서서 고전소설도 공감대 형성이 가능한 심미적 대상물일 수 있다는 사실을 자각하게 하는 것이 필요하다. 흔히 현대소설과 대비되는 고전소설의 특징으로 천편일률, 권선징악, 평면적 인물, 상투적 표현, 우연성, 비현실성 등을 거론한다. 그리고 고전소설이 지니고 있는 이와 같은 속성들을 곧장 고전소설의 결함으로 지적했던 것이 통설이라고 해도 과언이 아니다. 그렇지만 근래에 들어와 고전소설이 지니고 있는 이러한 점들이 지금과는 다른 역사적 조건 속에서 살았던 중세인의 상상력의 산물이라고 하면서, 고전소설이 지닌 특수성이라는 측면에서 재해석한 연구 성과들이 다수 제출되었다. 그리고 그러한 연구 성과가 고전소설 교육으로 연결되면서 학생들에게 고전소설에 대한 새로운 이해를 가능하게 하고 고전소설 교육의 수준을 한단계 끌어올리는 데 결정적인 역할을 수행하게 되었다고 할 수 있다. 고전소설은 시대의 요구 혹은 시각의 전환에 따라 늘 새롭게 해석될 여지를 지니고 있는 법이다. 기존의 연구성과를 바탕으로 하여 학생들에게 고전소설에 관련된 지식을 전수하는 데 머무르지 않고, 학생들 스스로 작품을 새롭게 해석할 수 있는 안목을 갖도록 지적 욕구와 호기심을 자극하는 일이 필요하다.

⑤ 현대의 다양한 문화장르와의 비교, 재창작에 대한 관심 제고

고전 작품은 그 자체로서도 의미 있는 것이지만, 현대적 재창조 혹은 변용과정을 거쳐 새로운 작품세계를 구축하기도 한다. 얼마 전에 모 방송국에서 <춘향전>을 패러디한 작품 <쾌걸 춘향>이라는 드라마를 방영하여 큰 인기를 얻은 적이 있다. 등장인물 이름을

그대로 사용하면서 작품 구조를 현대적으로 재설정함으로써 <춘향전>의 의미 지평을 확대하였던 것이다. 이러한 사례는 고전소설이 현대에서도 얼마나 유용한 문화자산이 될 수 있는가를 극명히 보여주는 것이라고 생각한다. 고전소설이 단순히 과거의 유물이 아니라 현재적 가치를 지니고 있다는 사실을 학생들에게 주지시키고, 소재의 원천이 된 고전과 재창조된 작품과의 상관성을 비교하게 함으로써 고전의 새로운 가치를 인식하게 하는 것이 중요하다.

영화나 드라마와의 비교 등을 통해 고전소설의 현재적 의의가 무엇인지 찾아본다든가, 판소리를 감상하게 한 후 판소리계소설과 견주어 봄으로써 소통방식의 차이에 따른 작품의 의미전달에 어떤 차이가 있는지 체험하게 하는 것 등 다양한 접근을 통해 고전소설의 매력을 체득하게 하는 것 또한 필요하리라 본다.

흔히 21세기를 문화의 세기라고 하지만, 아직까지 문화에 대한 이해, 특히 고부가가치를 창출할 수 있는 문화콘텐츠에 대한 이해는 낮은 편이다. 그러나 이미 한국문화콘텐츠진흥원이 설립되어 운용되고 있는 등, 앞으로 문화콘텐츠에 대한 관심과 수요는 더욱 증대될 것으로 기대된다. 고전소설은 문화콘텐츠의 원천 자료가 될 수 있다는 점에서 소중한 문화자산의 가치가 있다. 2002년도에 "조선시대 대하소설을 통한 시나리오 창작 소재 및 시각자료 개발"이라는 주제가 한국문화콘텐츠진흥원 지원과제로 선정된 바 있는데, 이후 아직까지 고전소설을 주제로 한 문화콘텐츠 과제가 제출되고 있지는 않다. 앞으로 고전소설이 경제적 고부가 가치를 창출할 수 있는 문화콘텐츠의 원천으로 활용될 수 있는 여지가 많이 있는데, 이런 점들에 대해서도 학생들이 관심을 갖게 된다면 고전소설에 대한 선호도도 자연스럽게 증폭될 것이다.

참고 문헌

권순긍, 『고전소설 편 우리소설 토론해 봅시다』, 새날, 1997.
김대행 외, 『문학교육원론』, 서울대 출판부, 2000.
김흥규, 『한국고전문학과 비평의 성찰』, 고려대 출판부, 2002.
정병헌, 『한국고전문학의 교육적 성찰』, 숙명여대 출판국, 2003.
한국고전문학 연구회, 『고전소설 연구의 방향』, 새문사, 1985.

고전소설 교육의 과제와 방향

초판 1쇄 인쇄 • 2005년 12월 21일
초판 1쇄 발행 • 2005년 12월 30일

지은이 • 한국고소설학회
펴낸이 • 박 성 복
펴낸곳 • 도서출판 月印
서울특별시 강북구 수유2동 252-9
등록 • 제6-0364호 / 등록일 • 1998년 5월 4일
대표전화 • (02) 912-5000 / 팩스 • (02) 900-5036
http://www.worin.net

ISBN 89-8477-301-8 93810

값 17,000원